PREMIERS ANALYTIQUES

ORGANON III

BIBLIOTHÈQUE DES TEXTES PHILOSOPHIQUES

Fondateur H. GOUHIER   Directeur E. CATTIN

ARISTOTE

PREMIERS ANALYTIQUES

ORGANON III

Introduction, traduction, notes et index

par

Jules TRICOT

PARIS

LIBRAIRIE PHILOSOPHIQUE J. VRIN

6, Place de la Sorbonne, V^e

2016

© *Librairie Philosophique J. VRIN*, 1992

2007, *pour la présente édition*

Imprimé en France
ISSN 0249-7972
ISBN 978-2-7116-0017-3

www.vrin.fr

INTRODUCTION

Les *Premiers Analytiques* prennent naturellement place entre le traité de l'*Interprétation* et les *Seconds Analytiques*. Aristote y établit, une fois pour toutes, la théorie du Syllogisme formel, qu'il appliquera ensuite à la Science démonstrative.

Le problème de l'authenticité du traité ne s'est jamais posé, et tous les commentateurs sont d'accord pour l'attribuer à Aristote. On s'est seulement demandé si sa rédaction était antérieure ou postérieure à celle des *Seconds Analytiques* et des *Topiques*. D'une manière générale, l'antériorité par rapport aux *Seconds Analytiques* n'est pas discutable; toutefois, les chapitres 31 et 46 du livre I, qui supposent acquis les résultats des *Seconds Analytiques* (II, 5) sur la démonstration des définitions, paraissent avoir été écrits plus tardivement. – D'autre part, il est à peu près certain que les *Topiques* ont précédé les *Premiers Analytiques*, et que la recherche dialectique a préparé et rendu possible la recherche apodictique. D'abord, ainsi qu'on le verra au cours de l'ouvrage, Aristote renvoie à plusieurs reprises tant aux *Topiques* proprement dits qu'à la *Réfutation des arguments sophistiques*; en second lieu, et surtout, les *Topiques* ne font aucun état des analyses et des conclusions auxquelles le Stagirite est arrivé dans sa théorie formelle du Syllogisme, et paraissent bien appartenir à la même époque que les *Catégories*. Si puissantes que soient ces raisons, elles ne tranchent cependant pas d'une manière décisive la question d'antériorité et de postériorité relatives des diverses parties de l'*Organon* : l'hypothèse de retouches ou de rédactions successives n'est pas absolument à écarter.

Le présent travail obéit aux mêmes principes que les précédents. Les notes sont seulement plus abondantes et plus nombreuses, et peut-être estimera-t-on qu'elles dépassent les limites qu'il est d'usage de ne pas franchir dans une traduction. Notre réponse sera brève. En premier lieu, les difficultés du texte sont considérables. En outre, la plupart des raisonnements syllogistiques sont simplement esquissés et figurés par des lettres ou des termes, Aristote ayant jugé inutile de les développer. Cette extrême concision n'est pas sans inconvénient. Aussi, sans aller jusqu'au commentaire, avons-nous pensé que ce serait rendre service au lecteur que de lui épargner l'ingrat labeur auquel nous étions bien obligé de nous livrer nous-même. Dans cet esprit, nous n'avons pas hésité à rétablir dans leur entier les syllogismes que le texte se contentait d'indiquer avec une brièveté toute aristotélicienne : nous avons bon espoir que les logiciens ne s'en plaindront pas.

Jules TRICOT

BIBLIOGRAPHIE

Textes

Comme pour le volume précédent, nous avons pris comme base le texte de Waitz, *Aristotelis Organon Graece*, t. I, Leipzig, 1844. Dans de nombreux passages nous avons donné la préférence à l'édition Bekker, dont la pagination figure en marge, suivant l'usage. Les modifications à la leçon de Waitz sont indiquées dans les notes.

Commentaires grecs et latins

ALEXANDRE D'APHRODISE, *In Aristotelis Analyticorum priorum librum I commentarium*, M. Wallies (ed.), Berlin, 1883 (« Acad. Berol. » II, 1).

AMMONIUS, *In Aristotelis Analyticorum priorum librum I commentarium*, M. Wallies (ed.), Berlin, 1899 (« Acad. Berol. » IV, 6).

PHILOPON J., *In Aristotelis Analytica priora Commentaria*, M. Wallies (ed.), Berlin, 1905 (« Acad. Berol. » XIII, 2).

THEMISTIUS, *Quae fertur in Aristotelis Analyticorum priorum librum I paraphrasis*, M. Wallies (ed.), Berlin, 1884 (« Acad. Berol. » XXIII, 3).

PACIUS JULIUS, *Aristotelis Stagiritae... Organum*, Morgiis, 1584, texte, traduction et notes marginales (cité « I » dans les notes).

– *In Porphyrii Isagogen et Aristotelis Organum commentarium*, Aureliae Allobrogum, 1605 (cité « II » dans les notes).

MAURUS SYLVESTER, *Aristotelis Opera quae extant omnia, brevi paraphrasi, etc. ...* ; t. I, *continens philosophiam rationalem, hoc est logicam, rhetoricam et poeticam*, Rome, 1668.
WAITZ Th., *Aristotelis Organon graece*, Leipzig, 1844-1846, 2 vol.

Nous avons utilisé abondamment tous ces commentateurs, notamment Alexandre, Philopon, Pacius et Waitz.

Principaux ouvrages consultés

À la liste figurant à la page VII de notre traduction des deux premiers traités de l'*Organon*, il convient d'ajouter les ouvrages suivants :

HAMILTON W., *Fragments de philosophie*, trad. fr. Peisse, Paris, 1864.
LACHELIER J., *De Natura Syllogismi*, Paris, 1876.
– *Études sur le Syllogisme*, Paris, 1907
– *Le Fondement de l'Induction*, Paris, 6ᵉ éd., 1911.
LIARD, *Logique*, 4ᵉ éd., 1897.
PORT-ROYAL A. et N., *La Logique ou l'Art de penser*, Paris, Jourdain, 1869.
RENOUVIER Ch., *Traité de Logique générale et de Logique formelle*, Paris, Armand Colin, 1912, 2 vol.
ROBIN L., *Platon*, Paris, 1935.

Compléments bibliographiques

BARTHÉLEMY SAINT HILAIRE J., *De la logique d'Aristote*, Paris, Ladrange, 1838.
BLANCHÉ R. et DUBUC J., *La logique et son histoire d'Aristote à Russell*, Paris, Armand Colin, 1996.
BOCHENSKI I. M., *Ancient Formal Logic*, Amsterdam, North-Holland Publishing Company, 1951.
DUMONT J.-P., *Introduction à la méthode d'Aristote*, Paris, Vrin, 1992.

FRANCK A., *Esquisse d'une histoire de la logique*, précédée d'une *Analyse de l'« Organum » d'Aristote*, Paris, Hachette, 1838.

GENTZLER J. (ed.), *Method in Ancient Philosophy*, Oxford, Clarendon Press, 1998.

HAMELIN O., *Le système d'Aristote*, Paris, Vrin, 1931.

HUGONNARD-ROCHE E., *La logique d'Aristote du grec au syriaque*, Paris, Vrin, 2004.

JAEGER W., *Aristote, fondements pour une histoire de son évolution*, Paris, L'Éclat, 1997.

LE BLOND J.-M., *Logique et méthode chez Aristote*, Paris, Vrin, 1996.

ŁUKASIEWICZ J., *Aristotle's syllogistic, from the standpoint of modern formal logic*, Oxford, Oxfrod University Press, 1951; trad. fr. F. Caujolle-Zaslawsky, *La syllogistique d'Aristote*, Paris, Armand Colin, 1972; réimp. Paris, Vrin, 2008.

ROSS L. E., *Aristotle's Syllogistic*, Springfield, Charles C. Thomas Publisher, 1968.

TRICOT J., *Traité de logique formelle*, Paris, Vrin, 1973.

ARISTOTE

PREMIERS ANALYTIQUES
ORGANON III

LIVRE I

<THÉORIE DU SYLLOGISME>

1
<Prémisse. Terme. Le Syllogisme et ses espèces. Le dictum de omni et nullo>

Il faut d'abord établir quel est le sujet de notre enquête et de **24a10** quelle discipline elle relève : son sujet, c'est la démonstration, et c'est la science démonstrative dont elle dépend[1]. Ensuite

---

1. Les *Premiers Analytiques*, qui exposent la théorie formelle du syllogisme, ne sont en quelque sorte qu'une introduction aux *Seconds Analytiques* qui étudient, non plus le syllogisme en général, dialectique aussi bien que démonstratif, mais seulement le syllogisme démonstratif, c'est-à-dire celui qui s'adapte aux exigences de l'objet de la science. – Dès le début du présent traité, Aristote avertit ainsi qu'il entend constituer, non pas une théorie générale du raisonnement dégagée de tout contenu (analogue à la *Nouvelle Analytique* d'Hamilton, définie comme la science du possible en tant que possible), mais une ἀναλυτικὴ ἐπιστήμη, une science qui nous apprend à ἀναλύειν, à remonter aux causes et aux conditions par le moyen de la démonstration. La logique d'Aristote apparaît donc comme une méthodologie, une propédeutique à la science de la nature. – Sur le caractère de la logique aristotélicienne, *cf.* Hamelin, *Le système*, p. 90 *sq.*, et notre *Traité de Logique formelle*, p. 27 *sq.*

L. 24a10, σκέψις τίνος *aut est quaestio de aliqua re instituta aut quaestio ab aliquo vel instituta, vel instituenda, quod hic locum habet* (Waitz, I, 368). La

nous devons définir ce qu'on entend par *prémisse*, par *terme*, par *syllogisme*, ce qu'est un syllogisme *parfait* et un syllogisme *imparfait*. Après cela, il faudra définir en quoi consiste, pour un terme, d'être ou non contenu dans la totalité
15 d'un autre terme, et ce que nous entendons par *être affirmé universellement* et *être nié universellement*[1].

La prémisse[2] est le discours qui affirme ou qui nie quelque chose de quelque chose, et ce discours est soit universel, soit

traduction de Pacius, I, 126, « *cujus causa* » n'est donc pas exacte. Voir au surplus l'interprétation d'Alexandre, 9, 16-22 ἀλλὰ τὸ μὲν ἕτερον τὸ « περὶ τί » περὶ τοῦ ὑποκειμένου (πᾶν γὰρ τί ὑποκείμενον), τὸ δὲ « τίνος » περὶ τῆς θεωρούσης τὸ ὑποκείμενον ἕξεως, ὡς εἶναι περὶ μὲν ὑποκείμενον τὴν ἀπόδεξιν, θεωρούσης δὲ ταύτην τῆς ἀποδεικτικῆς ἐπιστήμης. Et Alexandre ajoute : ἔστι δὲ ἡ μὲν ἀπόδειξις συλλογισμὸς ἀποδεικτικός, ἐπιστήμη δὲ ἀποδεικτικὴ ἕξις, ἀφ'ἧς οἷόν τέ ἐστιν ἀποδεικτικῶς συλλογίζεσθαι.

1. C'est là le principe même du syllogisme que les logiciens scolastiques ont nommé le *dictum de omni et nullo* (*cf.* notre *Traité*, p. 152 et 153). L'énoncé d'Aristote, qui doit être complété par la fin du présent chapitre (24b26-30) et par *infra*, 4, 25b32-35, est manifestement en extension, à la différence de la formule donnée au traité des *Catégories*, 5, 3b4, laquelle était en compréhension. La syllogistique d'Aristote est ainsi nettement extensiviste, et l'expression ἐν ὅλῳ εἶναι, l. 14, reprise *infra*, b26, signifie *être dans la totalité extensive de* : le sujet est dans l'extension de l'attribut, comme une espèce dans le genre. – Sur la question de savoir si l'interprétation en extension doit prévaloir sur l'interprétation en compréhension, *cf.* notre *Traité*, p. 79 *sq.*, et notamment p. 83 et 84. Les logiciens modernes, de l'école de Lachelier, de Rodier et d'Hamelin (*Le système*, p. 178 et *passim*) reprochent à Aristote d'avoir abandonné le point de vue de la compréhension pour le point de vue de l'extension.

2. La πρότασις est la proposition considérée en tant que prémisse d'un syllogisme. *Cf.* Bonitz, *Ind. arist.*, 652a33. Pour tout le paragraphe, et pour la définition de l'attribution universelle, particulière et indéfinie, Aristote ne fait que résumer ce qu'il a développé dans le *de Inter.*, chap. 7, auquel nous renvoyons. Remarquons seulement ici, avec Pacius (I, 127, n.d.), que si Aristote ne parle pas des propositions *singulières*, c'est parce que *singularium non est scientia*.

particulier, soit indéfini. J'appelle *universelle*, l'attribution ou
la non-attribution à un sujet pris universellement ; *particulière*,
l'attribution ou la non-attribution à un sujet pris particulièrement ou non universellement ; *indéfinie*, l'attribution ou la
non-attribution faite sans indication d'universalité ou de 20
particularité : par exemple, *les contraires rentrent dans la
même science* ou *le plaisir n'est pas le bien.*

La prémisse démonstrative diffère de la prémisse dialectique[1] en ce que, dans la prémisse démonstrative, on prend
l'une des deux parties de la contradiction[2] (car démontrer, ce
n'est pas demander, c'est poser), tandis que, dans la prémisse
dialectique, on demande à l'adversaire de choisir entre les
deux parties de la contradiction. Mais il n'y aura aucune diffé- 25
rence en ce qui concerne la production même du syllogisme
dans l'un et l'autre cas : en effet, qu'on démontre ou qu'on

1. Sur la dialectique en général, cf. *Top.*, et notamment I, 1, *init.*, I, 4,
101b28, etc. (se reporter à Bonitz, *Ind. arist.*, 183a27). La dialectique est, pour.
Aristote, l'art de répondre à une question posée (πρόβλημα), par oui ou par non,
et de raisonner d'après des opinions ou prémisses plausibles. Extérieurement
elle est caractérisée par le dialogue, où les réponses servent, non pas à rensei-
gner sur la véritable raison ou essence, mais seulement à se tirer d'embarras et à
éviter la contradiction. Le syllogisme est l'instrument de la dialectique comme
il est celui de l'analytique : il rend le raisonnement correct. Mais les prémisses
du syllogisme dialectique sont seulement plausibles ; elles n'expriment pas des
rapports objectifs, ce sont des *lieux communs* (τόποι), source et principe des
raisonnements oratoires, et la conclusion aboutira à la simple vraisemblance
(cf. *Top.*, I, 1, 100a29 : διαλεκτικὸς δὲ συλλογισμὸς ὁ ἐξ ἐνδόξων συλλο-
γιζόμενος). – Sur l'importance de la dialectique pour la constitution de la
science de la nature, *cf.* Hamelin, *Le système*, p. 231 *sq.*
2. C'est-à-dire : on pose l'affirmation ou la négation. Dans la prémisse
dialectique, au contraire, la proposition *e quaestione gignitur. Demonstrativam
sumit qui demonstrat, dialecticam accipit quam vult alter* (Waitz, I, 369). On
demandera donc à l'adversaire de répondre par oui ou par non, de choisir entre
l'affirmation et la négation (cf. *de Inter.*, 11, 20b22).

interroge, on construit le syllogisme en posant que quelque
chose appartient ou n'appartient pas à une autre chose[1]. Il en
résulte qu'une prémisse syllogistique prise en général[2] sera
l'affirmation ou la négation de quelque chose au sujet de
quelque chose, de la façon que nous venons de dire[3]; elle
30 est démonstrative si elle est vraie et obtenue au moyen des
principes posés primitivement[4], tandis que, dans la prémisse
24b10 dialectique, celui qui interroge demande à l'adversaire de
choisir l'une des deux parties d'une contradiction, mais dès
qu'il syllogise il pose une assertion portant sur l'apparence
et le probable, ainsi que nous l'avons expliqué dans les
Topiques[5]. – La nature de la prémisse, et la différence entre
les prémisses syllogistique, démonstrative et dialectique
15 seront déterminées dans la suite avec plus de précision[6], mais,
pour notre usage présent, contentons-nous des définitions que
nous venons de donner.

---

1. Dans tous les cas, la simple attribution suffit pour constituer les
prémisses du syllogisme envisagé dans sa forme. Par conséquent la différence
signalée d'abord entre la prémisse démonstrative et la prémisse dialectique
n'entraîne aucune particularité dans la syllogistique. La différence entre la
démonstration et la dialectique est plus profonde, ainsi qu'Aristote l'établit
dans les lignes qui suivent : elle est *ratione materiae* et elle tient au caractère
nécessaire ou simplement probable de l'attribution. *Cf.* Ammonius, 19, 15 *sq.*

2. ἁπλῶς, *simpliciter* = *generaliter*. Pacius, II, 113 : *propositio non
coangustata ad materiam necessariam vel ad materiam probabilem.*

3. C'est-à-dire que l'attribution pourra être universelle, particulière ou
indéfinie.

4. Les ἀρχῆς ὑποθέσεις sont les *axiomes* (cf. *An. post.*, I, 2, 72a17), les
principes indémontrables des sciences (*cf.* Philopon, 24, 5).

5. I, 1, 100a29 ; I, 10, 104a8.

6. Renvoi aux *Seconds Analytiques* pour les prémisses démonstratives, et
aux *Topiques* pour les prémisses dialectiques. – *Cf.* Amm., 19, 25.

J'appelle *terme*[1] ce en quoi se résout la prémisse, savoir le prédicat et le sujet dont il est affirmé, soit que l'être s'y ajoute, soit que le non-être en soit séparé[2].

Le *syllogisme* est un discours dans lequel, certaines choses étant posées, quelque chose d'autre que ces données en résulte nécessairement par le seul fait de ces données[3]. *Par le seul fait de ces données*: je veux dire que c'est par elles que la consé- 20 quence est obtenue; à son tour, l'expression *c'est par elles que la conséquence est obtenue* signifie qu'aucun terme étranger n'est en sus requis pour produire la conséquence nécessaire.

J'appelle syllogisme *parfait*[4] celui qui n'a besoin de rien autre chose[5] que ce qui est posé dans les prémisses, pour que la nécessité de la conclusion soit évidente; et syllogisme *imparfait*, celui qui a besoin d'une ou de plusieurs choses[6], lesquelles, 25 il est vrai, résultent nécessairement des termes posés, mais ne sont pas explicitement énoncées dans les prémisses.

---

1. Sur ὅρος, *limite*, *terme*, *cf.* Waitz, I, 370. Le terme *limite* la proposition (qu'Aristote appelle souvent διάστημα), comme le point limite et circonscrit la ligne. Voir Trendelenburg, *Elementa*, p. 92.

2. Autrement dit, que le sujet et l'attribut soient liés par le verbe *être*, ou séparés par le verbe *n'être pas*.

3. *Cf.* l'élégante définition d'Aulu-Gelle, *Noct. Att.*, XV, 26, 2: *syllogismus est oratio in qua concensis quibusdam et concessis aliud quid quam concessa sunt, per ea, quae concessa sunt, necessario conficitur.* – συλλογισμός est traduit en latin par *ratiocinatio* (*cf.* Cicéron, *de Invent.*, I, 57; Quintilien, V, 11, 2, VII, 8, 1).

4. Nous verrons que les syllogismes parfaits sont seulement ceux de la première figure.

5. Ni autre terme, ni autre proposition.

6. C'est-à-dire : d'une ou de plusieurs propositions nouvelles qui serviront à réduire le syllogisme imparfait à un syllogisme de la première figure.

Dire qu'un terme est contenu dans la totalité d'un autre terme[1], ou dire qu'un terme est attribué à un autre terme pris universellement, c'est la même chose. Et nous disons qu'un terme est *affirmé universellement* quand on ne peut trouver dans le sujet aucune partie dont on ne puisse affirmer l'autre
30 terme ; pour l'expression *n'être attribué à aucun*, l'explication est la même.

2

<*La Conversion des propositions pures*[2]>

25a Toute prémisse[3] pose soit une attribution pure, soit une attribution nécessaire, soit une attribution contingente ; ces

1. Aristote développe ce qu'il a dit au début a13-15.

2. Sur les différents sens de ἀντιστρέφειν et de ἀντιστροφή, *cf.* Waitz, notamment I, 373 et 496 ; Bonitz, *Ind. arist.*, 66a20 *sq.* – La *conversion* est :

a) Un procédé de déduction immédiate qui consiste à transposer les termes d'une proposition, sans en changer la qualité, de telle sorte que le prédicat devient sujet, et le sujet prédicat. La converse doit être vraie, comme la proposition primitive. *Cf.* Rondelet, *Théorie logique des propositions modales*, p. 103-109 ; Trendelenburg, *Elementa*, p. 77 ; Hamelin, *Le système*, p. 168-170. C'est ce genre de conversion qui est étudié dans le présent chapitre, en vue de la réduction des syllogismes des seconde et troisième figures ;

b) La conversion est encore une simple μεταλλαγή, une transposition du sujet et du prédicat, effectuée sans souci de la vérité de la converse. C'est plutôt une ἀναστροφή (Philopon, 414, 14). Cf. *infra*, II, 5, 57b21, et note.

Ces deux conversions s'appellent aussi *réciprocations* : il serait peut-être préférable de réserver ce terme au second sens.

c) Une autre conversion est celle des propositions contingentes : une contingente affirmative (*il est possible que tout B soit A*) se convertit en négative (*il est possible que nul B ne soit A*), et réciproquement : ce sont des propositions équivalentes, dont chacune est impliquée dans l'autre. Cf. *infra*, I, 13 ; Hamelin, p. 194.

d) Enfin la conversion se dit d'une propriété du syllogisme (*infra* II, 8-10).

3. Au sens général de « proposition ». – Aristote rappelle brièvement la division des propositions étudiées en *de Inter.*, 12, p. 120 *sq.* de notre traduction.

différentes prémisses sont elles-mêmes les unes affirmatives et
les autres négatives suivant chacune des modalités de l'attribution[1]; à leur tour, les prémisses affirmatives et négatives
sont les unes universelles, les autres particulières, les autres 5
indéfinies. – Par suite, dans l'attribution pure universelle, les
termes de la prémisse négative sont nécessairement convertibles[2]: par exemple si nul plaisir n'est un bien, aucun bien ne
sera non plus un plaisir. Par contre, dans la prémisse affirmative, la conversion, tout en étant nécessaire, ne l'est cependant
pas universellement, mais particulièrement[3]: par exemple, si
tout plaisir est un bien, quelque bien aussi est un plaisir. – Dans
le cas des propositions particulières, l'affirmative se convertit 10
nécessairement et particulièrement[4] (car si quelque plaisir est
un bien, quelque bien sera aussi un plaisir), tandis que, pour la
négative, il n'y a pas nécessité de conversion[5]: si *homme*

---

1. Sur l'expression καθ' ἑκάστην πρόσρησιν, l. 3, *cf.* Philopon, 46, 14;
Pacius, I, 129, n. *b*, et II, 116-117: Waitz, I, 373; Trendelenburg, *Elementa*,
p. 77. – Le mot πρόσρησις a le même sens que πρόσθεσις, *de Inter.*, 12, 21b27;
littéralement il s'agit de l'*addition* du verbe à l'énonciation, pour unir l'attribut
au sujet. Aristote veut dire que les propositions pures, les nécessaires et les
contingentes sont affirmatives ou négatives.

2. Conversion des *universelles négatives* (E): elle est *simple* ou *parfaite*,
les termes conservant la même quantité.

3. Conversion des *universelles affirmatives* (A): elle est *particulière* (ou
imparfaite, ou *par accident*), car les termes ne conservent pas la même quantité.

4. Conversion des *particulières affirmatives* (I): elle est *par accident*.

5. Impossibilité de la conversion de la *particulière négative* (O).

Les règles de la conversion sont résumées dans le distique suivant:

Simpliciter fEcI convertitur, EvA per accid.,

Ast O per contrap., sic fit conversio tota.

(Aristote passe sous silence la contraposition, qui n'est d'aucune utilité
pour la réduction des syllogismes).

n'appartient pas à quelque *animal*, il ne s'ensuit pas qu'*animal* n'appartienne pas à quelque *homme*.

15   Soit donc d'abord la prémisse universelle négative AB[1]. Si A n'appartient à nul B, B n'appartiendra non plus à nul A. Si, en effet, B appartenait à quelque A, par exemple à Γ, il ne serait pas vrai que A n'appartînt à nul B, puisque Γ est quelque B[2].

---

1. Aristote va maintenant démontrer chacune des conversions dont il vient de poser les règles. Sur l'emploi de lettres et d'exemples, *cf.* Pacius, II, 117 *sq.* : Aristote, pour abréger, se contente de désigner les propositions par ses termes, A figurant l'attribut, et B le sujet. «La prémisse universelle négative AB» signifie donc : *nul B n'est A*, ou, de préférence (car Aristote interprète le jugement en compréhension) *à nul B, A n'appartient*.

2. Conversion de l'universelle négative (l. 14-17). La démonstration est très condensée. Il s'agit d'établir que si *nul B n'est A*, *nul A n'est B*. Admettons, en effet, que la converse *nul A n'est B* soit fausse; sa contradictoire *quelque A est B* sera donc vraie. Appelons ce *quelque A*, *tout Γ*; on a ainsi *tout Γ est B*. D'autre part, on peut dire que *tout Γ est A* (= *quelque A est A*). Nous obtenons ainsi le syllogisme suivant en *Darapti* :

    Tout Γ est A.

    Tout Γ est B.

    Donc *quelque B est A*,

proposition qui est la contradictoire de la proposition à convertir *nul B n'est A* ; cette conclusion est donc fausse. Par suite, il faut que l'une des prémisses soit fausse : ce ne peut être *tout Γ est A*, qui est une proposition identique ; c'est donc forcément *tout Γ est B*, ce qui entraîne la fausseté de *quelque A est B*. Si cette dernière est fausse, c'est donc que sa contradictoire *nul A n'est B* est vraie.

Cette argumentation, que nous expliquons d'après Waitz, I, 374, fait appel à la notion d'*ecthèse* (ἔκθεσις), qui consiste à mettre en lumière, à l'aide d'un nom spécial (Γ, dans l'espèce), une partie d'une notion, dont une autre notion est affirmée ou niée. Ce procédé, que nous retrouverons, est défini par Waitz de la manière suivante (I, 383) : *fit enim* ἔκθεσις *si unius termini duae sunt partes, quorum altera ab altera separari debet, ut demonstretur quod propositum est*.

La démonstration d'Aristote a soulevé beaucoup de critiques. Le syllogisme en *Darapti*, auquel elle se ramène, se réduit en effet à un syllogisme en *Darii* par la conversion de la mineure. Or Aristote démontrerait la conversion de E par *Darapti*, alors que le syllogisme en *Darapti* ne peut lui-même se

– Mais si A appartient à tout B, B aussi appartient à quelque A ; car si B n'appartenait à aucun A, A n'appartiendrait non plus à aucun B ; or A était supposé appartenir à tout B[1]. – Même conversion, si la prémisse est particulière. Si, en effet, A appartient à quelque B, B appartient nécessairement aussi à quelque A, car si B n'appartenait à aucun A, A n'appartiendrait non plus à aucun B[2]. – Mais si A n'appartient pas à quelque B, il n'est pas nécessaire que B n'appartienne pas à quelque A. Admettons, par exemple, que B soit *animal*, et A *homme* : quelque animal n'est pas homme, mais tout homme est animal[3].

prouver que par la conversion de la mineure. Ce serait là un cercle vicieux (*cf.* Rondelet, *op. cit.*, p. 145). – En réalité, la démonstration d'Aristote n'est qu'une simple *vérification* formelle, et Aristote s'est bien gardé de raisonner rigoureusement en *Darapti*. Il faut cependant reconnaître que la preuve est embarrassée. Théophraste et Eudème, puis Alexandre ont essayé de la perfectionner (*cf.* Alexandre, 31, 4-10 ; 34, 15-20) : la tentative de ce dernier semble particulièrement heureuse.

1. Conversion de l'universelle affirmative (l. 17-19). *Tout B est A* a pour converse *quelque A est B*. Si cette converse, en effet, était fausse, sa contradictoire *nul A n'est B* serait vraie. Cette dernière proposition, en vertu de la démonstration précédente, se convertirait en *nul B n'est A*, dont la subalterne *quelque B n'est pas A* est la contradictoire de la proposition à convertir *tout B est A*. *Nul B n'est A* est donc fausse et c'est sa contradictoire *quelque A est B* qui est vraie. – On remarquera qu'Aristote néglige de passer par la subalterne, dont le rôle est cependant capital si l'on veut obtenir une véritable contradiction et non une simple contrariété.

2. Conversion de la particulière affirmative (l. 20-22). *Quelque B est A* a pour converse *quelque A est B*. Si cette converse était fausse, sa contradictoire *nul A n'est B* serait vraie ; or *nul A n'est B* se convertit à son tour en *nul B n'est A*, ce qui contredit *quelque B est A*. Donc c'est la contradictoire de *nul A n'est B*, c'est-à-dire *quelque A est B*, qui est vraie.

3. Impossibilité de la conversion de la particulière négative (l. 22-26). – La démonstration d'Aristote est purement empirique. Sans user de la contrapo-

3
‹La Conversion des propositions modales›

La conversion se fera de la même manière[1] pour les prémisses nécessaires. L'universelle négative se convertit universellement, tandis que, pour les affirmatives, chacune d'elles[2] se convertit particulièrement. S'il est nécessaire, en 30 effet, que A n'appartienne à aucun B, il est nécessaire également que B n'appartienne à aucun A; car si B pouvait appartenir à quelque A, il serait possible aussi que A appartînt à quelque B[3]. – D'autre part, s'il est nécessaire que A appartienne à tout B[4], ou à quelque B[5], il est nécessaire aussi que B appartienne à quelque A; car si ce n'était pas nécessaire, A n'appartiendrait pas non plus nécessairement à quelque B. – Par contre, la particulière négative ne se convertit pas, pour 35 la même raison que celle que nous avons antérieurement indiquée[6].

Dans le cas de prémisses contingentes, étant donné que le contingent se prend en plusieurs acceptions (car nous appelons contingent, et le nécessaire, et le non-nécessaire, et le

---

sition, on peut cependant ajouter que la conversion de la particulière négative est inconcevable. Le prédicat de O doit être, en effet, nécessaire et universel, puisqu'il *supponit universaliter*; il pourrait devenir sujet particulier, mais ce dernier, devenant prédicat d'une négative, deviendrait universel, ce qui est impossible.

1. De la même manière que dans les propositions *de inesse*. – On pourra en conséquence se reporter aux démonstrations du précédent chapitre.

2. C'est-à-dire l'universelle affirmative et la particulière affirmative.

3. Preuve de l'universelle négative.

4. Universelle affirmative.

5. Particulière affirmative.

6. Chap. 2, 25a12, 22-26.

possible)[1], les affirmatives se comporteront toutes, en ce qui concerne leur conversion, de la même façon que précédem- 40 ment. S'il est possible, en effet, que A appartienne à tout B, ou à quelque B[2], il sera possible que B appartienne à quelque 25b A; car s'il était possible qu'il n'appartînt à nul A, il serait possible aussi que A n'appartienne à nul B : cela a déjà été antérieurement démontré[3].

Par contre, dans les négatives, la solution n'est pas la même. Tout ce qui est dit contingent, en vertu soit d'une attribution nécessaire, soit d'une attribution non-nécessaire, se convertit de la même façon <que les autres négatives>[4]; si on 5 dit, par exemple, qu'il est contingent que l'homme ne soit pas cheval ou que le blanc n'appartienne à aucun vêtement : dans le premier exemple, il est nécessaire qu'un terme n'appartienne pas à l'autre; dans le second, il n'est pas nécessaire[5] qu'il lui appartienne : et la prémisse se convertit de la même façon <que les autres négatives>. S'il est contingent, en effet, que nul homme ne soit cheval, il est possible aussi que nul cheval ne 10 soit homme, et s'il est possible que nul vêtement ne soit blanc,

---

1. Le contingent et le possible (τὸ ἐνδεχόμενον et τὸ δυνατὸν) sont, quoi qu'en pense Waitz, I, 375-377, une seule et même notion (*cf.* Hamelin, *Le système*, 193). Au sens large, le contingent ou possible renferme, outre le possible proprement dit (ce qui peut être ou n'être pas), le nécessaire (cf. *de Inter.*, 13, *passim*, notamment 22b10) et le non-nécessaire, c'est-à-dire ce qui est attribué simplement. – Les contingentes affirmatives suivent donc les règles générales de conversion, exposées au chapitre précédent, l. 7-13.

2. Cas de l'universelle affirmative et de la particulière affirmative.

3. Chap. 2, a20-22.

4. Ces contingentes ne sont, en effet, contingentes que de nom, et leur conversion se fait comme dans les autres négatives, nécessaires ou *de inesse*.

5. C'est-à-dire, il s'agit d'une simple proposition *de inesse*. – L. 4, avec Waitz, I, 377, et Jenkinson, nous supprimons μὴ.

il est possible aussi que nul blanc ne soit vêtement, puisque s'il est nécessaire que quelque blanc soit vêtement, il sera
15 aussi nécessaire que quelque vêtement soit blanc : cela a été démontré plus haut[1]. – La solution sera encore la même que précédemment, s'il s'agit de la particulière négative[2]. – Mais s'il s'agit de contingentes portant sur les faits constants et naturels[3] (et c'est de cette façon que nous définissons le contingent)[4], la conversion des prémisses négatives ne se fera pas comme pour les simples négatives : la prémisse universelle négative ne se convertit pas, tandis que la particulière se convertit. Cette solution deviendra évidente quand nous parlerons du contingent[5]. Pour l'instant, contentons-nous d'ajouter
20 l'éclaircissement suivant, à ce que nous avons déjà dit : la proposition qu'il est contingent qu'un attribut n'appartienne à aucun sujet ou à quelque sujet est affirmative dans sa forme. C'est qu'en effet l'expression *est contingent* est mise sur le même rang que *est*, et *est*, dans toutes les prédications où il est ajouté, crée toujours et en tous cas une affirmation : par exemple, *il est non-bon* ou *il est non-blanc*, ou, en un mot, *il est non-cela*. Mais ceci encore sera démontré par la suite[6]. En tout

---

1. Chap. 2, a14-17.

2. Chap. 2, a12.

3. La notion d'ὡς ἐπὶ τὸ πολύ est éminemment aristotélicienne, et elle joue un grand, rôle dans la science de la nature. Elle signifie le *constant*, l'*habituel*, *ce qui arrive le plus souvent*; elle s'oppose, d'une part, à l'*éternel* (ἀεί), *ce qui arrive toujours*, et, d'autre part, à l'*accident* (συμβεβηκός). Substitut imparfait, pour le monde sublunaire, du nécessaire et de l'immuable, elle manifeste l'ordre de la nature. Cf. *Meta.*, E, 2 et *passim*.

4. C'est évidemment le contingent proprement dit.

5. Cf. *infra*, chap. 13 et 17.

6. Chap. 46, *infra*. – *Cf.* aussi *de Inter.*, 12, 21b25, et la note de notre traduction, p. 124.

cas, en ce qui concerne la conversion, ces prémisses se
comporteront comme les autres propositions affirmatives.   25

4
<Le Syllogisme catégorique de la première figure [1]>

Ces distinctions établies, disons maintenant par quels
moyens[2], quand[3] et comment[4] tout syllogisme s'engendre.
Plus tard[5], nous aurons à parler de la démonstration. Mais le
syllogisme doit être abordé avant la démonstration, en raison
de son caractère plus général : la démonstration, en effet, est
une sorte de syllogisme, mais tout syllogisme n'est pas une   30
démonstration.

Quand trois termes sont entre eux dans des rapports tels
que le mineur[6] soit contenu dans la totalité du moyen, et le
moyen contenu, ou non contenu, dans la totalité du majeur,

---

1. Pour la théorie générale du syllogisme, que nous devons supposer connue
du lecteur, nous ne pouvons que renvoyer aux traités de logique formelle.

2. Les « moyens » sont les termes et les propositions.

3. Dans quelles figures.

4. Par quel mode de chaque figure.

5. Dans les *Seconds Analytiques*. – Le syllogisme peut être aussi bien
dialectique que démonstratif.

6. Terminologie d'Aristote : les *prémisses* sont les προτάσεις, ou
ὑποθέσεις, ou encore τὰ διαστήματα, *rapports* des sujets et des attributs ; la
majeure, ἡ πρώτη πρότασις ; la *mineure*, ἡ δευτέρα πρότασις ; la *conclusion*,
συμπέρασμα. – Les *termes* (ὅροι) comprennent les deux *extrêmes* (τὰ ἄκρα),
savoir le *majeur* ou *grand extrême* (τὸ μεῖζον, τὸ πρῶτον ἄκρον), le *mineur* ou
petit extrême (τὸ ἔλαττον, τὸ ἔσχατον ἄκρον. Sur ἔσχατον, *cf.* Waitz, I, 379),
et le *moyen* (ὁ μέσος ὅρος, τὸ μέσον). En ce qui concerne la définition de la
première figure, il faut se rappeler que, d'une manière générale, Aristote
interprète le syllogisme en extension, et non en compréhension.

alors il y a nécessairement entre les extrêmes syllogisme
35 parfait. – J'appelle *moyen* le terme qui est lui-même contenu
dans un autre terme et contient un autre terme en lui, et qui
occupe aussi une position intermédiaire ; j'appelle *extrêmes* à
la fois le terme qui est lui-même contenu dans un autre, et le
terme dans lequel un autre est contenu[1]. – Si A est affirmé de
tout B, et B de tout Γ, nécessairement A est affirmé de tout Γ[2].
40 Nous avons indiqué plus haut ce que nous entendons par
26a *affirmé de tout*[3]. – De même, si A n'est affirmé de nul B, et si
B est affirmé de tout Γ, il en résulte que A n'appartiendra
à nul Γ[4].

Si le majeur appartient au moyen pris universellement,
mais que le moyen n'appartienne pas au mineur pris universellement, il n'y aura pas de syllogisme des extrêmes[5], car rien

---

1. Dans la première figure, Aristote désigne le moyen par B, le majeur par
A et le mineur par Γ. La majeure est ainsi AB, la mineure BΓ, et la conclusion
AΓ. – Rappelons, d'autre part, que les lettres A, E, I, O désignent respectivement, dans la logique classique, les propositions : universelle affirmative,
universelle négative, particulière affirmative, particulière négative.

2. Premier mode concluant, en *Barbara*.
    A. *Tout B est A* ;
    A. *Tout Γ est B* ;
    A. *Tout Γ est A*.

3. Rappel du *dictum de omni*, énoncé 1, 24b28.

4. Second mode concluant, en *Celarent*.
    E. *Nul B n'est A* ;
    A. *Tout Γ est B* ;
    E. *Nul Γ n'est A*.

5. Premier mode non concluant : majeure A, mineure E. – D'une manière
générale, Aristote élimine les modes non-concluants en montrant, par des
exemples simplement ébauchés, qu'ils aboutissent, en partant de prémisses
vraies, à des conclusions accidentelles, indifféremment affirmatives ou
négatives : tout dépend ainsi des exemples choisis (*cf.* Pacius, II, 126-127).

ne résulte nécessairement de ces données[1]. Il est possible, en
effet que le majeur appartienne ou n'appartienne pas au mineur 5
pris universellement, de sorte que ni une conclusion particulière, ni une conclusion universelle n'en découle nécessairement. Or en l'absence de conclusion nécessaire, ces prémisses
ne peuvent produire de syllogisme. Comme termes d'attribution universelle[2] prenons, par exemple, *animal*, *homme*,
cheval; et de non-attribution universelle, *animal*, *homme*,
pierre. – Pas davantage, quand ni le majeur n'appartient au 10
moyen pris universellement, ni le moyen au mineur pris
universellement, il n'y aura de cette façon syllogisme[3].

---

1. Comme le remarque Waitz avec raison (I, 381) l. 4, ἀναγκαῖον eût
gagné à être remplacé par ἀναγκαίως, *nam non quod sequitur necessarium est,
sed necessario consequitur propositionibus concessis.*

2. Aristote veut dire que la pseudo-conclusion est une universelle affirmative quand on prend le premier groupe de termes comme exemples; et si l'on
prend le second groupe, on obtient une universelle négative. Il n'y a donc
aucune nécessité dans le raisonnement, lequel, par suite, ne peut être concluant.
Nous avons donc :

     A. *Tout homme est animal*;
     E. *Aucun cheval n'est homme*;
     A. *Tout cheval est animal.*

     A. *Tout homme est animal*;
     E. *Aucune pierre n'est homme*;
     E. *Aucune pierre n'est animal.*

3. Second mode non-concluant : majeure E, mineure E.

     E. *Nulle ligne n'est science*;
     E. *Nulle médecine n'est ligne*;
     A. *Toute médecine est science.*

     E. *Nulle ligne n'est science*;
     E. *Nulle unité n'est ligne*;
     E. *Nulle unité n'est science.*

Termes d'attribution : *science, ligne, art médical* ; de non-attribution : *science, ligne, unité*.

Quand donc on se trouve en présence de termes universels, il est clair que, dans cette figure, tantôt il y aura, tantôt il n'y aura pas syllogisme[1] ; que, s'il y a syllogisme, les termes
15 devront nécessairement se comporter comme nous l'avons indiqué, et que, inversement, s'ils se comportent de cette façon, il y aura syllogisme.

Mais supposons que l'un des termes soit rapporté universellement à son sujet, et l'autre particulièrement[2]. Quand l'universel se rapporte au grand extrême, soit affirmativement soit négativement[3], et que le particulier se rapporte au petit extrême affirmativement[4], on a nécessairement un syllogisme
20 parfait. Par contre, quand l'universel se rapporte au petit extrême[5], ou que les termes sont entre eux dans un tout autre rapport[6], il est impossible qu'il y ait syllogisme. – J'appelle *grand extrême* celui dans lequel le moyen est contenu, et *petit extrême* celui qui est subordonné au moyen. – Soit donc A appartenant à tout B, et B à quelque Γ[7]. Si *être affirmé de tout*
25 signifie bien ce que nous avons dit au début[8], nécessairement A appartient à quelque Γ. – Et si A n'appartient à nul B, et que

---

1. Tout dépendra de la mineure, qui doit toujours être affirmative.
2. C'est-à-dire quand une proposition est universelle, et l'autre particulière.
3. Quand la majeure est une universelle, affirmative ou négative.
4. Quand la mineure est particulière et affirmative.
5. Quand la mineure est universelle et la majeure particulière.
6. Quand, par exemple, la mineure est négative.
7. Troisième mode concluant, en *Darii*.

    A. *Tout B est A* ;
    I. *Quelque Γ est B* ;
    I. *Quelque Γ est A.*
8. Chap. 1, 24b28.

B appartienne à quelque Γ, nécessairement A n'appartient pas à quelque Γ[1], ce qui est encore conforme à notre définition de *n'être attribué à aucun*. Il y aura ainsi syllogisme parfait. – Même solution si la prémisse BΓ[2] est indéfinie, pourvu qu'elle soit affirmative : ce sera, en effet, le même syllogisme, que la prémisse soit indéfinie ou particulière.

Mais si l'universel se rapporte au petit extrême, soit affir- 30 mativement soit négativement[3], il n'y aura pas de syllogisme, que la majeure soit affirmative, négative, indéfinie ou particulière : par exemple, si A appartient ou n'appartient pas à quelque Γ, et que B appartienne à tout Γ[4]. Termes d'attribution : *bon, état, prudence* ; de non-attribution : *bon, état,*

---

1. Quatrième mode concluant, en *Ferio*.

    E. *Nul B n'est A* ;

    I. *Quelque Γ est B* ;

    O. *Quelque Γ n'est pas A*.

Aristote rappelle ensuite le *dictum de nullo*.

2. La mineure. – Dans les syllogismes en *Darii* et en *Ferio*, on peut donc remplacer la mineure particulière par une mineure indéfinie, *quia haec propositio « animal est homo » vera est, etiamsi non omne, sed tantum aliquod animal fit homo* (Pacius, II, 128).

3. Mineure universelle affirmative ou négative. – L. 32-33, οὔτε ἀποφα-τικοῦ... ὄντος se rapporte incontestablement à la majeure. Sur les difficultés du texte, *cf.* Waitz, I, 382.

4. Troisième et quatrième modes non-concluants : majeure I ou O, mineure A :

    I. *Quelque état est bon* ;

ou O. *Quelque état n'est pas bon* ;

    A. *Toute prudence est un état* ;

    A. *Toute prudence est bonne.*

    I. *Quelque état est bon* ;

ou O. *Quelque état n'est pas bon* ;

    A. *Toute ignorance est un état* ;

    E. *Nulle ignorance n'est bonne.*

ignorance. – Si, d'autre part, B n'appartient à nul Γ, et si A appartient à quelque B, ou ne lui appartient pas, ou n'appartient pas à tout B[1], il ne peut pas de cette façon non plus y avoir de
35 syllogisme. Exemples de termes : *blanc, cheval, cygne* ; *blanc, cheval, corbeau*. – Les mêmes termes peuvent encore servir si la prémisse AB[2] est indéfinie.

26b   Pas davantage il n'y aura syllogisme quand l'universel se rapporte au grand extrême, soit affirmativement soit négativement[3], et que le particulier se rapporte au petit extrême négativement, que cette mineure soit indéfinie ou particulière[4] : si, par exemple, A appartient à tout B, et si B n'appartient pas à
5 quelque Γ ou s'il n'appartient pas à tout Γ[5]. C'est qu'en effet,

---

1. Cinquième et sixième modes non-concluants : majeure I ou O, mineure E :

      I. *Quelque cheval est blanc* ;

  ou O. *Quelque cheval n'est pas blanc*

      E. *Nul cygne n'est cheval* ;

      A. *Tout cygne est blanc.*

      I. *Quelque cheval est blanc* ;

  ou O. *Quelque cheval n'est pas blanc*

      E. *Nul corbeau n'est cheval* ;

      E. *Nul corbeau n'est blanc.*

2. La majeure.

3. Majeure universelle affirmative ou négative.

4. Mineure particulière négative ou indéfinie.

5. Septième mode non-concluant : majeure A, mineure O. – La démonstration d'Aristote, là encore, se fait par *ecthèse*, procédé que nous avons déjà rencontré dans la théorie de la conversion (*supra*, 2, 25a14-17, et note) : les notions de *cygne* et de *neige* vont être séparées de la notion de *blanc* qui les enveloppe.

      A. *Tout homme est animal* ;

      O. *Quelque blanc (le cygne) n'est pas homme* ;

      A. *Tout cygne est animal.*

le majeur sera affirmé ou non affirmé de la totalité du mineur, terme auquel, pris particulièrement, le moyen ne peut appartenir[1]. Prenons comme termes : *animal*, *homme*, *blanc* ; ensuite, parmi les choses blanches dont l'homme n'est pas affirmé, choisissons *cygne* et *neige* : *animal* est affirmé de la totalité de l'un et nié de la totalité de l'autre, de sorte qu'il n'y aura pas de syllogisme. – Admettons maintenant que A n'appartienne 10 à nul B et que B n'appartienne pas à quelque Γ[2], et prenons comme termes : *inanimé*, *homme*, *blanc* ; prenons ensuite, parmi les choses blanches dont l'homme n'est pas affirmé, *cygne* et *neige*. *Inanimé* est affirmé de la totalité de l'un, et nié de la totalité de l'autre. – En outre, puisque c'est une expression indéfinie que de dire que B n'appartient pas à quelque Γ, 15 (et il est vrai que, soit que B n'appartienne à aucun Γ ou que B n'appartienne pas à tout Γ, de toute façon B n'appartient pas à quelque Γ)[3], et puisque, si des termes de ce genre sont pris de

---

A. *Tout homme est animal* ;

O. *Quelque blanc* (*la neige*) *n'est pas homme* ;

E. *Nulle neige n'est animal.*

1. Le moyen terme n'a donc ici aucun rôle et, dans la conclusion, l'union des extrêmes se fera sans son intermédiaire. – L. 5, ᾧ désigne le mineur : ἀκολουθήσει a le sens d'*attribuetur*.

2. Huitième mode non-concluant majeure E, mineure O. Même procédé de démonstration par *ecthèse*.

E. *Nul homme n'est inanimé* ;

O. *Quelque blanc* (*la neige*) *n'est pas homme* ;

A. *Toute neige est inanimée.*

E. *Nul homme n'est inanimé* ;

O. *Quelque blanc* (*le cygne*) *n'est pas homme* ;

E. *Nul cygne n'est inanimé.*

3. Le terme ἀδιόριστον, l. 14, qui signifie généralement « ce qui n'est pas affecté de la note *omnis* ou *quidam* » (cf. *de Inter.*, 7, 17b7, et la note de notre traduction, p. 88), présente ici un sens particulier, expliqué dans la parenthèse.

telle façon que B n'appartienne à aucun Γ[1], aucun syllogisme
ne se forme (ainsi que nous l'avons indiqué plus haut)[2]; il est
dès lors manifeste que d'un pareil rapport de termes[3] ne sortira
20 pas de syllogisme : autrement, il y aurait syllogisme également
dans l'autre cas[4]. – Une semblable démonstration peut aussi
être donnée si on pose une prémisse universelle négative[5].

Il ne pourra non plus y avoir d'aucune façon syllogisme[6]
quand les relations <du sujet et du prédicat> sont l'une et

La proposition en question, toute particulière qu'elle soit, est qualifiée pourtant
d'indéterminée, *quoniam non definitur num de altera parte tantum vera sit, de
altera falsa, an de parte tantum accipiatur quod praedicetur, quamvis de toto
verum sit* (Waitz, I, 383). – Les lignes 14-21 indiquent une nouvelle raison
d'éliminer le septième mode non-concluant, caractérisé par la mineure O. Nous
avons précédemment éliminé le mode A-E, dans lequel la mineure universelle
est négative. Or, en raison de la qualité d'indéterminée de la particulière
négative, on peut considérer cette dernière comme une partie de l'universelle
négative : si donc celle-ci est impuissante à former un syllogisme, à plus forte
raison en est-il de même de la particulière négative (*cf.* Waitz, I, 383-384, qui
expose nettement l'argument). – Aristote utilisera à plusieurs reprises cette
preuve ἐκ τοῦ ἀδιορίστου.

1. C'est-à-dire de telle sorte que la mineure soit une universelle négative.

2. *Supra*, l. 26a2.

3. A-O (le septième mode non concluant).

4. « L'autre cas », c'est le premier mode non concluant, avec une mineure
universelle négative, qui empêche la formation du syllogisme.

5. Aristote étend au huitième mode non concluant (E-O) ce qu'il vient de
dire : les raisons sont évidemment les mêmes, le changement dans la qualité de
la majeure (E au lieu de A) n'exerçant aucune influence dans la formation du
syllogisme.

6. Autres modes non-concluants : majeure I, mineure I; majeure O,
mineure O; majeure I, mineure O; majeure O, mineure I.

I. *Quelque blanc est animal*;

I. *Quelque cheval est blanc*;

A. *Tout cheval est animal.* Etc. ...

l'autre particulières, soit affirmativement soit négativement ;
ou si l'une est affirmative et l'autre négative ; ou encore l'une
indéfinie, et l'autre définie ; ou enfin l'une et l'autre indéfinies[1]. Exemples de termes communs à tous ces cas : *animal,
blanc, cheval* ; *animal, blanc, pierre*.   25

Il résulte clairement de ce que nous venons de dire que,
dans un syllogisme particulier de cette figure[2], les termes
doivent être en rapports comme nous l'avons indiqué[3], autrement aucun syllogisme n'est possible. – Il est évident aussi que
tous les syllogismes rentrant dans cette figure sont parfaits[4]

La conclusion sera, avec le premier groupe d'exemples, une universelle
affirmative ; avec le second groupe, une universelle négative : *animal* est dit de
tout *cheval* et de nulle *pierre*. Sur les 16 modes de la première figure, Aristote en
a ainsi éliminé 12 (y compris le mode O-E, l. 26a36, qu'Hamelin, *Le système*,
p. 183, assure, mais à tort, avoir été omis), pour ne conserver que les 4 modes
concluants traditionnels.

1. Les propositions indéfinies sont les propositions à sujet indéfini :
homme, animal, sans spécification d'universalité ou de particularité. Elles sont
assimilées aux particulières (cf. *infra*, 7, 29a27).

2. *Darii* et *Ferio*. « Syllogisme particulier », c'est-à-dire syllogisme à
conclusion particulière.

3. A-I ou E-I.

4. Dans le syllogisme de la première figure, la conclusion découle nécessairement et explicitement des prémisses, et le *dictum de omni et nullo* y est si
immédiatement appliqué qu'il n'est pas un principe extérieur au syllogisme,
mais le syllogisme lui-même à l'état abstrait. Ce caractère d'évidence particulière de la première figure tient assurément à la position centrale du moyen
terme qui, au point de vue de l'extension, est contenu d'une part et contenant de
l'autre. – Dans les autres figures, la conclusion découle bien nécessairement
aussi des prémisses, mais non explicitement, et le *dictum* n'apparaît pas avec
assez d'évidence : pour dégager les relations logiques, on doit recourir à une
réduction. Il n'en faudrait pas conclure cependant que les seconde et troisième
figures sont de simples altérations de la première : elles sont valables par elles-

(car tous reçoivent leur achèvement des prémisses originaire-
30 ment posées), et que toutes les conclusions peuvent être
démontrées au moyen de cette figure, universelles aussi bien
que particulières, affirmatives aussi bien que négatives[1].
J'appelle une telle figure la *première*.

5
<Le Syllogisme catégorique de la seconde figure>

Quand un même terme[2] appartient à un sujet pris universellement, et n'appartient pas à l'autre sujet pris universellement, ou lorsqu'il appartient, ou n'appartient pas, tant à l'un
35 qu'à l'autre des deux sujets pris universellement, cette figure je
l'appelle la *seconde*. – Ce que j'appelle le moyen dans cette
figure, c'est le terme qui est affirmé des deux sujets[3]; les deux
extrêmes sont les termes dont ce moyen est affirmé; le majeur,
celui qui est situé le plus près du moyen, et le mineur, celui qui

mêmes, tout en n'ayant pas, comme le pense Lachelier (*Études*, p. 58 *sq.*), un
principe suprême propre, indépendant du principe suprême de la première
figure.

1. Seule la première figure donne toutes les espèces de conclusions (A, E,
I, O); dans la seconde figure, il n'y a pas de conclusion affirmative, ni, dans la
troisième, d'universelle.

2. Le moyen. – La définition d'Aristote ne vise que les modes universels.

3. Le moyen est ainsi prédicat dans les deux prémisses. – Dans tout ce
chapitre, le moyen est désigné par M, le majeur par N, et le mineur par Ξ; la
majeure est donc MN, la mineure MΞ, et la conclusion NΞ. – Le principe de la
seconde figure est toujours le *dictum* interprété en extension, et qui, appelé dans
ce cas *dictum de universo*, s'énonce ainsi : *Si aliquod attributum potest praedicari affirmative aut negative de quodam termino, non continetur sub illo termino
omne de quod illud attributum praedicare nequit (affirmative aut negative).*

s'éloigne le plus du moyen. Le moyen est posé en dehors des
extrêmes, et sa place est la première. Le syllogisme ne sera **27a**
donc, d'aucune façon, parfait dans cette figure[1], mais il sera
valide, que les termes soient universels ou non universels[2].

Si les termes sont universels, il y aura syllogisme toutes les
fois que le moyen appartient à un sujet pris universellement, et
n'appartient pas à un autre sujet pris universellement, quel que
soit celui des deux qui est négatif[3] : autrement, pas de syllogisme possible. Soit, en effet, le terme M, qui n'est affirmé de 5
nul N, mais est affirmé de tout Ξ[4]. Puisque la négative est

---

1. Sont, en effet, seulement considérés comme valables les syllogismes qui
peuvent se réduire à des syllogismes de la première figure (à l'exception de
Baroco). Mais, quoique imparfaits, ce sont pourtant des syllogismes, et la
conclusion se tire direcment des prémisses. La transformation qu'ils subissent
n'altère en rien ces prémisses : la transposition respecte leur contenu, et la
conversion résulte de leur nature.

2. « Termes universels », c'est-à-dire termes entrant dans des prémisses
universelles ; « termes non universels », c'est-à-dire termes entrant dans des
prémisses, ou toutes deux particulières, ou toutes deux indéfinies, ou l'une
au moins indéfinie ou particulière. *Nam syllogismi sumunt appellationem a
deteriori propositione* (Pacius, II, 130).

3. Autrement dit, quelle que soit celle des deux prémisses qui soit négative,
pourvu que l'autre soit affirmative.

4. Premier mode concluant, en *Cesare*.

     E. *Nul N n'est M*;

     A. *Tout Ξ est M*;

     E. *Nul Ξ n'est N*.

Ce syllogisme est concluant. Convertissons, en effet, la majeure, et nous
obtenons le syllogisme suivant en *Celarent*, où le moyen M, de prédicat de la
majeure devient sujet de la majeure (grâce aux mots figuratifs traditionnels,
nous savons que *Cesare* doit se réduire à *Celarent*, par conversion parfaite de la
majeure, la lettre C indiquant l'initiale du syllogisme de la première figure, et
la lettre *s*, suivant la première voyelle, marquant la conversion simple de la
majeure) :

convertible, N n'appartiendra à nul M. Mais M était supposé appartenir à tout Ξ. En conséquence, N n'appartiendra à nul Ξ. Cela a déjà été démontré plus haut[1]. – Si maintenant M appartient à tout N, mais n'appartient à nul Ξ, N n'appartiendra non
10 plus à nul Ξ[2]. Si, en effet, M n'appartient à nul Ξ, Ξ n'appartient non plus à nul M. Mais M, avons-nous dit, appartient à tout N. Donc Ξ n'appartiendra à nul N, car on retombe dans la première figure. Mais puisque la négative est convertible, N n'appartiendra non plus à nul Ξ. Par suite, ce sera le même syllogisme.

Il est encore possible de démontrer ces conclusions par réduction à l'absurde[3].

E. *Nul M n'est N*;
A. *Tout Ξ est M*;
E. *Nul Ξ n'est N*. – C.Q.F.D.

1. Chap. 4, 25b40, pour *Celarent*.
2. Second mode concluant, en *Camestres*.

A. *Tout N est M*;
E. *Nul Ξ n'est M*;
E. *Nul Ξ n'est N*.

La preuve de la conclusion se fait par réduction à *Celarent* (C), au moyen de la transposition des prémisses (*m*), et de la conversion simple de la mineure (E*s*) et de la conclusion (E*s*). (L. 10, nous adoptons la lecture de Waitz, I, 387, et lisons : οὐδὲ τῷ Ξ τὸ N).

E. *Nul M n'est Ξ*;
A. *Tout N est M*;
E. *Nul N n'est Ξ* (= *Nul Ξ n'est N*).

3. La *réduction à l'absurde* ou *à l'impossible* (ἀπαγωγή εἰς τὸ ἀδύνατον, *reductio per absurdum*) est ainsi définie par les scolastiques : *fit sumendo in antecedenti contradictoriam conclusionis negatae cum alterutra premissa jam concessa, et inferendo in modo perfecto conclusionem incompatibilem cum una ex praemissis concessis.* On suppose donc accordées les prémisses et niée la conclusion du syllogisme à démontrer. On prend la contradictoire de cette conclusion, et on la substitue à l'une des prémisses; on construit un syllogisme

Qu'ainsi un syllogisme se forme quand les termes sont en 15 rapports de cette façon, c'est là une chose évidente ; mais ce n'est pas un syllogisme parfait, attendu que sa nécessité ne reçoit pas son achèvement des prémisses originairement posées, mais qu'elle en requiert d'autres encore.

parfait qui aura une conclusion contradictoire à cette même prémisse. La réduction à l'absurde est indiquée, dans les mots figuratifs, par la lettre *c*.

La démonstration par l'absurde n'engendre qu'une certitude de second ordre ; elle est très inférieure à la preuve directe (*cf.* Rondelet, *Théorie logique*, p. 176 *sq.* ; Renouvier, *Traité de logique*, II, p. 1 *sq.*).

Nous verrons que *Baroco*, dans la seconde figure, et *Bocardo*, dans la troisième, ne peuvent être réduits que par l'absurde. Mais tous les modes des seconde et troisième figures peuvent faire l'objet de ce genre de raisonnement. Seulement, les mots conventionnels indiquant les modes ayant été forgés en vue de la réduction directe à la première figure, ne s'appliquent plus, et on ne peut tenter de réduire par l'absurde *Camestres* à *Celarent*, ni *Festino* à *Ferio*, sous prétexte que l'initiale est la même (exception faite pourtant pour *Baroco*). On a dû inventer d'autres mots mnémotechniques qui sont :

seconde figure, *Obit terras* ou *Odiebam* ;

troisième figure, *Spheramque quotannis* ou *lactare Romanis* (nous laissons de côté la quatrième figure, qu'Aristote ignore à bon droit).

Dans ces mots, les voyelles indiquent la *conclusion* du mode de la première figure, auquel doit être réduit *per absurdum* le syllogisme de la seconde ou de la troisième figure, pris dans l'ordre ordinaire des modes. Prenons pour exemple les modes de la seconde figure, qui sont, dans l'ordre : *Cesare, Camestres, Festino* et *Baroco*. Nous dirons que *Cesare* sera réduit à *FeriO*, dont la conclusion (O) est marquée par la première voyelle de *Obit terras* ; *Camestres* sera réduit à *DariI*, dont la conclusion (I) est marquée par la seconde voyelle de *obIt terras* ; *Festino* sera réduit à *CelarEnt*, dont la conclusion (E) est indiquée par la troisième voyelle de *obit tErras* ; enfin *Baroco* sera réduit à *BarbarA*, dont la conclusion (A) est indiquée par la quatrième voyelle de *obit terrAs*.

Pour démontrer, comme le veut Aristote dans le présent passage, la légitimité de la conclusion de *Cesare*, au moyen de la réduction à l'absurde, prenons la contradictoire de la conclusion. Nous avons (E-I) :

Mais si M est affirmé de tout N et de tout Ξ, il ne peut y avoir de syllogisme[1]. On peut prendre comme termes d'attribution : *substance, animal, homme* ; et de non-attribution :
20 *substance, animal, nombre*, le moyen étant *substance*. – Il n'y a pas davantage syllogisme quand M n'est affirmé ni d'aucun N, ni d'aucun Ξ[2]. Exemples de termes d'attribution : *ligne, animal, homme* ; et de non-attribution : *ligne, animal, pierre*.

> *Quelque Ξ est N.*
> La majeure étant, et continuant d'être,
> *Nul N n'est M,*
> nous obtenons le syllogisme suivant en *Ferio*, en prenant *quelque Ξ est N* comme mineure :
> E. *Nul N n'est M* ;
> I. *Quelque Ξ est N* ;
> O. *Quelque Ξ n'est pas M,*
> conclusion qui contredit la mineure du premier syllogisme *tout Ξ est M*. La conclusion de *Cesare* est donc démontrée indirectement par la fausseté de la contradictoire de la mineure en *Cesare* : en accordant les prémisses et en niant la conclusion, on s'enferme dans une contradiction. On procède de la même façon pour *Camestres*, qui sera réduit à *Darii*. Le mot ἀπαγωγή a un tout autre sens, *infra*, II, 25, 69a20, et la note.
> 1. Premier mode non concluant : majeure A, mineure A.
> > A. *Tout animal est substance* ;
> > A. *Tout homme est substance* ;
> > A. *Tout homme est animal.*
> > A. *Tout animal est substance* ;
> > A. *Tout nombre est substance* ;
> > E. *Nul nombre n'est animal.*
> 2. Second mode non concluant : majeure E, mineure E.
> > E. *Nul animal n'est ligne* ;
> > E. *Nul homme n'est ligne* ;
> > A. *Tout homme est animal.*
> > E. *Nul animal n'est ligne* ;
> > E. *Nulle pierre n'est ligne* ;
> > E. *Nulle pierre n'est animal.*

On voit donc que, dans le cas d'un syllogisme dont les termes sont universels, les termes doivent nécessairement être en rapports comme nous l'avons indiqué au début[1]; disposés d'une autre façon, aucune nécessité ne suit.

25

Supposons maintenant que le moyen se rapporte universellement à l'un des extrêmes; toutes les fois qu'au majeur il est rapporté universellement, soit affirmativement soit négativement[2], et qu'au mineur il est rapporté particulièrement et d'une façon opposée à celle de la proposition universelle[3] (par *d'une façon opposée*, j'entends que si la proposition universelle est négative, la particulière est affirmative, et que si l'universelle est affirmative, la particulière est négative), on obtient nécessairement un syllogisme particulier négatif[4]. Si, en effet, M n'appartient à nul N, mais appartient à quelque Ξ, nécessairement N n'appartient pas à quelque Ξ[5]. Car, puisque la négative est convertible, N n'appartiendra à nul M; or M était supposé appartenir à quelque Ξ; aussi N n'appartiendra-t-il pas à quelque Ξ : car on obtient un syllogisme de la première figure.

30

35

---

1. Ligne 3.

2. Autrement dit, quand la majeure est universelle, affirmative ou négative.

3. EI ou AO. – La mineure doit être de qualité contraire à la majeure.

4. *Festino* et *Baroco*. – « Syllogisme particulier négatif », c'est-à-dire : syllogisme dont la conclusion est O.

5. Troisième mode concluant, en *Festino*.

      E. *Nul N n'est M*;

      I. *Quelque Ξ est M*;

      O. *Quelque Ξ n'est pas N*.

La preuve se fait par réduction à *Ferio*, au moyen de la conversion simple de la majeure (E*s*) :

      E. *Nul M n'est N*;

      I. *Quelque Ξ est M*;

      O. *Quelque Ξ n'est pas N*.

– Si maintenant M appartient à tout N, mais non à quelque Ξ, nécessairement N n'appartient pas à quelque Ξ[1]. Car si N appartient à tout Ξ, et si M est affirmé aussi de tout N, nécessairement M appartiendra à tout Ξ. Or M était supposé ne pas appartenir à quelque Ξ. Et si M appartient à tout N, et non à quelque Ξ[2], il y aura syllogisme, concluant que N n'appartient pas à quelque Ξ. La démonstration est la même que plus haut. – Par contre, si M est affirmé de tout Ξ, mais non de quelque N[3],

27b

---

1. Quatrième mode concluant, en *Baroco*. – Ce mode ne se réduit que par l'absurde.

Soit le syllogisme en *Baroco* :

    A. *Tout N est M* ;

    O. *Quelque Ξ n'est pas M* ;

    O. *Quelque Ξ n'est pas N*.

La conclusion est légitime. Sa contradictoire est, en effet (O-A).

    Tout Ξ est N.

En substituant cette proposition à la mineure et en conservant la majeure, j'obtiens le syllogisme suivant en *Barbara* :

    A. *Tout N est M* ;

    A. *Tout Ξ est N* ;

    A. *Tout Ξ est M*,

conclusion qui contredit la mineure de *Baroco* : *quelque Ξ n'est pas M*. La conclusion de *Baroco* est donc légitime, car on ne peut accorder les prémisses et nier la conclusion.

2. Prémisses A et O. – L. 2 et 3, les expressions μὴ παντί et οὐ παντί, datifs de μὴ πᾶς et οὐ πᾶς ont le sens de *non omnis=quelque... ne*. Nous avons déjà observé (*de Inter.*, 7, 17b18, note, p. 90 de notre traduction) que οὐ πᾶς ἄνθρωπος λευκός, par exemple, signifie *non omnis homo albus=quidam homo non est albus*, ce que nous exprimons en français par *quelque homme n'est pas blanc*.

3. Troisième mode non concluant : majeure O, mineure A.

    O. *Quelque substance n'est pas animal* ;

    A. *Tout corbeau est animal* ;

    A. *Tout corbeau est substance*.

il ne peut y avoir syllogisme. Exemples de termes : *animal*, 5
substance, corbeau; *animal, blanc, corbeau*. – Pas davantage
il n'y a de conclusion quand M n'est affirmé de nul Ξ, mais
est affirmé de quelque N[1]. Exemples de termes d'attribution : *animal, substance, unité*; de non-attribution : *animal,
substance, science*.

Pour le cas où l'universelle est opposée à la particulière,
nous avons donc établi quand il y aura et quand il n'y aura pas 10
syllogisme. Mais si on a affaire à des prémisses de forme
semblable, c'est-à-dire toutes deux négatives ou toutes deux
affirmatives, le syllogisme n'est absolument pas possible.

Supposons-les d'abord négatives, et posons le grand
extrême comme universel : disons, par exemple, que M
n'appartient à nul N, ni à quelque Ξ[2]. Il est possible alors pour 15

      O. *Quelque blanc n'est pas animal*;
      A. *Tout corbeau est animal*;
      E. *Nul corbeau n'est blanc*.
1. Quatrième mode non concluant : majeure I, mineure E.
      I. *Quelque substance est animal*;
      E. *Nulle unité n'est animal*;
      A. *Toute unité est substance*.
      I. *Quelque substance est animal*;
      E. *Nulle science n'est animal*;
      E. *Nulle science n'est substance*.
(Le premier exemple d'Aristote est fort mal choisi. Pacius, I, 143,
remplace μονάς par λίθος mais le résultat n'est pas plus satisfaisant).
2. Cinquième mode non concluant : majeure E, mineure O.
      E. *Nulle neige n'est noire*;
      O. *Quelque animal n'est pas noir*;
      E. *Nul animal n'est neige*.
La conclusion est donc une universelle négative. Aristote dit ensuite qu'il
est impossible d'aboutir à une universelle affirmative et de trouver des
exemples en ce sens. Son argumentation est très délicate, et là encore le procédé
employé est la réduction à l'absurde.

N, soit d'appartenir à tout Ξ, soit de n'appartenir à nul Ξ.
Exemples de termes de non-attribution : *noir, neige, animal.*
Quant à trouver des termes d'attribution universelle, ce n'est
pas possible, si M appartient à quelque Ξ, et n'appartient pas à
quelque Ξ. Car si N appartient à tout Ξ, mais que M n'appartienne à aucun N, M n'appartiendra à aucun Ξ. Mais on avait
posé M comme appartenant à quelque Ξ. Dans ces conditions,
20 il n'est donc pas possible de trouver des termes : c'est à la
démonstration par l'indéterminé que nous devons recourir[1].

Aristote commence par poser que, dans la mineure, le moyen terme peut
être indifféremment attribué ou nié du sujet : on peut dire avec autant de vérité
quelque animal n'est pas noir ou *quelque animal est noir*. Cette indétermination rend une conclusion universelle affirmative tout à fait impossible, car on
tomberait dans la contradiction. Prenons, en effet, comme termes (ce sont ceux
de Pacius), *noir* (M), *cygne* (N), *oiseau* (Ξ). En remplaçant la mineure O par I,
nous obtenons le syllogisme suivant :

   E. *Nul cygne n'est noir* ;

   I. *Quelque oiseau est noir* ;

   A. *Tout oiseau est cygne.*

Cette conclusion est illégitime. Si, en effet, procédant *per absurdum*, nous
la faisons entrer comme mineure dans un syllogisme en *Celarent*, nous avons :

   E. *Nul cygne n'est noir* ;

   A. *Tout oiseau est cygne* ;

   E. *Nul oiseau n'est noir,*

conclusion qui est la contradictoire de la mineure *quelque oiseau est noir,*
précédemment accordée. – Le procédé est le même, mais en sens inverse, que
pour la réduction de *Baroco*, où l'on démontrait la légitimité de la conclusion en
faisant entrer dans un syllogisme en *Barbara* la *contradictoire* de cette
conclusion (ici, c'est la *conclusion* même).

1. Il est donc impossible de montrer que N peut appartenir indifféremment
à tout Ξ ou à nul Ξ, puisqu'on ne peut trouver d'exemples pour l'attribution
universelle affirmative. Aristote se tourne alors vers l'argument ἐκ τοῦ ἀδιορίστου. Une particulière négative est indéterminée en ce sens, que nous avons
déjà rencontré (4, 26b15), qu'elle est contenue en quelque sorte dans l'univer-

Puisqu'il est vrai, en effet, que M n'appartient pas à quelque
Ξ même quand il n'appartient à nul Ξ, et puisque, quand il
n'appartient à nul Ξ, nous avons vu qu'il n'y avait pas de
syllogisme, il est clair dans ces conditions que, maintenant non
plus, il n'y aura pas de syllogisme.

Supposons maintenant que les prémisses soient affirmatives, et que l'universel soit posé comme dans le cas précédent[1] : savoir, M appartient à tout N et à quelque Ξ[2]. Il est alors 25
possible que N appartienne à tout Ξ, et n'appartienne à nul Ξ.
Exemples de termes de non-attribution universelle : *blanc*,
cygne, *pierre*. Quant à trouver des termes d'attribution universelle, c'est impossible, pour la même raison que précédemment, et c'est à la preuve par l'indéterminé que nous devons

---

selle négative. Tout ce qui est vrai de celle-ci est donc vrai de la première : si
donc le mode E-E a été reconnu illégitime (l. 22, Aristote renvoie à *supra*
l. 27a21), le mode E-O doit l'être également. L. 20, ἐκ τοῦ ἀδιορίστου = ἐκ τοῦ
ἀδιόριστον εἶναι τὴν κατὰ μέρος πρότασιν.

1. C'est-à-dire rapporté au grand terme, pour constituer une majeure
universelle.

2. Sixième mode non concluant : majeure A, mineure I.

    A. *Tout cygne est blanc* ;

    I. *quelque pierre est blanche* ;

    E. *Nulle pierre n'est cygne*.

Aucune conclusion universelle affirmative n'est possible. – La démonstration du présent cas est la même que pour le cas précédent. Le fait que la
mineure peut être aussi bien O que I, empêche, sous peine de contradiction,
d'aboutir à une conclusion A. Si, en effet, on fait entrer cette conclusion comme
mineure dans un syllogisme en *Barbara*, on obtiendra une conclusion contradictoire de la mineure O (équivalente à I) précédemment accordée. L'illégitimité de A-I ne pouvant ainsi être prouvée par des exemples, on devra employer
la preuve ἐκ τοῦ ἀδιορίστου : la particulière affirmative est une partie de
l'universelle affirmative ; si donc le mode A-A a été démontré non-concluant
(l. 27a18), il doit en être de même pour AI.

recourir. – Mais si l'universel est rapporté au petit extrême,
autrement dit si M n'appartient à nul Ξ, et si, d'autre part, M
30 n'appartient pas à quelque N, il est possible pour N d'appartenir à tout Ξ et de n'appartenir à nul Ξ[1]. Exemples de termes
d'attribution : *blanc, animal, corbeau* ; de non-attribution :
blanc, pierre, corbeau. – Mais si les prémisses sont affirmatives[2], les termes de non-attribution peuvent être, par exemple,
blanc, animal, neige ; et d'attribution, *blanc, animal, cygne*.

35   On voit donc que lorsque les prémisses sont de forme
semblable, et que l'une est universelle et l'autre particulière, le
syllogisme n'est absolument pas possible. – Il ne l'est pas non
plus[3] si le moyen terme appartient à chaque extrême pris

---

1. Septième mode non concluant : majeure O, mineure E.

     O. *Quelque animal n'est pas blanc* ;
     E. *Nul corbeau n'est blanc* ;
     A. *Tout corbeau est animal.*
     O. *Quelque pierre n'est pas blanche* ;
     E. *Nul corbeau n'est blanc* ;
     E. *Nul corbeau n'est pierre.*

2. Huitième mode non concluant : majeure I, mineure A.

     I. *Quelque animal est blanc* ;
     A. *Toute neige est blanche* ;
     E. *Nulle neige n'est animal* ;
     I. *Quelque animal est blanc* ;
     A. *Tout cygne est blanc* ;
     A. *Tout cygne est animal.*

3. Autres modes non concluants : majeure I, mineure I ; majeure O,
mineure O ; majeure I, mineure O, ou majeure O, mineure I.

     I. *Quelque animal est blanc* ;
     I. *Quelque homme est blanc* ;
     A. *Tout homme est animal*, etc. …

Suivant les exemples donnés par Aristote, et faciles à mettre en
syllogismes, la conclusion sera indifféremment tantôt A, tantôt E.

particulièrement, ou s'il n'appartient pas à chaque extrême pris particulièrement, ou s'il appartient à l'un pris particulièrement et n'appartient pas à l'autre pris particulièrement, ou s'il n'appartient à aucun d'eux pris universellement[1], ou s'il leur appartient d'une manière indéfinie[2]. Exemples de termes communs à tous ces cas : *blanc, animal, homme*; *blanc, animal, inanimé*.

Ce que nous venons de dire[3] montre donc clairement que si **28a** les termes se trouvent entre eux dans les rapports que nous venons d'indiquer, on obtient nécessairement un syllogisme, et que, s'il y a syllogisme, les termes sont nécessairement en rapports de cette façon. Mais il est évident aussi que tous les syllogismes de cette figure sont imparfaits (car tous ne se **5** réalisent complètement qu'à l'aide de certaines propositions supplémentaires, lesquelles, ou bien sont contenues nécessairement dans les termes[4], ou bien sont posées comme hypothèses, dans le cas, par exemple, de la preuve par l'absurde[5]), et qu'un syllogisme à conclusion affirmative ne peut être obtenu au moyen de cette figure, mais que tous les syllogismes sont à conclusion négative, aussi bien les universels que les particuliers.

1. Autre façon de dire : si le moyen n'appartient pas à l'un et à l'autre termés, pris particulièrement. Il ne s'agit donc pas de modes distincts.

2. Propositions à sujet indéfini : *homme, animal*, qui sont assimilées aux particulières (*infra*, 7, 29a27). Sur les 16 modes de la seconde figure, 12 se trouvent ainsi éliminés ; restent seulement les 4 modes concluants traditionnels.

3. Résumé général du chapitre.

4. On se sert de nouvelles propositions, mais non de nouveaux termes, et la conversion des prémisses résulte de leur nature même.

5. La contradictoire de la conclusion, insérée dans le second syllogisme, est une hypothèse qui réduit l'adversaire à l'absurdité, en lui démontrant qu'il est impossible de tirer du nouveau syllogisme une conclusion valable.

6
<Le Syllogisme catégorique de la troisième figure>

10   Mais quand un terme appartient et qu'un autre terme n'appartient pas à un même terme pris universellement[1], ou si l'un et l'autre appartiennent, ou s'ils n'appartiennent ni l'un ni l'autre à ce même terme pris universellement, une telle figure je l'appelle la *troisième*. – Je nomme *moyen*, dans cette figure, le terme dont les deux extrêmes sont prédicats[2]; *extrêmes*, les prédicats eux-mêmes; grand extrême, le plus éloigné du moyen, et petit extrême le plus rapproché. Le moyen est 15 posé en dehors des extrêmes, et il occupe la dernière place. – Le syllogisme ne peut pas non plus être parfait dans cette figure, mais il sera valide, que les termes se rapportent universellement ou non universellement au moyen.

S'ils sont rapportés universellement, quand, par exemple, Π et P appartiennent à tout Σ, il suit que Π appartiendra nécessairement à quelque P[3]. En effet, puisque l'affirmative

---

1. Le moyen. – Comme dans la seconde figure, la définition d'Aristote est seulement applicable aux modes universels.

2. Le moyen est donc sujet des deux prémisses. – Dans tout le cours du chapitre, le moyen est désigné par Σ, le majeur par Π, et le mineur par P; la majeure est ΠΣ, la mineure PΣ, et la conclusion ΠP, – Le principe de la troisième figure est le *dictum* interprété en extension et qui s'appelle, dans le présent cas, *dictum de exemplo* ou *dictum de parte*. Il s'énonce : *Duo termini qui continent aliquam partem communem, partim conveniunt; si autem unus continet partem, quam alter non continet, partim different.*

3. Premier mode concluant, en *Darapti*.

    A. *Tout Σ est Π*;

    A. *Tout Σ est P*;

    I. *Quelque P est Π*.

est convertible, Σ appartiendra à quelque P; par conséquent, 20
puisque Π appartient à tout Σ, et Σ à quelque P, nécessairement
Π appartient à quelque P, car c'est là un syllogisme de la
première figure. Il est encore possible d'en faire la preuve par
l'absurde[1], et aussi par ecthèse. Si, en effet <dans ce dernier
cas>, Π et P appartiennent l'un et l'autre à tout Σ, et si l'on
prend l'un des Σ, par exemple N, à ce dernier Π et P 25
appartiendront, de sorte que Π appartiendra à quelque P[2].

Si P appartient à tout Σ, et Π à nul Σ, il y aura syllogisme
concluant que Π nécessairement n'appartiendra pas à quelque
P[3]. On peut le démontrer de la même façon que le mode

Réduction à *Darii* (D), par conversion partielle de la mineure (A*p*):

    A. *Tout Σ est Π*;

    I. *Quelque P est Σ*;

    I. *Quelque P est Π.* – C.Q.F.D.

1. Si on fait entrer la contradictoire de la conclusion (E. *Nul P n'est Π*)
comme majeure dans un syllogisme en *Celarent* (car *SphEramque*, cf. *supra*, 5,
27a15, note), on obtient (cf. *infra*, 7, 29a36):

    E. *Nul P n'est Π*;

    A. *Tout Σ est P*;

    E. *Nul Σ n'est Π*, conclusion contradictoire de la majeure *tout Σ est Π.*
On pourrait procéder encore par *Cesare*.

2. Sur l'ecthèse, cf. *supra*, 2, 25a14-17, et note; 4, 26b4, et note. Tout ce qui
est vrai du moyen est vrai de sa partie. Si *tout Σ est Π et P*, quelque Σ (N, par
exemple) l'est aussi; quelque P est donc Π.

3. Second mode concluant, en *Felapton*.

    E. *Nul Σ n'est Π*;

    A. *Tout Σ est P*;

    O. *Quelque P n'est pas Π.*

Réduction à *Ferio* (F) par conversion partielle de la mineure (A*p*):

    E. *Nul Σ n'est Π*;

    I. *Quelque P est Σ*;

    O. *Quelque P n'est pas Π.* – C.Q.F.D.

précédent, en convertissant la prémisse PΣ. On pourrait encore le prouver par l'absurde comme ci-dessus[1].

30   Mais si P n'appartient à nul Σ, et si Π appartient à tout Σ, il n'y aura pas syllogisme[2]. Exemples de termes d'attribution : *animal, cheval, homme*; de non-attribution : *animal, inanimé, homme*. – Il n'y aura pas non plus syllogisme quand les deux termes ne sont l'un et l'autre affirmés d'aucun Σ[3]. Exemples
35   de termes d'attribution : *animal, cheval, inanimé*; de non-attribution : *homme, cheval, inanimé*, le moyen étant *inanimé*.

On voit donc que, dans cette figure aussi, tantôt il y aura, et tantôt il n'y aura pas syllogisme, quand les termes sont universels. En effet, quand les termes sont tous les deux affirmatifs[4], il y aura syllogisme, concluant qu'un extrême appartient à l'autre

---

1. En prenant la contradictoire de la conclusion (*tout P est Π*) comme majeure d'un syllogisme en *Barbara* (car *SpherAmque*), on obtient :

    A. *Tout P est Π*;

    A. *Tout Σ est P*;

    A. *Tout Σ est Π*, conclusion qui contredit la majeure *nul Σ n'est Π*.

2. Premier mode non concluant : majeure A, mineure E.

    A. *Tout homme est animal*;

    E. *Nul homme n'est cheval*;

    A. *Tout cheval est animal*.

    A. *Tout homme est animal*;

    E. *Nul homme n'est inanimé*;

    E. *Nul inanimé n'est animal*.

3. Second mode non-concluant : majeure E, mineure E.

    E. *Nul inanimé n'est animal*;

    E. *Nul inanimé n'est cheval*;

    A. *Tout cheval est animal*.

    E. *Nul inanimé n'est homme*;

    E. *Nul inanimé n'est cheval*;

    E. *Nul cheval n'est homme*.

4. C'est-à-dire, quand les deux prémisses sont affirmatives.

extrême pris particulièrement[1]; par contre, quand ils sont négatifs, il n'y aura pas syllogisme. Mais quand l'un est négatif **28b** et l'autre affirmatif, si c'est le majeur qui est négatif et l'autre affirmatif[2], il y aura syllogisme, concluant qu'un extrême n'appartient pas à l'autre extrême pris particulièrement; et si c'est l'inverse qui se produit[3], il n'y aura pas syllogisme.

Si un terme se rapporte universellement au moyen, et **5** l'autre particulièrement, et qu'ils soient tous deux affirmatifs, il y a nécessairement syllogisme, quel que soit celui des termes qui est universel[4]. Si, en effet, P appartient à tout Σ, et Π à quelque Σ, Π appartient nécessairement à quelque P. Car, puisque l'affirmative est convertible, Σ appartient à quelque Π, de sorte que, P appartenant à tout Σ et Σ à quelque Π, P **10** appartiendra aussi à quelque Π; il en résulte que Π appartient à quelque P.

Si, à son tour, P appartient à quelque Σ et Π à tout Σ, Π appartient nécessairement à quelque P[5], car on peut le

---

1. Conclusion I (*Darapti*).
2. *Felapton*, avec conclusion O.
3. Majeure affirmative et mineure négative.
4. Troisième mode concluant, en *Disamis*.

    I. *Quelque Σ est Π*;

    A. *Tout Σ est P*;

    I. *Quelque P est Π.*

Réduction à *Darii* (D) par conversion simple de la majeure (I*s*) et de la conclusion (I*s*), et transposition des prémisses (*m*):

    A. *Tout Σ est P*;

    I. *Quelque Π est Σ*;

    I. *Quelque Π est P* (= *quelque P est Π*).

5. Quatrième mode concluant, en *Datisi*.

    A. *Tout Σ est Π*;

    I. *Quelque Σ est P*;

    I. *Quelque P est Π.*

démontrer de la même manière que ci-dessus. On peut encore
en apporter la preuve tant par l'absurde que par ecthèse,
comme dans les cas précédents[1].

15   Mais si un terme est affirmatif et l'autre négatif, et que le
terme affirmatif soit universel, il y aura syllogisme, si c'est le
petit terme qui est affirmatif[2]. En effet, si P appartient à tout Σ,
et si Π n'appartient pas à quelque Σ, nécessairement Π n'appartient pas à quelque P. Car si Π appartient à tout P, et P à tout Σ,
20 Π appartiendra aussi à tout Σ : mais nous avons posé qu'il ne lui
appartenait pas. On peut encore le démontrer sans réduction à
l'absurde, en prenant un des Σ auquel Π n'appartient pas[3].

Réduction à *Darii* (D) par conversion simple de la mineure (I*s*) :

    A. *Tout Σ est Π*;

    I. *Quelque P est Σ*;

    I. *Quelque P est Π.* –C.Q.F.D.

    1. Preuve par l'absurde de *Disamis* : la contradictoire de la conclusion sera
la majeure d'un syllogisme en *Celarent* (car *SpheramquE*) dont la conclusion
sera la contradictoire de la majeure du syllogisme donné. – Pour *Datisi*, le
procédé est le même, mais par *Ferio* (*quOtannis*). Pas de difficulté pour la
preuve par ecthèse de *Disamis* et de *Datisi* : on procédera comme pour *Darapti*.

    2. Cinquième mode concluant, en *Bocardo* : majeure particulière négative,
mineure universelle affirmative.

        O. *Quelque Σ n'est pas Π*;

        A. *Tout Σ est P*;

        O. *Quelque P n'est pas Π.*

    La réduction à l'absurde se fait par *Barbara* (car *quotAnnis*) :

        A. *Tout P est Π* (contradictoire de la conclusion);

        A. *Tout Σ est P*;

        A. *Tout Σ est Π*, conclusion qui contredit la majeure de *Bocardo*.

    3. Par ecthèse, en prenant une partie du moyen, à laquelle le majeur
n'appartient pas.

Mais quand c'est le grand terme qui est affirmatif[1], il n'y aura pas de syllogisme[2] : si, par exemple, Π appartient à tout Σ, et si P n'appartient pas à quelque Σ. Exemples de termes d'attribution universelle : *animé, homme, animal*. Mais, pour la non-attribution universelle, il n'est pas possible de trouver de termes, si P appartient à quelque Σ, et n'appartient pas à quelque Σ. Car si Π appartient à tout Σ, et P à quelque Σ, Π appartiendra aussi à quelque P : or il était supposé n'appartenir à aucun. En réalité, ce qu'il faut faire, c'est procéder comme précédemment[3]. En effet, l'expression *ne pas appartenir à un terme pris particulièrement* étant indéterminée, on peut dire en toute vérité que ce qui n'appartient pas à un terme pris univer-

25

---

1. C'est-à-dire la majeure, qui contient le grand terme.

2. Troisième mode non concluant : majeure A, mineure O.

    A. *Tout animal* (Σ) *est animé* (Π);

    O. *Quelque animal* (Σ) *n'est pas homme* (P);

    A. *Tout homme* (P) *est animé* (Π).

Comme pour les cinquième et sixième modes non-concluants de la seconde figure, la preuve empirique de l'illégitimité de A-O est impossible à faire, car on manque de termes pour la non-attribution universelle (*nul P n'est Π*). Cela tient toujours au caractère indéterminé de la mineure, qui peut aussi bien être affirmative que négative. Supposons-la, en effet, affirmative (*quelque Σ est P*), et prenons-la comme mineure du syllogisme suivant en *Datisi*. Nous avons :

    A. *Tout Σ est Π*;

    I. *Quelque Σ est P*;

    I. *Quelque P est Π*,

conclusion qui est précisément contradictoire à la conclusion universelle affirmative que nous voulions poser (*nul P n'est Π*). Nous ne pouvons donc que nous retourner, comme *supra*, 5, 27b20, vers la preuve ἐκ τοῦ ἀδιορίστου, en considérant la particulière négative comme un cas particulier de l'universelle négative. Si donc, comme nous l'avons démontré *supra*, 28a30, le mode A-E est illégitime, il doit en être ainsi de A-O.

3. 5, 27b20.

sellement n'appartient pas à un terme pris particulièrement.
30 Mais si P n'appartient à nul Σ, il ne peut, avons-nous dit[1], y
avoir de syllogisme. Il est clair alors que, dans le cas présent, il
n'y aura pas non plus de syllogisme.

Mais si celui des deux termes qui est négatif est universel,
alors que le majeur est négatif et le mineur affirmatif, il y aura
syllogisme[2]. Car si Π n'appartient à nul Σ, et si P appartient à
quelque Σ, Π n'appartiendra pas à quelque P : nous retom-
35 berons, en effet, dans la première figure, par conversion de la
prémisse PΣ. – Par contre, quand c'est le mineur qui est négatif,
il ne peut y avoir syllogisme[3]. Exemples de termes d'attribution : *animal*, *homme*, *sauvage* ; de non-attribution : *animal*,
science, *sauvage*, le moyen étant, dans les deux cas, *sauvage*.
– Pas davantage il n'y aura syllogisme quand l'un et l'autre
terme sont posés comme négatifs, mais que l'un est universel,

---

1. 28a30.

2. Sixième mode concluant, en *Ferison* : majeure universelle négative, et
mineure particulière affirmative.

      E. *Nul Σn'est Π* ;

      I. *Quelque Σ est P* ;

      O. *Quelque P n'est pas Π.*

Réduction à *Ferio* (F) par conversion par accident de la mineure (I*s*) :

      E. *Nul Σn'est Π* ;

      I. *Quelque P est Σ* ;

      O. *Quelque P n'est pas Π.*

3. Quatrième mode non-concluant majeure I, mineure E.

      I. *Quelque sauvage est animal* ;

      E. *Nul sauvage n'est homme* ;

      A. *Tout homme est animal.*

      I. *Quelque sauvage est animal* ;

      E. *Nul sauvage n'est science* ;

      E. *Nulle science n'est animal.*

et l'autre particulier[1]. Exemples de termes pour le cas où **29a**
le mineur se rapporte universellement au moyen[2] : *animal,
science, sauvage* ; *animal, homme, sauvage*. Pour le cas où
c'est le majeur[3], nous pouvons prendre comme exemples de
termes de non-attribution : *corbeau, neige, blanc*. Par contre,
on ne peut pas trouver d'exemples de termes d'attribution, si
P appartient à quelque Σ, et n'appartient pas à quelque Σ. Car
si Π appartient à tout P, et P à quelque Σ, Π appartient aussi à 5
quelque Σ ; or il était supposé n'appartenir à aucun. En fait,
c'est à la preuve par l'indéterminé que nous devons recourir.

1. Cinquième mode non-concluant majeure O, mineure E. – Sixième mode
non-concluant : majeure E, mineure O.

2. O-E.

    O. *Quelque sauvage n'est pas animal* ;

    E. *Nul sauvage n'est science* ;

    E. *Nulle science n'est animal.*

    O. *Quelque sauvage n'est pas animal* ;

    E. *Nul sauvage n'est homme* ;

    A. *Tout homme est animal.*

3. E-O.

    E. *Nul blanc* (Σ) *n'est corbeau* (Π) ;

    O. *Quelque blanc* (Σ) *n'est pas neige* (P) ;

    E. *Nulle neige* (P) *n'est corbeau* (Π).

Pas de conclusion affirmative (*tout P est Π*), en raison de l'indétermination
de la mineure qui peut aussi bien être affirmative que négative. Si on la suppose,
en effet, affirmative (*quelque Σ est P*) et qu'on la fasse entrer comme mineure
dans un nouveau syllogisme dont la majeure est la conclusion supposée, on
obtient (*Darii*) :

    A. *Tout P est Π* ;

    I. *Quelque Σ est P* ;

    I. *Quelque Σ est Π*, conclusion contradictoire à la majeure posée.

Il ne reste donc qu'à employer la preuve par l'indéterminé : le mode E-O
est illégitime puisque nous avons démontré (28a33) que le mode E-E n'était lui-
même pas concluant.

De même[1], si chacun des extrêmes appartient au moyen pris particulièrement, ou s'il ne lui appartient pas, ou si l'un lui appartient et que l'autre ne lui appartienne pas, ou encore si l'un appartient au moyen pris particulièrement et que l'autre n'appartienne pas au moyen pris universellement, ou enfin si les prémisses sont indéfinies, il n'y aura absolument pas non
10 plus syllogisme. Exemples de termes communs à tous ces cas : *animal, homme, blanc*; *animal, inanimé, blanc*.

Il est donc clair que, dans cette figure encore, tantôt il y aura, et tantôt il n'y aura pas syllogisme; et que si les termes sont entre eux dans le rapport que nous avons indiqué, il y a nécessairement syllogisme, et que, s'il y a syllogisme, les termes sont nécessairement en rapports de cette façon. Il est clair en outre que tous les syllogismes de cette figure sont
15 imparfaits (car tous ne reçoivent leur perfection que de certaines propositions supplémentaires); qu'enfin, par le moyen de cette figure, il ne sera pas possible d'obtenir une conclusion universelle, ni négative ni affirmative.

7
<Les modes indirects des trois figures
La réduction des Syllogismes>

Il est évident aussi, pour toutes les figures, que, dans tous
20 les cas où on n'obtient pas de syllogisme, si les deux termes

---

1. Autres modes non concluants : majeure I, mineure I; majeure O, mineure O; majeure I, mineure O; majeure O, mineure I. Et on y ajoute les propositions à sujets indéfinis, assimilées aux particulières (*infra*, 7, 29a27).

    I. *Quelque blanc est animal*;
    I. *Quelque blanc est homme*;
    A. *Quelque homme est animal*, etc. …

Sur les 16 modes possibles de la troisième figure, Aristote en a éliminé 10, pour ne garder que les 6 modes traditionnels.

sont tous deux affirmatifs ou négatifs on ne peut même pas arriver à une conclusion nécessaire quelconque; par contre, si l'un des termes est affirmatif et l'autre négatif, et si le terme négatif est pris universellement, on obtient toujours un syllogisme attribuant le petit extrême au grand[1]. Tel est le cas si A appartient à tout B ou à quelque B, et si B n'appartient à nul Γ, car, par conversion des prémisses, nécessairement Γ n'appartient pas à quelque A[2]. – Il en est de même encore dans les

---

1. Aristote aborde ici l'étude des modes *indirects* des trois figures. Toutes les fois qu'on n'obtient pas de syllogisme proprement dit, on doit se demander s'il ne serait cependant pas possible d'arriver à une conclusion nécessaire (comme le remarque justement Waitz, I, 392, *latius patere* τὸ ἀναγκαῖόν τι γίνεσθαι *quam* τὸ συλλογισμὸ νγίνεσθαι). Si les termes sont ὁμοιοσχήμονε (cf. *supra*, 5, 27b34), non seulement aucun syllogisme direct n'est possible, mais on ne peut même pas en tirer une conséquence nécessaire quelconque. Si, au contraire, les termes sont ἀνομοιοσχήμονες on peut en tirer une conclusion *indirecte*; au lieu d'une conclusion *directe*, dans laquelle le majeur est attribué au mineur, le mode *indirect* aboutira à une attribution extrasyllogistique, mais nécessaire, du mineur au majeur.

Les modes indirects, dont Aristote ébauche la théorie dans le présent chapitre, ont donné plus tard naissance à la *quatrième figure*, dite figure *galénique* (du nom de Galien qui l'aurait le premier, suivant Averrhoès, considérée comme une figure distincte) et qui a été acceptée par les logiciens à partir du XVe siècle. Les logiciens contemporains sont à peu près unanimes pour la rejeter (*cf.* notamment Goblot, *Traité de Logique*, p. 234). Sur les rapports des modes indirects d'Aristote et des modes de la quatrième figure, *cf.* Lalande, *Vocabulaire de la Philosophie*, III (supplément), V, *Figure*, p. 51-53, et notamment les réflexions de Lachelier. L. 21, nous adoptons le texte de Waitz, I, 392, et supprimons καὶ ἐπὶ μέρους.

2. Premier et second modes indirects de la première figure, en *Fapesmo* et *Frisesomorum*.

a) *Fapesmo* (c'est le *Fesapo* de la quatrième figure):

A. *Tout B est A*;
E. *Nul Γ n'est B*;
O. *Quelque A n'est pas Γ*.

autres figures[1] : on obtient toujours un syllogisme par la conversion.

Il est évident aussi que la substitution d'une indéfinie à une particulière affirmative[2] donnera naissance au même syllogisme, dans toutes les figures.

Réduction à *Ferio* (F) par conversion partielle de la majeure (A*p*), conversion simple de la mineure (E*s*) et transposition des prémisses (*m*).

b) *Frisesomorum* (c'est le *Fresison* de la quatrième figure) :

     I. *Quelque B est A* ;

     E. *Nul Γ n'est B* ;

     O. *Quelque A n'est pas Γ.*

Réduction à *Ferio* (F) par conversion simple des deux prémisses (I*s*, E*s*) et transposition (*m*).

1. Pour la seconde figure ; un seul mode indirect en *Firesmo*. Pour la troisième : deux modes indirects, en *Fapemo* et *Frisemo* (tous ces termes ont été forgés par Pacius, II, 140).

a) *Firesmo.*

     I. *Quelque N est M* ;

     E. *Nul Ξ n'est M* ;

     O. *Quelque N n'est pas Ξ.*

Réduction à *Ferio* (F) par conversion simple de la mineure (E*s*) et transposition des prémisses (*m*).

b) *Fapemo.*

     A. *Tout Σ est Π* ;

     E. *Nul Σ n'est P* ;

     O. *Quelque Π n'est pas P.*

Réduction à *Ferio* (F) par conversion partielle de la majeure (A*p*) et transposition des prémisses (*m*).

c) *Frisemo.*

     I. *Quelque Σ est Π* ;

     E. *Nul Σ n'est P* ;

     O. *Quelque Π n'est pas P.*

Réduction à *Ferio* (F) par conversion simple de la majeure (I*s*) et transposition (*m*).

2. Ou à une particulière négative. Toutes les indéfinies sont traitées, dans toutes les figures, comme des particulières.

Il est clair encore que tous les syllogismes imparfaits 30
deviennent parfaits au moyen de la première figure. Car tous
sont conduits à leur conclusion soit par la preuve directe, soit
par la réduction à l'absurde[1]. Or, dans l'un et l'autre cas, on
obtient la première figure : pour les syllogismes qui sont
rendus parfaits par la preuve directe, <c'est la première figure>
parce que, comme nous l'avons dit, leur conclusion est toujours
le résultat de la conversion et que la conversion produit la
première figure ; pour ceux qui sont l'objet d'une démonstration par l'absurde, <c'est encore la première figure> parce que, 35
la proposition fausse étant posée, le syllogisme est produit par
le moyen de la première figure. Ainsi, dans la dernière figure,
si A et B appartiennent à tout Γ, il en résulte que A appartient à
quelque B[2], car si A n'appartient à nul B, et si B appartient à
tout Γ, A n'appartiendra à nul Γ : or nous avons dit qu'il
appartenait à tout Γ. Il en est de même dans les autres cas.

On peut aussi réduire tous les syllogismes aux syllogismes 29b
universels de la première figure[3]. Ceux de la seconde figure
sont évidemment rendus parfaits grâce à eux, bien que ce
ne soit pas de la même façon pour tous : les syllogismes universels[4] sont rendus parfaits par la conversion de la négative,
et chacun des syllogismes particuliers par la réduction à 5

1. δεικτικῶς πεοαίνεσθαι (l. 31) *dicuntur syllogismi, qui nihil novi
assumunt, sed ex ipsa ratione, quam termini inter se habent, demonstrant quod
propositum est, sive recta via sive propositionibus conversis. Opponitur* τῷ
δεικτικῶς τὸ διὰ τοῦ ἀδυνάτου : *nam ut fiat deductio ad absurdum, nova hypothesi opus est, quae non contineatur iis quae data sunt* (Waitz, I, 392 et 393).

2. Mode *Darapti*, prouvé par l'absurde à l'aide d'un syllogisme en
Celarent (cf. *supra*, 6, 28a33, et la note).

3. *Vult enim Aristoteles ostendere hos* (c'est-à-dire *Barbara* et *Celarent*)
esse quasi duos fontes, ex quibus fluunt omnes syllogismi (Pacius, II, 141).

4. *Cesare* et *Camestres*.

l'absurde[1]. – Quant aux syllogismes de la première figure qui
sont particuliers, ils reçoivent certes leur perfection d'eux-
mêmes, mais on peut aussi les démontrer au moyen de la
seconde figure, par réduction à l'absurde. Si, par exemple, A
appartient à tout B, et B à quelque Γ, il suit que A appartient à
10   quelque Γ, car s'il n'appartient à nul Γ et s'il appartient à tout
B, B n'appartiendra à nul Γ, ce que nous connaissons par la
seconde figure[2]. La démonstration se fera aussi de la même
façon dans le cas du syllogisme négatif. Si, en effet, A n'appartient à nul B, et si B appartient à quelque Γ, A n'appartiendra
pas à quelque Γ, car s'il appartient à tout Γ et n'appartient à nul
15   B, B n'appartiendra à nul Γ, ce qui, nous l'avons dit, est la
seconde figure[3]. Par conséquent, puisque, d'une part, tous les
syllogismes de la seconde figure sont réductibles aux syllogismes universels de la première, et que, d'autre part, les syllogismes particuliers de la première figure le sont aux syllogismes
de la seconde, il est clair que les syllogismes particuliers <de
la première figure> peuvent être, eux aussi, réduits aux syllogismes universels de la première figure. – Quant aux syllo-
20   gismes de la troisième figure, si leurs termes sont universels
ils sont immédiatement rendus parfaits par ces derniers syllogismes[4]; mais si leurs termes sont pris particulièrement, ils

---

1. *Festino* par *Celarent*, et *Baroco* par *Barbara*.

2. Démonstration par l'absurde, de *Darii*. La contradictoire de la
conclusion (*nul Γ n'est A*) entre comme mineure dans *Camestres*.

    A. *Tout B est A* ;

    E. *Nul Γ n'est A* ;

    E. *Nul Γ n'est B*, conclusion qui contredit la mineure I (*quelque Γ est B*).

3. Démonstration par l'absurde de *Ferio*. La contradictoire de la conclusion (*tout Γ est A*) *joue le rôle* de mineure dans un syllogisme en *Cesare*, dont
conclusion, *nul Γ n'est B*, est la contradictoire de la mineure I (*quelque Γ est B*).

4. Réduction par l'absurde de *Darapti* à *Celarent*, et de *Felapton* à *Barbara*.

sont rendus parfaits par les syllogismes particuliers de la
première figure[1] : or ceux-ci, avons-nous dit, sont réductibles
aux syllogismes universels de la première figure, et, par voie de
conséquence, les syllogismes particuliers de la troisième figure
le sont aussi. – On voit donc que tous les syllogismes sont
réductibles aux syllogismes universels de la première figure.   25

Nous avons ainsi expliqué[2] comment les syllogismes qui
prouvent l'attribution ou la non-attribution d'une chose à une
autre se comportent, tant en eux-mêmes, pour ceux de la même
figure, que par rapport les uns aux autres, pour ceux de figures
différentes.

8
<Les Syllogismes modaux
Syllogismes à deux prémisses nécessaires>

Puisqu'il y a une différence entre l'attribution simple,
l'attribution nécessaire et l'attribution contingente[3] (car 30
beaucoup de choses appartiennent certes à d'autres choses,

1. *Disamis* et *Datisi* par *Darii*, et *Ferison* par *Ferio*.
2. Résumé des chapitres 4, 5, 6 et 7. *Cf.* Alexandre, 118, 10-25.
3. Sur la modalité en général et les différentes modalités, cf. *de Inter.*, 12 et
13, ainsi que les notes qui accompagnent notre traduction, p. 120 *sq.* Sur les
syllogismes modaux proprement dits, on pourra consulter A. Rondelet, *op. cit.*,
p. 223 *sq.* (ouvrage vieilli et souvent inexact), et surtout Hamelin, *Le système*,
p. 195 *sq.* qui a donné un excellent résumé de cette difficile théorie.

Les successeurs d'Aristote, tels que Théophraste et Eudème, et, plus tard,
de nombreux commentateurs ont critiqué certaines solutions données, et proposé des améliorations ou de nouvelles démonstrations. Nous n'en parlerons
pas : nous ne pouvons que renvoyer aux abondantes indications qu'Alexandre,
Ammonius et Philopon ont données à cet égard dans leurs commentaires. Parmi
les modernes, nous citerons une fois de plus Rondelet, qui devra être consulté
avec beaucoup de précaution.

mais non nécessairement ; d'autres n'appartiennent ni nécessairement, ni simplement, mais peuvent seulement appartenir), il est évident qu'il y aura des syllogismes différents pour
chacune de ces attributions, et que leurs termes ne se comportent pas de la même façon, le syllogisme concluant tantôt de
termes nécessaires, tantôt de termes simplement attributifs,
35 tantôt enfin de termes contingents.

Les syllogismes du nécessaire suivent sensiblement[1] les
mêmes règles que les syllogismes de simple attribution. Les
termes, en effet, étant posés de la même façon dans le cas de
l'attribution pure et simple et de l'attribution nécessaire (ou de
30a la non-attribution), il y aura ou il n'y aura pas syllogisme, avec
cette seule différence qu'on ajoutera aux termes, *appartenir*
(ou *ne pas appartenir*) *nécessairement*.

En effet, la prémisse négative[2] se convertit de la même
façon dans les deux cas, et les expressions *être contenu dans
la totalité d'un terme* et *être affirmé universellement* auront
pour nous un sens correspondant. Dans tous les cas autres <que
5 les exceptions ci-après>, la nécessité de la conclusion sera
prouvée au moyen de la conversion, de la même façon que pour
la simple attribution. Mais, dans la seconde figure[3], quand

1. Sur le sens de σχεδὸν, l. 36, *cf.* Waitz, I, 401, et Bonitz, *Ind. arist.*,
739a53 : *modeste affirmantis*, et il est synonyme de ἴσως.
2. La prémisse négative universelle se convertit simplement dans les deux
cas.
3. Les modes *Baroco* (seconde figure) et *Bocardo* (troisième figure) ne
suivent pas les mêmes règles dans les syllogismes nécessaires que dans les
syllogismes assertoriques. Aucune démonstration par l'absurde n'est ici
possible : la contradictoire de la conclusion, portant en effet sur le *modus* et non
sur le *dictum* (*de Inter.*, 12), serait une proposition contingente, et le syllogisme
où cette contradictoire entrerait aurait une prémisse nécessaire et une prémisse
contingente. Aristote se tourne en conséquence vers la démonstration par

l'universelle est affirmative et la particulière négative, et dans la troisième figure à son tour, quand l'universelle est affirmative et la particulière négative, le mode de la démonstration ne sera pas le même : ce qu'il faut alors nécessairement faire, c'est, en recourant à l'ecthèse et en considérant la partie du sujet à laquelle le prédicat, dans chaque syllogisme, n'appartient pas, constituer le syllogisme relativement à cette partie : 10 on aura nécessairement une conclusion, avec des termes ainsi disposés. Mais si la relation nécessaire s'applique à la partie séparée par ecthèse, elle doit s'appliquer aussi à quelque partie du terme donné, puisque la partie séparée est précisément quelque partie du terme[1]. Et chacun des deux syllogismes obtenus est dans la figure appropriée[2].

---

ecthèse : on mettra en lumière, à l'aide d'un nom, la partie du mineur dont le moyen est nié (2ᵉ figure) ou la partie du moyen dont le majeur est nié (3ᵉ figure).

Soit le syllogisme en *Baroco* :

 A. *Il est nécessaire que tout B soit A* ;

 O. *Il est nécessaire que quelque Γ ne soit pas A* ;

 O. *Il est nécessaire que quelque Γ ne soit pas B.*

Appelons Δ la partie de Γ dont A est nié avec nécessité. Nous avons le syllogisme suivant, en *Camestres* :

 A. *Il et nécessaire que tout B soit A* ;

 E. *Il est nécessaire que nul Δ ne soit A* ;

 E. *Il est nécessaire que nul Δ ne soit B.*

Comme *tout Δ* est identique à *quelque Γ*, on obtient, par simple remplacement de termes,

 Il est nécessaire que quelque Γ ne soit pas B.

On procède de la même façon pour *Bocardo*, qui est prouvé par *Felapton*.

1. Dans notre exemple de *Baroco*, la conclusion nécessaire de *Camestres* s'applique à *tout Δ*, qui est lui-même partie de Γ, ou *quelque Γ*.

2. Dans chacune des figures, la démonstration se fait par un syllogisme de la même figure que le syllogisme donné : *Baroco* par *Camestres*, et *Bocardo* par *Felapton*. Rien n'empêche de convertir en outre ces derniers en *Celarent* et *Ferio* (l. 3-5). *Cf.* Alexandre, 123, 10-24.

9

<Les syllogismes modaux, suite – *Syllogismes de la première figure, dont une prémisse est nécessaire et l'autre assertorique* [1]>

15   Il arrive parfois aussi que, quand une seule des deux prémisses est nécessaire, le syllogisme est nécessaire, non pas qu'il s'agisse de n'importe quelle prémisse, mais seulement de celle qui se rapporte au grand extrême. C'est le cas, par exemple, si A est pris comme appartenant ou n'appartenant pas nécessairement à B, et B comme appartenant simplement à Γ [2] :

---

1. Aristote va envisager, au cours de ce chapitre et des suivants, les différents modes des syllogismes modaux où apparaît la μίξις du nécessaire et de l'assertorique. Les cas qui peuvent se présenter sont déterminables *a priori* : en effet, pour la première figure, les quatre modes des syllogismes catégoriques fourniront huit cas de syllogismes modaux, la majeure pouvant être assertorique ou nécessaire et entraînant une mineure assertorique ou nécessaire. De même pour la seconde et la troisième figure qui verront leurs modes doublés (respectivement huit et douze). Aristote ne passe pas en revue ou ne démontre pas tous les 28 cas : il va sans dire que nous n'avons pas l'intention de le compléter. Notre *Traité de Logique formelle*, p. 248 *sq.* a donné sur ce point des indications auxquelles le lecteur pourra se reporter.

2. Modes *Barbara* et *Celarent* : majeure nécessaire, affirmative ou négative ; mineure assertorique ; conclusion nécessaire.

a) *Barbara* :

     A. *Il est nécessaire que tout B soit A* ;

     A. *Tout Γ est B* ;

     A. *Il est nécessaire que tout Γ soit A*.

b) *Celarent* :

     E. *Il est nécessaire que nul B ne soit A* ;

     A. *Tout Γ est B* ;

     E. *Il est nécessaire que nul Γ ne soit A*.

car si les prémisses sont prises de cette façon, c'est nécessai- 20
rement que A appartiendra ou n'appartiendra pas à Γ. En effet,
puisque A appartient ou n'appartient pas nécessairement à tout
B, et que Γ est l'un des B, il est clair qu'à Γ aussi l'une de ces
deux relations[1] s'appliquera nécessairement. – Par contre, si
la prémisse AB n'est pas nécessaire, et si c'est BΓ qui est
nécessaire[2], la conclusion ne sera pas nécessaire. Si elle l'était,
en effet, il résulterait, en vertu de la première et de la troisième 25
figure, que A appartient nécessairement à quelque B. Or cela
est faux, car B peut être d'une nature telle qu'il soit possible
pour A de n'appartenir à nul B. De plus, en se servant de termes

Aristote démontre ces conclusions et leur nécessité en faisant remarquer
que Γ est subordonné à B, autrement dit qu'il est une partie de B : la conclusion
est donc la subalterne de la majeure.

1. Pour Γ, être ou n'être pas A.

2. Modes *Barbara* et *Celarent* : majeure assertorique; mineure nécessaire;
conclusion assertorique.

Aristote examine *Barbara* :

    A. *Tout B est A*;

    A. *Il est nécessaire que tout Γ soit B*;

    A. *Tout Γ est A* (sans nécessité).

Aristote le démontre d'abord *par l'absurde*, au moyen de *Darapti* et de
Darii.

    a) Par *Darapti* (3ᵉ figure) :
supposons que nous ayons conclu *il est nécessaire que tout Γ soit A*. En prenant
cette proposition comme majeure d'un syllogisme en *Darapti*, nous avons :

    A. *Il est nécessaire que tout Γ soit A*;

    A. *Il est nécessaire que tout Γ soit B*;

    I. *Il est nécessaire que quelque B soit A*, conclusion contraire à la
majeure assertorique posée;

    b) Par *Darii* (1ʳᵉ figure), nous arrivons à la même conclusion, ce qui n'a
rien d'étonnant puisque, dans les syllogismes à deux prémisses nécessaires, qui
suivent les règles des syllogismes catégoriques, *Darapti* se réduit à *Darii*.

concrets, on voit que la conclusion ne sera pas nécessaire [1]. Par
30 exemple, si A est *se mouvoir*, B *animal*, et Γ *homme* : l'homme
est nécessairement animal, mais l'animal ne se meut pas
nécessairement, ni l'homme non plus. Même solution si la
prémisse AB est négative, la démonstration étant la même [2].

Dans les syllogismes particuliers, si l'universelle est
35 nécessaire, la conclusion sera aussi nécessaire ; mais si c'est la
particulière qui est nécessaire, la conclusion ne sera pas nécessaire, que la prémisse universelle soit négative ou affirmative.
– Admettons d'abord que l'universelle soit nécessaire, et
supposons que A appartienne nécessairement à tout B, et que
B appartienne simplement à quelque Γ [3]. Il est nécessaire alors
40 que A appartienne nécessairement à quelque Γ, car Γ est subor-
30b donné à B, et A était supposé appartenir nécessairement à tout
B. Il en est de même si le syllogisme est négatif [4], car la démonstration sera identique. – Mais si c'est la prémisse particulière
qui est nécessaire [5], la conclusion ne sera pas nécessaire, car

---

1. Autre démonstration par l'exemple :

    A. *Tout animal se meut* ;

    A. *Il est nécessaire que tout homme soit animal* ;

    A. *Tout homme se meut* (sans nécessité).

2. *Celarent.*

3. Mode *Darii* : majeure nécessaire ; mineure assertorique ; conclusion
nécessaire.

    A. *Il est nécessaire que tout B soit A* ;

    I. *Quelque Γ est B* ;

    I. *Il est nécessaire que quelque Γ soit A.*

Démonstration : Γ est une partie de B, de sorte que la conclusion est la
subalterne de la majeure.

4. Mode *Ferio* : majeure nécessaire mineure assertorique ; conclusion
nécessaire.

5. Mode *Darii* : majeure assertorique ; mineure nécessaire ; conclusion
assertorique :

<de la négation d'une telle conclusion> rien d'impossible ne
découle, pas plus que dans les syllogismes universels. Même 5
solution pour les syllogismes négatifs[1]. Exemple de termes : *se
mouvoir, animal, blanc*.

10
<Les Syllogismes modaux, suite – *Syllogismes de la seconde
figure dont une prémisse est nécessaire,
et l'autre assertorique>*

Dans la seconde figure, si la prémisse négative est
nécessaire, la conclusion sera aussi nécessaire ; mais si c'est
l'affirmative, la conclusion ne sera pas nécessaire.

Admettons d'abord que la négative soit nécessaire, et
supposons que A ne puisse appartenir à nul B, mais qu'il appar- 10
tienne simplement à Γ[2]. Puisque donc la négative est conver-

---

A. *Tout animal se meut* ;

I. *Il est nécessaire que quelque blanc soit animal* ;

I. *Quelque blanc se meut.*

1. Mode *Ferio* : majeure assertorique ; mineure nécessaire ; conclusion
assertorique.

2. Mode *Cesare* : majeure nécessaire ; mineure assertorique ; conclusion
nécessaire.

E. *Il est nécessaire que nul B ne soit A* ;

A. *Tout Γ est A* ;

E. *Il est nécessaire que nul Γ ne soit B.*

Réduction à *Celarent* par conversion simple de la majeure :

E. *Il est nécessaire que nul A ne soit B* ;

A. *Tout Γ est A* ;

E. *Il est nécessaire que nul Γ ne soit B.*

Γ est une partie de A.

tible, B ne peut non plus appartenir à nul A; mais A appartient à
tout Γ : par suite, B ne peut appartenir à nul Γ, car Γ est subordonné à A. – Même solution si la prémisse se rapportant à Γ est
15 négative[1]. En effet, si A ne peut appartenir à nul Γ, Γ ne peut
non plus appartenir à nul A; mais A appartient à tout B : par
suite, Γ ne peut appartenir à aucun B, car nous retombons dans
la première figure. Donc B ne peut non plus appartenir à Γ, car
il y a ici pareillement conversion.

Mais si c'est la prémisse affirmative qui est nécessaire[2], la
20 conclusion ne sera pas nécessaire. Supposons en effet, que A
appartienne nécessairement à tout B, et qu'il n'appartienne
simplement à nul Γ[3]. Si on convertit la prémisse négative, on

---

1. Mode *Camestres* : majeure assertorique; mineure nécessaire; conclusion nécessaire.

    A. *Tout B est A*,

    E. *Il est nécessaire que nul Γ ne soit A*;

    E. *Il est nécessaire que nul Γ ne soit B*.

Réduction à *Celarent*, par conversion simple de la mineure, transposition
des prémisses et conversion simple de la conclusion :

    E. *Il est nécessaire que nul A ne soit Γ*;

    A. *Tout B est A*;

    E. *Il est nécessaire que nul B ne soit Γ*;

    E. *Il est nécessaire que nul Γ ne soit B*.

2. Dans *Cesare* et *Camestres*. Mais Aristote va seulement parler de
Camestres.

3. Mode *Camestres* : majeure nécessaire; mineure assertorique; conclusion assertorique.

    A. *Il est nécessaire que tout B soit A*;

    E. *Nul Γ n'est A*;

    E. *Nul Γ n'est B*.

Aristote en donne trois démonstrations. D'abord réduction à *Celarent* par
conversion simple de la mineure, transposition des prémisses et conversion
simple de la conclusion :

obtient la première figure. Or nous avons démontré[1] que, dans la première figure, si la négative se rapportant au majeur n'est pas nécessaire, la conclusion ne sera pas non plus nécessaire. Il en résulte que, dans le cas présent, la conclusion ne sera pas davantage nécessaire. – En outre, si la conclusion était nécessaire, il suivrait que Γ n'appartient pas nécessairement à quelque A[2]. Si, en effet, il est nécessaire que B n'appartienne à nul Γ, il sera nécessaire que Γ n'appartienne à nul B. Mais B doit, de toute façon, appartenir nécessairement à quelque A, puisque A était supposé appartenir nécessairement à tout B. Il en résulte que Γ doit nécessairement ne pas appartenir à quelque A. Mais rien n'empêche de prendre A de telle nature qu'il soit possible pour Γ d'appartenir à sa totalité. – On pourrait encore montrer, par des exemples choisis, que la conclusion n'est pas nécessaire absolument, mais qu'elle est

F. *Nul A n'est Γ;*
A. *Il est nécessaire que tout B soit A*;
E. *Nul B n'est Γ;*
E. *Nul Γ n'est B.*
1. Chap. 9, 30a23-33.
2. Autre démonstration, par l'absurde. – Admettons que la conclusion soit *il est nécessaire que nul Γ ne soit B.* Convertissons cette proposition (conversion simple) et aussi la majeure (conversion partielle), transposons ces deux prémisses et construisons le syllogisme suivant en *Ferio* :
E. *Il est nécessaire que nul B ne soit Γ;*
I. *Il est nécessaire que quelque A soit B*;
O. *Il est nécessaire que quelque A ne soit pas Γ,*
conclusion qui contredit la converse de la mineure primitive (*nul A n'est Γ*). Et comme cette converse n'enferme aucune nécessité, on peut dire, sans tomber dans l'absurde, que tout A peut être Γ : or la conclusion de *Ferio* est évidemment contraire à cette dernière proposition.

seulement la conclusion nécessaire des prémisses posées[1]. Par
exemple, admettons que A soit *animal*, B *homme*, et Γ *blanc*, et
supposons que les prémisses soient prises de la même façon
35 que précédemment[2] : il peut se faire qu'*animal* n'appartienne
à nul blanc. *Homme* alors n'appartiendra non plus à nul
blanc[3], mais ce ne sera pas nécessairement : car il est possible
que l'homme soit blanc, bien qu'il ne puisse pas l'être aussi
longtemps qu'animal n'appartient à nul blanc. En conséquence, c'est à ces conditions seulement que la conclusion sera
40 nécessaire, et non pas par une nécessité absolue.

31a   La solution sera encore la même dans le cas des
syllogismes particuliers. Quand, en effet, la prémisse négative
est à la fois universelle et nécessaire, la conclusion sera, elle
aussi, nécessaire ; mais quand l'affirmative est universelle, et
5 la négative particulière, la conclusion ne sera pas nécessaire.
– Supposons d'abord la négative à la fois universelle et nécessaire, et admettons que A ne puisse appartenir à nul B et qu'il

1. Troisième démonstration, au moyen d'exemples (l. 31, ὅρους
ἐκθέμενον = διὰ τῶν παραδειγμάτων, Philopon, 135, 30) :

A. *Il est nécessaire que tout homme* (B) *soit animal* (A) ;

E. *Nul blanc* (Γ) *n'est animal* (A) ;

La conclusion ne peut être : *il est nécessaire que nul blanc* (Γ) *ne soit
homme* (B), car il peut se faire aussi que quelques êtres blancs soient des
animaux, quand même en fait il se trouverait qu'aucun être blanc n'est animal
(*cf.* Hamelin, *op. cit.*, p. 199).

Sur l'expression τούτων ὄντων, l. 33, voir les judicieuses réflexions de
Waitz, I, 397. Ces mots ont le même sens que ἐξ ὑποθέσεως : il s'agit d'une
nécessité conditionnelle (*cf.* Philopon, 135, 31).

2. Ligne 20.

3. *Cf.* Philopon, 136, 5 : οὐ γὰρ ἐστι ἐξ ἀνάγκης τὸ μηδένα λευκὸν εἶναι
ἄνθρωπον, ἀλλ᾽ εἰ ἄρα, ἐξ ὑποθέσεως, ἕως ἂν ὑποκέηται τὸ ζῷον μηδενὶ
λευκῷ ὑπάρχειν.

appartienne à quelque Γ[1]. La négative étant convertible, B ne pourra non plus appartenir à nul A ; mais A appartient du moins à quelque Γ : par conséquent, il sera nécessaire que B n'appartienne pas à quelque Γ. – Supposons maintenant l'affirmative 10 à la fois universelle et nécessaire, et posons la prémisse se rapportant à B comme affirmative[2]. Si alors A appartient nécessairement à tout B, et n'appartient pas à quelque Γ, il est clair que B n'appartiendra pas à quelque Γ : seulement ce ne sera pas nécessairement. La démonstration se fera à l'aide des mêmes termes qui ont servi pour les syllogismes universels[3]. – 15 Pas davantage la conclusion ne sera nécessaire, si la négative est nécessaire mais prise particulièrement[4] : on peut se servir des mêmes termes pour la démonstration.

---

1. Mode *Festino* : majeure nécessaire ; mineure assertorique ; conclusion nécessaire.

   E. *Il est nécessaire que nul B ne soit A* ;

   I. *Quelque Γ est A* ;

   O. *Il est nécessaire que quelque Γ ne soit pas B.*

   Réduction à *Ferio*, par conversion simple de la majeure :

   E. *Il est nécessaire que nul A ne soit B* ;

   I. *Quelque Γ est A* ;

   O. *Il est nécessaire que quelque Γ ne soit pas B.*

2. Mode *Baroco* : majeure nécessaire ; mineure assertorique ; conclusion assertorique.

   A. *Il est nécessaire que tout B soit A* ;

   O. *Quelque Γ n'est pas A* ;

   O. *Quelque Γ n'est pas B.*

3. *Animal* (A), *homme* (B) et *blanc* (Γ).

4. Mode *Baroco* : majeure assertorique ; mineure nécessaire : conclusion assertorique.

   A. *Tout B* (homme) *est A* (animal) :

   O. *Il est nécessaire que quelque Γ* (blanc) *ne soit pas A* ;

   O. *Quelque Γ n'est pas B.*

11

<Les Syllogismes modaux, suite *– Syllogismes de la troisième figure, dont l'une des prémisses est nécessaire, et l'autre assertorique>*

Dans la dernière figure, quand les termes se rapportent universellement au moyen, et que les prémisses sont l'une et
20 l'autre affirmatives, si l'une quelconque des deux est nécessaire, la conclusion sera aussi nécessaire. Mais quand l'une est négative et l'autre affirmative, si c'est la négative qui est nécessaire, la conclusion aussi sera nécessaire, tandis que si c'est l'affirmative, la conclusion ne sera pas nécessaire.
25   Admettons d'abord que les prémisses soient l'une et l'autre affirmatives, et supposons que A et B appartiennent à tout Γ, la prémisse nécessaire étant AΓ[1]. Puis donc que B appartient à tout Γ, Γ appartiendra aussi à quelque B par la conversion de l'universelle en particulière; en conséquence, si A appartient nécessairement à tout Γ, et Γ simplement à quelque B, il est nécessaire que A appartienne aussi à quelque
30 B, puisque B est subordonné à Γ. On obtient donc la première figure. – La démonstration sera encore la même si c'est la

---

1. Mode *Darapti* : majeure nécessaire; mineure assertorique; conclusion nécessaire.
      A. *Il est nécessaire que tout Γ soit A*;
      A. *Tout Γ est B*;
      I. *Il est nécessaire que quelque B soit A.*
    Réduction à *Darii* par conversion partielle de la mineure :
      A. *Il est nécessaire que tout Γ soit A*;
      I. *Quelque B est Γ*;
      I. *Il est nécessaire que quelque B soit A.*
    Quelque B est une partie de Γ.

prémisse BΓ qui est nécessaire[1] : Γ se convertit en effet avec quelque A, de sorte que, si B appartient nécessairement à tout Γ, B appartiendra aussi nécessairement à quelque A.

Soit maintenant la prémisse AΓ négative, et la prémisse BΓ affirmative, la prémisse nécessaire étant la négative[2]. Puis 35 donc que Γ se convertit avec quelque B, et qu'il est nécessaire que A n'appartienne à aucun Γ, il sera nécessaire que A n'appartienne pas non plus à quelque B, car B est subordonné à Γ. – Mais si c'est la prémisse affirmative qui est nécessaire, la conclusion ne sera pas nécessaire[3]. Posons, en effet, la

1. Mode *Dapamip*, voisin de *Darapti* : majeure assertorique; mineure nécessaire; conclusion nécessaire.
>   A. *Tout Γ est A*;
>   A. *Il est nécessaire que tout Γ soit B*;
>   I. *Il est nécessaire que quelque B soit A*.
Réduction à *Darii* par conversion partielle de la majeure (A*p*), transposition des prémisses (*m*) et conversion partielle de la conclusion (I*p*). Nous avons :
>   A. *Il est nécessaire que tout Γ soit B*;
>   I. *Quelque A est Γ*;
>   I. *Il est nécessaire que quelque A soit B*;
>   I. *Il est nécessaire que quelque B soit A*.
2. Mode *Felapton* : majeure nécessaire; mineure assertorique; conclusion nécessaire.
>   E. *Il est nécessaire que nul Γ ne soit A*;
>   A. *Tout Γ est B*;
>   O. *Il est nécessaire que quelque B ne soit pas A*.
Réduction à *Ferio* par conversion partielle de la mineure :
>   E. *Il est nécessaire que nul Γ ne soit A*;
>   I. *Quelque B est Γ*;
>   O. *Il est nécessaire que quelque B ne soit pas A*.
3. Mode *Felapton* : majeure assertorique; mineure nécessaire; conclusion assertorique.
>   E. *Nul Γ n'est A*;
>   A. *Il est nécessaire que tout Γ soit B*;
>   O. *Quelque B n'est pas A*;

prémisse BΓ comme affirmative et nécessaire, et la prémisse
40 AΓ comme négative et non nécessaire. Puis donc que l'affirmative se convertit, Γ appartiendra nécessairement aussi à
quelque B : il en résulte que si A n'appartient à nul Γ, alors que
31b Γ appartient <nécessairement> à quelque B, A n'appartiendra
pas à quelque B, mais ce ne sera pas nécessairement ; car on a
démontré que, dans la première figure, si la prémisse négative
n'est pas nécessaire, la conclusion non plus ne sera pas nécessaire. On peut encore rendre cela évident à l'aide de termes
5 concrets[1]. Désignons, par exemple, A par *bon*, B par *animal*, et
Γ par *cheval*. Il peut se faire que *bon* n'appartienne à aucun
animal, et il est nécessaire qu'*animal* appartienne à tout
cheval : mais il n'est pas nécessaire que quelque animal ne soit
pas bon, puisqu'il est possible que tout animal soit bon. Ou
bien, si ce n'est pas possible[2], on n'a qu'à prendre des termes
10 comme *être éveillé* ou *dormir*, qui s'appliquent à tout animal.

Ainsi, dans le cas où les termes se rapportent universellement au moyen, nous venons d'établir quand la conclusion

---

Réduction à *Ferio* par conversion partielle de la mineure :
    E. *Nul Γ n'est A* ;
    I. *Il est nécessaire que quelque B soit Γ* ;
    O. *Quelque B n'est pas A* ;
1. Autre démonstration, par l'exemple.
    E. *Nul Γ (cheval) n'est A (bon)* ;
    A. *Il est nécessaire que tout Γ (cheval) soit B (animal)* ;
    O. *Quelque B (animal) n'est pas A (bon)*.
2. La bonté ne qualifiant pas l'animal. – Le nouveau syllogisme est le
suivant :
    E. *Nul cheval n'est éveillé* ;
    A. *Il est nécessaire que tout cheval soit animal* ;
    O. *Quelque animal n'est pas éveillé*.
On construirait un syllogisme semblable avec *dormir*.

sera nécessaire. Mais si une prémisse est universelle, et l'autre
particulière, et si elles sont l'une et l'autre affirmatives, toutes
les fois que l'universelle est nécessaire, la conclusion sera, elle
aussi, nécessaire. La démonstration est la même que précé- 15
demment, car la particulière affirmative est aussi convertible[1].
Si donc il est nécessaire que B appartienne à Γ, et si A est
subordonné à Γ, il est nécessaire que B appartienne à quelque
A. Mais si B appartient <nécessairement> à quelque A, A
doit appartenir nécessairement aussi à quelque B, puisqu'il y a
conversion. – Même résultat si la prémisse AΓ est nécessaire, 20
tout en étant universelle, car B est subordonné à Γ[2]. – Mais si
c'est la prémisse particulière qui est nécessaire, la conclusion
ne sera pas nécessaire. Posons la prémisse BΓ à la fois comme
particulière et nécessaire, et A comme appartenant, mais non

---

1. Mode *Disamis* : majeure assertorique ; mineure nécessaire ; conclusion
nécessaire.

     I. *Quelque Γ est A* ;

     A. *Il est nécessaire que tout Γ soit B* ;

     I. *Il est nécessaire que quelque B soit A*.

Réduction à *Darii*, par conversion simple de la majeure et de la conclusion,
et transposition des prémisses.

     A. *Il est nécessaire que tout Γ soit B* ;

     I. *Quelque A est Γ* ;

     I. *Il est nécessaire que quelque A soit B* ;

     I. *Il est nécessaire que quelque B soit A*.

2. Mode *Datisi* : majeure nécessaire ; mineure assertorique ; conclusion
nécessaire.

     A. *Il est nécessaire que tout Γ soit A* ;

     I. *Quelque Γ est B* ;

     I. *Il est nécessaire que quelque B soit A*.

Réduction à *Darii* par conversion simple de la mineure.

nécessairement, à tout Γ[1]. Par conversion de BΓ, on obtient la
25 première figure, et la prémisse universelle n'est pas nécessaire,
c'est la particulière qui est nécessaire. Mais quand les prémisses sont disposées de cette façon, nous avons vu[2] que la
conclusion n'était pas nécessaire; il en résulte qu'elle ne l'est
pas non plus dans le cas présent. On peut encore rendre ce point
évident à l'aide de termes concrets[3]. Admettons que A signifie
état de veille, B *bipède*, et Γ *animal*. Il est nécessaire que B
appartienne à quelque Γ, mais il peut se faire seulement que A
30 appartienne à Γ, et il n'est pas nécessaire que A appartienne à
B, puisqu'en effet il n'est pas nécessaire que quelque bipède
dorme ou soit éveillé. On pourra se servir de la même démonstration à l'aide des mêmes termes, si la prémisse AΓ est à la fois
particulière et nécessaire[4].

Mais dans le cas où un terme est affirmatif, et l'autre
35 négatif, si l'universelle est à la fois négative et nécessaire, la

---

1. Mode *Datisi*: majeure assertorique; mineure nécessaire; conclusion
assertorique.

    A. *Tout Γ est A*;

    I. *Il est nécessaire que quelque Γ soit B*;

    I. *Quelque B est A.*

Réduction à *Darii* par conversion simple de la mineure.

2. Chap. 9, 30a35-37, 30b1-5.

3. Démonstration par l'exemple.

    A. *Tout Γ* (animal) *est A* (veille);

    I. *Il est nécessaire que quelque Γ* (animal) *soit B* (bipède);

    I. *Quelque B* (bipède) *est A* (veille).

4. Mode *Disamis*: majeure nécessaire; mineure assertorique; conclusion
assertorique.

    I. *Il est nécessaire que quelque Γ* (animal) *soit A* (veille);

    A. *Tout Γ* (animal) *est B* (bipède);

    I. *Quelque B* (bipède) *est A* (veille).

conclusion sera nécessaire aussi[1]. En effet, si A ne peut appartenir à nul Γ, et si B appartient à quelque Γ, il est nécessaire que A n'appartienne pas à quelque B. – Mais quand l'affirmative est posée comme nécessaire, qu'elle soit universelle ou particulière, ou quand la négative est particulière, la conclusion ne sera pas nécessaire[2]. Pour le reste, nous ne pouvons que répéter ce que nous avons dit plus haut[3]. Exemples de termes : dans le 40 cas où l'universelle affirmative est nécessaire, on peut prendre *état de veille*, *animal*, *homme*[4], le moyen étant *homme* ; et, dans 32a le cas où la particulière affirmative est nécessaire, *état de veille*, *animal*, *blanc*[5]. Il est, en effet, nécessaire qu'*animal*

1. Mode *Ferison* : majeure nécessaire ; mineure assertorique ; conclusion nécessaire.

E. *Il est nécessaire que nul Γ ne soit A* ;

I. *Quelque Γ est B* ;

O. *Il est nécessaire que quelque B ne soit pas A.*

Réduction à *Ferio* par conversion simple de la mineure.

2. Mode *Bocardo* : majeure assertorique, mineure nécessaire ; conclusion assertorique :

O. *Quelque Γ n'est pas A* ;

A. *Il est nécessaire que tout Γ soit B* ;

O. *Quelque B n'est pas A.*

3. C'est-à-dire : *Causae, ex quibus fit, ut conclusio non sit necessaria, eaedem sunt quas in reliquis figuris exposuimus* (Waitz, I, 399). Pacius traduit fort exactement (I, 174) : *Cetera namque eadem dicemus quae in prioribus diximus.* Aristote renvoie aux lignes a37-b4 et b20-7 ci-dessus.

4. Mode *Bocardo*, avec mineure nécessaire, comme ci-dessus.

O. *Quelque homme ne veille pas* ;

A. *Il est nécessaire que tout homme soit animal* ;

O. *Quelque animal ne veille pas.*

5. Mode *Ferison*, avec mineure nécessaire.

E. *Nul blanc ne veille* ;

I. *Il est nécessaire que quelque blanc soit animal* ;

O. *Quelque animal ne veille pas.*

appartienne à quelque blanc, mais il se peut que *état de veille* n'appartienne à nul blanc, et il n'est pas nécessaire que *état de veille* n'appartienne pas à quelque animal. – Mais quand la négative, étant particulière, est nécessaire, on peut prendre
5 comme termes *bipède*, *se mouvant*, *animal*, le moyen étant *animal*[1].

12
<Comparaison des Syllogismes catégoriques et des Syllogismes modaux portant sur le nécessaire>

On voit donc que, dans le cas de la simple attribution, il n'y a de syllogisme que si les deux prémisses sont l'une et l'autre assertoriques, mais, dans le cas de l'attribution nécessaire, il y a syllogisme même si une seule des prémisses est nécessaire[2]. Dans ces deux cas[3], aussi bien d'ailleurs pour les syllogismes

---

1. Mode *Bocardo* : majeure nécessaire ; mineure assertorique ; conclusion assertorique :

    O. *Il est nécessaire que quelque animal ne soit pas bipède,*

    A. *Tout animal se meut* ;

    O. *Quelque être qui se meut n'est pas bipède.*

2. Pacius, I, 175 interprète l'expression τὸ ὑπάρχειν, l. 6, comme signifiant l'*affirmation (ex syllogismo puro non colligi conclusionem affirmantem, nisi ambae propositiones affirment)*. Mais c'est là une inexactitude. Ce que veut dire manifestement Aristote, c'est que *non esse conclusionem simpliciter asserentem aliquid nisi ex propositionibus simplicibus. At modo ostendit simplicem conclusionem interdum etiam colligi ex altera propositione necessaria, altera simplici* (Waitz, I, 400). Ce qui n'empêche pas de pouvoir dire avec vérité qu'une conclusion simple ne vient que de propositions simples. Cela tient au caractère plus général de la nécessité, qui comprend le réel et le contingent (*cf.* Waitz, *loc. cit.* – Voir aussi Alexandre, 151, 34 et tout le chapitre).

3. C'est-à-dire dans le cas du syllogisme catégorique et dans le cas du syllogisme nécessaire.

affirmatifs que pour les syllogismes négatifs, il faut nécessai- 10
rement que l'une des prémisses[1] soit semblable à la conclusion. Par *semblable* je veux dire que si la conclusion est
assertorique, la prémisse est assertorique ; et si la conclusion
est nécessaire, la prémisse est nécessaire. Il en résulte encore
évidemment ceci, c'est que la conclusion ne sera nécessaire
ou assertorique que si on prend une prémisse nécessaire ou
assertorique.

13
<Les Syllogismes modaux, suite
Généralités sur le contingent>

Sur l'attribution nécessaire, son mode de constitution et 15
sa différence avec l'attribution simple, nous nous sommes
sans doute suffisamment[2] expliqué. Passons à l'examen du
contingent : nous allons dire quand[3], comment[4] et par quels
moyens[5] il y aura syllogisme.

Par *être contingent* et par le *contingent*, j'entends ce qui
n'est pas nécessaire et qui peut être supposé exister sans qu'il y
ait à cela d'impossibilité[6]. Nous pouvons bien, en effet, au sens 20

---

1. L'une des prémisses *au moins*, car il peut arriver que les deux prémisses
soient semblables à la conclusion (*Barbara*, par exemple).

2. σχεδὸν, *modeste affirmantis*, syn. de ἴσως. Cf. *supra*, 8, 19b36.

3. Dans quelle figure.

4. Dans quel mode.

5. Par quelles propositions.

6. Sur cette définition du possible, qui renferme peut-être un cercle
vicieux, cf. *Meta.*, Θ, 3, 1047a24-26 (t. II, p. 31 de notre traduction, avec les
renvois indiqués dans la note). *Cf.* aussi *de Inter.*, chap. 12 et nos notes, et *supra*,
chap. 3 et notamment 25a37 *sq.*

équivoque[1], dire du nécessaire qu'il est contingent; mais que
le contingent <au sens propre> réponde à notre définition, cela
résulte manifestement des propositions par lesquelles nous
nions, ou au contraire affirmons la contingence. En effet[2],
les expressions *il n'est pas contingent d'appartenir, il est
impossible d'appartenir, il est nécessaire de ne pas appartenir*
sont, ou identiques, ou consécutives les unes les autres; par
25 suite, leurs opposées *il est contingent d'appartenir, il n'est
pas impossible d'appartenir, il n'est pas nécessaire de ne pas
appartenir* sont, elles aussi, ou identiques ou consécutives les
unes les autres, car en toute chose il y a affirmation[3] ou négation. Le contingent sera donc non-nécessaire, et le non-néces-
30 saire contingent. Il en résulte que toutes les prémisses portant
sur le contingent se convertissent l'une dans l'autre. J'entends
par là, non pas que les affirmatives se convertissent en négatives[4], mais que toutes les propositions ayant la forme affir-

1. *Cf.* Waitz, I, 402. Le nécessaire est aussi contingent au sens large : tout ce
qui doit arriver peut arriver (voir *de Inter.*, 13, 22b11 et surtout 22b29 *sq.*).

2. Aristote va démontrer (l. 22-29) que le contingent doit être séparé et
distingué du nécessaire. Pour cela, il reprend les oppositions modales dont il
a parlé *de Inter.*, 13, 22a25 : en regard des expressions marquant toutes le
nécessaire et identiques ou, tout au moins, équipollentes entre elles, il place les
expressions contradictoires correspondantes indiquant le contingent, et également équipollentes entre elles. Or la première expression signifie le contingent
(*il est contingent d'appartenir*) et la troisième (*il n'est pas nécessaire de ne pas
appartenir*) le non-nécessaire : le contingent est donc le non-nécessaire, et
inversement le non-nécessaire est le contingent.

3. φάσις est mis pour κατάφασις, suivant une confusion fréquente chez
Aristote (*cf.* Waitz, I, 403; Bonitz, *Ind. arist.*, 813a16). – Sur le sens de la
remarque d'Aristote, voir Philopon, 148, 25 à 149, 19.

4. *Il est contingent que* ne se convertit pas en *il n'est pas contingent que*. La
conversion porte non pas sur le *modus*, mais sur le *dictum*.

mative se convertissent selon l'opposition[1] <de leur *dictum*>.
Par exemple, *il est contingent d'appartenir* se convertit en *il
est contingent de ne pas appartenir*; *il est contingent d'appartenir à tout A* en *il est contingent de n'appartenir à nul A* ou *de
ne pas appartenir à quelque A*, et *il est contingent d'appartenir
à quelque A* en *il est contingent de ne pas appartenir à quelque
A*. Même mode de conversion dans les autres propositions[2]. 35
Puisqu'en effet le contingent n'est pas nécessaire, et que le
non-nécessaire peut ne pas être, il est clair que s'il est contingent que A appartienne à B, il est contingent aussi qu'il ne lui
appartienne pas; et s'il est contingent que A appartienne à tout
B, il est contingent aussi qu'il n'appartienne pas à tout B. Il en 40
est de même pour les particulières affirmatives, car la démonstration est identique. Et les prémisses de ce genre sont affir- **32b**
matives et non pas négatives[3], car *être contingent* est mis sur le
même rang que *être*, ainsi qu'on l'a dit plus haut[4].

Ces distinctions faites, nous remarquons encore que
l'expression *être contingent* se dit de deux façons. En un 5
premier sens, c'est ce qui arrive le plus souvent et manque
de nécessité : par exemple, pour l'homme, blanchir, croître,
décroître, ou, d'une façon générale, ce qui lui appartient

---

1. Il s'agit de l'opposition contenue dans le *dictum* : il est possible *qu'une
chose soit*, il est possible *qu'une chose ne soit pas. Cf.* Alexandre, 159, 34.
Aristote remarque avec raison, l. 32, que seules se convertissent les contingentes « ayant la forme affirmative », c'est-à-dire possédant un *modus* affirmatif : celles qui ont un *modus* négatif ressortissent au nécessaire. – Sur la
conversion κατὰ τὸ ἐνδέχεσθαι et les autres sortes de conversions, cf. *supra*, 2,
init., note.

2. Enumérées lignes 23-26.

3. Même quand leur *dictum* est négatif.

4. Chap. 3, 25b21.

naturellement (cela, en effet, n'a pas une nécessité continue,
puisque l'homme n'existe pas toujours[1], mais, si l'homme
10 existe, ces déterminations se produisent soit nécessairement,
soit le plus souvent). En un autre sens, le contingent c'est
l'indéterminé, ce qui peut être à la fois ainsi et non ainsi : par
exemple marcher, pour un animal, ou encore, qu'un tremble-
ment de terre se produise pendant sa marche, ou, d'une manière
générale, ce qui arrive par hasard[2], car rien de tout cela ne se
produit naturellement dans tel sens plutôt que dans le sens
opposé.

La conversion de ce qui est contingent en chacun de ces
15 deux sens se fait entre propositions opposées[3], seulement ce
n'est pas de la même façon : mais ce qui est naturel se convertit
par le fait qu'il n'appartient pas nécessairement au sujet (car,
en ce sens, il est contingent qu'un homme ne blanchisse pas)[4],
et ce qui est indéterminé, par le fait qu'il n'y a pas de raison
pour que la chose se produise dans un sens plutôt que dans un
autre. Il n'y a pas de science ni de syllogisme démonstratif
des choses indéterminées, en raison de l'instabilité[5] du moyen

---

1. C'est-à-dire n'arrive pas toujours à l'âge où ces déterminations se
produisent (*cf.* Alexandre, 162, 15 et Philopon, 152, 21). – Sur la notion de ὡς
ἐπὶ τὸ πολύ, cf. *supra*, 3, 25b14, et la note.

2. Sur τύχη et αὐτόματον, cf. *de Inter.*, 9, 18b5, et la note.

3. *Il est possible que cela soit, il est possible que cela ne soit pas.*

4. C'est parce qu'un homme ne devient pas nécessairement blanc que *il est
possible que l'homme blanchisse* est convertible en *il est possible que l'homme
ne blanchisse pas.*

5. Le moyen est ἄτακτον, c'est-à-dire *incertain*, *instable* (*cf.* Waitz, I,
405). ἀόριστον a le même sens (Alexandre, 164, 20 dit : ἡ τοῦ μέσου ὅρου
ἀοριστία). Sur le sens, voir *Meta.*, K, 8, 1065a25 : le moyen est purement
accidentel.

terme, mais seulement des choses naturelles, et on peut dire 20
que les discussions et les enquêtes[1] ont seulement pour objet
les choses qui sont contingentes en ce dernier sens. Il peut bien
y avoir syllogisme dans le premier cas, mais de toute façon on
n'a pas coutume d'en faire l'objet de ses recherches.

Ces matières seront traitées avec plus de détail par la suite[2].
Pour le moment, nous avons seulement à indiquer quand,
comment et de quelle nature sera le syllogisme constitué à
partir de prémisses contingentes. Et puisque l'expression *il est* 25
contingent que ceci appartienne à cela peut être prise en une
double acception[3] (en effet, on peut entendre ou bien qu'à *cela*
une chose appartient simplement, ou bien qu'elle peut seulement lui appartenir. Car l'expression *A est possible de ce à quoi*

---

1. Sur le sens de λόγος dans ce passage, *cf.* Bonitz, *Ind. arist.*, 436b4; sur
σκέψις, *ibid.*, 683a45.

2. *An. post.*, I, 8.

3. Toute la fin du chapitre a pour objet de montrer qu'il faut commencer par
l'étude des syllogismes à deux prémisses contingentes. L'exposé d'Aristote, est
difficile et confus, et nous essayerons de l'éclaircir à l'aide d'Alexandre, 165,
25 à 167, 7, dont nous suivons l'interprétation.

La proposition *il est possible que A appartienne à tout B*, par exemple, peut
être considérée comme la conclusion de deux prémisses contingentes (contingence pure), ou d'une prémisse contingente et d'une prémisse assertorique
(συζυγία μικτή, dit Alexandre, 166, 7). L'ἐνδεχόμενον est donc pris en deux
sens : dans le premier, la proposition signifie que A est possible de ce à quoi *peut*
appartenir B; dans le second, elle signifie que A est possible de ce à quoi appartient assertoriquement B. Mais cette proposition générale (*il est possible que A
appartienne à tout B*), qui est le fondement de toute la théorie des syllogismes à
deux prémisses contingentes et que nous retrouverons au chapitre suivant, n'est
posée par Aristote, l. 31, que comme une généralisation de la particulière *il est
possible que ceci appartienne à cela* (l. 25), elle-même expliquée par l'exemple
contenu dans la parenthèse.

B est attribué offre l'un des deux sens suivants : A est possible
de ce dont B est affirmé[1], ou A est possible de ce dont B peut
30 être affirmé. Et entre *A est possible de ce dont B est affirmé* et
il est possible pour A d'appartenir à tout B, il n'y a aucune
différence[2]), il est clair qu'on peut prendre en un double sens
l'expression *il est possible que A appartienne à tout B*. Disons
donc d'abord, dans le cas où B est possible du sujet de Γ, et A
du sujet de B[3], quelle sera la nature et la qualité du syllogisme
qui en résultera. De cette façon, en effet, les prémisses sont
35 prises l'une et l'autre dans le mode du contingent, tandis que
si A est possible de ce à quoi B appartient simplement[4], l'une
des prémisses est assertorique, et l'autre contingente. Il en
résulte que c'est par les prémisses à forme semblable[5] qu'il
faut commencer, comme dans les autres cas.

1. Autrement dit : A est possible du sujet assertoriquement posé de B (sujet
qu'on peut appeler Γ).

2. Il n'y a pas de différence, car καθ' οὗ a une signification générale et universelle, applicable κατὰ παντός (Alexandre, 166, 15). Par suite (et c'est là où
Aristote veut en venir), s'il est vrai qu'il y a deux sens pour *A est possible de ce
dont B est affirmé*, il y a aussi deux sens pour *il est possible que A appartienne à
tout B*. Il y a donc égalité de καθ' οὗ τόδε τόδε et de κατὰ παντός τούτου τοῦτο.
– À l'exemple de Bekker, nous fermons la parenthèse après διαφέρει, l. 30.

3. Aristote établit les deux prémisses du syllogisme en *Barbara* qu'il
démontrera au début du chapitre 14. Il commence par la mineure (*il est possible
que tout Γ soit B = il est possible que B appartienne au sujet de Γ*, en vertu de ce
qui a été dit *supra*, l. 29-30), et continue par la majeure (*il est possible que tout B
soit A = il est possible que A appartienne au sujet de B*).

4. C'est-à-dire Γ.

5. C'est-à-dire les prémisses l'une et l'autre contingentes. – L. 37, nous
lisons, avec Waitz, ὁμοιοσχημόνων.

14
<Les Syllogismes modaux, suite – *Syllogismes de la première figure à deux prémisses contingentes>*

Quand il est possible que A appartienne à tout B, et B à tout Γ, il y aura syllogisme parfait concluant qu'il est possible que A appartienne à tout Γ[1]. Cela résulte clairement de notre définition : car la possibilité d'appartenir à un terme pris universellement, nous l'avons expliqué de cette façon[2]. – De même, 40 s'il est possible pour A de n'appartenir à nul B, et pour B d'appartenir à tout Γ, il est possible pour A de n'appartenir à 33a nul Γ[3]. Car la proposition qu'il est possible pour A de ne pas appartenir à ce à quoi B peut appartenir[4] signifie, comme nous l'avons dit, qu'on ne laisse de côté aucune des choses qui peuvent être subordonnées à B[5].

1. Mode *Barbara*.
> A. *Il est possible que tout B soit A* ;
> A. *Il est possible que tout Γ soit B* ;
> A. *Il est possible que tout Γ soit A*.

2. Renvoi à 13, 32b25-37. La conclusion universelle, affirmative et contingente résulte en effet de la définition du κατὰ παντός, donnée dans ce passage : κατὰ παντός, c'est ἐν ᾧ μηδὲν ἦν λαβεῖν, καθ' οὗ θάτερον οὐ ῥηθήσεται (Alexandre, 167, 17-18). Par suite quand A est dit, d'une manière contingente, de B pris universellement, il n'y aura rien de B à quoi A ne puisse appartenir ; or tout Γ est compris dans B, auquel il est subordonné.

3. Mode *Celarent*.
> E. *Il est possible que nul B ne soit A* ;
> A. *Il est possible que tout Γ soit B* ;
> E. *Il est possible que nul Γ ne soit A*.

4. C'est-à-dire à Γ.

5. La conclusion E est évidente en vertu du κατὰ μηδενός car on ne peut rien dire de B pris universellement dont A ne puisse être nié (Philopon, 157, 5-7).

5   Par contre, quand il est possible que A appartienne à tout
B, et qu'il est possible que B n'appartienne à nul Γ, alors des
prémisses posées ne résulte aucun syllogisme[1]. Mais si la
prémisse BΓ est convertie selon le contingent[2], on obtient le
même syllogisme que précédemment[3]. Puisqu'il est possible,
10   en effet, que B n'appartienne à nul Γ, il est possible aussi qu'il
appartienne à tout Γ, ainsi que nous l'avons indiqué plus haut[4].
Par suite, si B est possible pour tout Γ, et A pour tout B, c'est de
nouveau le même syllogisme qu'on obtient. – Il en est de même
si, dans les deux prémisses, c'est la négation qui s'ajoute à
il est possible : c'est le cas, par exemple, s'il est possible que A
15   n'appartienne à nul B, et B à aucun Γ[5]. En effet, les prémisses
posées ne peuvent servir à constituer aucun syllogisme, mais,
une fois converties, on retombera dans le même syllogisme
que précédemment. – On voit donc que si la négation a été
ajoutée au petit extrême[6] ou aux deux prémisses à la fois, ou
bien on n'obtient pas de syllogisme, ou bien il y en a un mais il
20   n'est pas parfait, puisque c'est de la conversion que résulte la
nécessité de la conclusion.

Mais si l'une des prémisses est prise universellement, et
l'autre particulièrement, toutes les fois que l'universalité
portera sur le grand extrême[7] on aura un syllogisme parfait. Si,

---

1. Mode non concluant : majeure A, mineure E.

2. C'est-à-dire si la mineure à *dictum* négatif devient proposition à *dictum*
affirmatif : *il est possible que B appartienne à tout Γ*. On obtient un syllogisme
en *Barbara*.

3. 32b38-40.

4. 13, 32a34.

5. Mode non concluant : majeure E, mineure E. Chaque prémisse convertie
selon le contingent, on obtient un syllogisme en *Barbara*.

6. Si la mineure est négative.

7. Si la majeure est universelle.

en effet, il est possible que A appartienne à tout B, et B à quelque Γ, il est possible alors que A appartienne à quelque Γ[1]. Cela résulte clairement de la définition de la possibilité d'appartenir à un terme pris universellement[2]. – Si maintenant 25 il est possible que A n'appartienne à nul B, et s'il est possible que B appartienne à quelque Γ, il s'ensuit nécessairement que A n'appartient pas à quelque Γ[3]. La démonstration est la même que ci-dessus.

Par contre, si la prémisse particulière est prise négativement, et l'universelle affirmativement, et qu'elles conservent la même position[4] (par exemple, *il est possible que A appartienne à tout B*, et *il est possible que B n'appartienne pas à quelque Γ*), dans ce cas, les prémisses posées ne permettent pas d'obtenir de syllogisme évident. Mais en convertissant la particulière, en posant qu'il est possible pour B d'appartenir à quelque Γ, on aura la même conclusion que précédemment[5], comme dans les cas envisagés au début[6].

---

1. Mode *Darii*.

    A. *Il est possible que tout B soit A*;

    I. *Il est possible que quelque Γ soit B*;

    I. *Il est possible que quelque Γ soit A*.

2. L. 25, nous maintenons, avec Waitz, I, 406, le mot παντί, car le principe du κατὰ παντός est général et s'applique aussi bien aux syllogismes particuliers qu'aux syllogismes universels.

3. Mode *Ferio*.

4. Mode non-concluant : majeure A, mineure O. – La position des prémisses est la même que pour *Darii* (majeure universelle et mineure particulière).

5. En transformant O en I, on retombe dans *Darii*, l. 24.

6. L. 5-17 : ce sont les modes non concluants universels ramenés à *Barbara*.

Mais si la prémisse qui se rapporte au grand extrême est
35 prise particulièrement[1], et celle qui se rapporte au petit extrême
universellement, que l'une et l'autre soient affirmatives ou
négatives, ou de figure dissemblable[2], ou si l'une et l'autre
sont indéfinies[3] ou particulières, de toute façon il n'y aura pas
de syllogisme : car rien n'empêche que B ait une plus grande
extension que A, et qu'ils ne soient pas affirmés également[4].
40 Supposons que ce dont B dépasse A soit Γ. À ce dernier terme il
n'est pas contingent que A appartienne ou n'appartienne pas,
33b que Γ soit pris universellement ou particulièrement, puisque
les prémisses portant sur le contingent sont convertibles et
qu'il est possible que B appartienne à plus de choses que A. On
peut encore rendre cela évident à l'aide de termes concrets.
Car, les prémisses étant dans un rapport de ce genre, il est
5 également impossible que le majeur appartienne, et nécessaire
qu'il appartienne, au mineur pris universellement[5]. Exemples

1. Autres modes non-concluants : I-A, O-A, I-E, O-E, I-I, O-O, I-O, O-I.

2. Une prémisse affirmative, et l'autre négative.

3. On sait que les indéfinies sont assimilées aux particulières.

4. B peut avoir plus d'extension que A, autrement dit certains B ne sont
peut-être pas des A (le blanc, par exemple, s'applique non seulement à l'animal,
mais encore à la pierre. Pacius, I, 181). Par suite si Γ est pris dans leur groupe,
tout Γ aura beau être B, Γ ne sera pas A. On ne pourra dire ni *il est possible que
tout Γ soit A*, ni *il est possible que nul Γ ne soit A*, puisque, dans les propositions
contingentes, la négative est une autre forme de l'affirmative et n'a un sens que
si l'affirmative en a un. En d'autres termes, si la majeure est affirmative, le
moyen, qui est sujet, n'est pas pris universellement : donc, rien n'empêche que,
dans la mineure, le terme ne soit pris *extra medium*.

5. En fait, avec des prémisses de ce genre, on aboutit à des pseudo-conclu-
sions nécessaires, mais tantôt c'est la nécessité, tantôt c'est l'impossibilité qui
résultera. On n'obtiendra donc même pas une conclusion du nécessaire.

      I. *Il est possible que quelque blanc soit animal* ;

      I. *Il est possible que quelque homme soit blanc* ;

      A. *Il est nécessaire* (et non *possible*) *que tout homme soit animal.*

de termes communs à tous ces cas : pour l'attribution nécessaire, *animal*, *blanc*, *homme* ; pour l'impossibilité d'attribution, *animal*, *blanc*, *vêtement*. Il est clair alors que si les termes
sont disposés de cette façon, on n'obtient aucun syllogisme[1].
Tout syllogisme, en effet, est d'attribution soit simple, soit   10
nécessaire, soit contingente. Or qu'il ne s'agisse pas ici
d'attribution simple, ni d'attribution nécessaire, c'est évident,
puisque l'affirmative est détruite par la négative, et la négative
par l'affirmative[2]. Reste que ce soit là un syllogisme du contingent : mais cela est impossible, car nous avons démontré[3] que
si les termes sont dans un rapport de ce genre, il est à la fois   15
nécessaire que le majeur appartienne et impossible qu'il appartienne au mineur pris universellement. Il en résulte qu'il ne
peut y avoir de syllogisme du contingent car nous avons vu que
le nécessaire n'était pas contingent[4].

On voit que si les termes sont universels dans les prémisses
contingentes on obtient toujours un syllogisme de la première   20
figure, qu'ils soient affirmatifs ou négatifs : seulement, dans le
cas de termes affirmatifs le syllogisme est parfait, tandis que
dans le cas de termes négatifs il est imparfait. Mais il faut

---

I. *Il est possible que quelque blanc soit animal* ;

I. *Il est possible que quelque vêtement soit blanc* ;

A. *Il est nécessaire* (et non *possible*) *que nul vêtement ne soit animal.*

L. 5, οὐδενὶ ἐνδέχεται = ἀδυνατόν ἐσττινὶ ὑπάρχειν (Waitz, I, 406).

1. On n'obtient donc, non seulement aucune conclusion contingente, mais
encore absolument aucune conclusion, ni assertorique, ni nécessaire. Les
prémisses sont donc absolument ἀσυλλόγιστοι.

2. Pour les propositions assertoriques : *tout homme est animal, nul
vêtement n'est animal* ; pour les propositions nécessaires : *il est nécessaire que
tout homme soit animal, il est nécessaire que nul vêtement ne soit animal.*

3. Ligne 5 *supra*.

4. 13, 32a28, où le nécessaire est distingué du contingent au sens propre.

comprendre la contingence, non pas comme dans les propositions nécessaires, mais conformément à la définition que nous en avons donnée[1] : c'est là une chose que l'on oublie parfois.

15
<Les Syllogismes modaux, suite – *Syllogismes de la première figure, dont l'une des prémisses est contingente, et l'autre assertorique>*

25   Si l'une des prémisses est prise comme assertorique, et l'autre comme contingente ; quand c'est la prémisse se rapportant au grand extrême qui signifie la contingence, tous les syllogismes seront parfaits et établiront la contingence, définie comme nous l'avons indiqué ; mais quand c'est la prémisse se rapportant au petit extrême qui est contingente, tous les syllogismes seront imparfaits[2], et ceux d'entre eux qui sont négatifs
30   ne concluront pas la contingence telle que nous l'avons définie, mais seulement une non-nécessité d'attribution[3] à la

---

1. 13, 32a18.

2. Car, comme nous le verrons, c'est la preuve par l'absurde qui jouera.

3. Sur la non-nécessité distinguée de la contingence proprement dite, *cf.* Pacius, II, 148 : *cum dicimus contingere nulli inesse, si proprie contingens accipiatur, excludi omnes necessarias propositiones, tam affirmantes quam negantes : quia contingens non est necessarium, et necessarium non est contingens* (cf. *supra*, 13, 32a28). *Si vero contingens accipiatur pro non necessario, tantum excluduntur propositiones necessariae affirmantes, non etiam negantes : quia non est necesse ut fit, tam id quod non est, sed esse potest, quam id quod nec est, nec esse potest. Cf.* aussi Rondelet, *op. cit.*, p. 250 et 251, et Hamelin, *Le système*, p. 206 : « La non-nécessité est bien différente de la contingence. Le non-nécessaire peut n'être pas possible : il n'est pas nécessaire que 2 et 2 fassent 5 ; cela est même impossible. Une proposition de la forme : *Il*

totalité ou à une partie du mineur. Car lorsqu'un terme n'appartient pas nécessairement à la totalité ou à une partie d'un autre terme, nous disons qu'il est possible pour lui de ne pas appartenir à la totalité ou à une partie de ce terme[1].

Admettons, en effet, qu'il soit possible pour A d'appartenir à tout B, et posons que B appartient à tout Γ[2]. Puisque Γ est subordonné à B, et qu'il est possible que A appartienne à tout 35 B, il est clair qu'il est possible aussi pour A d'appartenir à tout Γ. On obtient donc un syllogisme parfait. – De même quand la prémisse AB est négative, et la prémisse BΓ affirmative[3]; si la première est prise comme contingente et la seconde comme purement attributive il y a syllogisme parfait, concluant qu'il est possible que A n'appartienne à nul Γ. 40

Qu'ainsi on obtienne des syllogismes parfaits quand 34a l'attribution simple affecte le petit extrême, c'est évident; mais

---

n'est pas nécessaire que... exclut seulement la nécessaire affirmative: *Il est nécessaire que...*; mais elle n'exclut pas: *Il est impossible que 2 et 2 fassent 5* ou même *ne fassent pas 5* ».

1. La non-nécessité est, à bon droit, considérée comme équipollente à la contingence. *Cf.* Philopon, 163, 28: εἰ γὰρ μηδενὶ ἀνθρώπῳ ἐξ ἀνάγκης τὸ βαδίζειν, ἐνδεχομένως που πάντως ὑπάρχει.

2. Mode *Barbara*: majeure contingente, mineure assertorique.

    A. *Il est possible que tout B soit A*;

    A. *Tout Γ est B*;

    A. *Il est possible que tout Γ soit A*.

La démonstration se fait toujours par le κατὰ παντός, et Γ est subordonné à B. – C'est donc bien à tort que Rondelet, p. 249, assure qu'il «ne trouve aucune démonstration de cette règle dans Aristote».

3. Mode *Celarent*: majeure contingente, mineure assertorique.

    E. *Il est possible que nul B ne soit A*;

    A. *Tout Γ est B*;

    E. *Il est possible que nul Γ ne soit A*.

qu'une disposition contraire des prémisses[1] puisse engendrer des syllogismes, c'est là une chose qu'il faut prouver par l'absurde. Et en même temps il sera évident que ce sont des syllogismes imparfaits, puisque la preuve ne découle pas des prémisses posées.

5   Mais nous devons d'abord[2] établir que si de l'existence de A suit nécessairement l'existence de B, de la possibilité de A suivra nécessairement la possibilité de B. Supposons, en effet, que les termes étant dans un rapport de ce genre[3], la chose désignée par A soit possible, et celle désignée par B impossible. Si alors la chose possible, quand il est possible pour elle d'exister pouvait arriver, alors que la chose impossible, quand 10 elle est impossible, pouvait ne pas arriver, et si, en même temps, A est possible et B impossible, il serait possible pour A d'arriver sans B, et, s'il arrive, d'exister aussi, puisque ce qui est arrivé, une fois arrivé, existe[4]. – Mais il faut appliquer le possible et l'impossible non seulement au cas de la génération,

1. C'est-à-dire si la majeure est assertorique et la mineure contingente (*cf.* Alexandre, 175, 12-13).

2. D'abord, et avant toute démonstration, Aristote établit un *lemme*. Si on admet l'assertorique *Si A est, B est*, il faut admettre aussi la contingente *Si A est possible, B est possible*. Une liaison de la première forme étant donnée, il y aurait contradiction à nier la seconde. La démonstration de ce lemme, facile d'ailleurs, généralisée et appliquée au syllogisme, se termine l. 24. – On trouvera une argumentation analogue *Meta.*, Θ, 4, 1047b15-26 (t. II, p. 33 de notre traduction) : *cf.* l'intéressant commentaire de Bonitz sur ce dernier texte, *In Meta.*, 389.

3. Savoir, que de l'existence de A suit nécessairement l'existence de B.

4. *Cf.* Sylv. Maurus, *Aristoteles Opera*, in *Logicam*, t. I, p. 146, qui expose bien l'argumentation d'Aristote Citons seulement la conclusion : *Si A est antecedens respectu B, adeoque ita se habent, ut si sit A, ex necessitate sit B, ita etiam se habent, ut si possibile sit A, possibile sit etiam B, adeoque si possibile est antecedens, possibile sit etiam consequens, quod erat demonstrandum.*

mais encore au cas de l'affirmation vraie et de toute attribution, et dans tous les autres sens dont on dit qu'une chose est possible : dans tous les cas, c'est de la même façon que le possible se comportera[1]. – En outre, quand on dit que de l'existence de A suit l'existence de B, il ne faut pas entendre par là que si une certaine chose singulière, par exemple A, existe, B sera, car rien ne suit nécessairement de l'existence d'une seule chose : il en faut au moins deux, ce qui est le cas pour les prémisses, se comportant de la façon que nous avons indiquée, dans le syllogisme[2]. Car si Γ est affirmé de Δ, et Δ de Z, Γ l'est aussi nécessairement de Z ; et si chacune de ces propositions est possible, la conclusion est possible aussi. Si donc, par exemple, on désigne par A les prémisses, et par B la conclusion, il pourra en résulter, non seulement que si A est nécessaire, B est nécessaire, mais encore que si A est possible, B est possible[3].

15

20

---

1. La règle de la liaison nécessaire de l'antécédent et du conséquent, posée l. 5, est générale et s'applique à tous les sens du possible. *Cf.* Waitz, I, 410 : τὸ δυνατόν *locum habet non solum in iis quae generantur, sed etiam in iis quae subsistunt et quae, ut oratio vera vel falsa sit, efficiunt, h.e. in quibus aliquid de aliqua re vel recte vel falso praedicatur.* – La règle est vraie, par conséquent, de la réalité et de la pensée, et, pour cette dernière, elle s'applique à l'attribution vraie et même à l'attribution fausse. *Cf.* Alexandre, 183, 19 : καὶ εἰ ψεῦδος τὸ ἐπόμενον, ψεῦδος καὶ τὸ ἡγούμενον οὐ μὴν εἰ τὸ ἡγούμενον ψεῦδος, καὶ τὸ ἐπόμενον · ὡς γὰρ δυνατὸν τὸ ἀληθές, οὕτω δὴ καὶ τὸ ψεῦδος <ἀδύνατον>.

2. Autrement dit : A doit représenter un couple de prémisses. Cf. *infra*, 23, 40b35, et *An. post.*, I, 3, 73a8.

3. La solidarité, posée et démontrée, entre la liaison portant sur la contingence et celle portant sur l'attribution pure, va permettre à Aristote de remplacer, pour les besoins de la démonstration, une contingente (*il est possible que tout Γ soit B*) par une assertorique (*Γ est B*) : en admettant que cette assertorique soit vraie, elle est possible, et si elle est fausse elle est encore possible. La conclusion du syllogisme, qui doit énoncer une possibilité, ne sera donc pas altérée par ce remplacement, qui, en fait, porte seulement sur la mineure.

25   Ceci prouvé, il est clair qu'une chose fausse mais non
impossible étant supposée, la conséquence résultant de cette
supposition[1] sera fausse aussi, et non impossible. Par exemple,
si A est faux, mais non impossible, et si B est la conséquence de
A, B aussi sera faux, et non impossible. En effet, il a été prouvé
30 que, si l'existence de B est la conséquence de l'existence de A,
la possibilité de B sera alors la conséquence de la possibilité de
A (et A est supposé être possible); B, dans ces conditions, sera
possible, car s'il était impossible, la même chose serait en
même temps possible et impossible[2].

        Ces distinctions une fois faites, supposons que A appar-
35 tienne à tout B, et qu'il soit possible que B appartienne à tout
Γ[3]. Nécessairement donc, il est possible que A appartienne à

- L. 22, ὥσπερ n'a pas un sens comparatif; il signifie seulement *exempli gratia*
(*cf.* Waitz, I, 410).

1. Sur le sens de ὑπόθεσις, *cf.* Bonitz, *Ind. arist.*, 796b59. – La vérité des
prémisses possibles n'est nullement exigée pour qu'une conclusion possible en
découle : il suffit qu'elles soient possibles, même si elles sont fausses.

2. Si l'antécédent est faux et non impossible, il est possible; mais si
l'antécédent est possible, le conséquent est possible aussi. Donc si l'antécédent est faux et possible, le conséquent aussi est possible, et il ne peut être
impossible, sous peine d'être à la fois possible et impossible, ce qui est absurde
(*cf.* Philopon, 171, 6 *sq.*).

3. Mode *Barbara* : majeure assertorique, mineure contingente.
        A. *Tout B est A*;
        A. *Il est possible que tout Γ soit B*;
        A. *Il est possible que tout Γ soit A*.
La démonstration se fait *per absurdum*. On prend la contradictoire de la
conclusion comme majeure, et on remplace la mineure contingente, conformément au lemme ci-dessus, par l'assertorique équivalente (*tout Γ est B*). On
obtient le syllogisme suivant en *Felapton* (3 figure) :
        E. *Il n'est pas possible que tout Γ soit A*;
        A. *Tout Γ est B*;
        O. *Il n'est pas possible que quelque B soit A*,

tout Γ. Rejetons cette possibilité, mais posons B comme
appartenant assertoriquement à tout Γ : cela est faux, mais non
impossible[1]. Si donc A n'est pas possible pour Γ, et si B
appartient à tout Γ, alors A n'est pas possible pour quelque B : 40
on obtient un syllogisme de la troisième figure. Mais on avait
supposé qu'il était possible pour A d'appartenir à tout B[2].
Nécessairement donc, il est possible pour A d'appartenir à tout
Γ. Car, bien que nous ayons posé le faux et non l'impossible[3], **34b**
la conséquence est impossible. – On peut encore aboutir à
l'impossible par la première figure, en posant que B appartient
à Γ[4]. Si, en effet, B appartient à tout Γ, et s'il est possible pour
A d'appartenir à tout B, il sera aussi possible pour A d'appar- 5

conclusion inconciliable avec la majeure du syllogisme à démontrer. Donc la
conclusion est démontrée.

1. La mineure *tout Γ est B* est fausse, car *a posse ad actum non valet
consequentia*, mais elle est possible.

2. παντὶ ἐνδέχεσθαι ὑπάρχειν : *nam* τὸ ἐνδέχεσθαι ὑπάρχειν
consequens est τοῦ ὑπάρχειν, *quod sumsimus vs. 34* (Waitz, I, 411).

3. Tout Γ est B. – La conséquence du syllogisme en *Felapton* est impossible, et, par suite, la majeure (*il n'est pas possible que tout Γ soit A*) doit avoir
été posée comme impossible.

4. Aristote complète sa démonstration. On pourrait objecter que nous ne
savons encore rien d'un syllogisme en *Felapton*, dont une prémisse est contingente, et l'autre assertorique. Or ce syllogisme se prouve lui aussi par l'absurde,
en *Barbara* :

    A. *Il est possible que tout B soit A* ;

    A. *Tout Γ est B* ;

    A. *Il est possible que tout Γ soit A*, contradictoire de la majeure de
    Felapton.

Nous adoptons, pour les l. 2-6, l'interprétation d'Hamelin, *op. cit.*, p. 205.
Waitz, I, 411, pense qu'il s'agit d'une autre forme de la première démonstration, mais il est obligé de corriger Aristote.

tenir à tout Γ. Or, on a supposé que A n'est pas possible pour tout Γ.

Il faut prendre l'expression *appartenir à un terme pris universellement* sans aucune détermination de temps, comme le présent ou telle période donnée, mais bien d'une façon absolue[1]. C'est, en effet, à l'aide de prémisses de ce genre que
10 nous faisons des syllogismes, puisque si on prend la prémisse au sens du présent il n'y aura pas de syllogisme. Rien n'empêche, sans doute, le terme *homme* d'appartenir, à un moment donné, à tout mobile, par exemple si rien d'autre n'était en mouvement; mais il est possible que *mobile* appartienne à tout cheval; cependant il n'est pas possible qu'*homme* appartienne à aucun cheval[2]. En outre, admettons que le

---

1. Aristote précise que, dans les syllogismes qu'il vient d'étudier, on n'obtient une conclusion contingente que si les propositions sont vraies ἁπλῶς, sans déterminations temporelles. C'est qu'en effet la vérité des propositions démonstratives doit être universelle et éternelle. – Sur l'arbitraire des exemples qui suivent, et sur la faiblesse générale de la démonstration, *cf.* Waitz, I, 411.

2. Si la majeure est vraie *aliquando*, les deux prémisses peuvent être vraies, et la conclusion fausse. La conclusion ne suit donc pas nécessairement. On a, en effet,

> *Tout ce qui se meut est homme*;
> *Il est possible que tout cheval se meuve*;
> *Il est possible que tout cheval soit homme.*

On voit que les deux prémisses sont vraies, et cependant la conclusion est fausse.

De même si on pose :

> *Tout ce qui se meut est animal*;
> *Il est possible que tout homme se meuve*;

la conclusion ne peut être :

> *Il est possible que tout homme soit animal,*

mais elle est forcément :

> *Il est nécessaire que tout homme soit animal.*

majeur soit *animal*, le moyen *mobile* et le mineur *homme* : les 15
prémisses sont les mêmes que précédemment, mais la conclusion sera nécessaire, et non contingente, puisque l'homme est
nécessairement animal. On voit donc que l'universel doit être
pris au sens absolu, sans déterminations temporelles.

Admettons maintenant que la prémisse AB soit universelle
et négative, et posons que A n'appartient à nul B mais qu'il 20
est possible pour B d'appartenir à tout Γ[1]. Ces propositions
étant posées, il suit nécessairement qu'il est possible pour A
de n'appartenir à nul Γ. Admettons, en effet, que cette conclusion ne soit pas possible, et que B appartienne à Γ, comme
ci-dessus[2]. Il est par suite nécessaire que A appartienne

---

1. Mode *Celarent* : majeure assertorique, mineure contingente.

   E. *Nul B n'est A* ;

   A. *Il est possible que tout Γ soit B* ;

   E. *Il est possible que nul Γ ne soit A*.

Mais cette conclusion, conformément à ce qui a été posé au début, l. 33b29,
n'est pas véritablement contingente ; elle énonce seulement une non-nécessité,
ainsi qu'Aristote va le prouver.

2. L. a36. Preuve par l'absurde, en prenant comme majeure la contradictoire
de la conclusion, et comme mineure l'assertorique au lieu de la contingente.

La majeure est :

   Il n'est pas possible que nul Γ ne soit A ;

ou encore, ce qui revient au même :

   Il est nécessaire que quelque Γ soit A ;

mais non pas :

   Il est possible que tout Γ soit A, car ce ne serait là que la même proposition, convertie, selon la contingence, de négative en affirmative.

La mineure étant :

   Tout Γ est B, proposition fausse, mais non impossible, on obtient le
   syllogisme suivant en *Disamis* (3 figure) :

   I. *Il est nécessaire que quelque Γ soit A* ;

   A. *Tout Γ est B* ;

   I. *Il est nécessaire que quelque B soit A*, conclusion contradictoire de
   la majeure du syllogisme à démontrer.

<nécessairement> à quelque B, en vertu d'un syllogisme de la
25 troisième figure : or cela est impossible. Par conséquent, il sera
contingent pour A de n'appartenir à nul Γ, car si cette proposition est supposée fausse, la conséquence est impossible. Ce
syllogisme n'établit donc pas la contingence telle que nous
l'avons définie, mais seulement la non-nécessité de l'attribution à la totalité du sujet (en effet, cette proposition est la
contradictoire de la supposition faite, puisque, cette supposi-
30 tion était que A appartient nécessairement à quelque Γ, mais le
syllogisme par l'absurde établit seulement la contradictoire
opposée à cette supposition)[1]. – De plus, un exemple de termes
concrets montre clairement que la conclusion n'établira pas
la contingence[2]. Admettons, en effet, que A soit *corbeau*,

---

Seulement, la véritable contradictoire de la majeure du syllogisme en
Disamis n'est pas la conclusion contestée (*il est possible que nul Γ ne soit A*),
mais bien *il n'est pas nécessaire que tout Γ soit A*, de telle sorte que c'est
seulement cette dernière proposition (laquelle n'établit qu'une non-nécessité)
que nous avons démontrée.

1. *Il n'est pas nécessaire que tout Γ soit A*, véritable contradictoire de la
majeure supposée *il est nécessaire que quelque Γ soit A*. – Nous conservons
la parenthèse de Bekker, que Waitz supprime sans nécessité. Mais, comme
Jenkinson, nous la reculons jusqu'après ἀντιφάσεως, l. 30, et mettons une
virgule, et non un point en haut, après ὑπάρχειν, l. 30.

2.   *Nul B (intelligent) n'est A (corbeau)*;
      Il est possible que tout Γ (homme) soit B (intelligent);
      La conclusion véritable doit être :
      Il est nécessaire que nul homme ne soit corbeau.

C'est donc le nécessaire et non le contingent qui est conclu. Mais avec un
exemple différent c'est le non-nécessaire qu'on obtiendrait et non le contingent :
      Nulle science n'est mue;
      Il est possible que tout homme soit science (ou plutôt *savant*);
      Il est possible que nul homme ne soit mû, autrement dit *il n'est pas*
      nécessaire que quelque homme soit mû.

B *intelligent*, et Γ *homme*. A n'appartient à nul B, car rien
d'intelligent n'est corbeau. Par contre, il est possible que B 35
appartienne à tout Γ : car il est possible que tout homme soit
intelligent. Mais A nécessairement n'appartient à nul Γ ; la
conclusion n'établit donc pas la contingence. Pourtant elle
n'est pas toujours nécessaire. Admettons, en effet, que A soit
mobile, B *science*, et Γ *homme*. A n'appartiendra à nul B, mais
il est possible pour B d'appartenir à tout Γ, et la conclusion ne 40
sera pas nécessaire, car il n'est pas nécessaire que nul homme
ne se meuve ; ou plutôt, il n'est pas nécessaire que quelque **35a**
homme se meuve. Il est par suite évident que la conclusion
établit seulement qu'un terme n'appartient pas nécessairement
à un autre terme pris universellement. Mais il faut prendre les
termes d'une meilleure façon[1].

Si on appose la négation au petit extrême qui signifie la
contingence, des prémisses mêmes que nous avons prises ne 5
sortira aucun syllogisme, mais si la prémisse contingente est
convertie, il en sortira un, comme dans les cas précédents[2].
Admettons, en effet, que A appartienne à tout B, et qu'il soit
possible pour B de n'appartenir à nul Γ[3]. Avec des termes se
trouvant en rapports de cette façon, rien ne suivra nécessairement. Mais si on convertit la prémisse BΓ, et si on prend B

1. Il est sûr que, dans l'exemple qui précède, il faudrait dire *savant* et non
science. On peut alors se demander, avec Waitz, I, 412, pourquoi Aristote ne l'a
pas fait lui-même. Alexandre, 196, 3 *sq.*, propose d'autres termes.

2. Chap. 14, 33a7.

3. Syllogisme imparfait à majeure assertorique, affirmative et universelle,
et à mineure contingente, négative et universelle.

    A. *Tout B est A* ;

    E. *Il est possible que nul Γ ne soit B.*

Par conversion de la mineure (*il est possible que tout Γ soit B*) on obtient un
syllogisme en *Barbara*, comme 34a34.

10 comme appartenant à tout Γ, on obtient un syllogisme comme ci-dessus, car les termes sont dans la même position[1]. – Même façon de procéder si les relations sont l'une et l'autre négatives, si la prémisse AB signifie la non-attribution assertorique et si la prémisse BΓ indique la possibilité de n'être attribué à aucun terme pris universellement[2]. De ces propositions mêmes que nous venons de prendre, on n'obtient nécessairement aucune
15 conclusion; mais la prémisse contingente une fois convertie, il y aura syllogisme. Supposons, en effet, que A n'appartienne à nul B, et qu'il soit possible pour B de n'appartenir à nul Γ : ces propositions ne donnent rien de nécessaire. Mais si on suppose qu'il est possible pour B d'appartenir à tout Γ (ce qui est vrai) et
20 si on laisse la prémisse AB dans le même état, de nouveau on aura le même syllogisme. – Par contre, si on suppose que B n'appartient pas à tout Γ, et non qu'il est possible que B n'appartienne pas à tout Γ, il n'y aura syllogisme d'aucune façon, que la prémisse AB soit négative ou affirmative[3]. Comme exemples de termes communs à tous ces cas, nous avons : pour l'attribution nécessaire, *blanc*, *animal*, *neige*, et pour l'impossibilité de l'attribution nécessaire, *blanc*, *animal*, *poix*[4].

1. Majeure assertorique et mineure contingente dans les deux cas.

2. Syllogisme imparfait à majeure assertorique, négative et universelle, et à mineure contingente, négative et universelle. Réduction à *Celarent* par conversion de la mineure, comme dans le cas précédent. L. 12, la prémisse est appelée διάστημα, *intervalle*, *relation*. Sur ce mot, *cf.* Bonitz, *Ind. arist.*, 189b11 à 17.

3. Modes non-concluants : majeure contingente, universelle, affirmative ou négative, et mineure assertorique, universelle, négative.

      Il est possible que tout B soit A ;
      Nul Γ n'est B.

4.   *Il est possible que tout animal soit blanc* ;
      Nulle neige n'est animal ;
      Il est nécessaire que toute neige soit blanche.

On voit donc que si les termes sont universels, l'une des 25
prémisses étant assertorique et l'autre contingente, toutes les
fois que la prémisse se rapportant au petit extrême sera prise
comme contingente on obtiendra un syllogisme; seulement ce
syllogisme est constitué tantôt à partir des prémisses mêmes[1],
tantôt au moyen de la conversion d'une prémisse[2]. Nous avons
établi quand chacun de ces cas se présente, et pour quelle raison.

Mais si l'une des relations posées est universelle, et l'autre 30
particulière, toutes les fois que la prémisse se rapportant au
grand extrême aura été posée comme universelle et contingente, qu'elle soit affirmative ou négative, et quand la particulière sera affirmative et assertorique[3], il y aura syllogisme
parfait, comme dans le cas de termes universels. La démonstration est la même que précédemment[4]. – Mais quand la 35
prémisse se rapportant au grand extrême est universelle, mais
assertorique et non contingente, et que l'autre prémisse est
particulière et contingente, qu'elles soient l'une et l'autre

---

Il est possible que tout animal soit blanc;

Nulle poix n'est animal;

Il est nécessaire que nulle poix ne soit blanche.

1. Quand la mineure est affirmative, il n'y a aucun besoin d'opérer par conversion. Cela ne veut cependant pas dire que le syllogisme soit parfait : la réduction à l'absurde reste nécessaire.

2. Quand la mineure est négative.

3. Mode *Darii* ou *Ferio*.

    A. *Il est possible que tout B soit A*;

    I. *Quelque Γ est B*;

    I. *Il est possible que quelque Γ soit A*.

    E. *Il est possible que nul B ne soit A*;

    I. *Quelque Γ est B*;

    O. *Il est possible que quelque Γ ne soit pas A*.

4. Début du présent chapitre, l. 33b33-40 : Γ est subordonné à B.

négatives ou affirmatives, ou si l'une est négative et l'autre affirmative, le syllogisme sera dans tous les cas imparfait[1].

40 Seulement la démonstration en sera faite tantôt par l'absurde[2],

35b tantôt par la conversion de la contingente[3], comme dans les cas précédents[4]. Et il y aura aussi syllogisme par conversion quand la prémisse se rapportant au grand extrême, prise universellement, indique l'attribution ou la non-attribution assertorique,

5 et que l'autre prémisse, étant particulière négative, est prise au sens contingent : par exemple, si A appartient ou n'appartient pas à B pris universellement et s'il est possible que B n'appartienne pas à quelque Γ[5]. Car si la prémisse BΓ est convertie selon la contingence, on obtient un syllogisme. – Mais quand la

1. Syllogismes imparfaits, à majeure assertorique, universelle, affirmative ou négative, et à mineure contingente, particulière, affirmative ou négative.

2. Quand la mineure est affirmative.

3. Quand la mineure est négative. – Dans ce cas, la démonstration se fait par conversion de la mineure, qui devient affirmative, ce qui fait qu'on retombe dans les cas précédents. Pacius, I, 191, a donc tort d'exiger en sus la réduction à l'absurde, et, l. b1, il faut lire avec Waitz, I, 413, οἱ δὲ διὰ τῆς ἀντιστροφῆς et non οἱ δὲ καὶ διὰ…

4. 35a14.

5. Syllogismes imparfaits, à majeure assertorique, universelle, affirmative ou négative, et à mineure contingente, particulière négative. – Ces deux types de syllogisme ont déjà été visés dans les lignes précédentes : Aristote insiste sur le cas des syllogismes à mineure négative. Soit, par exemple :

Tout B est A ;

Il est possible que quelque Γ ne soit pas B.

En convertissant la mineure (*Il est possible que quelque Γ soit B*) on obtient un syllogisme en *Darii* dont la conclusion est

Il est possible que quelque Γ soit A.

Même façon de procéder avec une majeure négative : on obtiendrait un syllogisme en *Ferio.*

Sur les difficultés du texte, et notamment la présence insolite de καὶ, l. 2, *cf.* Waitz, I, 413.

prémisse particulière marque la non-attribution assertorique, il ne peut y avoir syllogisme[1]. Exemples de termes d'attribution : 10 *blanc*, *animal*, *neige* ; de non-attribution, *blanc*, *animal*, *poix* : c'est à la démonstration par l'indéterminé qu'il faut avoir recours[2]. – Et si la prémisse se rapportant au petit extrême est posée comme universelle, et la prémisse se rapportant au grand extrême comme particulière, que ce soit indifféremment l'une ou l'autre qui soit négative ou affirmative, contingente ou assertorique, d'aucune façon il n'y aura syllogisme[3]. Il n'y aura pas non plus de syllogisme de ce genre lorsque les 15 prémisses sont particulières ou indéfinies, qu'elles soient contingentes ou assertoriques, ou l'une contingente et l'autre assertorique. La démonstration est la même que ci-dessus[4]. Exemples de termes communs à tous ces cas : pour l'attribution nécessaire, *animal*, *blanc*, *homme* ; pour l'impossibilité de

---

1. Modes non concluants : majeure contingente, universelle, affirmative ou négative, et mineure assertorique, particulière, négative.

   Il est possible que tout animal soit blanc ;

   Quelque neige n'est pas animal ;

   Il est nécessaire que toute neige soit blanche.

   Il est possible que tout animal soit blanc :

   Quelque poix n'est pas animal ;

   Il est nécessaire que nulle poix ne soit blanche.

2. Sur ce mode de démonstration, cf. *supra*, 4, 26b14, et 5, 27b20, ainsi que les notes. – La mineure particulière n'étant qu'une partie de la négative universelle (*Nulle neige*, ou *nulle poix*, *n'est animal*), il est évident que si, comme nous l'avons vu, l. a20-24 *supra*, une mineure assertorique universelle négative ne peut engendrer de syllogisme, il en sera de même pour la mineure particulière dans le cas présent.

3. Autres modes non concluants, à majeure particulière : I-A, O-A, I-E, O-E, I-I, O-I, I-O et O-O.

4. 14, 33a34-b17.

20 l'attribution, *animal, blanc, vêtement*[1]. – On voit donc que si la prémisse se rapportant au grand extrême est posée comme universelle, on obtient toujours[2] un syllogisme, mais si c'est la prémisse se rapportant au petit extrême, rien du tout ne peut jamais être prouvé.

16
<Les Syllogismes modaux, suite – *Syllogismes de la première figure dont l'une des prémisses est contingente, et l'autre nécessaire>*

Quand l'une des prémisses indique l'attribution nécessaire, et l'autre l'attribution contingente, il y aura syllogisme quand les termes sont dans le même rapport que précédemment[3] ; et le 25 syllogisme sera parfait quand le nécessaire se rapporte au petit extrême[4]. Et la conclusion, si les termes sont affirmatifs, sera contingente et non assertorique, qu'ils soient posés comme

---

1. Par exemple :
> *Il est possible que quelque blanc soit animal* ;
> *Tout homme est blanc* ;
> *Il est nécessaire que tout homme soit animal.*
> *Il est possible que quelque blanc soit animal* ;
> *Tout vêtement est blanc* ;
> *Il est nécessaire que nul vêtement ne soit animal.*

2. Sauf exception (*cf.* 1. b8 *supra*).

3. 15, 35a25-b8. Les termes sont dans le même rapport que si l'une des prémisses est assertorique et l'autre contingente. En effet, les syllogismes à prémisses nécessaires se comportant comme les syllogismes à prémisses catégoriques, les propositions nécessaires se comportent comme les assertoriques, et le mélange du nécessaire et du contingent donne les mêmes résultats que le mélange de l'assertorique et du contingent.

4. Mineure nécessaire et majeure contingente.

universels ou comme non universels. Mais si une prémisse est
affirmative, et l'autre négative ; toutes les fois que l'affirmative
sera nécessaire, la conclusion sera contingente et non pas   30
assertorique négative ; mais si c'est la négative qui est nécessaire, la conclusion sera à la fois contingente négative et assertorique négative[1], que les termes soient universels ou non
universels. La contingence contenue dans la conclusion doit
être comprise de la même façon que précédemment[2]. Par
contre, de la nécessaire négative, on ne tirera aucun syllogisme, car *ne pas appartenir nécessairement* est autre chose   35
que *nécessairement ne pas appartenir*[3].

Que de termes affirmatifs ne découle pas une conclusion
nécessaire, c'est là une chose évidente. Admettons, en effet,
que A appartienne à tout B nécessairement, et qu'il soit possible
que B appartienne à tout Γ[4] ; il y aura syllogisme imparfait   40

---

1. Voir, par exemple, *infra*, l. 36a15.

2. C'est une non-nécessité, et non une contingence au sens propre (*cf.* 15,
33b29, 34b27).

3. *Cf.* Philopon, 194, 29 : τὸ μὲν γὰρ ἐξ ἀνάγκης μὴ ὑπάρχειν τὸ μηδαμῇ
μηδαμῶς ὑπάρχον σημαίνει, ὅπερ καὶ φαμὲν ἐνταῦθα μὴ συνάγεσθαι · τὸ
δὲ μὴ ἐξ ἀνάγκης ὑπάρχειν τὸ ὑπάρχον μὲν οὐκ ἀναγκαίως δέ, ἀλλ'
ἐνδεχομένως ἀποφασκόμενον.

4. Syllogisme imparfait en *Barbara* : majeure nécessaire et mineure
contingente.

    A. *Il est nécessaire que tout B soit A* ;

    A. *Il est possible que tout Γ soit B* ;

    A. *Il est possible que tout Γ soit A.*

Preuve par l'absurde, par réduction à *Bocardo* (3 figure), en prenant
comme majeure la contradictoire de la conclusion, et en remplaçant la mineure
contingente par l'assertorique correspondante. On a :

    O. *Il est nécessaire que quelque Γ ne soit pas A* ;

    A. *Tout Γ est B* ;

    O. *Quelque B n'est pas A*, conclusion inconciliable avec la majeure
donnée.

concluant qu'il est possible pour A d'appartenir à tout Γ. Son imperfection résulte clairement de la démonstration, car la nature de la preuve sera la même que plus haut[1]. – Admettons maintenant qu'il soit possible pour A d'appartenir à tout B, et que B appartienne nécessairement à tout Γ[2] : on aura alors un syllogisme concluant qu'il est possible que A appartienne à tout Γ, et non pas qu'il lui appartient assertoriquement. Et ce syllogisme sera parfait, et non imparfait, car il reçoit directement[3] sa perfection des prémisses originaires.

Mais voyons le cas où les prémisses ne sont pas de forme semblable. Supposons d'abord que la prémisse négative est nécessaire, que nécessairement[4] il est possible pour A de n'appartenir à nul B, tandis qu'il est possible pour B d'appartenir à tout Γ[5] : il en résulte la nécessité pour A de n'appartenir

36a *(en marge, ligne 2)*

5 *(en marge, ligne 5)*

On pourrait aussi procéder par *Baroco* (2 figure), en conservant la majeure, et en prenant comme mineure la contradictoire de la conclusion (*Il est nécessaire que quelque Γ ne soit pas A*).

1. 15, 34a34-b6.

2. Syllogisme parfait en *Barbara* : majeure contingente et mineure nécessaire.

    A. *Il est possible que tout B soit A* ;

    A. *Il est nécessaire que tout Γ soit B* ;

    A. *Il est possible que tout Γ soit A*.

3. εὐθὺς, *immédiatement, directement, sans intermédiaire*. Sur le sens de ce mot dans Aristote, *cf.* Bonitz, *Ind. arist.*, 296a16, et *in Meta.*, II, 178 et 319.

4. Le mot ἐξ ἀνάγκης semble ici bien inutile (*cf.* Waitz, I, 416).

5. Syllogisme imparfait en *Celarent* : majeure nécessaire et mineure contingente.

    E. *Il est nécessaire que nul B ne soit A* ;

    A. *Il est possible que tout Γ soit B* ;

    E. *Nul Γ est A*.

Démonstration par l'absurde. La majeure est la converse de la majeure donnée, et la mineure est la contradictoire de la conclusion. On a le syllogisme suivant en *Ferio* :

assertoriquement à nul Γ. Supposons, en effet, que A appar- 10
tienne à tout Γ ou à quelque Γ. Mais nous avons supposé qu'il
n'était pas possible pour A d'appartenir à aucun B ; puis donc
que la prémisse négative est convertible, B n'est non plus
possible pour nul A. Mais A est supposé appartenir à tout Γ ou
à quelque Γ. Par conséquent il ne sera pas possible pour B
d'appartenir à quelque Γ ou à tout Γ. Mais on a supposé au
début qu'il était possible pour B d'appartenir à tout Γ. Et il est 15
clair que le syllogisme obtenu conclut aussi à la non-attribution
contingente, puisqu'il conclut à la non-attribution assertorique[1]. – Admettons maintenant que ce soit la prémisse affirmative qui est nécessaire, et supposons qu'il soit possible pour
A de n'appartenir à nul B, et que B appartienne nécessairement
à tout Γ[2]. Le syllogisme sera parfait, mais la conclusion sera, 20
non pas une assertorique négative, mais une contingente négative, car c'est de cette façon qu'a été prise la prémisse dépen-

---

E. *Il est nécessaire que nul A ne soit B* ;

I. *Quelque Γ est A* ;

O. *Il est nécessaire que quelque Γ ne soit pas B*, contradictoire de la
mineure de *Celarent*.

On peut encore, comme le fait Hamelin, p. 209, et comme le texte le
permet, procéder par réduction à *Celarent* en prenant comme mineure *tout Γ
est A*. Mais il faut remarquer que cette dernière proposition n'est pas la
contradictoire de la conclusion contestée, mais seulement sa contraire ; il est
donc préférable de procéder par *Ferio*.

1. Au sens large de δυνατόν, le réel est aussi possible. *Cf.* Philopon, 197,
28 ; εἰ καὶ τὸ ὑπάρχειν μηδενὶ συνάγεται, πρόδηλον ὅτι καὶ τὸ ἐνδέχεσθαι
μηδενί, ἀλλ' ἐνδεχόμενον οὐ τὸ κατὰ τὸν διορισμὸν ἀλλὰ τὸ ἁπλῶς
ἐνδεχόμενον τὸ κατηγορούμενον καὶ κατὰ τοῦ ὑπάρχοντος.

2. Syllogisme parfait en *Celarent* : majeure contingente et mineure
nécessaire.

E. *Il est possible que nul B ne soit A* ;

A. *Il est nécessaire que tout Γ soit B* ;

E. *Il est possible que nul Γ ne soit A*.

dant du grand extrême[1], et, en outre, il n'est pas possible de
procéder par réduction à l'absurde[2]. Si, en effet, on suppose
que A peut appartenir <nécessairement> à quelque Γ, et qu'on
admette aussi qu'il est possible pour A de n'appartenir à nul B,
aucune impossibilité ne découle de ces prémisses. – Mais si
25 on rapporte la négation au petit extrême, quand la prémisse
indique la contingence il y aura syllogisme par conversion,
comme dans les cas qui précèdent[3]. Mais quand elle ne marque

---

1. Autrement dit, la conclusion suit la nature de la majeure, laquelle est une
contingente négative. Si, dans la mineure, B est affirmé de tout Γ, Γ étant une
partie de B, tout ce qui est affirmé de B l'est aussi de Γ (*cf.* Alexandre, 210, 5).

2. Pour cette impossibilité d'une démonstration par l'absurde, *cf.* Waitz,
I, 416-417, dont nous suivons l'interprétation, préférable, semble-t-il, à
celle d'Alexandre, 210, 10, et à celle d'Hamelin, p. 209. – Selon Alexandre (et
Jenkinson), Aristote veut dire qu'il est impossible de prouver par l'absurde
l'assertorique négative *nul Γ n'est A* (il faut alors, l. 23, lire μηδενὶ et non τινὶ).
Pour Hamelin c'est la pseudo-conclusion nécessaire négative qu'Aristote aurait
en vue (*il est nécessaire que nul Γ ne soit A*). Mais l'interprétation d'Alexandre
soulève des difficultés que Waitz a soulignées, et celle d'Hamelin n'est pas
conforme au texte d'Aristote Il vaut bien mieux, comme l'a fait Waitz,
conserver la leçon traditionnelle, admise par Bekker, et comprendre que c'est la
conclusion contingente négative qui ne peut être prouvée par l'absurde. Pour
l'établir, Aristote conserve la majeure, et prend comme mineure la contradictoire de la conclusion contestée (ἐξ ἀνάγκης, l. 23, est aisément suppléé par le
sens). De ces deux prémisses rien d'absurde ne découle, ni même aucune
conclusion, ainsi que nous le verrons pour les syllogismes de la 2 figure,
chap. 19, 38a26 *sq.*

3. *Cf.* 15, 35b7, et aussi 14, 33a7. – Syllogisme imparfait à majeure nécessaire, universelle, affirmative, et à mineure contingente, universelle, négative :

A. *Il est nécessaire que tout B soit A* ;
E. *Il est possible que nul Γ ne soit B.*

Par conversion de la mineure (*il est possible que tout Γ soit B*), on obtient
un syllogisme en *Barbara*.

pas la contingence, il n'y aura pas de syllogisme[1]. – Il n'y en aura pas non plus quand les deux prémisses sont l'une et l'autre négatives et que celle qui se rapporte au petit terme n'est pas contingente[2]. Les mêmes termes que ci-dessus[3] peuvent servir d'exemples : pour l'attribution, *blanc*, *animal*, *neige*; pour la non-attribution, *blanc*, *animal*, *poix*.

On procédera encore de la même façon pour les syllogismes particuliers[4]. Quand la prémisse négative est nécessaire, la conclusion sera[5] assertorique négative. Par exemple, s'il est nécessaire que A n'appartienne à nul B, et s'il est possible que B appartienne à quelque Γ, nécessairement A n'appartient pas assertoriquement à quelque Γ[6]. En effet, si A appartient à tout

---

1. Mode non-concluant : majeure contingente, universelle, affirmative, et mineure nécessaire, universelle, négative.

2. Autre mode non-concluant : majeure contingente, universelle, négative, et mineure nécessaire, universelle négative.

3. 15, 35b10. – Par exemple :

> *Il est possible que tout animal soit blanc*;
> *Il est nécessaire que nulle neige ne soit animal*;
> *Il est nécessaire que toute neige soit blanche.*
> *Il est possible que tout animal soit blanc*;
> *Il est nécessaire que nulle poix ne soit animal*;
> *Il est nécessaire que nulle poix ne soit blanche.*

4. *Quia in prima et secunda figura syllogismi particulares ex universalibus fiunt, si in his propositio minor pro universali sumitur particularis, ut in particularibus de parte concludatur quod in universalibus de toto* (Waitz, I, 417-418).

5. Pourvu qu'il y ait syllogisme.

6. Syllogisme imparfait en *Ferio* : majeure nécessaire, mineure contingente.

> E. *Il est nécessaire que nul B ne soit A*;
> I. *Il est possible que quelque Γ soit B*;
> O. *Quelque Γ n'est pas A.*

Γ, et s'il est nécessaire qu'il n'appartienne à nul B, il sera nécessaire aussi que B n'appartienne à nul A; il en résulte que si A appartient à tout Γ, il est nécessaire que B n'appartienne à nul Γ. Or on avait supposé qu'il était possible pour B d'appartenir à quelque Γ. – Par contre, quand c'est la particulière affir-

40 mative qui est nécessaire, j'entends celle qui se trouve dans le syllogisme négatif (par exemple, la prémisse BΓ), ou quand,

36b dans le syllogisme affirmatif, c'est l'universelle (par exemple la prémisse AB) qui est nécessaire, il n'y aura pas de syllogisme à conclusion assertorique[1]. La démonstration est la même que

---

Preuve par l'absurde, en prenant pour majeure la converse de la majeure donnée, et pour mineure la contradictoire de la conclusion. On obtient le syllogisme suivant en *Celarent* :

       E. *Il est nécessaire que nul A ne soit B*;

       A. *Tout Γ est A*;

       E. *Il est nécessaire que nul Γ ne soit B*, contradictoire de la mineure donnée.

En ce qui concerne le texte, il faut prendre garde que, l. 34 et suivantes, la négation tombe sur ἐνδέχεται *il n'est pas possible que*, équipollent à *il est nécessaire*. Pour éviter toute équivoque, nous avons, dans tout ce passage, employé cette dernière expression.

1. Il y a syllogisme parfait quand la majeure est contingente, universelle, négative, et la mineure nécessaire, particulière, affirmative; la conclusion est contingente (*Ferio*). Il y a syllogisme imparfait quand la majeure est nécessaire, universelle, affirmative, et la mineure contingente, particulière, affirmative; la conclusion est encore contingente (*Darii*).

On a, pour *Ferio* :

       E. *Il est possible que nul B ne soit A*;

       I. *Il est nécessaire que quelque Γ soit B*;

       O. *Il est possible que quelque Γ ne soit pas A*.

Et pour *Darii* :

       A. *Il est nécessaire que tout B soit A*;

       I. *Il est possible que quelque Γ soit B*;

       I. *Il est possible que quelque Γ soit A*.

plus haut. – Mais si l'universalité affecte le petit extrême, que la prémisse soit affirmative ou négative, mais contingente, et si la prémisse se rapportant au grand extrême est particulière et nécessaire, il n'y aura pas de syllogisme[1]. Exemples de termes 5 pour l'attribution nécessaire affirmative : *animal*, *blanc*, *homme* ; pour l'attribution nécessaire négative : *animal*, *blanc*, *vêtement*. Mais quand la prémisse universelle est nécessaire, et la particulière contingente, si l'universelle est négative nous pouvons prendre comme termes d'attribution, *animal*, *blanc*, *corbeau*, et comme termes de non-attribution, *animal*, *blanc*, 10 *poix*[2]. Et si l'universelle est affirmative, nous pouvons prendre comme termes d'attribution nécessaire affirmative, *animal*, *blanc*, *cygne*, et comme termes d'attribution nécessaire néga-

---

La démonstration, ajoute Aristote, est la même que pour les syllogismes universels correspondants (*supra*, l. a19-25).

1. Modes non-concluants : majeure nécessaire et particulière, mineure contingente et universelle. Par exemple :

> *Il est nécessaire que quelque blanc soit animal* ;
> *Il est possible que tout homme soit blanc* ;
> *Il est nécessaire que tout homme soit animal.*
> *Il est nécessaire que quelque blanc soit animal* ;
> *Il est possible que tout vêtement soit blanc* ;
> *Il est nécessaire que nul vêtement ne soit animal.*

2. Modes non-concluants : majeure contingente et particulière, mineure nécessaire universelle et négative.

> *Il est possible que quelque blanc soit animal* ;
> *Il est nécessaire que nul corbeau ne soit blanc* ;
> *Il est nécessaire que tout corbeau soit animal.*
> *Il est possible que quelque blanc soit animal* ;
> *Il est nécessaire que nulle poix ne soit blanche* ;
> *Il est nécessaire que nulle poix ne soit animal.*

tive, *animal*, *blanc*, *neige*[1]. – Pas davantage il n'y aura syllogisme de ce genre quand les prémisses posées sont indéfinies,
ou quand elles sont l'une et l'autre particulières[2]. Exemples de
termes communs à tous ces cas : pour l'attribution, *animal*,
15 *blanc*, *homme*, et, pour la non-attribution, *animal*, *blanc*,
inanimé. En effet, l'attribution d'animal à quelque blanc, et de
blanc à quelque inanimé, est à la fois nécessaire affirmative et
nécessaire négative. Pour le contingent, il en est de même, et
c'est pourquoi ces termes peuvent servir dans tous les cas.

Ce que nous avons dit montre donc clairement que, de
20 relations semblables entre les termes, tant dans le cas de l'attribution assertorique que dans le cas de l'attribution nécessaire[3],
on obtient ou on n'obtient pas de syllogisme. Seulement, si la
prémisse négative est assertorique, on a, avons-nous dit, un
syllogisme à conclusion contingente, tandis que si la prémisse
négative est nécessaire, le syllogisme est à conclusion à la fois

---

1. Modes non-concluants : majeure contingente et particulière, mineure
nécessaire universelle et affirmative.

> *Il est possible que quelque blanc soit animal* ;
> *Il est nécessaire que tout cygne soit blanc* ;
> *Il est nécessaire que tout cygne soit animal.*
> *Il est possible que quelque blanc soit animal* ;
> *Il est nécessaire que toute neige soit blanche* ;
> *Il est nécessaire que nulle neige ne soit animal.*

2. Modes non-concluants : prémisses toutes deux particulières ou
indéfinies, ou une prémisse particulière et l'autre indéfinie. Par exemple :

> *Il est possible que quelque blanc soit animal* ;
> *Il est nécessaire que quelque homme soit blanc* ;
> *Il est nécessaire que tout homme soit animal.*
> *Il est possible que quelque blanc soit animal* ;
> *Il est nécessaire que quelque inanimé soit blanc* ;
> *Il est nécessaire que nul inanimé ne soit animal.*

3. C'est-à-dire quand une prémisse est nécessaire, et l'autre contingente.

contingente et assertorique négative. [Il est évident aussi que tous les syllogismes sont imparfaits et reçoivent leur achèvement des figures précédemment mentionnées[1]].   25

17
<Les Syllogismes modaux, suite – Syllogismes de la seconde figure à deux prémisses contingentes>

Dans la seconde figure, quand les deux prémisses sont l'une et l'autre contingentes, il n'y aura aucun syllogisme, que les prémisses soient affirmatives ou négatives, universelles ou particulières[2]. – Par contre, quand l'une exprime la simple attribution, et l'autre la contingence, si l'universelle affirmative est assertorique, il n'y aura jamais syllogisme, tandis que si c'est l'universelle négative qui est assertorique, il y aura 30 toujours syllogisme[3]. – Même solution aussi quand l'une des prémisses est posée comme nécessaire, et l'autre, comme contingente[4]. Dans ces cas encore[5], il faut prendre le terme *contingent* contenu dans les conclusions au sens où nous l'avons pris précédemment[6].

---

1. Passage douteux. Cette phrase doit seulement figurer *infra*, chap. 19, 39a2-3 (*cf.* la note de Jenkinson, *ad loc.*)

2. C'est l'objet du présent chapitre.

3. Objet du chapitre 18.

4. Objet du chapitre 19.

5. Dans les deux derniers cas : syllogismes dont une prémisse est contingente, et l'autre assertorique ou nécessaire.

6. 15, 33b29 et 34b27.

35   Nous devons d'abord[1] prouver qu'il n'y a pas de conversion pour la proposition négative contingente : par exemple, s'il est possible pour A de n'appartenir à nul B, il n'y a pas nécessité que B ne puisse appartenir à nul A. Admettons-le toutefois ; supposons qu'il soit possible que B n'appartienne à nul A[2]. Puisque les affirmatives contingentes se convertissent
40 avec les négatives, qu'elles soient contraires ou opposées, et
37a puisqu'il est possible pour B de n'appartenir à nul A, il est clair qu'il sera possible pour B d'appartenir à tout A. Or cela est faux : si *tout ceci* peut être *cela*, il ne s'ensuit pas nécessairement que *tout cela* puisse être *ceci*. Il en résulte qu'il n'y a pas de conversion pour la proposition négative. – En outre[3] rien n'empêche qu'il ne soit possible pour A de n'appartenir à nul
5 B, et qu'il ne soit nécessaire pour B de ne pas appartenir à quelque A : par exemple, il est possible que le blanc n'appartienne à nul homme (puisqu'il est aussi possible qu'il appartienne à tout homme), mais il n'est pas vrai de dire qu'il est possible que l'homme n'appartienne à nul blanc ; car à

1. Avant de démontrer les règles du syllogisme à prémisses contingentes qu'il a énoncées au début, Aristote va établir un *lemme*, savoir que la contingente universelle négative ne se convertit pas (l. 36b35-37a31).

2. Première preuve du lemme : il n'y a aucune nécessité pour qu'un attribut se réciproque avec son sujet, car il n'existe pas de conversion simple pour l'universelle affirmative (*il est possible que tout A soit B*) en laquelle se transforme de plein droit la prétendue converse (*il est possible que nul A ne soit B*) de la contingente universelle négative.

3. Autre argument pour démontrer l'inconvertibilité de la négative. Il n'y a pas opposition entre *il est possible que A n'appartienne à nul B* et *il est nécessaire que B n'appartienne pas à quelque A*. Autrement dit, l'attribut de la prétendue converse est nié sans contradiction de son soi-disant sujet ; la converse n'exprime donc pas la vérité contenue dans la proposition à convertir, et, par suite, la conversion n'est pas possible. Aristote le prouve par un exemple.

beaucoup de choses blanches[1] nécessairement l'homme n'appartient pas, et nous avons dit[2] que le nécessaire n'était pas contingent. – Mais[3] il n'est pas non plus possible de

1. *Neige* ou *cygne*, par exemple.

2. 13, 32a28.

3. On ne peut pas non plus prouver par réduction à l'absurde la convertibilité de la contingente négative. – Le raisonnement d'Aristote (l. 9-29) est d'une extrême complexité ; nous le traduisons et l'interprétons en nous inspirant de Waitz, I, 419-420, d'Hamelin, p. 212-213, et de Jenkinson, *ad loc.*

On pourrait être tenté de dire (l. 10-14) : « Supposons fausse la converse *il est possible que nul A ne soit B*. Sa contradictoire, qui est vraie (cf. *de Inter.*, 12, 21b34), est *il n'est pas possible que nul A ne soit B*, autrement dit *il est nécessaire que quelque A soit B*. Cette dernière proposition se convertit en *il est nécessaire que quelque B soit A*, contradictoire de la proposition à convertir *il est possible que nul B ne soit A*. Par conséquent, la proposition *il n'est pas possible que nul A ne soit B* est fausse, et sa contradictoire *il est possible que nul A ne soit B* (la converse), vraie, ce qu'il fallait démontrer ».

Or, malgré les apparences, ce raisonnement ne vaut rien, et Aristote va l'établir, l. 14 à 30. Dégagée d'une preuve incidente (l. 17-26), que nous exposerons à part, l'argumentation générale est la suivante. La proposition *il n'est pas possible que nul A ne soit B* a pour équipollentes, non seulement la nécessaire affirmative *il est nécessaire que quelque A soit B*, mais encore la nécessaire négative *il est nécessaire que quelque A ne soit pas B*. La prétendue converse a donc, en réalité, deux contradictoires également légitimes, et pour que la conversion par l'absurde fût concevable, il faudrait qu'on pût conclure une absurdité aussi bien de la nécessaire négative que de la nécessaire affirmative. Or de la nécessaire négative rien ne résulte qui puisse contredire la proposition à convertir. La preuve par l'absurde est donc à rejeter.

Reste à prouver la légitimité de la dérivation de la nécessaire négative à partir de la proposition *il n'est pas possible que nul A ne soit B*. Aristote raisonne de la façon suivante (l. 17-26). On ne peut pas dire d'une chose, B par exemple, qui appartient *nécessairement* à quelque A, qu'elle *peut* (au sens strict de l'ἐνδέχομενον) appartenir à quelque A (et par suite à tout A); de même, en passant à la négative, on ne peut pas dire de B, qui *nécessairement* n'appartient pas à quelque A, qu'il *peut* ne pas appartenir à tout A. Ce qu'il faut dire, dans ce

10 prouver la convertibilité par l'absurde, en raisonnant, par exemple, de la façon suivante : « S'il est faux qu'il soit possible pour B de n'appartenir à nul A, il est vrai qu'il ne lui est pas possible de n'appartenir à nul A, puisque la première proposition est affirmative, et la seconde négative. Et si cela est, il est vrai que B appartient nécessairement à quelque A. Par conséquent, A appartient aussi nécessairement à quelque B, ce qui est impossible ». <Ce raisonnement est inopérant>, car s'il

15 n'est pas possible que B n'appartienne à nul A, il ne s'ensuit pas qu'il soit nécessaire que B appartienne à quelque A. En effet, l'expression *il n'est pas possible que B n'appartienne à nul A* est employée en un double sens : tantôt on entend *il est nécessaire que B appartienne à quelque A* et tantôt, *il est nécessaire que B n'appartienne pas à quelque A*. Car de ce qui nécessairement n'appartient pas à quelque A il n'est pas vrai de dire qu'il soit possible pour lui de ne pas appartenir à tout A, de même qu'on ne peut pas dire non plus de ce qui nécessairement

---

dernier cas, c'est que B *ne peut* appartenir à A, que cela lui est *impossible*, autrement dit qu'il est *nécessaire* qu'il n'appartienne pas à tout A. Par suite, de même que la proposition *il n'est pas possible que tout A soit B* a pour équipollentes à la fois *il est nécessaire que quelque A soit B* et *il est nécessaire que quelque A ne soit pas B*, de même notre proposition *il n'est pas possible que nul A ne soit B* a pour équipollentes à la fois *il est nécessaire que quelque A soit B* et *il est nécessaire que quelque A ne soit pas B*. En d'autres termes (l. 24-26) la proposition contradictoire *il est possible que tout A soit B* a pour contradictoires (Aristote dit « pour opposées ») ces deux équipollentes nécessaires affirmative et négative, et la proposition *il est possible que nul A ne soit B* (la converse prétendue) a aussi pour contradictoires aussi bien la nécessaire négative (*il est nécessaire que quelque A ne soit pas B*) que la nécessaire affirmative (*il est nécessaire que quelque A soit B*). La démonstration est faite.

En ce qui concerne le texte, nous adoptons entièrement celui de Waitz, notamment, l. 28, où les mots μόνον et καὶ sont ajoutés au texte de Bekker, conformément à Philopon et à Themistius, et contrairement à Alexandre.

appartient à quelque A qu'il est possible pour lui d'appartenir à tout A. Si donc on pensait que, parce qu'il n'est pas possible 20 pour Γ d'appartenir à tout Δ, nécessairement Γ n'appartient pas à quelque A, on commettrait une erreur : Γ, en effet, appartient à tout Δ, mais, parce que dans certains cas il lui appartient nécessairement, à cause de cela nous disons qu'il n'est pas possible pour lui d'appartenir à tout Δ. Par conséquent, à la contingente universelle affirmative s'opposent, à la fois, la 25 nécessaire particulière affirmative et la nécessaire particulière négative, et l'opposition est la même pour la contingente universelle négative. Il est donc évident que, relativement à ce qui est possible et à ce qui n'est pas possible au sens que nous avons défini en commençant, il faut comprendre non seulement *il est nécessaire que A appartienne à quelque B*, mais encore *il est nécessaire que A n'appartienne pas à quelque B*. Mais de cette dernière proposition [1] ne découle aucune impossibilité, de sorte qu'on n'obtient pas de syllogisme. – Ce que 30 nous venons de dire montre donc clairement que la négative ne se convertit pas.

Cette preuve étant faite, supposons qu'il soit possible pour A de n'appartenir à nul B et d'appartenir à tout Γ [2]. Il n'y aura pas de syllogisme par conversion, puisque nous avons dit qu'une prémisse de ce genre n'est pas convertible. Mais il n'y aura pas non plus démonstration par l'absurde [3], car poser qu'il 35

1. L. 29, τούτου = τοῦ ἐξ ἀνάγκης τινὶ μὴ ὑπαρχειν (*Cf.* Waitz, I, 419).

2. Mode non-concluant, de type *Cesare*. Majeure E, mineure A. – La négative *il est possible que nul B ne soit A* ne pouvant se convertir, en vertu du lemme précédent, il n'y a pas de réduction à *Celarent*.

3. Pas de démonstration par l'absurde. En effet, la conclusion à prouver serait *il est possible que nul Γ ne soit B*. En prenant comme majeure celle du syllogisme contesté, et comme mineure la contradictoire de la conclusion, on a :

est possible pour B d'appartenir à tout Γ n'entraîne aucune conséquence fausse, puisqu'il serait possible pour A d'appartenir à tout Γ et de n'appartenir à aucun Γ. – D'une manière générale, s'il y a syllogisme, il est évident qu'il devra avoir une conclusion contingente, puisque aucune des prémisses n'est prise au sens assertorique, et cette conclusion doit être affirma-

37b tive ou négative. Or elle ne peut être ni l'une ni l'autre. En effet, posons-la affirmative : on prouvera, à l'aide de termes concrets, qu'il n'est pas possible pour le prédicat d'appartenir au sujet ; posons-la négative : on prouvera que la conclusion n'est pas contingente, mais nécessaire[1]. Admettons, par exemple, que A

5 soit *blanc*, B *homme*, et Γ *cheval*. Il est possible alors pour A, autrement dit *blanc*, d'appartenir à tout Γ et de n'appartenir à nul B. Mais il n'est pas possible pour B d'appartenir ou de ne pas appartenir à Γ : qu'il ne lui soit pas possible d'appartenir à Γ, c'est manifeste, car nul cheval n'est homme ; mais il ne lui est pas possible non plus de ne pas appartenir à Γ, car il est

---

Il est possible que nul B ne soit A ;

Il est possible que tout Γ soit B ;

Il est possible que nul Γ ne soit A, conclusion qui n'est qu'une seconde forme, et non la contradictoire de la mineure *il est possible que tout Γ soit A*.

1. La prétendue conclusion contingente affirmative énonce, en réalité, une impossibilité, et la prétendue conclusion contingente négative, une nécessité négative. Par exemple :

Il est possible que nul homme ne soit blanc ;

Il est possible que tout cheval soit blanc.

La conclusion réelle ne peut être que :

Il est impossible que tout cheval soit homme,

ou :

Il est nécessaire que nul cheval ne soit homme.

Toute contingence a disparu.

nécessaire que nul cheval ne soit homme : or le nécessaire, nous le savons[1], n'est pas contingent. On n'obtient donc pas de 10 syllogisme.

La démonstration sera la même si on opère une transposition de la négative, ou si les deux prémisses sont l'une et l'autre affirmatives ou négatives. La preuve se fera à l'aide des mêmes termes concrets[2]. Et quand une prémisse est universelle, et l'autre particulière, ou si l'une et l'autre sont particulières ou indéfinies, ou de quelque autre façon qu'on puisse faire varier les prémisses, on se servira toujours des 15 mêmes termes pour la démonstration. On voit donc que si les prémisses sont l'une et l'autre posées au sens contingent, on n'obtient aucun syllogisme.

18

<Les Syllogismes modaux, suite – *Syllogismes de la seconde figure, dont l'une des prémisses est contingente, et l'autre assertorique>*

Si une prémisse exprime l'attribution assertorique et l'autre la contingence, et que l'affirmative soit posée comme 20 assertorique et la négative comme contingente, il n'y aura jamais de syllogisme, que les termes soient pris universellement ou particulièrement. La démonstration est la même que ci-dessus et à l'aide des mêmes termes[3]. – Par contre, quand l'affirmative est contingente, et la négative assertorique, il y

1. 13, 32a28.
2. Et, de toute façon, il n'y aura pas de conclusion. – Voir les exemples, faciles à construire d'ailleurs, dans Pacius, I, 204.
3. *Blanc, homme, cheval.*

25 aura syllogisme[1]. Supposons, en effet, que A n'appartienne à nul B, mais qu'il lui soit possible d'appartenir à tout Γ. Par conversion de la négative, B n'appartiendra à nul A. Mais on avait admis qu'il était possible pour A d'appartenir à tout Γ. On obtient donc un syllogisme, concluant, au moyen de la première figure, qu'il est possible pour B de n'appartenir à nul Γ. Même solution si c'est au terme Γ que la négation se
30 rapporte[2]. – Mais si les prémisses sont toutes deux négatives, l'une exprimant la non-attribution assertorique et l'autre la non-attribution contingente[3], de ces propositions mêmes rien ne suit nécessairement; mais si la prémisse contingente est convertie, on obtient le syllogisme qu'il est possible pour B de n'appartenir à nul Γ, comme dans les cas précédents, car nous
35 retomberons dans la première figure. – Par contre, si les deux

---

1. Syllogisme en *Cesare*, à majeure assertorique et à mineure contingente.

    E. *Nul B n'est A*;

    A. *Il est possible que tout Γ soit A*;

    E. *Il est possible que nul Γ ne soit B*.

Par conversion simple de la majeure, on obtient un syllogisme en *Celarent*.

    E. *Nul A n'est B*;

    A. *Il est possible que tout Γ soit A*;

    E. *Il est possible que nul Γ ne soit B*.

2. Syllogisme en *Camestres*, la mineure BΓ étant une assertorique négative.

    A. *Il est possible que tout B soit A*;

    E. *Nul Γ n'est A*;

    E. *Il est possible que nul Γ ne soit B*.

Réduction à *Celarent*, par conversion de la mineure, transposition des prémisses et conversion de la conclusion (*cf.* Waitz, I, 419).

3. Modes imparfaits, à prémisses universelles négatives, l'une étant assertorique et l'autre contingente. – Par conversion de la contingente négative en contingente affirmative, on obtient un syllogisme en *Cesare* ou en *Camestres* comme ci-dessus, lequel à son tour est susceptible d'être réduit à *Celarent*.

prémisses sont posées comme affirmatives, il n'y aura pas de syllogisme[1]. Exemples de termes d'attribution : *santé, animal, homme* ; de non-attribution : *santé, cheval, homme*.

On procédera de la même façon pour les syllogismes particuliers. Quand l'affirmative est assertorique, qu'elle soit 40 prise universellement ou particulièrement, il n'y aura aucun **38a** syllogisme (la preuve en est faite comme ci-dessus, et à l'aide des mêmes termes concrets)[2]. Mais quand c'est la négative qui est assertorique, il y aura syllogisme par conversion, comme dans les cas qui précèdent[3]. – Si, à leur tour, les deux relations sont posées comme négatives, et que l'assertorique négative 5 soit universelle[4], des prémisses mêmes aucune conclusion ne sortira, mais en convertissant la prémisse contingente, on

---

1. Modes non-concluants : majeure et mineure universelles affirmatives. On obtient, en effet, des conclusions nécessaires indifféremment affirmatives ou négatives, suivant les exemples choisis :

   Il est possible que tout animal soit sain ;

   Tout homme est sain ;

   Il est nécessaire que tout homme soit animal.

   Il est possible que tout cheval soit sain ;

   Tout homme est sain ;

   Il est nécessaire que nul homme ne soit cheval.

2. *Santé, animal* (ou *cheval*), *homme*.

3. Syllogisme en *Festino*, à majeure assertorique négative et à mineure contingente affirmative :

   E. *Nul B n'est A* ;

   I. *Il est possible que quelque Γ soit B* ;

   O. *Il est possible que quelque Γ ne soit pas A.*

   Réduction à *Ferio*, par conversion de la majeure.

4. Syllogisme imparfait à majeure assertorique universelle négative et à mineure contingente particulière négative. En convertissant cette dernière (*il est possible que quelque Γ ne soit B = il est possible que quelque Γ soit B*) on retombe dans le syllogisme précédent, réductible à *Ferio*.

pourra, comme précédemment, obtenir un syllogisme. – Par
contre, si la négative est assertorique, mais prise particulièrement, il n'y aura pas de syllogisme, que l'autre prémisse soit
10 affirmative ou négative; il n'y en aura pas davantage si on
prend des prémisses toutes deux indéfinies, qu'elles soient
affirmatives, négatives ou particulières. La démonstration sera
la même, et se fera par les mêmes termes[1].

19

<Les Syllogismes modaux, suite – *Syllogismes de la seconde
figure, dont l'une des prémisses est nécessaire,
et l'autre contingente>*

Si l'une des prémisses exprime le nécessaire, et l'autre
le contingent; quand c'est la négative qui est nécessaire, il
15 y aura un syllogisme à conclusion non seulement contingente
négative mais encore assertorique négative; mais quand c'est
l'affirmative, il n'y aura pas de syllogisme. – Posons, en effet,
qu'il soit nécessaire que A n'appartienne à nul B, mais qu'il
soit possible qu'il appartienne à tout Γ[2]. Si la négative est

---

1. Pour tous ces cas, voir les exemples de Pacius, I, 207-208.
2. Syllogisme en *Cesare*, à majeure nécessaire et mineure contingente. On
obtient une double conclusion : contingente négative et assertorique négative.

E. *Il est nécessaire que nul B ne soit A*;
A. *Il est possible que tout Γ soit A*;
E. *Nul Γ n'est B et il est possible que nul Γ ne soit B.*

Par conversion simple de la majeure, on obtient un syllogisme en *Celarent*,
à conclusion contingente :

E. *Il est nécessaire que nul A ne soit B*;
A. *Il est possible que tout Γ soit A*;
E. *Il est possible que nul Γ ne soit B.*

convertie, B non plus n'appartiendra à aucun A. Mais on a posé, d'autre part, qu'il était possible pour A d'appartenir à 20 tout Γ. On retombe ainsi dans un syllogisme de la première figure, concluant qu'il est possible que B n'appartienne à nul Γ. Mais en même temps il est évident que B n'appartiendra non plus assertoriquement à aucun Γ[1]. Admettons, en effet, une attribution assertorique affirmative : alors s'il est possible pour A de n'appartenir à nul B, et que B appartienne à quelque Γ, il n'est pas possible que A appartienne à quelque Γ. Or on a supposé qu'il pouvait appartenir à tout Γ. Même mode de 25 démonstration si c'est à Γ que se rapporte la négation[2]. – Admettons qu'à son tour la prémisse affirmative soit nécessaire, et l'autre contingente[3]; qu'il soit possible, par exemple,

La conclusion contingente est donc prouvée. Reste à démontrer la conclusion assertorique.

1. Preuve par l'absurde de la conclusion assertorique négative *nul Γ n'est B*. – Supposons que cette conclusion soit fausse. Sa contradictoire, vraie, sera *quelque Γ est B*. Prenons-la comme mineure d'un syllogisme dont la majeure est *il est possible que nul B ne soit A*, substitut de la majeure donnée *il est nécessaire que nul B ne soit A*. La conclusion sera *il est possible que quelque Γ ne soit pas A*, contradictoire de la mineure primitive. (Cette démonstration est très douteuse. La légitimité de la substitution d'une contingente à une nécessaire comme majeure ne va pas sans difficultés. *Cf.* Hamelin, *op. cit.*, p. 216, n. 1).

2. Syllogisme en *Camestres*, à mineure nécessaire négative. – Réduction à *Celarent* par conversion, transposition des prémisses et conversion de la conclusion.

3. Mode non-concluant, à majeure contingente négative et à mineure nécessaire affirmative.

    Il est possible que nul B ne soit A;

    Il est nécessaire que tout Γ soit A.

Aristote va démontrer que la conclusion ne saurait être une contingente négative (l. 29-36), ni une nécessaire négative (l. 36-38), ni une assertorique

pour A de n'appartenir à nul B, mais qu'il lui soit nécessaire
d'appartenir à tout Γ. Avec une pareille disposition des termes,
il n'y aura aucun syllogisme, car il peut arriver que B
30 nécessairement n'appartienne pas à Γ[1]. Admettons, en effet,
que A soit *blanc*, B *homme*, et Γ *cygne*. *Blanc* appartient nécessairement à *cygne*, mais il est possible qu'il n'appartienne à nul
homme ; et il est nécessaire que *homme* n'appartienne à aucun
cygne. Qu'il n'y ait donc pas de syllogisme à conclusion
35 contingente, c'est là une chose évidente, car ce qui est nécessaire n'est pas, avons-nous dit, contingent. Il n'y aura pourtant
pas non plus syllogisme à conclusion nécessaire[2], le nécessaire
ne découlant, avons-nous dit, que si les deux prémisses sont
nécessaires ou si du moins la prémisse négative est nécessaire.
En outre[3], il peut encore se faire, quand les termes sont ainsi
posés, que B appartienne à Γ : rien n'empêche que Γ soit

---

négative (l. 38-b3), ni enfin une contingente ou une nécessaire ou une
assertorique affirmatives (l. 3-4).

1. Pas de conclusion contingente négative (*il est possible que tout Γ soit B*).
L'exemple choisi montre que la conclusion véritable ne peut être qu'une
nécessaire négative (*aucun cygne n'est homme*).

2. Pas de conclusion nécessaire négative (*il est nécessaire que nul Γ ne
soit B*). Pour l'établir, Aristote renvoie au chap. 10, 30b7, qui a pour objet les
syllogismes de la seconde figure dont une prémisse est nécessaire, et l'autre
assertorique. Mais la solution est la même, si, à la place d'une assertorique, on
prend comme prémisse une contingente, *quia propositio possibilis longius
abest a necessitate quam propositio simplex* (Waitz, I, 422).

3. Pas de conclusion assertorique négative (*tout Γ est B*), car, par des
exemples différents des premiers, on obtient une conclusion nécessaire
affirmative :

> *Il est possible que nul B* (animal) *ne soit A* (en mouvement) ;
> *Il est nécessaire que tout Γ* (être éveillé) *soit A* (en mouvement) ;
> *Il est nécessaire que tout Γ* (être éveillé) *soit B* (animal).

subordonné à B[1], qu'il soit possible pour A d'appartenir à tout 40
B[2] et qu'il soit nécessaire pour A d'appartenir à Γ. Admettons,
par exemple, que Γ soit *être éveillé*, B *animal* et A *mouvement* :
le mouvement appartient nécessairement à l'être éveillé, il est **38b**
possible pour lui d'appartenir à tout animal, et tout ce qui est
éveillé est animal. Il est donc clair que la conclusion n'est pas
une assertorique négative si, quand les termes sont ainsi en
relation, la conclusion est nécessairement une assertorique
affirmative. On ne peut pas non plus établir des affirmations
opposées[3]. Par conséquent, il n'y aura aucun syllogisme.
– Même démonstration quand l'affirmative est l'objet d'une 5
transposition[4].

Mais si les prémisses sont de forme semblable ; quand elles
sont négatives, on obtient toujours un syllogisme par la conversion de la prémisse contingente effectuée comme ci-dessus[5].

---

1. De telle façon que B soit attribué à Γ.

2. Ou, plutôt, *de n'appartenir à nul B*, bien que le sens des deux
propositions soit le même (Waitz, I, 422).

3. Pas davantage, enfin, la conclusion ne pourra être contingente affirmative, nécessaire affirmative ou assertorique affirmative. En effet, nous savons
que la triade *homme-blanc-cygne* conduit à une conclusion de fait nécessaire
négative. Si donc cette nécessaire négative est vraie, aucune des trois espèces
d'affirmatives ne saurait l'être. Conclusion : il n'y a pas de syllogisme du tout.
L. 4, nous lisons, avec Waitz, I, 423, καταφάσεων et non φάσεων.

4. Autre mode non-concluant à majeure nécessaire universelle affirmative
et à mineure contingente universelle négative. – Sur ἀνάπαλιν, l. 5, *cf.* Waitz, I,
423 : *si propositio major sumitur necessario affirmans.*

5. Syllogisme imparfait à majeure nécessaire et à mineure contingente :
   Il est nécessaire que nul B ne soit A ;
   Il est possible que nul Γ ne soit A.
Par conversion des prémisses, nous obtenons un syllogisme en *Celarent* :
   Il est nécessaire que nul A ne soit B ;
   Il est possible que nul Γ ne soit A.

Supposons qu'il soit nécessaire que A n'appartienne pas à B,
10 mais qu'il soit possible que A n'appartienne pas à Γ : par
conversion des prémisses, B n'appartient à nul A, et A peut
appartenir à tout Γ, ce qui nous donne la première figure. Et si
la négation se rapporte à Γ, la solution est la même[1]. – Par
contre, si les deux prémisses sont affirmatives, il n'y aura pas
15 de syllogisme[2]. Il est clair, en effet, que la conclusion ne sera ni
une assertorique négative, ni une nécessaire négative, du fait
qu'on n'a pris aucune prémisse négative ni dans la simple
attribution, ni dans l'attribution nécessaire. La conclusion ne
sera pas non plus une contingente négative, car, les termes
étant dans un rapport de ce genre, il sera nécessaire que B
20 n'appartienne pas à Γ : c'est le cas, par exemple, si on pose A
blanc, B *cygne*, et Γ *homme*[3]. On ne peut non plus conclure
les affirmations opposées[4], puisqu'il a été prouvé que B
nécessairement n'appartient pas à Γ. On n'obtient donc pas de
syllogisme du tout.

> *Il est possible que tout Γ soit A ;*
> *Nul Γ n'est B.*

La référence d'Aristote est 13, 32a29.

1. Majeure contingente et mineure nécessaire négatives. – L. 13, τὸ
στερητικόν = τὸ ἐξ ἀνάγκης μὴ ὑπάρχειν.

2. Mode non-concluant à prémisses affirmatives :

> *Il est nécessaire que tout B soit A ;*
> *Il est possible que tout Γ soit A.*

La démonstration d'Aristote est celle qu'il a employée plus haut
(l. a26-b4).

3. On obtient comme conclusion réelle *il est nécessaire que nul homme ne soit cygne.*

4. On ne le peut, pour les mêmes raisons que précédemment (l. b3) : si la
conclusion nécessaire négative s'impose, on ne peut songer à obtenir une
conclusion affirmative quelconque, qu'elle soit contingente, nécessaire ou
assertorique. – L. 21, nous lisons encore, comme l. 4, κατάφασεων.

Les solutions seront les mêmes pour les syllogismes particuliers[1]. Quand, en effet, la négative est universelle et 25 nécessaire[2], toujours il y aura syllogisme à conclusion à la fois contingente et assertorique négative (la démonstration se fait par conversion); mais quand c'est l'affirmative, jamais il ne peut y avoir de syllogisme[3]. La démonstration se fera de la même manière que pour les propositions universelles, et à l'aide des mêmes termes concrets. – Il n'y a pas non plus de 30 conclusion quand les prémisses sont toutes deux affirmatives[4] : cela aussi peut être prouvé comme ci-dessus. – Mais quand les prémisses sont toutes deux négatives, et que la prémisse indiquant la non-attribution est universelle et nécessaire[5], des prémisses telles qu'elles sont posées aucune conclusion ne suivra nécessairement, mais la conversion de la prémisse contingente donnera un syllogisme comme dans les cas précé- 35

---

1. C'est-à-dire les syllogismes à conclusion particulière.
2. Syllogisme en *Festino*, à majeure nécessaire et mineure contingente.

    E. *Il est nécessaire que nul B ne soit A* ;

    I. *Il est possible que quelque Γ soit A* ;

    O. *Quelque Γ n'est pas B.*

Réduction à *Ferio* par conversion simple de la majeure (*il est nécessaire que nul A ne soit B*).

3. Mode non-concluant à majeure contingente universelle négative, et à mineure nécessaire particulière affirmative. Renvoi à l. a26-b5 et à la triade *blanc-homme-cygne*.

4. Mode non-concluant à prémisses affirmatives particulières. Renvoi à *supra*, l. 13-23.

5. Syllogisme imparfait à majeure nécessaire universelle négative et à mineure assertorique particulière négative :

    Il est nécessaire que nul B ne soit A ;

    Il est possible que quelque Γ ne soit pas A.

Réduction à *Festino* par conversion de la mineure en affirmative (*il est possible que quelque Γ soit A*), ce dernier syllogisme se réduisant lui-même à *Ferio*. – Aristote renvoie aux lignes 25-27.

dents. – Mais si les prémisses sont l'une et l'autre indéfinies ou particulières, il n'y aura pas syllogisme[1]. La démonstration est la même que ci-dessus et se fait par les mêmes termes concrets.

Il est donc clair d'après ce que nous avons dit, que si on pose l'universelle négative comme nécessaire, on obtient
40 toujours un syllogisme, non seulement à conclusion contingente négative, mais encore à conclusion assertorique négative ; si, au contraire, c'est l'affirmative qui est nécessaire, jamais il n'y aura syllogisme. Il est clair aussi que, de relations de même genre entre les termes, tant dans le cas de l'attribution
39a nécessaire que dans le cas de l'attribution assertorique, on obtient ou on n'obtient pas de syllogisme[2]. Enfin il est évident que tous les syllogismes sont imparfaits et qu'ils reçoivent leur achèvement des figures précédemment indiquées[3].

20
<Les Syllogismes modaux, suite – Syllogismes de la troisième figure, à deux prémisses contingentes>

Dans la dernière figure[4], si les prémisses sont l'une et
5 l'autre contingentes, ou seulement l'une d'entre elles, il y aura

1. Modes non-concluants à prémisses particulières ou indéterminées. Renvoi au chapitre 16, 36b12-18.

2. Même comparaison déjà 16, 36b19. – *Cf.* Sylv. Maurus, *Aristoteles Opera*, I, p. 166 : *est verum, quod mistio necessarii cum contingenti* (ce qu'Aristote appelle brièvement le cas de l'attribution nécessaire) *proportionatur mistioni contingentis et inesse* (le cas de l'attribution assertorique), *ita ut tot sint conjugationes utiles et inutiles, in una mistione quot in altera.*

3. Les syllogismes doivent être réduits à la première figure. Nous savons cependant que certains deviennent parfaits par la seconde figure (sauf à subir une deuxième réduction à la première figure) au moyen de la conversion en affirmative de la prémisse contingente négative.

4. Ce paragraphe est un sommaire du présent chapitre et des deux suivants.

syllogisme. Quand les prémisses expriment la contingence, la conclusion sera contingente aussi, et elle le sera encore quand l'une des prémisses est contingente, et l'autre assertorique. Mais quand l'autre prémisse est posée comme nécessaire ; si elle est affirmative la conclusion ne sera ni nécessaire, ni 10 assertorique ; et si elle est négative, il y aura syllogisme à conclusion assertorique négative, comme ci-dessus[1]. Il faut prendre, ici encore, dans le même sens que précédemment, le contingent contenu dans les conclusions.

Supposons donc d'abord des prémisses contingentes, et 15 qu'il soit possible pour A d'appartenir à tout Γ[2]. Puisque l'affirmative se convertit partiellement, et qu'il est possible pour B d'appartenir à tout Γ, il sera possible aussi que Γ appartienne à quelque B. Par conséquent, s'il est possible que A appartienne à tout Γ, et Γ à quelque B, il est possible aussi que A appartienne à quelque B : on obtient la première figure. – Et 20 s'il est possible que A n'appartienne à nul Γ, et que B appartienne à tout Γ[3], il suit nécessairement qu'il est possible pour A

---

1. 19, 38a14.
2. Syllogisme en *Darapti*.
    A. *Il est possible que tout Γ soit A* ;
    A. *Il est possible que tout Γ soit B* ;
    I. *Il est possible que quelque B soit A.*
Réduction à *Darii*, par conversion partielle de la mineure :
    A. *Il est possible que tout Γ soit A* ;
    I. *Il est possible que quelque B soit Γ* ;
    I. *Il est possible que quelque B soit A.*
3. Syllogisme en *Felapton*.
    E. *Il est possible que nul Γ ne soit A* ;
    A. *Il est possible que tout Γ soit B* ;
    O. *Il est possible que quelque B ne soit pas A.*
Réduction à *Ferio*, par conversion partielle de la mineure.

de ne pas appartenir à quelque B : nous retomberons dans la
première figure, par conversion. – Mais si les prémisses sont
l'une et l'autre négatives[1], de ces propositions mêmes ne
découlera aucune conséquence nécessaire, tandis que par la
25 conversion des prémisses on aura un syllogisme, comme
dans les cas précédents. En effet, s'il est possible que A et B
n'appartiennent pas à Γ, en remplaçant les contingentes
négatives nous obtiendrons là encore la première figure, par
conversion.

Mais si l'un des termes est universel, et l'autre particulier,
30 il y aura ou non syllogisme selon les mêmes rapports de termes
que dans les propositions assertoriques. Supposons, en effet,
qu'il soit possible que A appartienne à tout Γ, et B à quelque
Γ[2]. On retombera dans la première figure par conversion de la
prémisse particulière : s'il est possible pour A d'appartenir à
tout Γ, et pour Γ d'appartenir à quelque B, A aussi pourra
35 appartenir à quelque B. Et si l'universel est joint à BΓ, il en sera

---

1. Syllogisme imparfait à prémisses négatives :
     Il est possible que nul Γ ne soit A ;
     Il est possible que nul Γ ne soit B.
  Par conversion de ces prémisses négatives en leurs affirmatives correspondantes, on obtient un syllogisme en *Darapti*, lui-même réductible à *Darii*. On
peut d'ailleurs se contenter de convertir la mineure, et on obtient alors *Felapton*.
  2. Syllogisme en *Datisi*.
       A. *Il est possible que tout Γ soit A* ;
       I. *Il est possible que quelque Γ soit B* ;
       I. *Il est possible que quelque B soit A.*
  Réduction à *Darii* par conversion de la mineure :
       A. *Il est possible que tout Γ soit A* ;
       I. *Il est possible que quelque B soit Γ* ;
       I. *Il est possible que quelque B soit A.*

de même[1]. – Pareillement encore, si la prémisse AΓ est négative, la prémisse BΓ affirmative[2] : nous aurons de nouveau la première figure, par conversion. – Par contre, si on pose les deux prémisses comme négatives, l'une étant universelle et l'autre particulière[3], de prémisses ainsi prises nul syllogisme **39b** ne découlera; mais si on les convertit, il y aura syllogisme, comme dans les cas précédents.

Quand les prémisses sont toutes deux indéfinies ou prises particulièrement, il n'y aura pas de syllogisme[4], car A doit appartenir nécessairement à tout B, et aussi n'appartenir nécessairement à nul B. Exemples de termes d'attribution : *animal*, 5

---

1. Syllogisme en *Disamis*. Réduction à *Darii* par conversion de la majeure, transposition des prémisses et conversion de la conclusion (comme le remarque Waitz, I, 424, ὡσαύτως, l. 36, doit donc être pris avec réserves).

2. Syllogisme en *Ferison*.

    E. *Il est possible que nul Γ ne soit A*;

    I. *Il est possible que quelque Γ soit B*;

    O. *Il est possible que quelque B ne soit pas A*.

Réduction à *Ferio* par conversion de la mineure.

On remarquera qu Aristote ne fait pas mention de *Bocardo*. Sur cette omission, *cf.* Pacius, I, 217.

3. Syllogisme à majeure E et mineure O. Par conversion des deux prémisses en leurs affirmatives correspondantes (AI), ou tout au moins par la conversion de O en I, on retombe dans les cas précédents.

4. Modes non-concluants à prémisses particulières ou indéfinies. Pas de syllogisme, car dans la conclusion, qui sera une proposition nécessaire, B est A ou n'est pas A, indifféremment, suivant les exemples choisis :

    Il est possible que quelque blanc soit animal;

    Il est possible que quelque blanc soit homme;

    Il est nécessaire que tout homme soit animal.

    Il est possible que quelque blanc soit cheval;

    Il est possible que quelque blanc soit homme;

    Il est nécessaire que nul homme ne soit cheval.

homme, *blanc*; de non-attribution, *cheval*, *homme*, *blanc*, le moyen terme étant *blanc*.

21

<*Les Syllogismes modaux*, suite – *Syllogismes de la troisième
figure, dont l'une des prémisses est contingente,
et l'autre assertorique*>

Si l'une des prémisses signifie l'attribution pure, et l'autre la contingence, la conclusion sera contingente et non assertorique, et il y aura syllogisme suivant les mêmes rapports de
10 termes que dans les cas précédents[1]. – Supposons d'abord que les termes soient affirmatifs et que A appartienne à tout Γ, tandis qu'il soit possible pour B d'appartenir à tout Γ[2]. Par conversion de la prémisse BΓ on aura la première figure, et la conclusion sera qu'il est possible pour A d'appartenir
15 à quelque B. Quand, en effet, l'une des prémisses, dans la première figure, exprime la contingence, nous avons dit[3] que la conclusion était, elle aussi, contingente. – Même conclusion encore, si la prémisse BΓ est assertorique, et la prémisse. AΓ

1. Cas où les prémisses sont toutes deux assertoriques ou contingentes.
2. Syllogisme en *Darapti*, à majeure assertorique et à mineure contingente.
    A. *Tout Γ est A*;
    A. *Il est possible que tout Γ soit B*;
    I. *Il est possible que quelque B soit A*.
Réduction à *Darii* par conversion partielle de la mineure.
    A. *Tout Γ est A*;
    I. *Il est possible que quelque B soit Γ*;
    I. *Il est possible que quelque B soit A*.
3. 15, 33b25-40.

contingente [1] ; ou si la prémisse AΓ est négative, et la prémisse
BΓ affirmative, quelle que soit celle des deux qui soit assertorique [2] : dans un cas comme dans l'autre, la conclusion sera
contingente. En effet, on obtient derechef la première figure, et
il a été démontré que si, dans cette figure, l'une des prémisses 20
exprime la contingence, la conclusion aussi sera contingente.
– Si on applique la négation au petit extrême [3], ou si les deux
prémisses sont prises comme négatives [4], les prémisses mêmes
ainsi posées ne peuvent aboutir à tormer un syllogisme, mais
si on les convertit il y aura syllogisme, comme dans les cas 25
précédents.

Si l'une des prémisses est universelle et l'autre particulière,
alors, quand l'une et l'autre sont affirmatives [5], ou quand la
négative est universelle et l'affirmative particulière [6], on aura

---

1. Syllogisme en *Darapti*, à majeure contingente et à mineure assertorique.
Réduction à *Darii* par conversion partielle de la mineure.

2. Syllogisme en *Felapton*, à majeure contingente et à mineure assserto-
rique, ou à majeure assertorique et à mineure contingente. Réduction à *Ferio*
par conversion partielle de la mineure.

3. Syllogisme imparfait à majeure assertorique affirmative et à mineure
contingente négative. Réduction à *Darapti*, par conversion de la mineure
contingente en son affirmative. – Sur l'omission de ἐνδεχόμενον, l. 22,
cf. Waitz, I, 424.

4. Syllogisme imparfait à prémisses négatives. Par conversion de la
mineure contingente en son affirmative, on obtient *Felapton*.

5. Syllogisme en *Disamis*, à majeure assertorique et à mineure contingente,
ou à majeure contingente et à mineure assertorique. Réduction à *Darii*, par
conversion simple de la majeure, transposition des prémisses et conversion
simple de la conclusion. Même solution pour *Datisi*, à majeure assertorique et à
mineure contingente, ou à majeure contingente et à mineure assertorique.
Réduction à *Darii*, par conversion simple de la mineure.

6. Syllogisme en *Ferison*, à majeure assertorique et à mineure contingente,
ou *vice versa*. Réduction à *Ferio*, par conversion simple de la mineure.

le même mode de syllogismes, car tous seront rendus parfaits
30 au moyen de la première figure. Ainsi il est clair qu'il y aura
syllogisme à conclusion contingente, et non à conclusion assertorique. – Mais si c'est l'affirmative qui est universelle, et la
négative particulière[1], la démonstration se fera par l'absurde.
Supposons, en effet, que B appartienne à tout Γ, et qu'il soit
possible que A n'appartienne pas à quelque Γ. Nécessairement
35 il suit qu'il est possible pour A de ne pas appartenir à quelque
B. En effet, si A appartient nécessairement à tout B, et si B est
posé comme appartenant à tout Γ, A appartiendra nécessairement à tout Γ, ainsi que nous l'avons prouvé antérieurement[2].
Or on a supposé que A avait la possibilité de ne pas appartenir à
quelque Γ.

40a   Quand les prémisses sont l'une et l'autre indéfinies ou
particulières[3], il n'y aura pas de syllogisme. La démonstration
est la même que celle qui a été donnée dans le cas des
universelles[4], et elle se fait à l'aide des mêmes termes.

---

1. Syllogisme en *Bocardo*, à majeure contingente et à mineure assertorique.
    O. *Il est possible que quelque Γ ne soit pas A* ;
    A. *Tout Γ est B* ;
    O. *Il est possible que quelque B ne soit pas A.*
    Preuve par l'absurde. Prenons la contradictoire de la conclusion (*il est nécessaire que tout B soit A*) comme majeure d'un nouveau syllogisme, lequel aura comme mineure la mineure donnée. On obtient *Barbara* :
    A. *Il est nécessaire que tout B soit A* ;
    A. *Tout Γ est B* ;
    A. *Il est nécessaire que tout Γ soit A*, contradictoire de la majeure du syllogisme discuté.
2. 9, 30a15-23.
3. Modes non concluants, à prémisses particulières ou indéfinies.
4. *Cf.* Waitz, I, 425. Il faut comprendre que la démonstration est la même que pour les universelles à prémisses contingentes étudiées dans le chapitre

22

<*Les Syllogismes modaux*, suite – *Syllogismes de la troisième figure, dont l'une des prémisses est contingente, et l'autre nécessaire*>

Si l'une des prémisses est nécessaire, et l'autre contingente; quand les termes sont affirmatifs, toujours il y aura syllogisme à conclusion contingente. Mais quand l'une des prémisses est affirmative, et l'autre négative, si c'est l'affirma- 5 tive qui est nécessaire, la conclusion sera contingente néga- tive; si c'est la négative, la conclusion sera à la fois contingente négative et assertorique négative. Mais il n'y aura pas de syllogisme à conclusion nécessaire négative, pas plus que dans les autres figures.

Admettons donc d'abord que les termes soient affirmatifs; 10 supposons que A appartienne nécessairement à tout Γ, et qu'il soit possible pour B d'appartenir à tout Γ[1]. Puisqu'il est nécessaire pour A d'appartenir à tout Γ, et possible pour Γ d'appartenir à quelque B, A appartiendra à quelque B d'une façon contingente et non d'une façon assertorique, car tel était le résultat obtenu dans la première figure. La démonstration sera la même, si la prémisse BΓ est posée comme nécessaire, et 15

précédent, 39b2-6; on se sert des mêmes triades de termes *animal-homme- blanc*, *cheval-homme-blanc*. Voir les exemples construits par Pacius, I, 221.

1. Syllogisme en *Darapti*, à majeure nécessaire et à mineure contingente.
  A. *Il est nécessaire que tout Γ soit A*;
  A. *Il est possible que tout Γ soit B*;
  I. *Il est possible que quelque B soit A*.
  Réduction à *Darii*, par conversion partielle de la mineure :
  A. *Il est nécessaire que tout Γ soit A*;
  I. *Il est possible que quelque B soit Γ*;
  I. *Il est possible que quelque B soit A*.

la prémisse AΓ comme contingente [1]. – Supposons maintenant
qu'une prémisse soit affirmative, et l'autre négative, l'affirma-
20 tive étant nécessaire; que, par exemple, il soit possible pour A
de n'appartenir à nul Γ, et nécessaire pour B d'appartenir à tout
Γ [2]. Nous retomberons dans la première figure, et, puisque la
prémisse négative exprime la contingence, il est clair par suite
que la conclusion sera contingente, car, lorsque les prémisses
sont disposées de cette façon dans la première figure, nous
25 avons dit [3] que la conclusion était contingente. – Mais si c'est la
prémisse négative qui est nécessaire [4], la conclusion sera à la
fois qu'il est contingent pour A de ne pas appartenir à quelque
B, et que A n'appartient pas assertoriquement à quelque B.
Supposons, en effet, qu'il soit nécessaire pour A de ne pas
appartenir à Γ, et possible pour B d'appartenir à tout Γ. Par
conversion de la prémisse affirmative BΓ on aura la première
30 figure, et la prémisse négative est nécessaire. Or, quand les

---

1. Syllogisme en *Darapti*, à majeure contingente et à mineure nécessaire.
Même réduction à *Darii*.

2. Syllogisme en *Felapton*, à majeure contingente et à mineure nécessaire.

    E. *Il est possible que nul Γ ne soit A*;

    A. *Il est nécessaire que tout Γ soit B*;

    O. *Il est possible que quelque B ne soit pas A*.

Réduction à *Ferio*, par conversion partielle de la mineure.

3. 16, 36a17-25.

4. Syllogisme en *Felapton*, à majeure nécessaire et à mineure contingente.

    E. *Il est nécessaire que nul Γ ne soit A*;

    A. *Il est possible que tout Γ soit B*;

    O. *Il est possible que quelque B ne soit pas A*, ou *quelque B n'est pas A*.

Réduction à *Ferio*, par conversion partielle de la mineure.

    E. *Il est nécessaire que nul Γ ne soit A*;

    I. *Il est possible que quelque B soit Γ*;

    O. *Il est possible que quelque B ne soit pas A*, ou *quelque B n'est pas A*.

prémisses sont disposées de cette façon, nous avons vu[1] qu'il en découlait à la fois que A pouvait ne pas appartenir à quelque Γ et que A n'appartenait pas assertoriquement à quelque Γ ; par conséquent, il s'ensuit nécessairement ici que A n'appartient pas assertoriquement à quelque B. – Mais quand la négation s'applique au petit extrême, si la prémisse ainsi obtenue est contingente[2] il y aura syllogisme par changement de la prémisse, comme dans les cas précédents ; par contre, si elle est 35 nécessaire, il n'y aura pas syllogisme[3], la conclusion étant, en

---

1. Renvoi à 16, 36a32-39, où Aristote a établi que, dans la première figure, la conclusion était non seulement contingente négative (*il est possible que quelque Γ ne soit pas A*) mais encore assertorique négative (*quelque Γ n'est pas A*). De même, dans la présente figure, nous aurons une assertorique négative pour conclusion : *quelque B n'est pas A*. Pacius, I, 223, fait remarquer avec raison que, l. 32, le terme ἀνάγκη ne signifie pas que la conclusion est du *mode nécessaire*, mais seulement qu'elle découle *nécessairement* des prémisses, comme c'est le cas de toute conclusion. Cette observation peut être étendue à un grand nombre d'autres passages.

2. Syllogisme imparfait à majeure nécessaire A et à mineure contingente E.

   Il est nécessaire que tout Γ (homme) *soit A* (animal) ;

   Il est possible que nul Γ (homme) *ne soit B* (blanc).

Par la conversion de la mineure en son affirmative correspondante, on obtient *Darapti*.

   A. *Il est nécessaire que tout Γ* (homme) *soit A* (animal) ;

   A. *Il est possible que tout Γ* (homme) *soit B* (blanc) ;

   I. *Il est possible que quelque B* (blanc) *soit A* (animal).

3. Mode non concluant à majeure contingente A et à mineure nécessaire E.

   Il est possible que tout Γ (homme) *soit A* (dorme) ;

   Il est nécessaire que nul Γ (homme) *ne soit B* (cheval dormant) ;

   Il est nécessaire que tout B (cheval dormant) *soit A* (dorme).

   Il est possible que tout Γ (homme) *soit A* (dorme) ;

   Il est nécessaire que nul Γ (homme) *ne soit B* (cheval éveillé) ;

   Il est nécessaire que nul B (cheval éveillé) *ne soit A* (ne dorme).

Nous suivons le texte de Waitz. La correction proposée par Hamelin, *op. cit.*, p. 221, pour les lignes 36-38, ne s'impose pas.

effet, indifféremment une nécessaire universelle affirmative
ou une nécessaire universelle négative. Exemples de termes
pour l'attribution universelle : *sommeil, cheval dormant,
homme*; pour la non-attribution universelle : *sommeil, cheval
éveillé, homme.*

40 Des résultats semblables seront obtenus si l'un des termes
est joint universellement, et l'autre particulièrement, au
moyen. Si les deux prémisses sont toutes deux affirmatives[1], il
40b y aura syllogisme à conclusion contingente, et non à conclusion assertorique; même solution, si on prend une prémisse
négative et une autre affirmative, l'affirmative étant nécessaire[2]. Mais quand c'est la négative qui est nécessaire[3], la
5 conclusion sera aussi une assertorique négative : le mode de
preuve sera le même, que les termes soient universels ou non-
universels. Il est, en effet, nécessaire que ces syllogismes
soient rendus parfaits par la première figure, de sorte que ce qui
arrive nécessairement dans les syllogismes de la première
figure se produit aussi dans ceux de la troisième. – Mais quand
la négation, prise universellement, est jointe au petit extrême;
10 si elle est contingente[4] il y aura syllogisme par conversion,
tandis que si elle est nécessaire il n'y en aura pas[5]. La démons-

---

1. Syllogisme en *Disamis* ou en *Datisi*, à majeure nécessaire et à mineure
contingente, et *vice versa*.

2. Syllogisme en *Ferison*, à majeure contingente et à mineure nécessaire.

3. Syllogisme en *Ferison*, à majeure nécessaire et à mineure contingente.

4. Syllogisme imparfait, à majeure nécessaire I et à mineure contingente E.
On obtient *Disamis* par conversion de la mineure en son affirmative correspondante (A).

5. Mode non concluant, à majeure contingente I et à mineure nécessaire E.
Il est possible que quelque homme dorme;
Il est nécessaire que nul homme ne soit cheval dormant;
Il est nécessaire que tout cheval dormant dorme.

tration se fera de la même façon que pour les universelles, et à l'aide des mêmes termes.

On voit donc, dans cette figure aussi, quand et comment il y aura syllogisme, et quand la conclusion est contingente et quand elle est assertorique. Il est clair enfin que tous ces syllo- 15 gismes sont imparfaits et qu'ils reçoivent leur achèvement de la première figure.

23
<Application universelle des trois figures
Réduction à la première figure>

Que les syllogismes de ces figures deviennent parfaits par les syllogismes universels de la première figure et s'y ramènent, cela résulte avec évidence de ce que nous avons dit[1] ; que, d'autre part, tout syllogisme en général[2] se comporte ainsi, 20 c'est là une chose qui sera claire dès l'instant qu'on aura démontré que tout syllogisme est constitué par l'une de ces figures.

Nécessairement, toute démonstration et tout syllogisme prouvent une attribution ou une non-attribution à un sujet soit

> Il est possible que quelque homme dorme ;
> Il est nécessaire que nul homme ne soit cheval éveillé ;
> Il est nécessaire que nul cheval éveillé ne dorme.

1. Les syllogismes des seconde et troisième figures se réduisent à ceux de la première, lesquels à leur tour se réduisent à *Barbara* et à *Celarent* (*supra*, chap. 7). Si on arrive à démontrer que tous les syllogismes rentrent nécessairement dans l'une des trois figures, on prouvera par là-même qu'ils se ramènent à *Barbara* et à *Celarent*.

2. Aussi bien le syllogisme hypothétique que le syllogisme catégorique (Philopon, 247, 35).

universellement, soit particulièrement, que ce soit au surplus
25 directement ou hypothétiquement que la démonstration ait
lieu[1]. Et la réduction par l'absurde fait partie de la preuve par
hypothèse[2]. Parlons donc d'abord des syllogismes à démonstration directe : ce que nous aurons établi à leur égard éclaircira
ce qui concerne les syllogismes prouvés par l'absurde ou,
d'une façon générale, les syllogismes prouvés par hypothèse.

30   Si nous avons à conclure par syllogisme que A appartient
ou n'appartient pas à B, il est nécessaire d'assumer quelque
chose de quelque chose[3]. – Par suite, si on assumait A de B,

---

1. Aristote se propose de réduire tous les syllogismes aux syllogismes
universels de la première figure. Peu importe que la conclusion obtenue soit
affirmative ou négative (l. 24, ὑπάρχον et μὴ ὑπάρχον indiquent non seulement l'attribution assertorique, affirmative ou négative, mais, en un sens large,
toute attribution. *Cf.* Waitz, I, 427), universelle ou particulière. Peu importe
encore que cette conclusion soit établie δεικτικῶς (*demonstratio via recta* :
cf. *supra*, 7, 29a31, et la note) ou ἐξ ὑποθέσεως (*demonstratio hypothetica*). La
démonstration *hypothétique* est celle qui *non recta pergit a propositionibus
sumptis ad id quod colligi debet*, mais qui, *ut efficiat quod vult, alia quaedam
praeter ipsas propositiones, ut sibi concedantur, postulat* (Waitz, I, 427-428 ;
Bonitz, *Ind. arist.*, 797a15). Le syllogisme hypothétique n'est donc pas le
syllogisme hypothétique proprement dit (*si A est B*, etc. ...), mais un syllogisme
qui s'appuie sur quelque postulat concédé par l'adversaire. – Sur le syllogisme
hypothétique proprement dit, qu'Aristote n'a pas absolument ignoré, comme
on peut le voir à la fin du présent chapitre et aux chapitres 29 et 44, mais qu'il
a négligé en raison de son caractère purement dialectique, *cf.* notre *Traité
de Logique*, p. 227 *sq.*, et, pour les textes stoïciens, les *Stoïcorum veterum
fragmenta* de Arnim, II, 76-89.

2. La réduction par l'absurde est une sorte de preuve par hypothèse, car,
pour qu'elle ait lieu, *necesse est sumere quod conclusioni repugnet, quod si re
vera repugnare et cum eo cui repugnet simul consistere non posse negetur ab
altero, deductio locum non habet* (Waitz, I, 427).

3. Aristote établit d'abord que les syllogismes à démonstration directe se
réduisent tous aux trois figures (l. 40b30-41a20). La marche générale de l'argu-

c'est la proposition initiale à prouver qu'on aurait prise[1].
– Mais si A est affirmé de Γ, et si Γ ne l'est d'aucun autre terme,
ni un autre terme de Γ, ni un autre terme de A, on n'obtiendra
aucun syllogisme[2]. En effet, l'attribution d'une seule chose à 35
une seule autre chose ne peut entraîner aucune conséquence
nécessaire ; c'est pourquoi il faut en plus prendre une autre
prémisse. – Si donc A est affirmé d'un autre terme, ou un autre
terme de A, ou un autre terme de Γ[3], rien ne s'oppose à

mentation est celle-ci. Dans tout syllogisme voulant conclure A de B, le moyen
doit être lié à chacun des extrêmes ; or le moyen n'a que trois positions possibles, qui caractérisent précisément les trois figures ; par suite tout syllogisme de
ce genre rentre nécessairement dans l'une ou l'autre de ces figures. Mais il faut
commencer par prouver les règles nécessaires à la constitution du syllogisme
δεικτικῶς. La première est posée dans les l. 30-31 : pour qu'il y ait syllogisme
concluant A de B, il faut nécessairement une prémisse énonçant un prédicat
d'un sujet.

    1. Deuxième règle. La prémisse nécessaire à la constitution du syllogisme
doit être autre que la conclusion, sous peine de faire une pétition de principe
(cf. *infra*, chap. 24, 41b9 et note ; II, chap. 16) ; on ne peut dire : *l'homme est bon,
donc l'homme est bon*. – L. 32, ἀρχή (*principium*) *hoc loco id est cujus causa
quaestio instituitur, id quod demonstratio assequi vult* (Waitz, I, 429) :
synonyme de τὸ κείμενον, la *proposition à démontrer*.

    2. Troisième règle. Il faut au moins deux propositions pour obtenir une
conclusion. Si donc nous avons affaire à la seule proposition AΓ, sans que Γ soit
affirmé d'aucun autre terme, ni aucun autre terme de Γ ou de A, il n'y aura pas
de syllogisme.

    3. Quatrième règle. Il faut que les deux prémisses nécessaires à l'existence
du syllogisme soient disposées de telle façon que le moyen terme se trouve uni
aux extrêmes. Si on veut prouver la conclusion AB (*tout B est A*), il s'agit de
poser deux prémisses qui doivent contenir nécessairement A et B (majeur et
mineur), liés par le moyen Γ. La première prémisse est acquise par les lignes qui
précèdent : *tout Γ est A*. La seconde prémisse doit affirmer un prédicat de B. Si
elle n'affirme ou ne nie rien de B, mais qu'elle affirme ou nie A d'un terme autre
que B (Δ, par exemple), ou Γ de A, ou Γ de Δ, ou Δ de Γ, il pourra bien y avoir

l'existence d'un syllogisme, lequel cependant ne conclura
40 aucune relation à B par les prémisses posées. De même[1],
lorsque Γ appartient à quelque autre terme, celui-ci à un autre
encore, et ainsi de suite, sans qu'aucun de ces termes soit uni à
41a B, il n'y aura pas non plus ainsi syllogisme concluant une
relation à B. Car nous avons établi[2], d'une manière générale,
qu'il ne peut jamais y avoir aucun syllogisme attribuant une
chose à une autre, sans un moyen terme qui soit, de quelque
façon, mis en rapports avec chaque extrême par les attribu-
5 tions. En effet[3], le syllogisme en général est constitué à partir
de prémisses; mais le syllogisme qui établit une relation à tel
sujet, part de prémisses posant une relation à ce sujet, et le

syllogisme, établissant une conclusion où Δ figurera, mais ce syllogisme ne
conclura pas *tout B est A*.

1. La conclusion AB ne serait pas non plus obtenue, quel que soit le nombre
des prémisses intercalées, si B ne s'y trouve pas. On aurait, par exemple,

> *Tout Γ est A*;
> *Tout Δ est Γ*;
> *Tout E est A*;
> *Tout Z est E*;
> donc *Tout Z est A*.

En résumé, il faut que, dans la seconde prémisse, Γ soit attribué à B, ou à un
autre terme qui soit lui-même attribué à B.

2. 4, 25b32.

3. Trois degrés dans le syllogisme. 1) Un syllogisme exige toujours trois
termes, dont un moyen en relation avec les extrêmes selon les règles des trois
figures : c'est là un minimum de conditions pour obtenir un syllogisme; 2) si
l'on veut constituer un syllogisme *pertinens ad hoc*, c'est-à-dire en vue de
l'attribution d'un *prédicat quelconque* à tel *sujet déterminé*, il ne suffit plus de
prendre des propositions quelconques, il faut que les propositions contiennent
le sujet déterminé auquel nous voulons attribuer un prédicat; 3) enfin si c'est un
syllogisme *hujus de hoc* qu'on veut établir, concluant à l'attribution d'un *prédicat déterminé* à un *sujet déterminé*, il faut que ce prédicat et ce sujet figurent
dans les prémisses, c'est-à-dire que le moyen soit uni à chacun des extrêmes.

syllogisme qui établit une relation de tel prédicat à tel sujet, de prémisses dans lesquelles ce prédicat est rapporté à ce sujet. Mais il est impossible[1] de prendre une prémisse posant une relation à B, sans rien affirmer, ni rien nier de lui ; ou encore, une prémisse établissant une relation de A à B, en ne prenant aucun attribut commun mais en affirmant ou en niant de 10 chaque terme des attributs qui lui sont propres. Il en résulte qu'il faut prendre quelque chose d'intermédiaire entre les deux[2], qui assurera la liaison des attributions, si nous voulons obtenir un syllogisme établissant une relation de tel attribut à tel sujet. – Si donc[3] il faut nécessairement prendre quelque chose qui soit commun aux deux extrêmes, et que cela soit possible de trois façons (ou bien en attribuant A à Γ et Γ à B[4], ou Γ aux deux autres[5], ou les deux autres à Γ[6]) qui répondent 15 aux figures dont nous avons parlé, il est clair que tout syllogisme provient nécessairement de l'une de ces figures. Le raisonnement est encore identique si la liaison avec B se fait par plusieurs moyens termes, car on aura la même figure, même au cas de pluralité de moyens termes.   20

1. Aristote précise ce qu'il vient de dire, à l'aide de la relation AB à établir : une seule relation ne suffit pas pour y arriver, il en faut deux. *Cf.* Alexandre, 258, 11.

2. Un moyen terme qui opère la liaison du majeur et du mineur.

3. Aristote vient de prouver la nécessité du moyen terme. Il lui reste à démontrer qu'il résulte de la position de ce moyen trois figures, ni plus ni moins.

4. Première figure : le moyen Γ est *medio loco*.

5. Seconde figure : le moyen Γ, attribué à A et à B, est *primo loco*.

6. Troisième figure : A et B sont attribués à Γ, qui est *ultimo loco*. – Pacius, II, 152, expose ainsi la conclusion d'Aristote : *Quot sunt modi connectendi medium terminum cum extremis, tot sunt figurae syllogismorum; atqui modi illi sunt tres; ergo et figurae syllogismorum sunt tres.* La quatrième figure de Galien est donc par là même écartée, le moyen ne pouvant occuper une autre position.

Ainsi, que les syllogismes à démonstration directe s'effectuent par les figures que nous avons mentionnées, c'est là une chose manifeste[1]. Et qu'il en soit de même pour les syllogismes prouvés par l'absurde, cela est évident en vertu des considérations suivantes. Toujours, en effet, quand on effectue un raisonnement par l'absurde, on conclut le faux par syllogisme[2], mais la proposition initiale à démontrer est
25 prouvée hypothétiquement quand une impossibilité résulte de la proposition contradictoire <à la proposition initiale>. On prouve, par exemple, l'incommensurabilité de la diagonale, par cette raison que les nombres impairs deviendraient égaux aux nombres pairs, si on posait la diagonale commensurable ;

1. Aristote va maintenant ramener aux trois figures les syllogismes qui se prouvent par l'absurde. On prouve le faux et l'absurde (la contradictoire de la conclusion contestée) par un syllogisme à démonstration directe, tandis que le vrai (la conclusion contestée) n'est pas prouvé par syllogisme, mais par hypothèse, en ce que la contradictoire de la conclusion contestée conduit à une proposition inconciliable avec ce qui a été admis primitivement dans l'une ou l'autre prémisse du syllogisme à démontrer. – Aristote prend un exemple emprunté aux sciences mathématiques. Si on admet que, dans les quadrilatères, la diagonale est commensurable en longueur avec le côté (contradictoire de la conclusion à prouver : la diagonale est incommensurable avec le côté), il s'ensuit, par un syllogisme à démonstration directe (*cf.* Euclide, *Éléments*, X, ap. 27, Heiberg (éd.) ; Brunet et Mieli, *Histoire des Sciences, Antiquité*, p. 352-353), que les nombres impairs seront égaux aux nombres pairs, ce qui est absurde. Mais l'incommensurabilité est prouvée seulement par hypothèse : la conclusion du syllogisme construit sur la contradictoire de la conclusion contestée est inconciliable avec ce qui a été accordé en commençant. Il résulte de tout ceci que le syllogisme concluant à l'absurde est un syllogisme à démonstration directe, qu'il rentre par suite dans le cas précédent, et qu'il se trouve ainsi soumis aux règles des trois figures. Par contre, la preuve de la conclusion contestée *ex hypothesi* est étrangère à toute réduction, car elle n'est pas un syllogisme (*cf.* Pacius, II, 153).

2. Sur tout ce passage, *cf.* Trendelenburg, *Elementa*, p. 130-131.

on tire alors la conclusion que les nombres impairs deviennent égaux aux nombres pairs, et on prouve hypothétiquement l'incommensurabilité de la diagonale par ce qu'une conclusion fausse découle de la proposition contradictoire[1]. Car tel est, 30 avonsnous dit, le raisonnement par l'absurde : il consiste à prouver l'impossibilité d'une chose au moyen de l'hypothèse concédée au début. Par conséquent, puisque le faux, dans les réductions à l'absurde, est obtenu par un syllogisme à démonstration directe, que la proposition originaire est prouvée hypothétiquement, et que nous avons établi précédemment que les syllogismes à démonstration directe s'effectuent par 35 les figures, il est clair que les syllogismes à réduction par l'absurde s'effectueront aussi par ces figures. – La solution est la même pour tous les autres syllogismes hypothétiques[2]. Dans tous ces cas, en effet, le syllogisme porte sur la proposition substituée à la proposition originaire, mais celle-ci est obtenue 40 par concession ou par quelque autre hypothèse. – Mais si tout **41b**

---

1. La commensurabilité de la diagonale.

2. Nous savons que la preuve par l'absurde n'est qu'un cas particulier de la preuve par hypothèse. Et, dans les syllogismes hypothétiques du type *si Γ est Δ, A est B*, la conclusion dépend soit d'une concession, d'un assentiment de l'adversaire (qui admet que A est B, si Γ est Δ), soit de quelque autre supposition (par exemple, qu'on pourra démontrer plus tard le postulat refusé par l'adversaire). Il reste, dans tous les cas, à démontrer que Γ est Δ. Cette démonstration se fait au moyen d'un syllogisme à preuve directe, rentrant dans l'une des figures ; une fois acquise, elle entraînera d'autrui son assentiment à la proposition *A est B*. Il s'agit donc de démontrer syllogistiquement Γ *est Δ* : c'est cette proposition, prise ἁπλῶς, au lieu de ἐξ ὑποθέσεως, qu'Ar nomme τὸ μεταλαμβανόμενον, c'est-à-dire celle qui a remplacé, comme catégorique, la proposition conditionnelle *si Γ est Δ*, et c'est cette nouvelle proposition qui fait l'objet du syllogisme à preuve directe. Waitz, I, 431-432, la définit, d'après Alexandre, 263, 11 : une proposition prise autrement qu'elle n'a été posée, *nam quod cum conditione prolatum est, id jam conditione omissa pronuntiatur.*

cela est vrai, toute démonstration et tout syllogisme doivent nécessairement[1] se produire par les trois figures que nous avons indiquées. Et ce point une fois prouvé, il est clair que tout syllogisme est rendu parfait par la première figure et qu'il
5 est réductible aux syllogismes universels de cette figure.

24
<De la qualité et de la quantité des prémisses>

En outre, dans tout syllogisme, il faut que l'un des termes soit affirmatif[2], et qu'il y ait une attribution universelle : sans universel, ou bien il n'y aura pas de syllogisme, ou bien il ne se rapportera pas à la question posée, ou bien ce sera une pétition de principe[3]. – Admettons, en effet, que nous ayons à prouver

1. Conclusion. Tout syllogisme rentre dans l'une des trois figures, et se trouve finalement ramené à *Barbara* ou à *Celarent*.

2. C'est-à-dire, il faut qu'une des prémisses soit affirmative. – Les commentateurs ont accumulé les subtilités pour expliquer le début de ce chapitre (*cf.* Pacius, II, 154-155) qui, somme toute, est assez clair. L'argumentation générale, qui se rattache au chapitre précédent (l. 6, ἔτι) est la suivante. Aristote a démontré que tout syllogisme rentre nécessairement dans l'une des trois figures ; il prouve maintenant que tout syllogisme doit avoir une prémisse affirmative et une prémisse universelle. Nous savons déjà que deux prémisses négatives ou deux prémisses particulières ne donnent pas de conclusion. Dans le présent passage, Aristote considère comme suffisamment établie la nécessité d'une proposition affirmative ; il donne seulement, à l'aide de deux exemples, l'un tiré de notions communes, l'autre des mathématiques, une preuve surérogatoire (*cf.* Waitz, I, 433) de la nécessité d'une proposition universelle.

3. Sans une prémisse universelle, ou bien (cas de propositions indéfinies) il n'y aura pas du tout de conclusion, ou bien (cas de propositions particulières) la conclusion sera étrangère au κείμενον, ou bien sera le κείμενον lui-même. Dans cette dernière hypothèse, il y aura *petitio principii*. L. b9, le verbe αἰτεῖσθαι a le sens de λαμβάνειν l. 13 (*cf.* Bonitz, *Ind. arist.*, 22a60-61 et *in*

que le plaisir de la musique est honnête[1]. Si on professe que le 10
plaisir est honnête sans y ajouter *tout*, il n'y aura pas de
syllogisme; si on professe que quelque plaisir est honnête : ou
bien c'est un autre plaisir que la musique, et la conclusion n'a
alors aucun rapport avec la question posée; ou bien ce plaisir
est la musique, et on fait une pétition de principe. – On peut
encore mieux s'en rendre compte dans les figures géomé-
triques, pour établir par exemple que les angles à la base 15
d'un triangle isocèle sont égaux[2]. Menons au centre <d'une

Meta., II, 189, sur *Meta.*, Γ. 4, 1006a17). L'expression τὸ ἐξ ἀρχῆς signifie τὸ
κείμενον *id quod ab initio ad demonstrandum propositum est* (*Ind. arist.*,
111b19).

1. Premier exemple destiné à prouver la nécessité d'une prémisse universelle. La conclusion à démontrer est *le plaisir que donne la musique est honnête*.
Il faut nécessairement une prémisse énonçant *tout plaisir est honnête*. Si,
supprimant la «note» *tout*, on rend cette proposition indéfinie (*le plaisir est
honnête*), la conclusion n'est plus possible. Si on affecte la proposition de la
note particulière *quelque* et qu'on dise *quelque plaisir est honnête*, de deux
choses l'une : ou bien ce plaisir particulier est autre que le plaisir de la musique,
et alors la conclusion n'est pas celle qu'on veut prouver; ou bien ce plaisir est
justement le plaisir de la musique, mais alors nous commettons une pétition de
principe.

2. Second exemple, tiré des mathématiques. – Le raisonnement d'Aristote
a été diversement compris. D'un côté, Alexandre, 268, 6, Philopon, 253, 28,
Pacius, II, 156-157, approuvés par Jenkinson, *ad loc.*, lequel renvoie à Euclide,
III, 16, 31, estiment que les angles Γ et Δ sont les angles formés par la base du
triangle avec la circonférence du cercle circonscrit. Pour Waitz, I, 434-435, il
s'agit des angles inscrits dans le demi-cercle. C'est cette dernière interprétation
que nous adoptons, en raison de sa grande simplicité. L'argumentation est dès
lors la suivante.

circonférence> les lignes A et B. Si on prend l'angle A+Γ comme égal à l'angle B+Δ, sans poser, d'une façon générale, que les angles inscrits dans les demi-cercles sont égaux ; si, à son tour, on prend l'angle Γ comme égal à l'angle Δ, sans poser en outre l'égalité de tous les angles inscrits dans un même segment de cercle ; si enfin on pose que, des angles égaux étant
20 soustraits des angles entiers eux-mêmes égaux, les angles restants [E et Z] sont égaux, on commettra une pétition de principe, à moins de poser aussi <d'une manière générale> que lorsque des angles égaux sont soustraits d'angles égaux les angles restants sont égaux.

On voit donc qu'en tout syllogisme il doit y avoir une attribution universelle, et que l'universel n'est prouvé qu'à partir de termes qui soient tous universels[1], tandis que le particulier est prouvé tant de cette dernière façon que de la
25 première[2]. Par conséquent, si la conclusion est universelle, les

---

Prenons le point d'intersection des deux côtés égaux du triangle isocèle comme centre d'une circonférence, dont le rayon soit égal au côté du triangle. Si l'on prolonge par ce centre les côtés, jusqu'à la circonférence, et qu'on réunisse par deux droites les points d'intersection avec la circonférence, on obtient les angles A+Γ et B+Δ : ces angles sont égaux comme inscrits dans le demi-cercle, car *tous* les angles inscrits dans un demi-cercle sont égaux. Mais Γ=Δ, car *tous* les angles inscrits dans un même segment de cercle sont égaux. Si, enfin, on retranche Γ de A+Γ, et Δ de B+Δ, les angles restants sont égaux, car *d'une manière générale* lorsque des angles égaux sont soustraits d'angles égaux, les angles restants sont égaux. Il en résulte que A=B. La démonstration est faite. L. 20, les mots τὰς EZ sont probablement d'addition postérieure, et Waitz les met avec raison entre crochets. On peut d'ailleurs les conserver sans inconvénient, car Aristote a pu désigner les angles AB par les lettres EZ, et réserver les lettres AB pour les côtés.

1. C'est-à-dire de prémisses toutes deux universelles.

2. Une conclusion particulière peut résulter soit de deux prémisses universelles (*Darapti*, par exemple), soit d'une prémisse universelle et d'une prémisse particulière (*Darii*…).

termes aussi sont nécessairement universels, mais si les termes
sont universels, il peut se faire que la conclusion ne soit pas
universelle. Il est évident encore que, dans tout syllogisme, soit
les deux prémisses, soit l'une d'elles est nécessairement
semblable à la conclusion, je veux dire : non seulement en étant
affirmative ou négative, mais encore en étant nécessaire, asser- 30
torique ou contingente, et il faut considérer aussi les autres
modes d'attribution[1]. On voit encore, d'une manière générale[2], quand il y aura et quand il n'y aura pas syllogisme, quand
le syllogisme est valide[3] et quand il est parfait, et que, s'il y a
syllogisme, les termes doivent être disposés selon l'un des
modes que nous avons indiqués.   35

25
<Détermination du nombre des termes, des prémisses et des conclusions>

Il est évident aussi que toute démonstration[4] se fera par
trois termes et non davantage, bien que la même conclusion
puisse être obtenue par différents couples de propositions : par

---

1. Comme le possible et l'impossible. – L. 31, τὰς ἄλλας κατηγορίας,
h.e. τοὺς ἄλλους τρόπους τῆς κατηγορίας, *varios modos et rationes quibus
alterum de altero praedicari possit* (Waitz, I, 436).

2. Sans distinguer le syllogisme parfait et le syllogisme imparfait.

3. Valide, mais imparfait (seconde et troisième figures). Textuellement :
possible, car le syllogisme *potest perfici* (Pacius, I, 230).

4. Tout syllogisme exige trois termes, ni plus, ni moins, bien qu'il arrive
parfois qu'une même conclusion découle de prémisses différentes. – Sur le sens
général du passage, *cf.* Waitz, I, 436 : *siquidem non quaeritur num quod
demonstretur etiam aliis terminis sumptis possit demonstrari, sed num, si quid
demonstretur, ex tribus terminis utique colligi debeat.*

exemple, la conclusion E peut être établie par les propositions
A et B, et par les propositions Γ et Δ[1], ou par les propositions A
et B, ou A et Γ, ou B et Γ[2]. Rien n'empêche, en effet, qu'il n'y
40   ait plusieurs moyens pour les mêmes conclusions. Mais, dans
ce cas, ce n'est plus à un syllogisme, mais à plusieurs, que nous
42a avons affaire. C'est encore ce qui se passe quand chacune des
prémisses A et B est elle-même obtenue par syllogisme[3]; par
exemple, A au moyen de Δ et de E, et, à son tour, B au moyen de
Z et de Θ. L'une de ces propositions peut encore être le résultat
d'une induction, et l'autre d'un syllogisme[4]. Mais là aussi, il y
a pluralité de syllogismes, puisqu'il y a pluralité de conclu-
5   sions, savoir A, B et Γ[5]. Et si l'on veut qu'il n'y ait pas dans ces
cas plusieurs syllogismes, mais un seul[6], on peut bien obtenir

---

1. La conclusion E peut résulter des prémisses A (majeure) et B (mineure),
ou des prémisses toutes différentes Γ (majeure) et Δ (mineure).

2. A étant la majeure, B la mineure; prouver par A et B, ou par A et Γ,
signifie prouver la même conclusion par deux syllogismes dont la majeure A
reste la même, tandis que la mineure B devient Γ. De même prouver par A et B,
ou par B et Γ, signifie que la mineure reste la même, tandis que la majeure est
différente (voir les exemples de Pacius, I, 231).

3. Cas où chaque prémisse du syllogisme principal est elle-même conclusion d'un prosyllogisme. La majeure A est la conclusion de la promajeure Δ et
de la promineure E, et la mineure B la conclusion de la promajeure Z et de la
promineure Θ.

4. Sur l'induction (ἐπαγωγή), cf. *infra*, II, 23, 68b15. – L'une des
prémisses peut être une généralisation d'exemples particuliers : *Virtutes, rectae
actiones, scientiae, etc. ... honesta sunt bona, ergo omne honestum est bonum*
(Pacius, I, 231).

5. A et B sont les conclusions des prosyllogismes, et Γ celle du syllogisme
principal.

6. On peut assurément soutenir que le raisonnement est un polysyllogisme
ou *sorite*, dans lequel les conclusions intermédiaires sont passées sous silence.
Mais alors, il s'agit d'un syllogisme composé et non d'un syllogisme simple (à

ainsi la même conclusion par plus de trois termes, mais on ne le peut pas de la façon dont Γ résulte de A et de B.

Admettons, en effet, que E soit conclu des propositions ABΓΔ. Il est nécessaire alors que l'une de celles-ci soit prise par rapport à une autre comme le tout à la partie[1], car il a été prouvé plus haut[2] que, là où il y a syllogisme, certains termes sont nécessairement dans un rapport de ce genre. Supposons donc la proposition A dans cette relation avec la proposition B[3]. Il y a une conclusion qui en découle, et qui ne peut être que la proposition E, ou l'une ou l'autre des propositions Γ et Δ, ou une autre enfin, différente de celles-là. – Si la conclusion est E, c'est à partir des seules prémisses A et B que le syllogisme sera constitué[4]. Mais si les propositions Γ et Δ sont dans un rapport tel que l'une est le tout et l'autre la partie, une conclusion découlera d'elles également : ce sera ou la proposition E, ou l'une ou l'autre des propositions A et B, ou une autre, différente de celles-là. Et si c'est E[5], ou A ou B[6], ou bien il y aura

conclusion Γ découlant des deux prémisses A et B), lequel ne peut avoir plus de trois termes, ainsi qu'Aristote va le montrer dans les lignes suivantes. Sur le sorite en général et ses différents sens, *cf.* notre *Traité de Logique*, p. 237 *sq.*, et l'article du *Vocabulaire de la philosophie* de Lalande, II, 785 (avec la note de Robin).

1. Dans la première figure, par exemple (qui est d'ailleurs la figure type), la majeure, qui est universelle, est un tout par rapport à la mineure particulière.

2. 23, 40b30.

3. Comme le remarque Pacius, I, 232, A et B sont des propositions et non des termes, mais il est clair que les relations sont les mêmes.

4. Γ Δ sont donc inutiles.

5. Si Γ Δ prouve E, déjà démontré par AB, nous sommes en présence de deux syllogismes, ou d'un syllogisme composé (sorite), et non d'un syllogisme simple, seul en question.

6. Si Γ Δ prouve la prémisse A ou la prémisse B, c'est un prosyllogisme, et le syllogisme principal reste AB concluant E.

pluralité de syllogismes, ou bien il arrive que la même chose
20 est conclue par plusieurs termes, dans le sens que nous avons
indiqué[1] comme possible. Mais si la conclusion est autre que
ces propositions[2], nous aurons plusieurs syllogismes, qui
seront sans lien les uns avec les autres[3]. Et si Γ n'est pas en
rapport avec Δ de façon à produire un syllogisme, les propositions auront été posées en pure perte[4], à moins que ce n'ait été
en vue d'une induction, ou d'une dissimulation, ou de quelque
25 autre chose de ce genre. – Mais, si des propositions A et B ne
découle pas E, mais quelque autre conclusion, et si de Γ et Δ on
tire l'une des deux propositions A ou B, ou une autre qu'elles[5],
alors nous obtenons plusieurs syllogismes sans rapport avec
le sujet, puisqu'on a supposé que le syllogisme établissait E. Et
si aucune conclusion ne découle de Γ et Δ[6], il arrive ainsi que
ces propositions ont été prises en vain, et que le syllogisme ne
30 prouve pas la proposition posée en commençant[7]. – Il résulte

1. Ligne 6.

2. E, ou A ou B.

3. Car les prémisses et la conclusion sont à la fois différentes (A et B
concluant E, Γ et Δ concluant, par exemple, Z).

4. Il n'y aura évidemment pas de syllogisme. Ces propositions peuvent
seulement servir d'exemples particuliers d'où sera tirée une conclusion générale qui jouera le rôle de prémisse du syllogisme principal ; ou encore ces propositions seront des arguments cachés intercalés entre la majeure et la mineure
pour dissimuler à l'adversaire la force de l'argument ; ce pourra être enfin en vue
d'éclaircir ou d'agrémenter les prémisses (sur tous ces points qui intéressent la
dialectique, cf. *Top.*, VIII, 1).

5. Nous avons, dans ce cas, deux syllogismes à prémisses et à conclusion
différentes, dont aucun ne prouve E.

6. Γ et Δ, ne donnant aucune conclusion, ne constituent pas les prémisses
d'un syllogisme et sont inutiles.

7. La conclusion à prouver.

manifestement de tout cela que toute démonstration, tout syllogisme[1], se fera par trois termes seulement.

Ce point une fois éclairci, il est évident qu'une conclusion dépend de deux prémisses et non d'un plus grand nombre : car trois termes[2] font deux prémisses, à moins qu'on n'en ajoute une nouvelle[3], ainsi que nous l'avons dit au début[4], en vue de rendre les syllogismes parfaits. On voit donc que, dans tout 35 raisonnement syllogistique où les prémisses d'où découle la conclusion principale (car certaines des conclusions précédentes sont nécessairement des prémisses[5]) ne sont pas en nombre pair, un tel argument ou bien n'a pas été déduit syllogistiquement, ou bien il a posé plus de questions[6] qu'il n'était 40 nécessaire pour établir sa thèse.

Si donc on prend les syllogismes en considérant leurs **42b** prémisses principales[7], tout syllogisme proviendra de prémisses en nombre pair et de termes en nombre impair[8], car le nombre des termes dépasse d'une unité celui des prémisses, et le nombre des conclusions sera la moitié de celui des

1. Tout syllogisme *simple*.

2. Trois termes, et non quatre, car le moyen est commun aux deux prémisses.

3. La nouvelle prémisse produite par la conversion, quand on réduit la seconde ou la troisième figure à la première.

4. 1, 24b24.

5. Les conclusions des prosyllogismes sont les prémisses du syllogisme principal.

6. Sur ἐρωτᾶν, qui est un terme de dialectique, *cf.* Waitz, I, 439 *quaerere ita, ut e responsis adversarius convincatur* (voir aussi Bonitz, *Ind. arist.*, 288b27).

7. Les syllogismes simples.

8. Deux prémisses et trois termes.

5   prémisses[1]. – Mais quand on aboutit à une conclusion par des
prosyllogismes[2], ou par plusieurs moyens termes contigus[3],
par exemple la proposition AB par les moyens termes Γ et Δ, le
nombre des termes sera pareillement supérieur d'une unité à
celui des prémisses (car le terme qui se trouve ajouté sera placé
ou à l'extérieur ou à l'intérieur[4] : dans un cas comme dans
l'autre, il arrive que le nombre des relations est inférieur d'une
10 unité à celui des termes), et le nombre des prémisses sera égal à

---

1. Donc *une* conclusion.

2. Autrement dit, quand on prouve les prémisses du syllogisme principal.
Aristote n'insiste pas sur ce cas : il est clair que le nombre des propositions et
des termes sera le même que pour les syllogismes simples (*cf.* Waitz, I, 440).

3. Cas des sorites (distinct du cas précédent : *cf.* Waitz, I, 439 et 440 qui,
l. 6, supprime, avec raison, la négation μὴ devant συνεχῶν). La conclusion AB
est prouvée par les moyens termes Γ et Δ, qui sont à la suite l'un de l'autre (tel
est le sens de συνεχής, l. 6. *Cf.* Alexandre, 283, 3) dans les prémisses où ils
figurent. Exemple :

> Tout Γ *est* A;
> Tout Δ *est* Γ;
> Tout B *est* Δ;
> donc Tout B *est* A.

On voit qu'il y a autant de termes que de prémisses plus une, comme dans
les syllogismes simples.

4. Les termes ABΓ font deux propositions AB et BΓ. Si on ajoute un
quatrième terme Δ, ce sera ou *extra* (c'est-à-dire avant A ou après Γ), ou *intra*
(c'est-à-dire entre A et B ou entre B et Γ). Or l'addition de Δ augmente les
propositions d'une unité; on a donc quatre termes et trois propositions : la règle
est toujours la même. Sur διάστημα, l. 10, cf. *supra*, 15, 35a12 et note. Aristote,
dans le présent passage, marque une légère différence entre πρότασις et
διάστημα, qui sont la plupart du temps synonymes : πρότασις *exprimit certam
praedicandi rationem*, διάστημα *nihil nisi conjugationem signorum quae
terminorum locos tenent : quare* πρότασις AB *et* BA *diversae sunt, quanquam*
διάστημα AB *et* BA *idem est* (Waitz, I, 440).

celui des relations. Cependant[1] les prémisses ne seront pas toujours paires et les termes impairs, mais, par alternance, quand les prémisses sont paires, les termes sont impairs, et, quand les termes sont pairs, les prémisses sont impairs. En effet, on ajoute une prémisse en même temps qu'on ajoute un terme, de quelque côté que se fasse l'addition du terme[2]; il en résulte que, les prémisses étant en nombre pair et les termes en nombre impair, nous devons les rendre alternativement pairs et impairs à chaque addition. Par contre, les conclusions ne suivront pas la même règle, ni à l'égard des termes, ni à l'égard des prémisses. Quand, en effet, on ajoute un terme, le nombre des conclusions ajoutées sera inférieur d'une unité à celui des termes précédents[3], car c'est relativement au dernier terme seulement qu'il n'y a pas de conclusion, mais il y en a une relativement à tous les autres[4]: si, par exemple, à ABΓ on ajoute le terme Δ, deux conclusions sont par là même ajoutées,

---

1. Différence entre les syllogismes composés et les syllogismes simples. Dans les syllogismes composés, tantôt les prémisses sont paires et les termes impairs, comme dans les syllogismes simples, tantôt les prémisses sont impaires et les termes pairs. Aristote en donne l'explication dans les lignes qui suivent.

2. Au commencement, au milieu ou à la fin de la série des termes. Par exemple, les trois termes ABΓ forment deux propositions AB et BΓ, on peut mettre Δ avant A: on obtient alors une proposition nouvelle, ΔA. Et ainsi de suite.

3. Par exemple, s'il y a trois termes, et qu'on ajoute un quatrième terme, on obtient deux nouvelles conclusions; si on ajoute un cinquième terme, on obtient trois nouvelles conclusions, etc. ...

4. *Cf.* Alexandre, 286, 3 *sq.*; Philopon, 265, 20: δῆλον ἄρα ὅτι δυνατὸν συμπερᾶναι πρὸς αὐτὸν (le terme ajouté) πάντας τοὺς ἄλλους (A et B, dans l'exemple qui suit) δίχα τοῦ ἐσχάτου (c'est-à-dire Γ). En effet, avec un seul terme, celui qui le précède immédiatement (savoir Γ), Δ ne forme pas de conclusion, car, en tant que cause de la conclusion (l. 20 et 24, Δ est le sujet de ποιεῖ et de ποιήσει), il ne relie Γ à aucun autre terme.

l'une par rapport à A, et l'autre par rapport à B [1]. La règle est la
même pour toutes les autres additions [2]. Et si le terme est placé
à l'intérieur [3], il en sera encore de même, car ce n'est que
relativement à un seul terme qu'il ne fera pas de syllogisme [4].
25 Les conclusions seront donc beaucoup plus nombreuses que
les termes ou les prémisses.

26
<Espèces de propositions à établir ou à réfuter dans chaque figure>

Puisque nous connaissons les sujets des syllogismes, la
nature de la conclusion obtenue dans chaque figure, et de
quelles façons [5] on y parvient, nous voyons clairement aussi
quelle sorte de problème est difficile ou facile à résoudre.
30   En effet, ce qui est conclu en plusieurs figures et par
plusieurs modes [6] est plus facile à prouver, tandis que ce qui est
conclu en un plus petit nombre de figures et de modes est plus
difficile. L'universelle affirmative se prouve par la première

---

1. En ajoutant Δ aux trois termes ABΓ (qui forment deux propositions AB
et BΓ et une conclusion AΓ), on obtient trois propositions AB, BΓ, ΓΔ, et deux
nouvelles conclusions BΔ et AΔ (*cf.* l'exemple et le schéma de Pacius, I, 163).
– L'adjonction de Δ se fait *extra*; elle se fera *intra*, l. 23.

2. Le nombre des conclusions augmente au fur et à mesure qu'on ajoute de
nouveaux termes. On peut exprimer la loi de cette progression par la formule :
$$\frac{n(n-1)}{2}$$
dans laquelle *n* indique le nombre des propositions (*cf.* Waitz, I, 441).

3. Entre A et B, ou entre B et Γ.

4. *Cf.* Alexandre, 287, 6-10.

5. Par quels modes.

6. πτώσεις a ici le sens de τοόπο (*cf.* Bonitz, *Ind. arist.*, 659a22).

figure seulement, et, par cette figure, d'une seule façon[1]. L'universelle négative se prouve à la fois par la première et par la seconde figure, par la première d'une seule façon[2], et par la seconde de deux façons[3]. La particulière affirmative se prouve par la première et la dernière figure, d'une seule façon par la première[4], et de trois par la dernière[5]. Enfin, la particulière négative se prouve dans toutes les figures, mais dans la première d'une seule façon[6], dans la seconde de deux façons[7], et dans la troisième de trois façons[8].

Il est clair, par suite, que l'universelle affirmative est la plus difficile à établir et la plus facile à réfuter. En général, il est plus facile de réfuter les universelles que les particulières, car l'universelle affirmative est réfutée tant par l'universelle négative que par la particulière négative ; or la particulière négative se prouve dans toutes les figures, et l'universelle négative dans deux[9]. Il en est de même pour les <universelles> négatives, car la proposition initiale[10] est réfutée tant par l'universelle affirmative que par la particulière affirmative[11], et nous avons vu

---

1. Par un seul mode, *Barbara*.
2. *Celarent*.
3. *Cesare*, *Camestres*.
4. *Darii*.
5. *Darapti*, *Disamis*, *Datisi*.
6. *Ferio*.
7. *Festino*, *Baroco*.
8. *Felapton*, *Bocardo*, *Ferison*.
9. L'universelle affirmative est ainsi réfutée par neuf modes (*Celarent*, *Ferio*, *Cesare*, *Camestres*, *Festino*, *Baroco*, *Felapton*, *Bocardo* et *Ferison*).
10. L'universelle négative.
11. L'universelle négative est ainsi réfutée par cinq modes (*Barbara*, *Darii*, *Darapti*, *Disamis* et *Datisi*).

que l'universelle négative[1] se rencontrait dans deux figures.
– Par contre, les particulières ne peuvent être réfutées que
d'une seule façon : par la preuve de l'universelle affirmative ou
de l'universelle négative[2]. Mais les particulières sont plus
aisées à établir[3], car la preuve en est possible dans un plus
10 grand nombre de figures et par un plus grand nombre de
modes. – Et d'une manière générale, il ne faut pas oublier qu'il
est possible de réfuter les propositions l'une par l'autre, les
universelles par les particulières, et celles-ci par les universelles[4]; par contre, il n'est pas possible d'établir les universelles par les particulières, bien qu'il soit possible d'établir ces
dernières par les premières[5]. En même temps, il est évident
15 qu'il est plus aisé de réfuter que d'établir.

La façon dont on obtient un syllogisme quelconque, le
nombre des termes et des prémisses pour y parvenir, et les
relations des prémisses entre elles, et, en outre, la nature du
problème prouvé dans chaque figure et le nombre plus ou
moins grand des figures appropriées à chaque problème : tout
cela résulte clairement de ce que nous venons de dire[6].

---

1. Sur le sens de τοῦτο l. 7, *cf.* Waitz, I, 442.

2. Il faut comprendre que la particulière affirmative est réfutée par
l'universelle négative (*Celarent, Cesare, Camestres*), et la particulière négative
par l'universelle affirmative (*Barbara*).

3. Que les universelles.

4. On réfute une contradictoire par une contradictoire, A par O, et E par I.

5. De ce que quelque homme est juste, on ne peut conclure que tout homme
est juste; par contre de ce que tout homme est juste, on peut conclure que
quelque homme est juste.

6. Ce paragraphe résume les 26 premiers chapitres des *Analytiques*, qui ont
pour objet la structure du syllogisme.

27
<Règles générales des syllogismes catégoriques>

De quelle façon nous pourrons nous procurer toujours en abondance des syllogismes en vue de la question posée, et par quelle voie nous atteindrons les principes relatifs à chaque 20 problème, voilà ce qu'il convient maintenant d'établir, car nous devons sans doute non seulement connaître la façon dont se produisent les syllogismes, mais encore posséder le pouvoir de les constituer[1].

De toutes les choses qui existent, les unes[2] sont d'une nature telle qu'elles ne peuvent avec vérité être affirmées universellement[3] d'aucune autre chose (par exemple Cléon et 25 Callias, autrement dit l'individuel et le sensible), tandis que d'autres choses peuvent en être affirmées (puisque chacune de ces choses individuelles est à la fois homme et animal); d'autres choses[4] sont elles-mêmes affirmées d'autres choses, tandis que d'elles rien d'antérieur n'est affirmé; d'autres[5], enfin, sont elles-mêmes affirmées d'autres choses, et d'autres

30

---

1. Alliance de la théorie (θεωρεῖν, l. 22) et de la pratique (ποιεῖν, l. 23). – L. 21, « les principes relatifs à chaque problème » c'est-à-dire les prémisses d'où sortira chaque conclusion.

2. Les individus, τὰ καθ᾽ ἕκαστα, ou substances premières, ne peuvent être que sujets et non attributs (cf. *Cat.*, 2).

3. *Vel quia hoc generaliter verum est, nullum particulare dici de altero, nisi ex accidenti... vel quia particulare etsi interdum attribuitur (id est ex accidente) non tamen potest dici attribui universaliter, cum ipsum non fit universale* (Pacius, I, 237). – L. 26-27, nous avons mis une parenthèse pour dégager le sens. – Sur les l. 25 *sq.*, *cf.* Trendelenburg, *Elementa*, p. 68-69.

4. Les purs attributs, la quantité, la qualité, etc. ..., qui ne peuvent jamais être sujets.

5. Les genres et les espèces, qui peuvent être sujets ou attributs.

choses, d'elles-mêmes, par exemple *homme*, de Callias, et
animal, d'*homme*. – Qu'il y ait donc certaines choses qui ne
puissent, en vertu de leur nature, être affirmées d'une autre
chose, c'est l'évidence : on peut dire, en effet, que tout sensible
35 est tel qu'il n'est affirmé d'aucune autre chose, sinon par accident[1] en ce que nous disons parfois que ce blanc est Socrate ou
que ce qui vient est Callias. Qu'il y ait, en outre, dans la marche
de la prédication vers le haut un moment où il faille s'arrêter,
nous en reparlerons[2] ; pour le moment, contentons-nous d'établir ce qui suit. De ces ultimes prédicats, il n'est pas possible de
démontrer un autre prédicat, sinon comme une simple opinion[3],
mais ils peuvent être affirmés d'autres choses. Les individus ne
40 peuvent non plus être affirmés d'autres choses, tandis que
d'autres choses peuvent l'être d'eux. Quant aux termes intermédiaires, il est évident qu'ils peuvent être affirmés des deux
façons, ils peuvent être eux-mêmes affirmés d'autres termes,
et d'autres termes peuvent être affirmés d'eux ; et presque tous

---

1. Sur l'accident, cf. *Meta.*, Δ, 30, E, 2, et les nombreux passages cités dans
l'*Ind. arist.*, 714a20 *sq.*

2. *An. post.*, I, 19-22. – Il y a des genres suprêmes qui sont seulement
attributs et non sujets. L. 36, ἐπὶ τὸ ἄνω est opposé à τὸ ἐπὶ τὸ κάτω *res
singulares infimo loco positae sunt genera, de quibus nihil praedicatur, summo*
(Waitz, I, 443). *Cf.* Bonitz, *Ind. arist.*, 68b43 à 61, et surtout 50 : *in serie
notionum* ἄνω *dicuntur quae magis sunt universales.*

3. Cas des simples syllogismes probables se rapportant à la dialectique : *ex
opinione ejus cum quo differimus* (Pacius, I, 238). – Au surplus, rien n'est si
général qu'on ne puisse lui attribuer quelque chose *in speciem*. Par exemple,
l'Être et l'Un sont ce qu'il y a de plus général, et pourtant la *Métaphysique* (I, 2)
dit que l'Être est un et que l'Un est être. L'expression κατὰ δόξαν est
synonyme de διαλεκτικῶς (*cf.* Bonitz, *Ind. arist.*, 203, b8 *sq.*, et surtout 47).

les arguments et toutes les recherches portent principalement sur eux [1].

Nous devons donc choisir des prémisses se rapportant à **43b** chaque problème, de la façon suivante : il faut d'abord poser le sujet lui-même, les définitions et toutes les propriétés de la chose ; puis après cela, tous les attributs qui suivent logiquement de la chose [2], et, à leur tour, ceux dont la chose est elle-même la conséquence [3], ainsi que ceux qui n'ont pas la possibilité de lui appartenir. Mais ceux auxquels elle ne peut elle-même appartenir n'ont pas à être considérés à part, en raison de la convertibilité de la négative [4]. – Parmi les conséquents, il faut distinguer ceux qui rentrent dans l'essence de la chose, ceux qui en sont affirmés à titre de propriétés, et enfin ceux qui en sont affirmés à titre d'accidents, certains au surplus appartenant à la chose selon l'opinion et certains lui appartenant selon la vérité [5]. Plus on est riche en attributs de ce genre, et plus on arrivera rapidement à une conclusion ; et plus on appréhendera d'attributs fondés sur la vérité, plus la démonstration sera parfaite. – Mais il faut choisir non pas les conséquents d'une chose particulière, mais ceux qui dépendent de la chose

5

10

1. Ils sont donc les objets principaux du syllogisme.

2. Les conséquents : par exemple *homme* a pour conséquent *animal*. Dans les propositions syllogistiques, le conséquent sera l'attribut, et l'antécédent le sujet.

3. Les antécédents, qui jouent le rôle de sujets.

4. En ce qui concerne les attributs contraires à la nature même de la chose, il est inutile de distinguer entre antécédents et conséquents : en raison de la convertibilité de la proposition négative (*A n'appartient pas à B*), l'antécédent devient conséquent (autrement dit, le sujet devient prédicat), et le conséquent antécédent (le prédicat devient sujet).

5. Toujours la distinction de l'apparence et de la réalité, de l'opinion et de la science, des *Topiques* et des *Analytiques*.

dans sa totalité : par exemple, non pas le conséquent de
l'homme individuel, mais celui de l'homme pris universellement, puisque c'est de prémisses universelles que procède le
syllogisme[1]. Si donc la proposition est indéfinie, on n'aperçoit
15 pas bien si la prémisse est universelle, tandis que si la proposition est déterminée, on s'en aperçoit tout de suite[2]. – Pareillement c'est dans leur totalité qu'il faut choisir les antécédents
du sujet, pour la raison que nous avons donnée. Quant au
conséquent lui-même, on ne doit pas le prendre comme dépen-
dant, dans sa totalité, de la chose[3] : on ne peut pas dire, par
exemple, que tout animal soit le conséquent de l'homme, ni
toute science, de la musique. Il dérive seulement sans aucune
qualification[4], à la façon dont nous procédons dans une propo-
20 sition. Et, en effet, l'autre proposition[5] est inutile et impossible : par exemple, que tout homme est tout animal, ou que la
justice est tout bien. Mais c'est ce dont l'attribut est consé-

---

1. En ce sens qu'il faut au moins une prémisse universelle pour qu'il y ait
syllogisme.

2. La proposition indéfinie (*l'homme est mortel*) suit, on le sait, le sort
des propositions particulières, mais rien n'empêche qu'en fait elle ne soit
universelle : dans le doute, il est donc préférable de préciser la quantité de la
proposition, par l'adjonction de *tout* ou de *quelque*.

3. C'est le problème de la quantification du prédicat, qu'Aristote résout,
avec raison, par la négative. Cf. *de Inter.*, 7, 17b12, et la note de notre traduction, p. 89. On ne peut pas dire *l'homme est tout animal*, ni *la musique est toute
science*. Le sujet seul peut être pris quantitativement.

4. ἁπλῶς, *simpliciter*, sans aucune note quantitative : *animal*, *science*. Et
c'est bien ainsi que nous posons nos propositions, en disant *l'homme est animal*.

5. La proposition à prédicat quantifié : *tout homme est tout animal*. Une
pareille proposition est inutile, puisqu'on peut supprimer, et qu'on supprime en
fait, sans altérer la valeur de la conclusion, la note quantitative ; elle est aussi
nécessairement fausse, comme il apparaît par nos exemples.

quent [1] qui reçoit la caractéristique *tout*. – Quand le sujet, dont nous avons à prendre les conséquents, est lui-même contenu dans quelque autre notion, il ne faut pas que les conséquents, affirmatifs ou négatifs, du terme général soient compris parmi les conséquents du sujet [2] (car ces attributs ont déjà été compris parmi les conséquents de la notion supérieure, puisque ce qui suit de l'animal suit aussi de l'homme, et pour ce qui n'appartient pas à l'animal, il en est de même [3]) : ce sont les conséquents propres à chaque sujet qu'il faut prendre. En effet, certains attributs sont propres à l'espèce en dehors du genre, car il faut nécessairement qu'à des espèces, distinctes du genre, certains attributs propres appartiennent. – Il ne faut pas non plus choisir pour antécédents de la notion générale les antécédents de la notion qu'elle enveloppe [4]; par exemple, prendre

---

1. Le sujet, qui peut seul être quantifié.

2. *Cf.* Waitz, I, 445. – Quand, dans un syllogisme, le sujet d'une prémisse rentre lui-même dans une notion plus générale, comme l'espèce dans son genre, il faut faire état non pas des attributs éloignés qui appartiennent à la notion supérieure, mais des attributs spécifiques qui appartiennent immédiatement à la notion subordonnée. Par exemple, il faut prendre les attributs de l'homme et non de l'animal, car (c'est ce qu'Aristote explique dans la parenthèse qui suit) ces derniers sont déjà connus, et il est inutile de les répéter : tout ce qui appartient à l'homme appartient à l'animal. Le texte est assez difficile. L. 23, τινος est la notion plus générale qui enveloppe la notion subordonnée, et il en est de même de τῷ καθόλου, l. 24 ; même ligne, ἐν τούτοις signifie *au nombre des conséquents du sujet*, et s'oppose à ἐν ἐκείνοις, *au nombre des conséquents de la notion supérieure*.

3. Ce n'est pas entièrement vrai : le rire, par exemple, qui n'appartient pas à l'animal, appartient à l'homme (Waitz, I, 445). Aussi, l. 26, μὴ ὑπάρχει serait avantageusement remplacé par οὐκ ἐνδέχεται ὑπάρχειν.

4. Aristote, qui vient de parler des conséquents (attributs), va maintenant s'occuper des antécédents (sujets), et il énonce une règle analogue. Quand nous

30 comme antécédent de l'animal ce qui est en réalité antécédent
    de l'homme : car, nécessairement, si l'animal est le conséquent
    de l'homme, il est aussi le conséquent de toutes les choses dont
    l'homme est lui-même le conséquent. Mais ces dernières
    choses relèvent plus proprement du choix de ce qui se rapporte
    à l'homme. – On doit appréhender aussi[1] ce qui se produit
    d'une façon constante, tant pour les conséquents que pour
    les antécédents. En effet, les conclusions portant sur des
    faits constants procèdent aussi de syllogismes dont toutes les
35 prémisses, ou du moins certaines, portent elles-mêmes sur des
    faits constants : c'est que, dans tout syllogisme, il y a ressem-
    blance de la conclusion et de ses principes[2]. – Enfin, il ne faut
    pas prendre les attributs qui sont les conséquents de tous les
    termes[3], car il ne peut y avoir de syllogisme à partir de telles
    prémisses. Quant à dire pour quelle raison, c'est là un point
    qu'on éclaircira dans la suite[4].

---

cherchons le sujet d'un attribut (le sujet d'*animal*, par exemple), il ne faut pas
envisager les antécédents de l'espèce comprise dans le genre (l. 29, τὸ περιεχό-
μενον = ὑπὸ τὸ καθόλου; *homme*, par exemple, notion subordonnée à *animal*).
On dira, par suite, que l'antécédent d'animal est *homme* et non *grammairien* ou
musicien, qui sont des antécédents d'*homme*. – Sur les difficultés du texte,
cf. Waitz, I, 445-446.

   1. « Aussi ». Il faut envisager non seulement les antécédents et les conséquents qui se produisent toujours (*l'homme est raisonnable*, par exemple), mais
encore ce qui arrive ὡς ἐπὶ τὸ πολύ comme la barbe chez l'homme. – Sur la
notion de constance, cf. *supra*, 3, 25b14, et la note.

   2. C'est-à-dire les prémisses.

   3. Les conséquents du majeur et du mineur, car, dans la seconde figure,
deux propositions affirmatives ne donnent pas de conclusion (*cf.* Waitz, I, 446).

   4. *Infra*, 28, 44b20.

28

<*Règles particulières pour la recherche du moyen terme dans les Syllogismes catégoriques*>

Quand on veut établir qu'un prédicat appartient à un terme universel[1], il faut envisager, d'une part, les sujets du prédicat à établir et dont il se trouve lui-même affirmé, et, d'autre part, les attributs qui sont la conséquence de ce dont on doit affirmer quelque chose. En effet, si l'un de ces sujets est le même que l'un de ces attributs, on obtient nécessairement l'attribution de l'un des termes à l'autre. – Mais s'il s'agit d'établir qu'un prédicat appartient, non pas à un terme universel, mais à un terme particulier[2], il faut considérer les antécédents de l'un et

40

---

1. L. 43b39-43. Quand on veut obtenir une conclusion universelle affirmative en *Barbara* (le sujet de la conclusion étant ainsi universel, κατὰ τινος ὅλου), il faut considérer d'abord les antécédents ou sujets (τὰ ὑποκείμενα) du prédicat à établir dans la conclusion (τὸ κατασκευαζόμενον), puis les conséquents du sujet de cette conclusion. Le terme commun, qui est à la fois antécédent du prédicat et conséquent du sujet, constitue le moyen terme, qui permettra de construire un syllogisme en *Barbara* concluant que le prédicat en question appartient à la totalité du sujet en question.

Soit, par exemple, à prouver la conclusion (Pacius, II, 170) *toute chose utile est honnête*. Les antécédents du prédicat *honnête* sont les sujets dont il est lui-même prédicat, par exemple *désirable*, puisqu'on a la proposition *tout désirable est honnête*. Parmi les conséquents (les attributs) du sujet *chose utile*, nous rencontrons aussi *désirable*, car nous disons *toute chose utile est désirable*. Par suite *désirable* est le moyen terme, et le syllogisme en *Barbara* sera :

    Tout désirable est honnête;
    Toute chose utile est désirable;
    Toute chose utile est honnête.

2. Même interprétation pour les lignes 43b43-44a1. Pour établir une conclusion particulière affirmative en *Darapti*, on doit considérer les antécédents ou sujets des sujet et prédicat à poser dans la conclusion, et prendre un antécédent commun pour moyen terme. Soit, par exemple, à prouver la

44a de l'autre terme. En effet, si l'un de ces antécédents est identique à l'autre, on obtient nécessairement une attribution particulière. – Quand un terme ne doit appartenir à nul autre terme pris universellement[1], il faut considérer, d'une part, les conséquents de ce à quoi le prédicat ne doit pas appartenir, et, d'autre part, les attributs qui sont dans l'impossibilité d'être présents dans ce qui ne doit pas appartenir au sujet; ou bien, inversement, d'une part les attributs qui sont dans l'impossi-

5 bilité d'être présents dans ce à quoi le prédicat ne doit pas appartenir, et, d'autre part, les conséquents de ce qui ne doit pas appartenir au sujet : dans un cas comme dans l'autre, si ces termes sont identiques, c'est à une attribution négative univer-

---

conclusion *quelque plaisir est honnête* (Pacius, II, 170). L'antécédent commun à *plaisir* et à *honnête* est, si l'on veut, *musique* (*la musique est un plaisir, la musique est honnête*). On a ainsi le syllogisme suivant, en *Darapti* :

> *Toute musique est honnête*;
> *Toute musique est un plaisir*;
> *Quelque plaisir est honnête.*

1. L. 2-8. Conclusion universelle négative en *Cesare* (ou *Celarent*) ou en *Camestres*. Pour *Cesare*, on prend les conséquents (ou prédicats) du sujet de la conclusion négative à établir (la mineure se trouve ainsi formée), et les qualités qui, par leur nature même, ne peuvent appartenir au prédicat de la conclusion négative (on formera ainsi la majeure). – Pour *Camestres*, c'est le contraire (ἀνάπαλιν) : on prend les qualités incompatibles avec les sujets de la conclusion négative (ce sera la mineure), et les conséquents du prédicat de la conclusion négative (on aura la majeure). – Dans un cas comme dans l'autre, le moyen sera le terme qui est à la fois, ou bien conséquent du sujet et qualité contraire au prédicat, ou bien conséquent du prédicat et qualité contraire au sujet. On obtiendra donc tantôt un syllogisme en *Cesare* (réductible à un syllogisme de la première figure en *Celarent* par conversion de la majeure), tantôt un syllogisme en *Camestres* (réductible aussi à *Celarent* par conversion de la mineure). L. 2-4, nous avons maintenu le texte de Bekker, contre Waitz, et nous lisons : ὅταν δὲ μηδενὶ δέῃ ὑπάρχειν, ᾧ μὲν οὐ δεῖ ὑπάρχειν, εἰς τὰ ἑπόμενα, ὃ δὲ δεῖ μὴ ὑπάρχειν, εἰς ἃ μὴ ἐνδέχεται αὐτῷ παρεῖναι ἢ ἀνάπαλιν etc. ...

selle qu'on aboutit, car on obtient tantôt le syllogisme de la
première figure, tantôt le syllogisme de la seconde. – Si on veut
établir une attribution particulière négative[1], il faut envisager,
d'une part, les antécédents de ce à quoi le prédicat n'appartient
pas, et, d'autre part, les attributs qui sont dans l'impossibilité 10
d'appartenir à ce qui n'appartient pas au sujet. Si, en effet,
l'un de ces termes est le même qu'un autre, il en résulte
nécessairement une attribution particulière négative.

Peut-être ce que nous venons de dire de chacun de ces cas
sera-t-il plus clair de la façon suivante. Supposons que les
conséquents de A[2] soient désignés par B, ses antécédents par
Γ, et les attributs qui sont dans l'impossibilité de lui appartenir
par Δ; supposons encore que les attributs[3] de E soient désignés 15
par Z, ses antécédents par H et les attributs qui sont dans
l'impossibilité de lui appartenir par Θ[4]. – Si alors quelque Γ est
identique à quelque Z, il est nécessaire que A appartienne à tout
E[5]; car Z appartient à tout E, et A à tout Γ, de sorte que A

1. L. 9-11. Syllogisme en *Felapton*, réductible à *Ferio*. Le raisonnement
est le même que dans les cas qui précèdent.

2. La lettre A désigne elle-même le prédicat de la conclusion à prouver, et
la lettre E (l. 15) le sujet.

3. τὰ ὑπάρχοντα, les *attributs*, autrement dit les *conséquents*; de sorte que
Z, H et Θ font pendant à B, Γ et Δ.

4. On a ainsi neuf couples de termes identiques susceptibles de former le
moyen terme : BZ, BH, BΘ; ΓZ, ΓH, ΓΘ; ΔZ, ΔH, ΔΘ. Comme Aristote
le déterminera dans les lignes qui suivent, six couples sont concluants : ΓZ
(*Barbara*), ΓH (*Darapti*), ΔZ (*Celarent* ou *Cesare*), BΘ (*Camestres*), ΔH
(*Felapton*) et BH (*Baralipton*). Il reste trois couples non-concluants, B Z, ΓΘ et
ΔΘ qui seront étudiés *infra*, l. b25.

5. Cas ΓZ (*Barbara*). Le syllogisme est donc le suivant :
    Tout ΓZ est A;
    Tout E est ΓZ;
    Tout E est A.

appartient à tout E. – Si Γ et H sont identiques, nécessairement
20 A appartiendra à quelque E[1], car A est le conséquent de Γ, et E
de tout H. – Si Z et Δ sont identiques, A n'appartiendra à aucun
E[2], en vertu d'un prosyllogisme ; puisqu'en effet la négative
est convertible, et que Z est identique à Δ, A n'appartiendra à
aucun Z, mais Z appartiendra à tout E. – Si maintenant B et Θ
25 sont identiques, A n'appartiendra à aucun E[3], car B appartiendra à tout A, mais n'appartiendra à aucun E, puisque nous
avons dit que B était identique à Θ, et que Θ n'appartenait à
aucun E. – Si Δ et H sont identiques, A n'appartiendra pas à

---

1. Cas ΓH (*Darapti*). Le syllogisme est celui-ci :
   Tout ΓH est A ;
   Tout ΓH est E ;
   Quelque E est A

2. Cas ΔZ (*Cesare*, ou *Celarent* par conversion de la négative). Le
syllogisme principal en *Celarent* est :
   Nul ΔZ n'est A ;
   Tout E est ΔZ ;
   Nul E n'est A.

La majeure est prouvée elle-même par un prosyllogisme en *Celarent* :
   Nul Δ n'est A ;
   Tout Z est Δ ;
   Nul Z n'est A.

Le prosyllogisme, expressément indiqué dans ce passage, peut se faire
dans tous les autres cas.

3. Cas BΘ (*Camestres*). Le syllogisme principal est :
   Tout A est BΘ,
   Nul E n'est BΘ ;
   Nul E n'est A.

La mineure est elle-même la conclusion d'un prosyllogisme en *Camestres* :
   Tout B est Θ ;
   Nul E n'est Θ ;
   Nul E n'est B.

quelque E¹, car il n'appartiendra pas à H parce qu'il n'appartient pas non plus à Δ ; mais H est subordonné à E, de sorte que 30 A n'appartiendra pas à quelque E. – Si B est identique à H, on aura un syllogisme à conclusion convertie, car E appartiendra à tout A², puisque B appartient à A, et E à B (car nous avons dit que B était identique à H) : mais que A appartienne à tout E n'est pas nécessaire ; c'est à quelque E que A doit nécessairement appartenir, parce qu'il est possible de convertir la 35 prédication universelle en particulière³.

On voit ainsi que ce sont les relations sus-indiquées⁴ de chaque terme qu'il faut considérer dans tout problème⁵, car

---

1. Cas ΔH (*Felapton*) :
 Nul H n'est A ;
 Tout H est E ;
 Quelque E n'est pas A.
La majeure est prouvée par un prosyllogisme en *Celarent* :
 Nul Δ n'est A ;
 Tout H est Δ ;
 Nul H n'est A.

2. Cas BH (*Baralipton*, mode indirect de la première figure). Le syllogisme direct en *Barbara* prouve seulement que tout A est E et non que tout E est A :
 A. *Tout BH est E* ;
 A. *Tout A est BH* ;
 A. *Tout A est E*, conclusion qui, par conversion partielle, donne :
 I. *Quelque E est* A (mode *Baraipton*).
Sur les difficultés du texte, *cf.* Waitz, I, 448-449.

3. Sur la raison pour laquelle Aristote passe sous silence les modes à conclusion particulière *Darii, Ferio, Festino, Baroco, Disamis, Datisi* et *Ferison*, *cf.* Waitz, I, 449 : *vera causa in eo est, quod non propositum fuit Aristoteli, ut doceat quomodo cujuscumque syllogismi terminus medius inveniatur, sed ut exponat, qua ratione efficienda sit data conclusio – problema quodcumque, h.e. sive affirmans sive negans, sive de toto sive de parte – investigato medio termino, figurae et modi quo fiat syllogismus, non habita ratione.*

4. Les antécédents, les corséquents et les qualités contraires, tant du sujet que du prédicat, couplés comme nous l'avons vu.

5. Dans toute conclusion à établir.

c'est d'elles que procèdent tous les syllogismes. Mais il faut aussi, en ce qui concerne les conséquents et les antécédents de chaque terme, porter son attention sur ceux qui sont premiers,
40 c'est-à-dire les plus généraux; par exemple, pour E, il vaut
44b mieux envisager KZ plutôt que Z seul, et, pour A, KΓ plutôt que Γ seul[1]. Si, en effet, A appartient à KZ, il appartiendra aussi à Z et à E; mais s'il n'est pas le conséquent de KZ, il peut cependant être le conséquent de Z. Pareillement, il faut considérer aussi les antécédents de A lui-même, car si un terme suit des antécédents premiers[2], il suivra aussi de ceux qui leur
5 sont subordonnés; mais s'il ne suit pas des premiers, il peut cependant[3] suivre des derniers.

Il est évident aussi que cette recherche se fait au moyen des trois termes et des deux prémisses, et que c'est par les figures dont nous avons parlé que procèdent tous les syllogismes. Car la preuve est faite que A appartient à tout E[4] quand un terme identique a été pris parmi les Γ et les Z. Ce terme identique sera

---

1. Le mineur est E, et le majeur A. – Nous avons vu, l. a12-19, que si le moyen terme Γ=Z, nous obtenons un syllogisme en *Barbara*. Aristote ajoute ici qu'il est préférable de prendre, tant les antécédents que les conséquents de A et de E, sous leur forme la plus générale, par exemple les καθόλου KZ et KΓ, qui incluent respectivement Z et Γ. Si tout KZ est A, tout Z, et par suite tout E, est A. Tandis que si KZ n'est pas A, on peut assurément obtenir la même conclusion (*tout E est A*), par Z seul, mais d'une façon moins satisfaisante. Le moyen terme doit donc être le plus général possible, *nam quorum diversae sunt species, ea in universalibus (genere) aliquando conveniunt* (Waitz, I, 450).

2. C'est-à-dire les antécédents les plus généraux.

3. Mais d'une façon moins satisfaisante. – L'exemple des l. 3-5 ne diffère du précédent (l. 1-3) qu'en ce que le καθόλου est KΓ au lieu de KZ : le genre est donc le même.

4. Conclusion d'un syllogisme en *Barbara*, à moyen ΓZ, à majeure A et à mineure E.

le moyen terme, et les extrêmes seront A et E : on obtient ainsi 10
la première figure. – Et A appartiendra à quelque E[1] quand Γ et
H sont pris comme identiques : c'est la dernière figure, puisque
H devient le moyen terme. – Et A n'appartiendra à nul E[2],
quand A et Z sont identiques. On a ainsi à la fois la première
figure et la seconde : la première, parce que A n'appartient
à nul Z, s'il est vrai que la négative est convertible et que Z 15
appartient à tout E; la seconde, parce que Δ n'appartient à
aucun A, et appartient à tout E. – Et A n'appartiendra pas à
quelque E[3], quand Δ et H seront identiques : c'est la dernière
figure, car A n'appartiendra à nul H, et E appartiendra à tout H.
– On voit donc que tous les syllogismes procèdent par les 20
figures précédemment étudiées, et que nous ne devons pas
dégager les conséquents de tous les termes[4] parce qu'aucun
syllogisme n'en peut être constitué. En effet, nous l'avons vu[5],

---

1. *Darapti*, à moyen ΓH.

2. *Celarent* et *Cesare*, avec ΔZ pour moyen terme. Δ (ou Z) étant la qualité
ne pouvant appartenir à A, on peut dire *Nul Z n'est A*, ou, par conversion, *nul A
n'est Z*. On a donc pour *Celarent* :

> *Nul Z n'est A* ;
> *Tout E est Z* ;
> *Nul E n'est A.*

Et pour *Cesare* :

> *Nul A n'est Δ* ;
> *Tout E est A* ;
> *Nul E n'est A.*

3. *Felapton*, à moyen ΔH.

4. Autrement dit, les conséquents de A et de E, majeur et mineur du
syllogisme.

5. 5, 27a18-20, 27b23-28a8. – Si on prend pour moyen terme le conséquent, autrement dit le prédicat, du majeur et du mineur, on obtient un syllogisme de la seconde figure dont la conclusion ne saurait être affirmative. Mais

on ne peut absolument pas établir une proposition à partir de conséquents, et on ne peut pas détruire une proposition au moyen du conséquent de tous les termes[1], car le moyen terme doit appartenir à l'un et ne pas appartenir à l'autre.

25 On voit encore que les autres façons de choisir les moyens termes[2] sont inutiles pour produire un syllogisme : par exemple, si les conséquents de chaque terme sont identiques[3], ou si les antécédents de A sont identiques avec les attributs qui sont dans l'impossibilité d'appartenir à E[4], ou si les attributs qui sont dans l'impossibilité d'appartenir à l'un ou l'autre terme sont identiques[5]; car on n'obtient pas de syllo-
30 gisme par des termes de ce genre. – Si, en effet, les conséquents sont identiques, par exemple B et Z[6], on obtient la seconde figure avec des prémisses affirmatives. – Si les antécédents de A sont identiques avec les attributs qui sont dans l'impossibilité d'appartenir à E, par exemple Γ et Θ[7], nous avons la première figure, dont la prémisse se rapportant au petit extrême sera négative. – Et si les attributs qui sont dans

on ne peut pas non plus obtenir une conclusion négative, faute d'avoir au moins une prémisse négative.

1. Cf. *supra*, l. 21, note.

2. Examen des couples non-concluants BZ, ΓΘ et ΔΘ indiqués plus haut, l. 44a17, note.

3. B Z.

4. ΓΘ.

5. ΔΘ.

6. Cas BZ. Si B=Z, c'est-à-dire si le même terme est prédicat de chaque extrême, on obtient un syllogisme de la seconde figure à deux prémisses affirmatives, ce qui est un mode non-concluant, car la seconde figure, ayant une conclusion négative, doit avoir au moins une prémisse négative.

7. Cas ΓΘ. Le terme Γ=Θ sera nié du mineur, ce qui donnera un syllogisme de la première figure à mineure négative : or c'est là un mode non concluant.

l'impossibilité d'appartenir à l'un ou à l'autre terme sont identiques, par exemple Δ et Θ[1], les prémisses seront toutes deux négatives, soit dans la première, soit dans la seconde figure ; mais de cette façon, aucun syllogisme ne sera possible. 35

Il est évident aussi qu'il faut découvrir quels sont, dans notre recherche, les termes qui sont identiques, et non pas quels sont ceux qui sont différents ou contraires[2] : d'abord, c'est en vue du moyen terme que notre investigation est faite, et le 40 moyen terme à adopter ne doit pas être divers, mais être un et le même[3]. Ensuite, dans tous les cas où il arrive que le syllogisme **45a** résulte de termes pris comme contraires, autrement dit de termes qui ne peuvent appartenir à la même chose, il pourra toujours y avoir réduction aux modes que nous avons déjà étudiés[4] : c'est le cas, par exemple, si B et Z sont contraires,

1. Cas ΔΘ. On aura deux prémisses négatives, qui ne peuvent pas donner de conclusion. Pour une vue d'ensemble de tous les cas étudiés par Aristote, concluants et non-concluants, *cf.* Waitz, I, 450-451.

2. La recherche du moyen terme doit aboutir à une identité entre les conséquents, antécédents et qualités contraires, tant du majeur (BΓΔ de A) que du mineur (ZHΘ de E). Il ne faut donc rechercher ni la différence, ni *a fortiori* la contrariété des termes. Aristote en donne deux raisons dans les lignes qui suivent.

3. Première raison. Le moyen terme sert de lien entre le majeur et le mineur, et comme tel ne peut être qu'un. S'il était multiple, il y aurait plus de trois termes, ce qui est incompatible avec la nature du syllogisme : si, par exemple, Γ et Z sont distincts ou contraires, les quatre termes seront AEΓZ.

4. Seconde raison (l. a1-9). Le syllogisme en *Camestres* qui peut résulter de la contrariété de B et de Z se ramène, en fait, à un syllogisme déjà reconnu répondant à l'exigence posée de l'identité des termes, lesquels seront alors BΘ. En effet, B et Z étant des conséquents contraires, si nous prenons Z comme conséquent du mineur E, il est clair que B ne pourra pas être lui-même un conséquent de E. Autrement dit B est identique à Θ, parce que Θ exprime ce qui est dans l'impossibilité d'appartenir à E (*cf.* Waitz, I, 452).

5 autrement dit s'ils ne peuvent appartenir à la même chose. En
prenant ces termes, en effet, il y aura bien un syllogisme
concluant que A n'appartient à aucun E ; seulement ce ne sera
pas en vertu des prémisses posées, mais de la façon que nous
avons précédemment indiqué : car B appartiendra à tout A,
mais n'appartiendra à nul E, de sorte que nécessairement B
doit être identique avec quelque Θ. – Si, à leur tour, B et H ne
10 peuvent pas être présents dans la même chose, il s'ensuit que A
n'appartiendra pas à quelque E[1]. En effet, de cette façon
encore, nous obtiendrons la seconde figure, puisque B appartiendra à tout A et n'appartiendra pas à quelque E. Par suite B
est nécessairement identique à quelque Θ : car il n'y a aucune
différence entre dire que B et H ne peuvent appartenir à la
même chose, et dire que B est identique à quelque Θ, puisque
15 en Θ on a compris tout ce qui ne peut pas appartenir à E.

---

1. Nouvel exemple d'Aristote, d'une interprétation d'ailleurs fort difficile.
Le texte lui-même n'est pas sûr. *Cf.* Waitz, I, 452-453, dont nous adoptons la
leçon. L. 12, notamment, nous lisons τῷ δὲ E οὐ τινὶ ὑπάρξει, et non pas, avec
Bekker, τῷ δὲ H οὐδενὶ ὑπάρξει.

Le raisonnement d'Aristote serait alors se suivant. Soit B le conséquent du
majeur A, et H l'antécédent du mineur E. Admettons que B et H soient contraires.
La majeure est *tout A est B*. Quelle sera la mineure ? On a *tout H est E* (H étant
l'antécédent ou le sujet de E), et, par conversion, quelque E est H. Or B qui est
nié de ce dont H est affirmé sera nié de la partie du terme E dont H est affirmé.
On peut donc dire *quelque E n'est pas B*. Nous obtenons ainsi le syllogisme en
Baroco :

> Tout A est B ;
> Quelque E n'est pas B ;
> Quelque E n'est pas A.

Mais si B est contraire à H, c'est qu'il est Θ, puisque Θ exprime ce qui est
dans l'impossibilité d'appartenir à E. On retombe donc bien dans le couple
connu BΘ.

On voit ainsi que ces recherches[1] ne donnent d'elles-mêmes aucun syllogisme. Mais si B et Z sont contraires, il y a nécessairement identité entre B et quelque Θ, et le syllogisme procède de ces derniers termes. A vouloir donc chercher des termes de cette façon[2], on n'aboutit qu'à diriger son attention sur une autre voie que celle qui s'impose, et cela parce qu'on oublie l'identité des B et des Θ.

20

29

<La recherche du moyen terme dans les syllogismes
se prouvant par l'absurde, dans les syllogismes
hypothétiques et dans les syllogismes modaux>

Les syllogismes qui aboutissent à l'impossible obéissent aux mêmes règles que les syllogismes à démonstration directe, car ils sont constitués, eux aussi, par les conséquents et les antécédents de chacun des deux termes[3]. Et la recherche à faire[4] est la même dans l'un et l'autre cas. En effet, ce qui est démontré par voie directe peut aussi être l'objet d'un syllogisme par l'absurde, au moyen des mêmes termes, et <réciproquement> ce qui est démontré par l'absurde peut l'être aussi

25

---

1. Qui prennent des termes différents ou contraires.

2. A prendre des termes différents et contraires. – Pour tout le texte de ce dernier paragraphe, nous acceptons les corrections de Waitz, I, 453-454. L. 18, notamment, nous lisons ἀνάγκη δ'εἰ, et non ἐὰν δέ.

3. C'est-à-dire le majeur et le mineur, figurant dans la conclusion. Les antécédents, les conséquents et, doit-on ajouter, les qualités contraires à la nature du terme, sont les mêmes dans les deux espèces de syllogismes.

4. La recherche du moyen terme.

directement[1] : par exemple, que A n'appartient à nul E.
Posons, en effet, que A appartient à quelque E[2]. Puis donc
30 que B appartient à tout A, et A à quelque E, B appartiendra
à quelque E; mais nous avons supposé qu'il n'appartenait à
aucun E. – Nous pouvons prouver encore que A appartient
à quelque E[3]. Si A, en effet, n'appartient à aucun E, et que E

1. Aristote ne veut pas dire que tous les syllogismes à réduction par
l'absurde peuvent se démontrer δεικτικῶς car nous savons que *Baroco* et
Bocardo ne peuvent être prouvés que par l'absurde. Il s'agit ici, non pas des
modes du syllogisme, mais seulement de la recherche du moyen terme. *Quare
jam non id agit Aristoteles, ut probet recta via demonstrari quaecumque per
deductionem ad absurdum demonstrentur et vice versa, sed ei propositum est,
ut doceat iisdem terminis nobis opus esse, sive recta demonstrare aliquid
velimus sive deductione facta ad absurdum*, voir 36 *sq.* (Waitz, I, 454).

2. Contradictoire de la conclusion contestée, qui servira de mineure au
syllogisme suivant en *Darii* :

> *Tout A est B* (car nous savons que B désigne le conséquent de A :
> *cf.* 28, 44a12-14);
> *Quelque E est A*;
> *Quelque E est B.*

Or, pour démontrer que A n'est affirmé de nul E, nous avons dit (28,
44a25) que B = Θ; or Θ désigne l'attribut incompatible avec E. Donc B ne peut
sans absurdité être affirmé de E. Par suite, une des prémisses doit être fausse, et
ce ne peut être que la mineure : la contradictoire de *quelque E est A*, savoir *nul E
n'est A*, est donc vraie.

3. Même démonstration. La contradictoire de la conclusion en jeu sera la
majeure d'un syllogisme en *Celarent* :

> *Nul E n'est A*;
> *Tout H est E* (car nous savons que H désigne l'antécédent de E : 28,
> 44a12-14);
> *Nul H n'est A.*

Or, pour prouver que A est affirmé de quelque E, nous avons admis (28,
44a20) l'identité de Γ et de H, et tout Γ est A. La conclusion *nul H n'est A* est
donc fausse; par suite l'une des prémisses est fausse : ce ne peut être que la
majeure, et sa contradictoire est vraie.

appartienne à tout H, A n'appartiendra à aucun H; mais on a supposé que A appartenait à tout H. – Il en est de même pour tous les autres problèmes[1], car toujours et dans tous les cas la preuve par l'absurde se fera à partir des conséquents et des antécédents de chacun des termes. Et, en quelque problème que ce soit, la recherche est la même, aussi bien pour le syllogisme à démonstration directe que pour la réduction à l'absurde, puisque c'est à partir des mêmes termes que procèdent les deux démonstrations[2]. Par exemple, s'il a été prouvé que A n'appartient à nul E parce qu'il en résulterait que B appartient à quelque E, ce qui est impossible; et si on pose que B n'appartient à nul E

35

40

---

1. C'est-à-dire pour toutes les conclusions à prouver.

2. Aristote va démontrer que la même conclusion est prouvée tant par l'absurde que par la voie directe, au moyen des mêmes termes (conséquents, antécédents, qualités contraires). Pour cela,

a) Il ramène le syllogisme à preuve par l'absurde à un syllogisme à preuve directe (l. 38b1), dont les termes sont les mêmes :

Soit la conclusion *nul E n'est A*. Sa contradictoire *quelque E est A* entre comme mineure dans un syllogisme en *Darii* :

> *Tout A est B*;
>
> *Quelque E est A*;
>
> *Quelque E est B*, conclusion impossible, car B = Θ (*cf.* 28, 44a25) qui suppose la fausseté de la mineure. La conclusion *nul E n'est A* est donc prouvée *per absurdum*.

Si nous opérons maintenant δεικτικῶς, nous avons un syllogisme en *Camestres* :

> *Tout A est B*;
>
> *Nul E n'est B*;
>
> *Nul E n'est A*.

Les termes sont évidemment les mêmes.

b) Inversement, le même syllogisme à démonstration directe en *Camestres* est ramené à un syllogisme à preuve par l'absurde (l. b1-3).

Cette double réduction portant sur les mêmes propositions et sur les mêmes termes montre l'identité foncière des deux espèces de syllogismes.

45b mais qu'il appartient à tout A, il est clair que A n'appartiendra à
nul E. Si inversement il a été prouvé par démonstration directe
que A n'appartient à nul E; en supposant que A appartient à
quelque E, on prouvera par l'absurde qu'il n'appartient à nul E.
Et de même pour le reste. Dans tous les cas, en effet, il est indis-
5 pensable de prendre un terme commun, autre que les sujets
de la recherche[1], et auquel puisse se rapporter le syllogisme
à conclusion fausse, de telle sorte que si cette prémisse est
convertie et que l'autre reste la même, le syllogisme sera
démonstratif par le moyen des mêmes termes. La différence,
en effet, entre le syllogisme démonstratif et la réduction à
l'impossible, c'est que, dans le syllogisme démonstratif,
10 les prémisses sont posées l'une et l'autre conformément à la
vérité, tandis que, dans la réduction à l'impossible, l'une est
posée comme fausse[2].

Ces remarques s'éclairciront dans la suite[3], quand nous
traiterons de l'impossible. Pour le moment qu'il nous suffise
de voir que nous devons considérer les mêmes termes[4], aussi
bien quand nous voulons procéder par démonstration directe
15 que dans le cas de la réduction à l'absurde.

1. Les « sujets de la recherche » sont les termes proposés dans le *problema*,
autrement dit le majeur et le mineur de la conclusion. Pacius, I, 247, explique
très exactement : *ab eo quod quaeritur et ab eo de quo quaeritur*. Dans notre
exemple, le terme commun sera B, que la fausse conclusion affirme de quelque
E. Cette conclusion, convertie en *nul E n'est B* et traitée comme prémisse (c'est
pourquoi elle est appelée ainsi, l. 7), et l'autre proposition *tout A est B* demeu-
rant la même, on obtient un syllogisme à démonstration directe, dont les termes
sont les mêmes.

2. Pour qu'une conclusion soit fausse, il faut qu'une des prémisses soit
fausse : c'est la mineure *quelque E est A*.

3. II, 14.

4. Les conséquents, les antécédents et les qualités inconciliables.

Dans les autres syllogismes hypothétiques[1], c'est-à-dire dans ceux qui procèdent par substitution ou encore selon la qualité, la recherche se fera dans les sujets, qui seront non pas ceux qu'on a posés au début mais ceux qui ont été substitués, et la méthode de recherche sera la même. Mais nous devons considérer et déterminer de combien de façons les syllogismes hypothétiques sont possibles.

20

La démonstration de tous les problèmes se fera donc comme nous l'avons indiqué. Mais il existe encore une autre façon de prouver par syllogisme certains d'entre eux : on peut prouver, par exemple, les problèmes universels en recherchant une conclusion particulière, avec l'adjonction d'une hypo-

---

1. Aristote passe à l'examen des syllogismes hypothétiques autres que les syllogismes à réduction par l'absurde, qui en sont une espèce (23, 41a25). Pour ces syllogismes, la recherche du moyen terme se fait comme dans les syllogismes catégoriques, avec cette différence qu'il faut considérer les termes substitués et non les termes originaires. Aristote distingue, dans ce passage, deux espèces de syllogismes hypothétiques : ceux qui procèdent κατὰ μετάληψιν, et qui ont été étudiés *supra*, 23, 41a39, et les syllogismes κατὰ ποιότητα. – La nature de ces derniers est controversée. Alexandre, 324, 19 *sq*., et Philopon, 301, 8 *sq*., entendent par là des syllogismes qui démontrent par le plus, le moins, ou le semblable, et qui procèdent *a fortiori*, ou par analogie. *Cf*. Alexandre, *loc. cit.* : κατὰ ποιότητα δὲ λέγονται οἱ ἀπὸ τοῦ μᾶλλον καὶ ἧττον καὶ ὁμοίου δεικνύντες ἐπειδὴ ταῦτα, τὸ ὅμοιον καὶ τὸ μᾶλλον καὶ τὸ ἧττον, τῷ ποιῷ παρακολουθεῖ. Exemple de *plus* : si la santé est meilleure que la richesse, mais qu'elle ne soit pas absolument bonne, la richesse ne le sera pas non plus (Philopon, 301, 14-15); exemple de *moins* : si la santé, tout en paraissant moins bonne que la vertu, est bonne cependant, la vertu aussi sera bonne (15-17); etc. ... Au reste, comme le montre bien le *desideratum*, non réalisé, de la fin du paragraphe (l. 20), la théorie du syllogisme hypothétique n'est qu'insuffisamment élaborée par Aristote. Ce sont les Stoïciens qui en donneront, les premiers, la théorie complète.

thèse[1]. Si, en effet, les Γ et les H étaient identiques, mais qu'on
25 prît E comme appartenant aux seuls H, A appartiendrait alors à
tout E; et si, à leur tour, les Δ et les H étaient identiques mais
que E fût affirmé des seuls H, il en résulterait que A n'appartiendra à nul E. On voit donc qu'il faut considérer les choses de
cette façon aussi[2]. – La même méthode s'applique également
au nécessaire et au contingent. La recherche sera la même, en
30 effet, et c'est par les mêmes termes, disposés dans le même
ordre, que procède le syllogisme à conclusion soit contingente,
soit assertorique. Et dans le cas des relations portant sur le
contingent, il convient de prendre aussi les termes qui, tout en
n'appartenant pas au sujet, peuvent lui appartenir, car nous
avons prouvé que c'est de ces termes que procède le syllo-
35 gisme portant sur le contingent. Il en sera d'ailleurs de même
pour tous les autres modes d'attribution[3].

Il apparaît donc de ce que nous venons de dire que non
seulement tous les syllogismes peuvent être constitués par
cette voie[4], mais encore qu'ils ne peuvent l'être par une autre.

---

1. Autre façon d'obtenir une conclusion universelle dans la troisième
figure, par l'adjonction d'une condition. L'identité Γ=H a servi à prouver, par
Darapti (28, 44a19-21) que quelque E est A. Supposons que le moyen terme H
se réciproque avec le mineur E, autrement dit que tout H soit E. Grâce à cette
supposition, nous pouvons conclure que tout E est A. De même, l'identité Δ=H,
qui a servi à prouver par *Felapton* (28, 44a28-30) que quelque E n'est pas A,
prouvera, si nous supposons que seul H est E, qu'aucun E n'est A. L. 23, ἐξ
ὑποθέσεως, c'est-à-dire explique Philopon, 303, 10, οὐχ ὅτι ὑποθετικῶς, ἀλλ'
ὅτι καθ' ὑπόθεσιν λαμβανόντων ἡμῶν τι.

2. *Has conjugationes ex hypothesi utiles non aspernandas* (Pacius, I, 179).

3. La non-nécessité, l'impossibilité, etc. ... (cf. *de Inter.*, 12, 22a12).

4. La recherche du moyen terme.

En effet[1], nous avons prouvé que tout syllogisme est formé par l'une des figures dont nous avons parlé, et que celles-ci ne peuvent pas être constituées par d'autres éléments que par les conséquents et les antécédents de chaque terme : car c'est de ces termes que proviennent les prémisses et le moyen terme. Par conséquent, un syllogisme ne peut être formé par d'autres termes.

40

46a

30

<La recherche du moyen terme en philosophie et dans les autres sciences ou arts>

La méthode est la même dans tous les cas, en philosophie, aussi bien qu'en n'importe quel art ou en n'importe quelle discipline[2]. Il faut, en effet, envisager les attributs et les sujets de chacun des deux termes[3], en faire la plus ample provision possible, et les considérer par le moyen des trois termes, tantôt

5

---

1. Il s'agit de démontrer que tous les syllogismes peuvent être constitués par la méthode de recherche du moyen terme. Le raisonnement d'Aristote est le suivant. Dans les trois figures, le syllogisme est formé par les conséquents, les antécédents (ajoutons et les qualités inconciliables) du majeur et du mineur, puisque les prémisses qui engendrent le syllogisme sont elles-mêmes constituées à partir de ces termes et que le moyen terme en est tiré. Or tous les syllogismes rentrent dans l'une des trois figures (cf. *supra*, chap. 23). Donc tous les syllogismes proviennent des antécédents et conséquents de chacun des termes.

2. La τέχνη est la science poétique, qui tend à la réalisation d'une ποίησις, œuvre extérieure à l'agent (Bonitz, *Ind. arist.*, 759a26). Le mot μάθημα a le sens général de *discipline*; au pluriel, μαθήματα désigne les *mathématiques* (*ibid.*, 441a28 *sq.*). *Cf.* aussi Philopon, 305, 18.

3. Autrement dit, il faut prendre les conséquents, les antécédents et les qualités contraires du majeur et du mineur dans tout problème, posé sous forme de conclusion à établir. – L. 5, nous lisons, avec Waitz, I, 457, ἑκάτερον.

d'une façon et tantôt d'une autre suivant qu'il s'agit de réfuter ou de prouver[1]; et, quand le raisonnement a pour objet la vérité, partir de prémisses où les termes sont disposés de manière à former une attribution conforme à la vérité[2], tandis que, dans les syllogismes dialectiques, c'est de prémisses conformes à l'opinion qu'on doit partir.

10 Nous avons exposé les principes du syllogisme en général[3], de quelle façon ils se comportent, et de quelle façon il faut les pourchasser, pour éviter ainsi que notre attention ne se porte sur la totalité de ce qui est dit des termes du problème[4], ou sur les mêmes termes (sans distinguer entre l'affirmation et la négation, ou encore entre l'affirmation universelle et l'affirmation particulière et entre la négation universelle et la néga-
15 tion particulière); mais ce qu'il faut, c'est considérer un plus petit nombre de termes, bien déterminés. Nous avons encore

---

1. Des couples ΓΖ, ΓΗ, ΔΖ, ΒΘ, ΔΗ et ΒΗ, les uns s'appliquent à la conclusion affirmative, les autres, à la conclusion négative (cf. chap. 28).

2. L. 8, ἐκ τῶν κατ' ... h.e. ἐκ τῶν διαγεγραμμένων ὥστε κατ' ἀλήθειαν ὑπάρχειν, *ex iis quae ita descripta (disposita) sunt, ut veritati conveniant ... Verbum* διαγράφειν *a mathematicis petitum est* (Waitz, I, 457).

3. Les *principes* sont les conséquents et les antécédents qui forment les prémisses d'où est tirée la conclusion. – Sur le sens du terme ἀρχή, *cf.* Waitz, I, 457-459.

4. Aristote *concludit satis esse explicata principia syllogismorum, et satis traditam methodum ad illa invenienda, ne semper vagemur per omnia, sed nos restringamus ad aliqua pauca determinata, per quae possit ostendi conclusio proposita* (Sylv. Maurus, *in Aristoteles Opera*, I, 196). Les principes (conséquents, antécédents) varient, en effet, suivant que le syllogisme est universel affirmatif (ΓΖ), ou universel négatif (ΔΖ, ΒΘ), ou particulier affirmatif (ΓΗ), ou particulier négatif (ΔΗ). – Nous avons mis une parenthèse pour faciliter la lecture.

établi comment il faut opérer un choix [1] pour tout sujet donné, par exemple le bien ou la science [2]. – Mais dans chaque science les principes propres [3] sont les plus nombreux. Par suite, il appartient à l'expérience de fournir les principes afférents à chaque sujet. Je veux dire que, par exemple, c'est l'expérience astronomique qui fournit les principes de la science astronomique, car ce n'est qu'une fois les phénomènes célestes convenablement appréhendés, que les démonstrations de l'astronomie ont été découvertes [4]. Il en est de même pour n'importe quel autre art ou science. Par suite, les attributs de la chose appréhendés, il nous appartient dès lors de dégager promptement les démonstrations. Si, en effet, aucun des véritables attributs appartenant aux choses n'a été omis dans notre étude [5], nous serons capable, en tout ce qui admet une preuve, de découvrir cette preuve et de démontrer, et, pour tout ce qui n'admet pas naturellement de preuve, de le rendre clair.

Nous avons donc suffisamment indiqué, d'une façon générale, de quelle manière doit se faire le choix des prémisses ; mais nous avons sur tout cela donné des explications détaillées dans notre ouvrage sur la dialectique [6].

1. Un choix parmi les conséquents, les antécédents et les qualités inconciliables avec le terme.

2. Le bien étant E, et la science A.

3. Les principes sont, là encore, les conséquents et les antécédents. – L. 17, nous lisons, avec Waitz, I, 459, ἴδιαι.

4. Cf. *Meta.*, A, 1. Tout art et toute science commencent par l'expérience.

5. ἱστορία a le sens d'*étude*, de *recherche*. *Historia proprie est*, dit Pacius, I, 250. *cognitio quae habetur sine probatione. Cf.* Trendelenburg, *de Anima*, p. 157 (éd. de 1877), et Rodier, *Traité de l'Âme*, II, p. 3, sur Aristote, *de Anima*, I, 1, 402a4 ; *cf.* aussi Bonitz, *Ind. arist.*, 348b4-28.

6. Cf. *Top.*, notamment I, 14. – La dialectique et l'analytique ont donc d'étroits rapports.

31
<La division[1]>

Que la division par les genres[2] soit une faible partie de la
méthode que nous avons exposée, il est facile de le voir. La
division est, en effet, comme un syllogisme impuissant[3] :
d'une part, ce qu'elle doit démontrer, elle demande qu'on le lui

---

1. Tout ce chapitre (*cf.* aussi *An. post.*, II, 5, du début à 91b27) est une
critique de la διαίρεσις platonicienne, procédé caractéristique de la dialectique
descendante, telle qu'elle est définie et pratiquée dans les derniers dialogues, et
qui, selon Aristote (*Meta.*, A, 6, 987b31), est à la base de la théorie des Idées. La
division par dichotomie consiste, pour Platon, à diviser les genres en espèces
par leurs différences opposées, de façon à expliquer les relations entre les Idées
et légitimer ainsi la prédication. On partira d'une Idée envisagée comme composée, et, par une division méthodique et exhaustive, on reconstruira rationnel-
lement le réel. Cette marche synthétique s'opèrera à l'aide de dichotomies
successives, et, par éliminations renouvelées, aboutira à une définition ou, plus
exactement, à une classification. Le *Sophiste*, par exemple, définit, par cette
méthode, la pêche à l'hameçon et le sophiste ; il définit ensuite les catégories de
l'Être (*cf.* Hamelin, *Le système*, p. 174 ; Chevalier, *La Notion du Nécessaire*,
p. 106 ; Robin, *La Pensée grecque*, p. 257-259, et Diès, Notices du *Théétète*,
du *Sophiste* et du *Politique* ; voir notamment la notice de ce dernier dialogue,
p. XV-XXX). D'une façon générale, Aristote reproche à cette méthode de ne pas
établir une liaison analytique entre les notions, et de ne pas s'attacher à la décou-
verte du moyen terme, si bien que la conclusion ne présente aucun caractère de
nécessité.

2. *Cf.* Bonitz, *Ind. arist.*, voir διαιρεῖν, 180a42 : *distinguere generis
species*. – La division dichotomique est une partie de la méthode générale
exposée dans les chapitres précédents, et qui consiste, pour tout syllogisme,
à dégager le moyen terme des conséquents, des antécédents et des qualités
incompatibles du majeur et du mineur. Or, comme nous le verrons, la division
ne peut aboutir à aucune conclusion négative et ne s'applique pas non plus à
toutes les conclusions affirmatives.

3. La division n'est pas un syllogisme, même impuissant ; elle est οἶον,
l. 33, car elle ne revêt pas la forme syllogistique.

accorde[1], et, d'autre part, elle conclut toujours quelque prédicat supérieur à ce qu'on attend[2]. – D'abord, le point lui-même[3] 35
a échappé a tous ceux qui se sont servis de la division, et ils ont
tenté de nous convaincre qu'il est possible d'obtenir une
démonstration de la substance et de l'essence[4]. Il en résulte
qu'ils ne savaient, en divisant, ni ce qu'il est possible de
conclure, ni qu'il était possible de prouver par syllogisme de la
façon que nous avons exposée[5]. – Dans les démonstrations,
quand il s'agit de prouver par syllogisme une attribution affirmative, il faut que le moyen terme, par lequel le syllogisme est 40
engendré, soit toujours plus petit que le grand extrême, et non **46b**
pas plus général[6]. Or la division vise à un résultat contraire, car

1. Elle est une pétition de principe : il faut connaître d'abord la nature de la
chose à définir pour choisir les différences.

2. Autre critique. La conclusion ne conclut pas ce qu'elle veut prouver,
mais quelque notion universelle, en laquelle est contenu ce qui doit être prouvé.
Par exemple au lieu de prouver *homme* (ou *animal raisonnable*) on prouve une
notion plus générale, savoir *animal raisonnable ou irraisonnable*.

3. L. 34, αὐτὸ τοῦτο, c'est le point même qui a échappé aux Platoniciens,
savoir qu'il est impossible d'obtenir une démonstration des définitions et des
genres (Philopon, 308, 19). *Cf.* aussi Alexandre, 335, 3-5 : ces philosophes
pensaient qu'il y avait une démonstration de la substance et de la définition, et
c'est pour cela qu'ils ont tenté de démontrer et de conclure la définition de
chaque chose en utilisant la méthode de division.

4. Cf. *An. post.*, II.

5. Nous suivons la leçon de Bekker, et lisons, l. 37, ὅ τι et, l. 38, διαιρού-
μενοι. Waitz, I, 460, qui rejette d'ailleurs ce texte, traduit fort exactement *et
quod colligere licet, quod non, ignorabant, quum dividebant (nam e divisio-
nibus quid sit res ipsa evincere sibi videbantur). – L. 38, οὕτως … ὥσπερ
εἰρήκαμεν* ne signifie pas, croyons-nous avec Jenkinson, *per syllogismum
quemdam imbecillum et per petitionem quaesiti* (Waitz, I, 460) : c'est une référence générale aux trente chapitres qui précèdent et à la théorie du syllogisme.

6. Le moyen est subordonné au majeur dans la majeure. Dans la division,
au contraire, le moyen est un genre, un universel, plus général que le majeur, et

elle prend l'universel pour moyen terme. Admettons, en effet,
qu'*animal* soit signifié par A, *mortel* par B, *immortel* par Γ, et
5 *homme*, dont on doit donner la définition[1], par Δ. On pose alors
que tout animal est ou mortel ou immortel, c'est-à-dire que tout
ce qui est A est ou B ou Γ. Poursuivant toujours la division, on
pose qu'à son tour l'homme est animal; on pose ainsi l'attribu-
10 tion de A à Δ. Le syllogisme conclut donc que tout Δ sera ou B
ou Γ. Il en résulte que l'homme est nécessairement ou mortel
ou immortel; mais qu'il soit animal mortel n'en résulte pas
nécessairement, alors que c'est la question posée et que c'est
cela qu'il fallait prouver par syllogisme[2]. En posant à son tour[3]
A comme *animal mortel*, B comme *pourvu de pieds*, Γ *sans
pieds*, et Δ comme étant l'*homme*, on prend de la même façon A
15 comme inclus ou bien dans B ou bien dans Γ (car tout animal
mortel est ou pourvu de pieds ou sans pieds), et on affirme A de
Δ (car nous avons posé que l'homme était un animal mortel).
Par suite, il est nécessaire que l'homme soit ou un animal
pourvu de pieds ou un animal sans pieds; mais qu'il soit muni
de pieds n'est pas nécessaire mais seulement posé, alors que
c'est là précisément ce que nous avions à démontrer à son
20 tour[4]. Ainsi donc, la division se poursuivant toujours de cette
façon, ces auteurs sont conduits à prendre comme moyen

la conclusion donne un prédicat plus général que celui qu'on cherche : elle est
arbitraire et posée d'avance.

1. Savoir *l'homme est un animal mortel, pourvu de pieds et bipède*. La
marche de la division sera progressive, allant du genre aux espèces comprises
dans le genre jusqu'aux dernières différences.

2. Et si on conclut que l'homme est un animal mortel, la conclusion est
arbitraire et prouve ce qui était précisément en question.

3. Autre phase de la marche vers la définition de l'homme.

4. Comme dans la première phase du raisonnement, la conclusion est
arbitraire et constitue une pétition de principe.

terme l'universel, et comme extrêmes le sujet de la preuve
à faire et les différences[1]. En fin de compte, qu'il s'agisse
d'établir que telle chose est homme ou n'importe quel autre
sujet de recherche, ils n'apportent aucune clarté susceptible
d'en assurer la nécessité, car ils parcourent tout le chemin qui   25
leur reste à faire sans même soupçonner les riches possibilités
qui s'offrent à eux[2]. Il est clair qu'il n'est pas possible de
réfuter par cette méthode[3], pas plus que de tirer une conclusion
au sujet d'un accident, ou d'une propriété, ou d'un genre ; elle
n'est pas non plus applicable aux cas où l'on ignore si la chose
se comporte de telle ou telle façon[4], si, par exemple la diagonale est incommensurable ou commensurable[5]. Si on pose, en
effet, que toute longueur est ou commensurable ou incommensurable, et que la diagonale est une longueur, on en tire cette   30
conclusion que la diagonale est ou incommensurable ou
commensurable. Et si on la prend comme incommensurable,

---

1. On continue la division dichotomique jusqu'à ce qu'on arrive à des
notions irréductibles. Dans toutes ces divisions et subdivisions, on est fatale-
ment conduit à prendre pour moyen terme ce qui est le plus universel, le mineur
étant le sujet de la définition, et le majeur les diverses différences du genre.

2. Les Platoniciens vont jusqu'au bout du chemin qui leur reste à faire, sans
soupçonner qu'ils pourraient employer la méthode syllogistique (*cf.* Philopon,
312, 8 : τὴν ἄλλην ὁδόν, τουτέστι τὴν λοιπήν, λέγω δὴ τὴν μέχρι τῶν ἀτόμων
διαίρεσιν). Par exemple, ils divisent l'animal en raisonnable et irraisonnable,
le raisonnable en mortel et immortel, le mortel en pourvu de pieds et non-
pourvu de pieds, le pouvu de pieds en bipède et multipède, jusqu'à ce qu'ils
atteignent l'indivisible. Tout ce chemin est parcouru bien inutilement.

3. On ne peut pas obtenir une conclusion négative, puisque les deux propositions posées comme prémisses sont forcément affirmatives : la différence est
affirmée du genre, et le genre de l'espèce.

4. La pétition de principe devient ainsi une nécessité, et aucune preuve
n'est jamais apportée.

5. Avec le côté du carré.

on prendra ce qu'il fallait conclure. On ne peut donc pas le
prouver, car c'est là une méthode par laquelle la preuve n'est pas
possible[1]. Admettons que *ou incommensurable ou commen-*
35 *surable* soit désigné par A, *longueur* par B, et *diagonale* par
Γ. – Il est clair alors que cette méthode d'investigation ne
s'adapte pas à toute recherche, et qu'elle n'est même pas
utilisable dans les cas où elle semble le mieux convenir.

On voit donc par ce que nous venons de dire, quels sont les
éléments et le mode de formation des démonstrations, et ce
qu'il faut considérer dans chaque problème.

32
<Règles pour le choix des prémisses, des termes,
du moyen terme et de la figure>

40   Quant à la façon dont nous devons réduire les syllogismes
47a aux figures que nous avons indiquées plus haut, c'est ce que
nous avons ensuite à dire, car il nous reste encore à examiner ce
point. Si, en effet, nous considérions la production des syllogismes[2] et possédions le pouvoir de les découvrir[3], et si en
outre nous étions à même de les réduire, une fois formés, aux
5 figures précédemment décrites, l'objet que nous nous sommes
proposé en commençant serait mené à bonne fin. Il arrivera en
même temps que l'exactitude de nos précédentes indications
sera confirmée et éclaircie par les remarques que nous allons

---

1. *Cf.* Philopon, 313, 33 à 314, 2 : Ἡ μέθοδος ... ἡ διαιρετικὴ αὕτη ἐστί,
τὸ λαμβάνειν τὸ προκείμενον ἢ τόδε εἶναι ἢ τόδε. διὰ ταύτης δὲ τῆς ὁδοῦ
ἀδύνατον δεῖξα ὅτι τόδε τί ἐστιν.
2. Objet des chap. 1-26.
3. Objet des chap. 27-31.

faire maintenant : car tout ce qui est vrai doit être, d'une façon complète, en accord avec soi-même.

Il faut donc d'abord s'attacher à dégager les deux prémisses 10 du syllogisme (car il est plus facile de diviser en grandes parties qu'en petites[1], et les composés sont plus grands que leurs éléments) ; ensuite, rechercher quelle prémisse est universelle, et quelle prémisse particulière ; et, si les deux prémisses n'ont pas été posées, nous devons rétablir nous-même celle qui manque. Parfois, en effet, en avançant l'universelle, on néglige 15 de prendre la prémisse contenue en elle[2], aussi bien quand on écrit que quand on interroge ; ou encore, on avance ces prémisses, mais on passe sous silence celles dont celles-ci sont la conclusion[3], et on demande que d'autres soient concédées sans nécessité[4]. Nous devons donc nous demander si nous avons pris quelque chose d'inutile ou laissé de côté quelque chose de nécessaire, et poser l'un et rejeter l'autre, jusqu'à ce que nous soyons parvenus aux deux prémisses ; car sans ces conditions[5], 20

---

1. Les propositions sont des parties du discours plus grandes que les termes qu'elles contiennent à titre d'éléments.

2. Savoir, la particulière. Si on dit, par exemple, *tout homme est animal, donc tout homme est corporel*, on sous-entend *tout animal est corporel*. C'est l'*enthymème* des logiciens modernes, et c'est là une pratique habituelle des γράφοντες et des προσδιαλεγόμενοι (Philopon, 315, 17).

3. Les prosyllogismes.

4. Cf. *Top.*, VIII, 1. Les raisonnements dialectiques utilisent souvent des propositions qui ne sont pas indispensables à la validité du raisonnement, soit à titre d'arguments cachés (156a7-157a5), ou de simples fioritures (157a6-13), ou enfin par clarté (157a14-17).

5. *Cf.* Alexandre, 343, 32 : ἄνευ γὰρ τοῦ ταύτας (*id.* τὰς προτάσεις) μὲν λαβεῖν ἀποκοῖναι δὲ καὶ χωρίσαι τὰς περιττὰς οὐκ ἔστιν ἀναγαγεῖν ... – L. 21, il faut lire ἀναγαγεῖν, avec Waitz.

il n'est pas possible de réduire[1] les arguments présentés de la
façon que nous avons indiquée. – Pour certains arguments, il
est facile de voir ce qui fait défaut, mais d'autres échappent à
cet égard à notre attention et semblent conclure en forme de
syllogisme parce qu'une nécessité découle des propositions
posées. Par exemple, si on pose, d'une part, que la destruction d'une non-substance n'entraîne pas la destruction de la
25 substance, et, d'autre part, que la destruction des éléments
entraîne la destruction de la chose qui en est composée ; de ces
propositions posées il découle nécessairement que la partie de
la substance est elle-même une substance[2], mais c'est là une
conclusion qui ne suit pas syllogistiquement des propositions
posées, et en réalité les prémisses font défaut[3]. Autre exemple :
si, l'homme existant, il est nécessaire que l'animal existe, et,
l'animal existant, que la substance existe, il est nécessaire que,
30 quand l'homme existe, la substance existe. Mais cette conclusion n'est pas encore une conclusion syllogistique, car les
prémisses ne se présentent pas de la façon que nous avons
indiquée[4]. Nous sommes victimes d'une illusion dans des cas

1. Réduire *ad figuram et modum*. – L. 21, τοὺς οὕτως ἠρωτημένους
λόγους c'est-à-dire *argumentationes ab eo qui contra thesin opponit propo-
sitas nempe in quibus necessaria desiderantur et superflua adjunguntur*
(Pacius, II, 185).

2. Puisque la destruction de la partie entraîne celle du tout.

3. La conclusion n'est pas celle d'un véritable syllogisme, puisqu'il n'y a
pas de moyen terme et que les prémisses véritables ne sont pas exprimées, mais
remplacées par des propositions équivalentes *ratione materiae*. C'est ainsi que
la proposition qui joue le rôle de mineure (*la destruction des éléments*, etc. …)
est trop générale. Dans des cas de ce genre, le syllogisme est seulement en
puissance, et il faut dégager les véritables prémisses.

4. C'est seulement un syllogisme hypothétique, qui, pour devenir catégorique, doit subir une transformation dans ses prémisses. On devra dire *tout
animal est substance, tout homme est animal, donc …*

de ce genre, du fait que quelque chose de nécessaire résulte des propositions posées, et parce que le syllogisme est aussi quelque chose de nécessaire. Mais le nécessaire a une extension plus large que le syllogisme : tout syllogisme est nécessaire, mais tout ce qui est nécessaire n'est pas un syllogisme. 35 En conséquence, bien que quelque chose résulte des propositions posées, il ne faut pas essayer de les réduire[1] immédiatement, mais il faut d'abord poser les deux prémisses[2], et ensuite les diviser en termes. Et nous devons prendre comme moyen le terme qui est posé dans les deux prémisses : car il est nécessaire, dans toutes les figures, que le moyen soit présent 40 dans les deux prémisses[3].

Si donc le moyen[4] est affirmé d'un sujet et si on affirme 47b quelque autre chose de lui, ou s'il est lui-même affirmé et qu'un autre terme soit nié de lui, on aura la première figure ; s'il est à la fois affirmé et nié de quelque chose, on aura la seconde figure ; si, enfin, d'autres choses sont affirmées de lui, ou si l'une est niée et l'autre affirmée, on aura la dernière figure. 5 Telle est la position du moyen dans chaque figure. Sa position est encore la même si les prémisses ne sont pas universelles, car la détermination du moyen est la même[5]. On voit donc que

1. Aux figures et aux modes du syllogisme.

2. Latentes dans ces propositions extrasyllogistiques.

3. On peut ajouter que le moyen ne doit pas se trouver dans la conclusion.

4. Aristote va montrer que la position du moyen dans les prémisses sert à reconnaître les figures du syllogisme. – Si, avec les logiciens, on désigne le sujet par *sub*, et le prédicat par *prae*, la position du moyen dans les trois figures sera résumée dans le vers traditionnel, attribué à W. Shyreswood : *Sub prae prima, bis prae secunda, tertia bis sub.*

5. Les propositions universelles ne diffèrent des propositions particulières que par la *note* qui marque l'universalité ou la particularité du sujet, et non par la position du moyen terme.

si, dans un argument, le même terme n'est pas employé plus
d'une fois, on n'obtient pas de syllogisme puisqu'on n'a pas
pris de moyen. Et comme nous connaissons quelle sorte de
10 problème est conclue dans chaque figure[1], et dans quelle
figure est conclu l'universel et dans quelle figure le particulier,
il est clair que nous ne devons pas considérer toutes les figures,
mais seulement celle qui est appropriée à chaque problème.
Mais si la conclusion est obtenue en plusieurs figures, c'est par
la position du moyen terme que nous reconnaîtrons la figure.

33
<La quantité des prémisses>

15   Il arrive donc fréquemment qu'on se trompe au sujet des
syllogismes, en raison de la nécessité de la conclusion, ainsi
que nous l'avons dit plus haut[2]. Parfois aussi, c'est à cause de
la ressemblance dans la position des termes[3], et c'est là un
point qui ne doit pas échapper à notre attention. Par exemple, si
A est dit de B, et B de Γ, il semblerait qu'avec des termes ainsi
20 en rapports, il y ait syllogisme[4] : en fait, on n'obtient aucune
nécessité, ni aucun syllogisme[5]. Admettons, en effet, que

---

1. Quand nous cherchons la figure, il faut considérer non seulement le
moyen terme, mais encore la conclusion. Si, par exemple, la conclusion est
universelle, il faut chercher un syllogisme de la première figure.

2. Ligne a31.

3. Nous avons le tort de ne pas distinguer les termes universels et les termes
indéfinis. L'exemple suivant va le montrer.

4. Concluant AΓ. En fait, il n'y a pas de syllogisme : il aurait fallu prendre
B *universaliter* pour obtenir la première figure.

5. Il n'y a aucune conclusion syllogistique, ni même, d'une façon plus
générale, aucune conclusion nécessaire.

A signifie *être toujours*, B *Aristomène intelligible*, et Γ
Aristomène[1]. Il est vrai de dire que A appartient à B, car
Aristomène intelligible est éternel. Mais B appartient aussi
à Γ, puisque Aristomène est Aristomène intelligible. Mais A 25
n'appartient pas à Γ, car Aristomène est périssable. Aucun
syllogisme, en effet[2], ne pouvait être obtenu avec des
termes en rapports de cette façon : ce qu'il fallait, c'est
prendre la prémisse AB universellement. Or c'est une erreur
de penser que tout Aristomène intelligible est éternel, puisque
Aristomène est périssable[3]. – Admettons maintenant que Γ 30
signifie *Miccalus*, B *musicien Miccalus*, et A *mourir demain*.
Il est vrai d'affirmer B de Γ, car Miccalus est le musicien
Miccalus. A peut être aussi affirmé de B, car le musicien

1. On a le syllogisme suivant :

   B est A (*Aristomène intelligible existe toujours*) ;
   Γ est B (*Aristomène est Aristomène intelligible*) ;
   Γ est A (*Aristomène existe toujours*).

   La conclusion est fausse, en dépit des deux prémisses vraies. – *Aristomenes intelligibilis sumitur ut quiddam universale, conveniens tam Aristomeni quam platonicae ideae : nam idea non dubium est quin sit intelligibilis. Sed et Aristomenem possumus intelligere : ergo etiam Aristomenes est intelligibilis. Verum idea secundum Platonem est aeterna, Aristomenes autem est mortalis ; quare major propositio est vera indefinite, non universaliter : quia vera est de Aristomene, non de idea* (Pacius, II, 187).

   2. L. 26, il faut lire οὐ γὰρ avec Waitz, I, 462, qui a repris avec raison, contre Bekker, le texte traditionnel. – Il n'y a pas de syllogisme possible, car on a affaire à des termes indéfinis ; d'autre part, on ne peut prendre AB universellement, comme l'exige la première figure, puisqu'il est faux de dire qu'Aristomène, être sensible, compris dans « tout Aristomène », est éternel (*cf.* Philopon, 325, 15 à 326, 12).

   3. *Cf.* Pacius, I, 257 : *Aristomenes intelligibilis semper est, quia Aristomenes semper intelligi potest. Non tamen omnis Aristomenes intelligibilis semper est ; alioquin hic Aristomenes semper esset.*

Miccalus pourrait cesser demain <d'être musicien>. Mais, de
toute façon, il est faux d'affirmer A de Γ[1]. Cet argument est
35 donc identique au précédent, car il n'est pas vrai universellement que le musicien Miccalus mourra demain : mais si ce
point n'est pas posé <universellement>, nous avons dit qu'il
n'y avait pas de syllogisme.

Cette erreur vient donc de notre ignorance d'une légère
distinction[2] : car nous acquiesçons à la conclusion comme s'il
n'y avait aucune différence entre *ceci appartient à cela* et *ceci
appartient à cela pris universellement*.

34
<Termes abstraits et termes concrets>

48ᵃ   Souvent aussi il arrive qu'on se trompe en n'exposant pas
comme il convient les termes de la prémisse. Admettons, par
exemple, que A signifie *santé*, B *maladie*. et Γ *homme*. Il est
vrai de dire que A ne peut appartenir à nul B (car la santé
n'appartient à aucune maladie), et qu'à son tour B appartient à
5 tout Γ (car tout homme est sujet à la maladie). On en pourrait

---

1. Le syllogisme est celui-ci :
   Le musicien Miccalus cessera d'être musicien demain;
   Miccalus est le musicien Miccalus;
   Miccalus cessera d'être demain.
   Les deux prémisses sont vraies, mais la conclusion est fausse : Miccalus ne
mourra pas demain *omnino et in universum*, mais seulement *ratione musicae*
(Pacius, II, 187). Pour que le syllogisme fût vrai, il aurait fallu prendre la
majeure universellement et dire πᾶς Μίκκαλος μουσικός, mais alors elle
serait fausse. (*Cf.* Philopon, 326, 15-30; I. 26, il explique que πᾶς Μίκκαλος
μουσικός signifie πάντα … τὸν καθ᾽ἕκαστα ᾧ συμβέβηκε μουσικῷ εἶναι).
   2. Distinction de l'universel et de l'indéfini.

conclure, semble-t-il, que la santé ne peut appartenir à aucun homme[1]. La cause de cette erreur réside dans la mauvaise exposition des termes dans le discours[2], puisque, si on les remplace par les dispositions correspondant à ces états[3], il n'y aura pas de syllogisme : c'est le cas, si on remplace *santé* par *sain*, et *maladie* par *malade*. En effet, il n'est pas vrai de dire qu'il soit impossible pour le malade de se bien porter[4] Faute d'admettre cela[5], on n'obtient pas de syllogisme, ou du moins on n'obtient qu'un syllogisme portant sur le contingent[6] ; mais une telle conclusion n'est pas impossible, puisqu'il est possible que la santé n'appartienne à aucun homme. – Passons à la seconde figure : l'erreur se produira de la même façon. *Il n'est pas possible que la santé appartienne à quelque maladie, mais il est possible qu'elle appartienne à tout homme ; donc la*

---

1. Syllogisme en *Celarent*, à majeure nécessaire et à mineure assertorique :
   Il est nécessaire que la santé n'appartienne à nulle maladie ;
   La maladie appartient à tout homme ;
   Il est nécessaire que la santé n'appartienne à nul homme.
   La majeure et la mineure sont vraies, mais la conclusion fausse, car il peut se faire que tous les hommes soient sains.

2. On a eu le tort de prendre des termes *in abstracto* (*santé, maladie*) ; si on les prend *in concreto* (*sain, malade*), la majeure est manifestement fausse : il n'y a aucune nécessité que le malade ne soit pas bien portant.

3. Il faut prendre non pas les ἕξεις elles-mêmes (la santé, la maladie), mais les διαθέσεις κατὰ τὰς ἕξεις (Alexandre, 353, 22).

4. Autrement dit : il n'est pas nécessaire pour le malade d'être malade.

5. C'est-à-dire, si on n'admet pas la possibilité pour le malade d'être en bonne santé.

6. Il n'y aura pas de conclusion portant sur le nécessaire, mais seulement une conclusion contingente : il est seulement *possible* que nul homme ne soit sain.

maladie n'appartient à nul homme[1]. – Pour la troisième figure,
c'est dans la contingence de la conclusion que réside l'erreur[2].
20 Car il est possible que la santé et la maladie, la science et
l'ignorance, et, d'une façon générale, les contraires appartiennent au même sujet, mais impossible que ces termes appartiennent l'un à l'autre. Or cela ne s'accorde pas avec ce que nous
avons dit plus haut, car nous avons établi que, quand il est
possible à plusieurs choses d'appartenir au même sujet, elles
peuvent aussi s'appartenir mutuellement.

   Il est donc clair que, dans tous les cas, l'erreur naît de
25 l'exposition des termes, puisque, si on met à la place les dispositions répondant aux états, l'erreur disparaît. Il est, par suite,

---

1. Syllogisme en *Cesare*, à majeure nécessaire et à mineure contingente
(cf. *supra*, 19, 38a16) :

   Il est nécessaire que la santé n'appartienne à nulle maladie ;
   Il est possible que la santé appartienne à tout homme ;
   La maladie n'appartient à nul homme.

   La conclusion est fausse, bien que les prémisses soient vraies. L'erreur
vient de ce qu'on a pris des termes abstraits au lieu de termes concrets. Si,
comme dans le cas précédent, on opère une substitution de termes, on
s'apercevra tout de suite de la fausseté de la majeure.

   2. *Cf.* Alexandre, 355, 26 : ὅτι ἐνδεχομένων ἀμφοτέρων λαμβανομένων
τῶν προτάσεων οὐκ ἀκολουθεῖ τὸ συμπέρασμα. Et 356,2 ; αἱ μὲν προτάσεις
ἐνδεχόμεναι, τὸ δὲ συμπέρασμα ἀναγκαῖον. – Le syllogisme est en *Darapti*,
à deux prémisses contingentes :

   Il est possible que la santé appartienne à tout homme ;
   Il est possible que la maladie appartienne à tout homme ;
   Il est possible que la santé appartienne à quelque maladie.

   La conclusion est fausse : il est *nécessaire* que la santé n'appartienne
à aucune maladie. La raison de l'erreur est toujours la même, et en utilisant
les termes concrets correspondants, on obtient un syllogisme en *Darapti*, avec
conclusion vraie (*il est possible que quelque malade soit sain*), en accord avec
ce que nous avons dit *supra*, 20, 39a14-19 sur l'attribution des contraires.

évident que, dans les prémisses de ce genre, il faut toujours prendre et poser comme terme, au lieu de l'état, la disposition répondant à cet état.

35
<Cas des termes composés>

Il ne faut pas toujours chercher à exprimer les termes par un seul nom, car souvent nous aurons affaire à des locutions 30 composées auxquelles on n'a pas donné de nom. C'est pourquoi il est difficile de réduire les syllogismes de cette nature. Parfois aussi l'erreur, dans une recherche de ce genre[1], viendra de ce qu'on croit qu'il peut y avoir syllogisme pour des choses qui n'ont pas de moyen terme. Admettons que A signifie *deux angles droits*, B *triangle*, et Γ *triangle isocèle*. A appartient à Γ par B[2]; par contre, il n'appartient plus à B par la médiation 35 d'un autre terme : c'est, en effet, une propriété essentielle du triangle de posséder deux angles droits, de sorte qu'il n'y aura pas de moyen terme pour la proposition AB, bien qu'elle soit

---

1. Quand on voudra, dans tous les syllogismes, exprimer le moyen terme par un seul nom.

2. Syllogisme en *Barbara*, à moyen terme exprimé *uno vocabulo* :

　Tout triangle a deux droits;

　Tout triangle isocèle est triangle;

　Tout triangle isocèle a deux droits.

(Il faut comprendre évidemment la majeure et la conclusion comme s'il y avait : *la somme des angles de tout triangle* (ou *de tout triangle isocèle*) *est égale à deux angles droits.* Aristote abrège, mais il n'y a pas de doute sur sa pensée).

démontrable[1]. Car il est clair que le moyen ne doit pas toujours être pris comme une chose individuelle[2], mais quelquefois comme une locution composée, ce qui arrive précisément dans l'exemple que nous venons de citer[3].

36
<Termes au nominatif, et aux autres cas>

40   Dire que le grand terme appartient au moyen, et ce dernier au petit extrême, ne doit pas s'entendre au sens qu'ils peuvent
48b toujours s'affirmer l'un de l'autre, ou que le grand terme est affirmé du moyen de la même façon[4] que le moyen l'est du mineur (et dans le cas de prémisses négatives, il en est de même). Mais on doit penser que le verbe *appartenir* est pris en autant de sens qu'on prend le verbe *être* ou qu'il est vrai de dire d'une chose qu'elle *est*. Prenons pour exemple la proposition
5   que des contraires il y a une science une. Admettons que A signifie *il y a une science une*, et B *les choses contraires entre elles*. A appartient alors à B, non pas en ce sens que les contraires soient eux-mêmes une science une, mais parce qu'il est vrai de dire des contraires qu'il y a d'eux une science une[5].

1. Il n'y aura pas de moyen terme exprimé par un seul nom, bien que la majeure AB soit, comme toute définition, démontrable (cf. *An. post.*, I, 4, 73b38, et Waitz, I, 464). Le moyen terme sera en fait la définition τοῦ τριγώνου αἱ τρεῖς γωνίαι ταῖς ἐφεξῆς ἀλλήλαις ἴσαι (Alexandre, 358, 26).

2. Qui puisse s'exprimer *uno vocabulo*.

3. Ce qu'Aristote vient de dire du moyen terme pourrait être étendu aux extrêmes.

4. Dans le même cas grammatical.

5. *Hic una scientia attribuitur contrariis, non quod contraria dicuntur esse una scientia* (ce serait le cas si *contraires* était au nominatif), *sed contrariorum* (au génitif), *ita ut attributio fiat in patrio casu* (Pacius, II, 188).

Il arrive parfois que le grand terme est affirmé du moyen, 10
tandis que le moyen n'est pas affirmé du troisième terme[1] : par
exemple, si la sagesse est science, et si du bien il y a sagesse, on
conclut que du bien il y a science. Le bien n'est donc pas
science, bien que la sagesse soit science. – D'autres fois, le
moyen est affirmé du troisième terme, tandis que le majeur 15
n'est pas affirmé du moyen[2] : par exemple, si de tout ce qui a
qualité, ou est un contraire, il y a science, et que le bien soit à la
fois un contraire et une chose ayant qualité, on conclut que du
bien il y a science, mais le bien n'est pas science, ni la chose
ayant qualité, ni le contraire, quoique le bien soit à la fois ces 20
deux déterminations[3]. – D'autres fois encore, ni le majeur
n'est affirmé du moyen, ni ce dernier du troisième, tandis que

---

1. Syllogisme en *Barbara*. Dans la majeure, le majeur est posé au nominatif (*la sagesse, toute sagesse, est une science*); dans la mineure, le moyen est
au génitif (*du bien il y a sagesse*), ce qu'Aristote exprime en disant que *le moyen
n'est pas affirmé du mineur*, sous-entendu *in casu recto*. La conclusion est que
du bien il y a science, et non pas que *le* bien est une science. – L. 12, nous
supprimons, avec Bekker, le mot ἐπιστήμη comme inutile.

2. Syllogisme en *Barbara*. La majeure et la conclusion sont des affirmative
dont le sujet est au génitif, la mineure seule ayant son sujet au nominatif.
Aristote donne deux exemples engagés l'un dans l'autre.

Premier exemple :

    Le bien est un quale ;

    De tout quale il y a science ;

    Du bien il y a science.

Deuxième exemple :

    De tout contraire il y a science ;

    Le bien est un contraire ;

    Du bien il y a science.

3. Le bien est un *quale*, et un contraire, ainsi que l'indiquent les mineures,
mais les majeures et les conclusions ont pour sujets des génitifs (*cf.* Philopon,
337, 18).

le majeur est tantôt affirmé du troisième, tantôt non affirmé[1] :
par exemple, si de ce dont il y a science il y a genre, et si du bien
il y a science, la conclusion est que du bien il y a genre[2]. Mais
25 rien n'est affirmé de rien[3]. Et si ce dont il y a science est un
genre, et si du bien il y a science, la conclusion est que le bien
est un genre[4]. Le majeur est alors affirmé de l'extrême, bien
que <dans les prémisses> une chose ne soit pas affirmée de
l'autre[5].

Il faut procéder de la même façon pour la non-attribution[6].
Car *cela n'appartient pas à ceci* ne signifie pas toujours *ceci*
30 *n'est pas cela*, mais signifie parfois *ceci n'est pas de cela* ou
ceci n'est pas à cela : quand on dit, par exemple, *du mouvement*
il n'y a pas mouvement (ou *de la génération, génération*) ; *or*

---

1. Syllogisme en *Barbara*. La majeure et la mineure ont leurs sujets au
génitif, la conclusion est tantôt au nominatif, tantôt au génitif. Aristote donne
par suite deux exemples.

2. Premier exemple, où la conclusion a un sujet au génitif :

  De ce dont il y a science, il y a genre ;

  Du bien il y a science ;

  Du bien il y a genre.

3. Ni les prémisses, ni la conclusion ne continnent une affirmation *in casu*
recto, puisque leurs sujets sont tous au génitif.

4. Second exemple, où la conclusion a un sujet au nominatif :

  Ce dont il y a science est un genre ;

  Du bien il y a science ;

  Le bien est un genre.

On remarquera, avec Waitz, I, 466, que, dans ces deux exemples, le moyen
terme n'est pas pris au même sens dans les majeures et les mineures : c'est τὸ
ἐπιστητόν dans les majeures, et ἡ ἐπιστήμη dans les mineures. Aristote est
souvent négligent dans le choix de ses exemples.

5. Dans la conclusion, le majeur est affirmé *de recto* du mineur, tandis que
dans les prémisses l'affirmation n'a lieu que *de obliquo*.

6. Syllogismes à conclusion négative.

du plaisir il y a génération; donc le plaisir n'est pas une géné-
ration[1]. – Autre exemple : quand on dit : *du rire il y a signe ; or*
du signe il n'y a pas signe ; donc le rire n'est pas un signe. Il en
est de même encore dans les autres cas, où le problème est
réfuté[2], du fait que le genre est affirmé d'une façon particulière
dans sa relation avec les termes de ce problème. – Autre 35
exemple encore[3] : *l'occasion n'est pas le temps opportun, car*
l'occasion appartient à Dieu, tandis que le temps opportun
ne lui appartient pas, puisque rien n'est utile à Dieu. Il faut
poser comme termes *occasion, temps opportun* et *Dieu*, mais la
prémisse doit être prise selon le cas du nom. En effet, ce que
nous disons d'une façon générale et valable universellement, 40
c'est que les termes doivent toujours être posés au cas nomi-

---

1. Conclusion *de recto* avec des prémisses *de obliquo*. – Sur l'impossibilité
du mouvement de mouvement, et de la génération de génération, cf. *Phys.*, V, 2,
225b15 (*Meta.*, K, 12); sur les rapports du plaisir avec le mouvement, cf. *Éth.*
Nic., X, 4 (dans l'édition Rodier, *Éth. Nic.*, X, p. 58-59 et 86-97).

2. Autrement dit, quand la conclusion est négative. – Aristote a en vue les
syllogismes de la seconde figure dans lesquels le moyen terme n'est pas affirmé
de recto du majeur et du mineur, mais se trouve avec eux dans une relation
marquée par un cas autre que le nominatif. L. 35, πως, *aliquo modo, idest vel in*
recto casu, vel in obliquo (Pacius, I, 261); αὐτὸ tient la place de πρόβλημα qui
précède l. 34, *sed intelligendum de terminis qui conclusionem* (τὸ πρόβλημα)
constituunt (Waitz, I, 466); τὸ γένος est mis pour τὸ μέσον, car il s'agit des
syllogismes de la seconde figure, dans lesquels le moyen est affirmé des
extrêmes (Alexandre, 364, 34 ; Philopon, 342, 4).

3. Exemple emprunté à la troisième figure, mais ici c'est le datif, et non
plus le génitif, qui se trouve employé :

    À Dieu n'appartient pas le temps opportun;

    À Dieu appartient l'occasion;

    L'occasion n'est pas le temps opportun.

Pour la justification de la majeure et de la mineure, *Cf.* Philopon, 342, 9 *sq.*

natif[1] (par exemple *homme*, *bien*, *contraires*, et non *de*
49a *l'homme*, *du bien*, *des contraires*), tandis que les prémisses
doivent être prises d'après le cas de chaque nom, soit le datif
(*égal à ceci*), ou le génitif (*double de ceci*), ou l'accusatif
(*ce qui frappe* ou *voit ceci*), ou le nominatif (*l'homme est un*
5 *animal*), ou de toute autre façon que le nom tombe dans la
prémisse.

37
<Les différentes espèces d'attribution>

Les expressions *ceci appartient à cela* et *il est vrai de dire*
ceci de cela doivent être prises d'autant de façons qu'il y a
de différentes catégories[2], ces catégories étant d'ailleurs
prises soit d'une certaine façon, soit absolument, et, en outre,
comme simples ou comme composées[3]. Et il en est ainsi
pour les expressions négatives correspondantes. Nous devons
10 considérer ces points et les définir avec plus de soin[4].

1. Aristote oppose κλῆσις ὀνόματος (*casus nominativus*) à πτῶσις (les
autres cas). *Cf.* Bonitz, *Ind. arist.*, 394b5. – Les termes, pris en dehors des prémisses, doivent toujours être au nominatif; par contre, dans les prémisses, les
termes doivent être pris aux différents cas, selon les exigences des propositions.
2. Cf. *Meta.*, Δ, 7, 1017a22.
3. L'attribution se fait selon la substance (*l'homme est animal*), ou selon la
quantité (*l'homme a trois coudées*), la qualité, etc. ... Ces différentes attributions, au surplus, ont lieu soit ἁπλῶς (c'est le cas des genres, des différences,
des propres, etc. ... qui sont affirmés absolument de leurs sujets), soit πῇ (la
blancheur, pour l'œil); elles peuvent être aussi ou simples, quand elles intéressent une seule catégorie (*Socrate est homme*), ou composées, quand elles
embrassent plusieurs catégories (*Socrate est un homme blanc*). *Cf.* Alexandre,
366, 23 à 367, 7, que nous résumons.
4. Non pas qu'Aristote se propose de revenir sur ces brèves indications :
c'est le lecteur qui aura à les développer.

38
<La réduplication du même terme¹>

Le terme qui est redoublé dans les prémisses doit être ajouté au grand extrême, et non au moyen terme². Je veux dire que si, par exemple, on se trouve en présence d'un syllogisme concluant que de la justice il y a science que c'est un bien³, l'expression *que c'est un bien* (ou *en tant que bien*) devra être jointe au grand terme. Admettons, en effet, que A signifie *science que c'est un bien*, B, *bien*, et Γ *justice*. A est avec vérité affirmé de B, car du bien il y a science que c'est un bien. Il est 15

---

1. *Cf.* Bonitz, *Ind. arist.*, 265a50 et b3. – ἡ ἐπαναδίπλωσις, c'est le redoublement, l'*iteratio* d'un terme, qui se produit parfois dans le syllogisme. Quand nous disons qu'un terme se rapporte à un autre, *en tant que tel*, nous entendons signifier la cause qui fait le terme se comporter comme tel. Si nous disons, par exemple, *l'animal, en tant qu'il a un poumon, respire*, cela veut dire que le poumon est la cause de la respiration, de sorte que tous les êtres qui respirent, et seuls les êtres qui respirent, ont un poumon. Par suite la proposition *l'animal, en tant qu'animal, respire*, est fausse, attendu que tous les animaux ne respirent pas.

Pour prouver des conclusions de ce genre, il est nécessaire de prendre un moyen terme distinct des termes posés dans la conclusion, laquelle, dans ce cas, comprend trois termes (*animal, respire, poumon*), au lieu de deux, et nous avons un syllogisme à quatre termes, et non plus à trois termes. Il est donc nécessaire d'opérer une réduction du terme *en tant que tel*; pour cela, nous devrons l'unir soit au majeur, soit au mineur, soit au moyen. Dans le présent chapitre, Aristote va démontrer que cette adjonction ne peut se faire qu'au majeur.

2. Ni, *a fortiori*, au mineur. – Aristote a en vue la première figure.

3. Autrement dit : la justice, en tant que bien, est objet de science. On connaît de la justice qu'elle est un bien. – Le syllogisme est le suivant :

B est A (du bien il y a science qu'il est bien);

Γ *est B* (la justice est un bien);

Γ *est A* (de la justice il y a science qu'elle est un bien).

La conclusion est légitime.

vrai aussi d'affirmer B de Γ, car la justice est précisément[1] un
bien. C'est donc de cette façon qu'on obtient une résolution de
l'argument. Par contre si l'expression *que c'est un bien* est
20 ajoutée à B[2], il n'y aura pas de syllogisme, car A sera vrai de B,
mais B ne sera pas vrai de Γ, puisque affirmer de la justice
l'expression *le bien qu'il est bien* est faux et inintelligible. –
Même solution encore si on démontrait que le sain est objet de
science en tant que bon[3], ou le bouc-cerf en tant que non-être,
ou l'homme périssable en tant que sensible : dans tous les cas
25 où le prédicat reçoit une addition de ce genre, la réduplication
doit être ajoutée au terme extrême[4].

　　La position des termes[5] n'est pas la même quand la
chose est déduite par syllogisme d'une façon simple[6], et
quand elle l'est avec une détermination[7] soit essentielle[8], soit

---

1. Sur le sens de ὅπερ, *cf.* Waitz, I, 467 : *hoc pronomine utitur Aristoteles ut
significat aliquam rem ita conjunctam esse cum alterius rei natura ut eam
complectatur sicut genus speciem. Cf.* aussi Bonitz, *Ind. arist.*, 533b36 *sq.*

2. Si *en tant que bien* se rapporte à *bien*, on obtient une mineure qui n'a pas
de sens (*la justice est un bien en tant que bien*).

3. On a le syllogisme suivant :

> *Tout bien est connaissable en tant que bien* ;
> *Le sain est un bien* ;
> *Le sain est connaissable en tant que bien.*

Et de même pour les autres exemples mentionnés par Aristote.

4. C'est-à-dire au majeur.

5. Sylv. Maurus (*op. cit.*, p. 206) résume ainsi la fin de ce chapitre. *Non
eadem debet expositio terminorum ad inferendam conclusionem, in qua majus
extremum praedicetur absolute de minori extremo, ac ad inferendam conclusionem, in qua majus extremum praedicetur de minori extremo, addita aliqua
reduplicatione, determinatione vel qualicumque limitatione.*

6. Sans *iteratio*. Par exemple, *l'homme est animal* (1er exemple, l. 30-31).

7. *Cf.* Alexandre, 369, 30 : μετά προσθήκης τινός ἐπικατηγορουμένου
τῷ κατηγορουμένῳ συντεταγμένου.

8. *L'homme, en tant qu'animal, est doué de sens* (2e exemple, l. 31-36).

conditionnelle[1], soit d'une façon quelconque[2] : quand, par
exemple, le bien est prouvé simplement être objet de science[3],
et quand il est prouvé être un objet de science qu'il est bon[4].
– S'il a été démontré être simplement un objet de science, on   30
doit poser comme moyen terme *être*[5] ; mais si on ajoute *qu'il
est bon*, le moyen terme doit être *tel être déterminé*[6]. Soit par
exemple, A signifiant *science que c'est telle chose déterminée*,
B, *telle chose déterminée*, et Γ *bien*. Il est vrai d'affirmer A
de B, puisqu'on a posé que de ce qui est telle chose déterminée
il y avait science qu'il est telle chose déterminée. Mais B est
vrai aussi de Γ, puisque ce que Γ représente c'est telle chose

1. *L'intempérant est digne d'éloge, en tant qu'il ne veut pas mal agir*
(3e exemple, l. 36-b1).

2. *Le bouc-cerf est objet d'opinion, en tant que non-être.* – Tous ces
exemples sont empruntés à Pacius, I, 263.

3. Sans *iteratio*.

4. Avec *iteratio*. – L. 29, il faut, avec Waitz, I, 468, supprimer τι.

5. Premier exemple (déduction *simpliciter*) :
    Tout être est connaissable ;
    Le bien est un être ;
    Le bien est connaissable.

6. Second exemple (l. 31-36) : déduction *secundum quid*, à détermination
essentielle. Le syllogisme a pour termes : A, grand terme, signifiant la connaissance que le bien est telle chose déterminée (le désirable, par exemple) ; B,
moyen, est le désirable, et Γ, petit terme, est le bien. Dans tout le passage, il y
a une opposition bien marquée entre ὄν, qui est l'*être*, sans *iteratio*, et τὶ ὄν qui
est *tel être déterminé*, *certain être* qui, dans notre exemple, est le désirable,
posé comme l'essence même du bien (sur ce dernier point, indiqué l. 36,
cf. Alexandre, 371, 15). Le syllogisme est donc le suivant :
    B est A (du désirable il y a science qu'il est le désirable) ;
    Γ est B (le bien est le désirable) ;
    Γ est A (du bien il y a science qu'il est le désirable).
Par suite du bien il y a science qu'il est bon, puisque le désirable est
l'essence même du bien.

35 déterminée. Par suite A est vrai de Γ : il y aura donc du bien
science qu'il est bon, car on a posé que le terme *telle chose
déterminée* signifiait la substance propre de la chose. – Mais si
être est posé comme moyen[1], et *être*, au sens simple, joint
à l'extrême (et non pas *être telle chose déterminée*), nous
n'aurons pas un syllogisme concluant que du bien il y a science
qu'il est bon, mais seulement qu'il est : prenons pour exemple
A signifiant *science que la chose est*, B *être*, et Γ *bon*.

49b　　　On voit donc que, dans les syllogismes limités par une
réduplication[2], telle est la façon dont il faut poser les termes.

39
<Substitution d'expressions équivalentes>

Il faut aussi opérer[3] l'échange des termes de valeur
identique[4], mots pour mots, locutions pour locutions, mot et
5 locution l'un pour l'autre, et toujours préférer un mot à une
locution, pour faciliter ainsi l'exposition des termes. Par
exemple, s'il n'y a aucune différence entre dire l'*objet de la
supposition n'est pas le genre de l'objet de l'opinion* et dire
l'*objet de l'opinion n'est pas identique avec un certain objet de*

---

1. Troisième exemple : déduction *secundum quid*, à détermination acci-
dentelle (car l'être ne signifie pas l'essence du bien). On a le syllogisme suivant :
　　B est A (de l'être il y a science qu'il est);
　　Γ est B (le bien est être);
　　Γ est A (du bien il y a science qu'il est).
2. *Cf.* Waitz, I, 469 : ἐν μέρει *vocat eos qui non* ἁπλῶς τι *sed* τόδε τι
concludunt (id. syllogismos).
3. Pour faciliter la réduction des syllogismes.
4. *Retentis rebus significatis* (Pacius, II, 192).

supposition (car le sens est le même dans les deux jugements), au lieu de la locution énoncée, il vaut mieux poser comme termes l'*objet de la supposition* et l'*objet de l'opinion*[1].

40
<Emploi de l'article>

Puisqu'il n'y a pas identité entre *le plaisir est bon* et *le plaisir est le bon*, il ne faut pas poser les termes de la même façon; mais s'il y a syllogisme prouvant que le plaisir est *le* bon, le terme doit être *le bon*, tandis que s'il y a syllogisme prouvant que le plaisir est bon, le terme sera *bon*. Et ainsi pour les autres cas.

41
<Interprétation de certaines expressions>

Il n'y a identité ni réelle, ni verbale, entre *A appartient à tout ce à quoi B appartient* et *A appartient à tout ce à la totalité de quoi B appartient*[2]. Rien n'empêche, en effet, B d'appar-

---

1. Il y a identité de sens entre *suspicabile non est genus opinabilis* et *opinabile non est id quod suspicabile* (ὅπερ ὑποληπτόν τι – autrement dit, l'*opinabile* n'est pas l'espèce du *suspicabile*), mais il faut préférer le second énoncé au premier, parce qu'il contient seulement deux termes (*opinabile* et *suspicabile*) au lieu de trois (*opinabile*, *genus*, *suspicabile*). On devra donc dire : quelque *opinabile* n'est pas *suspicabile*.

2. Il y a une différence entre dire :

Tout *B* est *A* (tout beau est désirable);
Or *Γ* est *B* (le blanc est beau), et dire :
Tout *B* est *A* (tout beau est désirable);
Or tout *Γ* est *B* (tout blanc est beau).

tenir à Γ, bien que ce ne soit pas à tout Γ. Admettons, par
exemple, que B soit le *beau*, et Γ le *blanc*. Si le beau appartient
à quelque blanc, il est vrai de dire que le beau appartient au
20 blanc, bien que ce ne soit peut-être pas à tout blanc. – Si donc A
appartient à B, mais s'il n'appartient pas à tout ce à quoi B est
attribué[1], alors, soit que B appartienne à tout Γ, soit qu'il
appartienne simplement à Γ[2], il n'est pas nécessaire que A
appartienne, je ne dis pas à tout Γ, mais même à Γ[3]; par contre,
25 si A appartient à tout ce à quoi B est attribué avec vérité[4], il
arrivera que A peut être dit de tout ce en totalité de quoi B
est dit. – Si pourtant A est dit de tout dont B peut être dit,
rien n'empêche que B n'appartienne à Γ, et que cependant A
n'appartienne pas à tout Γ, ni même absolument pas à Γ[5]. – En

---

Dans le premier cas la mineure, et par suite la conclusion, est indéfinie, et le
syllogisme qui en est formé suivra les règles du syllogisme particulier en *Darii*;
dans le second, la mineure est universelle, et on aura un syllogisme en *Barbara*.
Cf. Waitz, I, 469, qui explique clairement la formule un peu trop concise
d'Aristote.

1. Autrement dit, *A appartient à quelque B* (majeure particulière).

2. C'est-à-dire : que la mineure BΓ soit universelle ou particulière.

3. Il n'y a ni conclusion universelle, ni même aucune conclusion du tout,
car la majeure AB doit, dans la première figure, être universelle.

4. Majeure universelle, et conclusion, soit universelle en *Barbara* (si
la mineure est universelle), soit particulière en *Darii* (si la mineure est
particulière).

5. L. 25-27, Aristote reprend ce qu'il a déjà indiqué l. 20, εἰ μέν..., Aucune
conclusion ne peut naître, ni universelle, ni même quelconque, quand la
majeure AB est *indéfinie* (et non plus *particulière*, comme l. 20 : c'est là toute la
différence entre les deux passages, et elle est légère); peu importe que, dans la
mineure, B soit affirmé de tout Γ ou quelque Γ (*cf.* Pacius, I, 265, et Waitz, I,
470). – L. 26, il faut enlever la virgule après λέγηται.

prenant donc trois termes[1], on voit que l'expression *A est dit de tout ce dont B est dit* revient à ceci : *A est dit de toutes les choses dont B est dit*[2]. Et si B est dit de la totalité d'un troisième terme, A aussi sera affirmé de la totalité de ce troisième terme ; mais si B n'est pas dit de la totalité du troisième terme, il n'y a aucune nécessité que A soit dit de la totalité de ce terme[3].

Il ne faut donc pas croire que l'exposition des termes conduise à une absurdité[4], car nous ne nous servons pas de l'existence de telle chose individuelle[5], mais nous procédons comme le géomètre, qui énonce que telle ligne d'un pied de long, ou droite, ou sans épaisseur, existe, alors qu'en fait elle n'existe pas, mais ne se sert pas de ces figures pour raisonner d'après elles[6]. C'est qu'en effet, d'une façon générale, si deux

1. Pour obtenir une conclusion universelle. – L. 28, on doit ôter la virgule après B.

2. A est affirmé de tout ce qui est contenu par B ; A est donc affirmé de Γ. – Cette précision était nécessaire, car les mots τὸ καθ᾽ οὗ τὸ B παντὸς τὸ A λέγεσθαι, l. 28, sont ambigus : on ne voit pas si παντὸς se rapporte à ce qui précède ou à ce qui suit.

3. L'expression *A est dit de tout ce dont B est dit* signifie *eamdem esse praedicandi rationem termini A et termini B* (Waitz, I, 471).

4. Aristote veut dire que les exemples dont il se sert ne sont pas pris pour les besoins de la cause : sa doctrine a une portée générale, indépendante des cas particuliers qu'il a choisis.

5. Une chose qui servira d'exemple. On prend un exemple pour montrer, rendre clair, non pour démontrer : la démonstration demeure générale.

6. Sur la comparaison d'Aristote et sur l'objet propre de la Géométrie, cf. *An. post.*, I, 10, 76b39, où Protagoras se trouve vraisemblablement visé ; *Meta.*, B, 2, 997b34 ; M, 3, 1078a19 ; N, 2, 1089a21. – Nous adoptons le texte et l'interprétation de Waitz, I, 472 : *Exemplis utimur in ratiocinando ut geometra figuris : namque geometra nihil colligit ex iis ipsis figuris quas descripsit : nihil enim colligitur e re singulari, sed universali propositione opus est.* Nous conservons donc οὐκ l. 36 ; l. 37, τούτων doit être compris *de rebus singularibus*.

choses[1] ne sont pas entre elles comme le tout à la partie et la partie au tout, le démonstrateur ne peut, dans sa démonstration, partir d'aucune chose de ce genre, et, par suite, aucun syllo-
50a gisme non plus n'est obtenu. Nous avons donc ici recours (et par *nous* j'entends celui qui étudie) à l'exposition des termes, comme nous nous servons de la perception sensible[2] : cela ne veut pas dire, en effet, qu'il soit impossible de démontrer sans les termes, comme il l'est de démontrer un syllogisme sans les prémisses.

42
<Résolution des syllogismes composés>

5   N'oublions pas que, dans le même syllogisme, toutes les conclusions ne se font pas par une seule figure, mais que c'est tantôt par l'une, tantôt par l'autre[3]. Il est donc évident que les résolutions doivent être faites en tenant compte de cette situation. Et puisque tous les problèmes[4] ne sont pas ordonnés

1. ὃ μὴ ἔστιν = εἰ μή ἐστί τι. Sur cette construction, *cf.* Waitz, I, 473.

2. *Cf.* Alexandre, 381, 16 : πολλάκις διδάσκοντες τι (en l'espèce, la Géométrie), οὐκ αἰσθητὸν τὰς δείξεις ποιούμεθα τοῖς μανθάνουσιν ἐπὶ αἰσθητῶν παραδειγμάτων διὰ τούτων ἐφιστῶντες αὐτοὺς ἐπὶ τὴν τῶν οὐκ αἰσθητῶν νόησιν. – Sur la construction, Waitz, I, 473, renvoie à un passage de *Phys.*, I, 7, 189b33. On pourrait encore, en mettant πρός devant τὸν μανθά-νοντα. l. 2, traduire, comme le fait Pacius, I, 265, *dum eum qui dixit instituimus*.

3. Les syllogismes composés comprennent plusieurs syllogismes, qui (à l'exception du sorite) ne peuvent pas être réduits à la même figure : chacun doit être ramené à sa figure propre. Par exemple, dans un syllogisme composé, formé d'un syllogisme principal et d'un prosyllogisme, il peut se faire que la conclusion du syllogisme principal et celle du prosyllogisme ne puissent pas être prouvées par une même figure.

4. C'est-à-dire toutes les conclusions. Dans la seconde figure, il n'y a pas de conclusion affirmative, ni, dans la troisième, de conclusion universelle.

à n'importe quelle figure, mais certains problèmes à chaque
figure, la conclusion fait ressortir clairement dans quelle figure 10
on doit faire porter ses recherches.

43
<Réduction des définitions>

En ce qui concerne ces raisonnements qui, en vue d'établir
une définition, se trouvent employés à prouver quelque élément
de la définition[1], il faut poser comme terme la partie même de
la définition qui est l'objet de la discussion, et non la définition
tout entière. Nous risquerons moins d'être embarrassé par la
longueur du terme. Par exemple, s'il s'agit de démontrer que
l'eau est un liquide potable, le *potable* et l'*eau* sont les termes à 15
poser.

44
<Résolution des arguments par l'impossible
et des autres syllogismes hypothétiques>

En outre, il ne faut pas essayer de réduire les syllogismes
hypothétiques, car la réduction n'est pas possible à partir des
prémisses données. En effet ce n'est pas par syllogisme qu'ils
ont été prouvés, mais ils relèvent tous de la convention et de

---

1. Comme le remarque Waitz, I, 473, διαλέγεσθαι πρός τι ne signifie pas
ici, comme le croit à tort Pacius, II, 194, *disserere contra aliquid*, mais *dispu-
tare de aliqua re*. Dans ce court chapitre, Aristote n'enseigne donc pas à réfuter
une définition, mais à trouver les propositions d'où résulte syllogistiquement la
définition donnée.

l'assentiment : quand, ayant supposé, par exemple[1], que s'il
20 n'y a pas une faculté une des contraires il n'y a pas non plus
science une de ces contraires, on démontre ensuite qu'il n'y a
pas de faculté une de contraires tels que le sain et le malade,
car alors la même chose serait en même temps saine et malade.
En procédant ainsi, on a montré[2] qu'il n'y a pas de tous les
contraires une faculté une, mais on n'a pas prouvé que de
25 ces contraires il n'y a pas science. Et pourtant, il faut bien
l'admettre : seulement ce ne sera pas en vertu d'un syllogisme,
mais en vertu d'une hypothèse. Cet argument ne peut donc pas

---

1. Il s'agit de prouver que des contraires il n'y a pas de science une. Le
syllogisme hypothétique est le suivant :

> *S'il n'y a pas une faculté une et la même pour connaître les contraires*
> (antécédent), *il n'y a pas non plus pour ces contraires de science une*
> (conséquent) ;
> *Or il n'y a pas de faculté une pour connaître les contraires* ;
> *Donc il n'y a pas une science une des contraires.*

La mineure est prouvée par le syllogisme suivant, réductible à la troisième
figure :

> *Le sain et le malade ne sont pas connus par la même faculté* (sinon, ils
> seraient identiques, ce qui est absurde) ;
> *Or le sain et le malade sont des contraires* ;
> *Donc il n'y a pas de faculté une pour connaître les contraires.*

On voit que si le syllogisme qui prouve la mineure est réductible, il n'en est
pas de même du syllogisme principal aboutissant à la conclusion à prouver ; il
procède seulement *ex hypothesi* : on a admis *in initio* que, s'il n'y a pas une
faculté une, il n'y a pas de science une. C'est là une convention, un accord
conclu pour permettre le raisonnement. – Contrairement à Waitz, I, 474, dont
les arguments ne sont pas décisifs (notamment la confusion entre οὐ μία et
οὐδεμία n'est pas à redouter), nous conservons le texte traditionnel admis par
Bekker ; en conséquence, l. 21, nous lisons μία et non πᾶσα.

2. L. 24, nous lisons avec Waitz, I, 474, ἐπιδέδεικται, qui signifie plutôt
ratiocinando patefacere que *demonstrare* (*cf.* cependant Bonitz, *Ind. arist.*,
270b22).

être réduit, tandis que la preuve qu'il n'y a pas de faculté une peut l'être : c'est sans doute que ce dernier argument était un syllogisme alors que le premier était une hypothèse.

Il en est de même en ce qui concerne les arguments qui concluent par l'impossible : ces arguments ne peuvent pas 30 non plus être l'objet d'une résolution. Mais la réduction à l'impossible peut l'être (puisqu'elle est prouvée par syllogisme), tandis que l'autre partie de l'argument ne le peut, attendu que la conclusion découle d'une hypothèse[1]. La différence avec les syllogismes hypothétiques précédents, c'est que, dans les premiers, une convention préalable est nécessaire pour entraîner l'assentiment à la conclusion : par exemple, il faut accorder que, s'il est prouvé qu'il y a faculté une des contraires, les contraires tombent alors sous la même science ; 35 par contre, dans le cas présent, même en l'absence d'une convention préalable, on donne son assentiment en raison de l'évidence de l'erreur : par exemple, si la diagonale est commensurable, les nombres impairs seront égaux aux nombres pairs[2].

Beaucoup d'autres syllogismes concluent par hypothèse : il faut les examiner et les expliquer clairement. Quelles sont 40 ainsi leurs différences, et les modes de constitution des syllo- **50b** gismes hypothétiques, nous le dirons ultérieurement[3]. Pour le

1. Tout ce mécanisme a été expliqué antérieurement 23, 41a21 *sq.* – On se reportera également à ce passage pour l'exemple de la diagonale commensurable. L'argumentation est ainsi résumée par Waitz, I, 475. *Ponitur in his syllogismis propositio falsa, quae tanquam vera concessa est, concluditur quod manifesto absurdum est. Resolutio eorum fieri nequit, quia ipsa ratiocinatione tollitur id ex quo concesso syllogismus confectus est.*

2. Ce qui est absurde.

3. Promesse qui n'a pas été tenue par Aristote.

moment, qu'il nous suffise de montrer l'impossibilité de résoudre en figures les syllogismes de ce genre : nous en avons indiqué la raison.

45
<Réduction des syllogismes d'une figure dans une autre>

5   Pour tous les problèmes qui se démontrent dans plusieurs figures[1], s'ils ont été prouvés par syllogisme dans une figure, il est possible de réduire le syllogisme à une autre figure : par exemple, le syllogisme négatif[2] de la première figure peut être réduit à la seconde, et le syllogisme de la seconde à la première, non pas dans tous les cas, mais seulement pour certains syllo-
10   gismes, ainsi que nous le montrerons plus loin. – Si A, en effet, n'appartient à nul B, et si B appartient à tout Γ, A n'appartiendra à nul Γ[3]. On a ainsi la première figure ; mais par conversion de la négative, on obtiendra la seconde, puisque B n'appartient à nul A et appartient à tout Γ. – Il en est de même si le syllogisme n'est pas universel, mais particulier : si, par

---

1. Les réductions dont on va parler exigent que les conclusions puissent être prouvées dans plusieurs figures.

2. Et non pas le syllogisme affirmatif, car la seconde figure n'a que des conclusions négatives.

3. Réduction de *Celarent* à *Cesare* par conversion simple de la majeure négative :

> *Nul B n'est A* ;
> *Tout Γ est B* ;
> *Nul Γ n'est A.*
> *Nul A n'est B* ;
> *Tout Γ est B* ;
> *Nul Γ n'est A.*

exemple, A n'appartient à aucun B, et si B appartient à quelque 15
Γ ; par conversion de la négative, on aura la seconde figure[1].

Les syllogismes universels de la seconde figure peuvent
être réduits à la première, tandis que, pour les syllogismes
particuliers, c'est seulement l'un des deux syllogismes[2].
– Admettons, en effet, que A n'appartienne à nul B, et appartienne à tout Γ[3]. Par conversion de la négative, on aura la 20
première figure : B n'appartiendra à nul A, et A appartiendra
à tout Γ. – Mais si l'affirmative se rapporte à B, et la négative
à Γ, le premier terme à poser est Γ[4] : car il n'appartient à nul
A, et A appartient à tout B ; par suite, Γ n'appartient à nul B. B
n'appartient donc pas non plus à nul Γ, puisque la négative est
convertible.

Mais si le syllogisme est particulier, quand la négative se 25
rapporte au grand extrême il pourra y avoir réduction à la
première figure : c'est le cas, par exemple, si A n'appartient à

1. Réduction de *Ferio* à *Festino*, par conversion simple de la majeure
négative.

2. *Festino* et non *Baroco*.

3. Réduction de *Cesare* à *Celarent*, par conversion simple de la majeure.

4. Si la majeure AB est affirmative, et la mineure BΓ négative, on a le
syllogisme suivant en *Camestres* :

   Tout B est A ;
   Nul Γ n'est A ;
   Nul Γ n'est B.

On réduit à *Celarent* par conversion de la mineure (*Nul A n'est Γ*),
transposition des prémisses (ce qu'Aristote exprime en disant qu'il faut poser
en premier lieu le terme Γ : *Nul A n'est Γ*) et conversion de la conclusion. On a
donc :

   Nul A n'est Γ ;
   Tout B est A ;
   Nul B n'est Γ et par suite *Nul Γ n'est B*.

nul B et appartient à quelque Γ[1]. En effet, par conversion de la négative, on aura la première figure : B n'appartiendra à nul A,
30 et A appartiendra à quelque Γ. – Mais quand c'est l'affirmative <qui se rapporte au grand extrême>, il ne pourra pas y avoir réduction[2] : par exemple, si A appartient à tout B, et n'appartient pas à quelque Γ, car la proposition AB n'admet pas de conversion, et, s'il y avait conversion, il n'y aurait pas de syllogisme[3].

À leur tour, les syllogismes de la troisième figure ne pourront être tous résolus en la première[4], tandis que tous ceux
35 de la première peuvent l'être en la troisième[5]. – Admettons, en effet, que A appartienne à tout B, et B à quelque Γ[6]. Puis donc qu'il y a conversion de l'affirmative particulière, Γ appartiendra à quelque B ; mais A appartenait à tout B, de sorte qu'on obtient la troisième figure. – Et si le syllogisme est négatif, il en est de même, car la conversion de l'affirmative particulière
40 fera que A n'appartiendra à nul B, mais que Γ appartiendra à quelque B[7].

1. Réduction de *Festino* à *Ferio*, par conversion simple de la majeure négative.

2. *Baroco*. Il n'y a pas de conversion (tout au moins de conversion parfaite) de la majeure *Tout B est A*.

3. Si la majeure AB peut être convertie, ce ne peut être que partiellement (*quelque A est B*). Mais il ne peut alors y avoir syllogisme, puisque les deux prémisses sont particulières (IO).

4. *Bocardo* ne le pourra pas.

5. Il faut comprendre que tous les syllogismes *particuliers* de la première figure seront réduits à la troisième, car la troisième figure n'a que des syllogismes particuliers (*cf.* Waitz, I, 476).

6. Réduction de *Darii* à *Datisi*, par conversion de la mineure négative BΓ.

7. Réduction de *Ferio* à *Ferison* par conversion de la mineure. On aura comme prémisses :

Des syllogismes de la troisième figure, un seul n'est pas **51a**
réductible à la première[1] : c'est quand la négative n'est pas
posée universellement. Mais tous les autres sont réductibles.
– Soit, en effet, A et B affirmés de tout Γ; Γ peut alors être
converti partiellement avec A ou B, et, par suite, il appartient à 5
quelque B. En conséquence : on aura la première figure, si A
appartient à tout Γ, et Γ à quelque B[2]; et si A appartient à tout Γ,
et B à quelque Γ, l'argument est le même, car il y a conversion
de B par rapport à Γ[3]; mais si B appartient à tout Γ, et A à
quelque Γ, le premier terme à poser est B[4] : car B appartient à 10

    Nul B n'est A ;
    Quelque B est Γ.
1. *Bocardo*, à majeure particulière négative.
2. Réduction de *Darapti* à *Darii* par conversion partielle de la mineure
      Tout Γ est A ;
      Tout Γ est B ;
      Quelque B est A.
      Tout Γ est A ;
      Quelque B est Γ ;
      Quelque B est A.
3. Réduction de *Datisi* à *Darii* :
      Tout Γ est A ;
      Quelque Γ est B ;
      Quelque B est A.
      Tout Γ est A ;
      Quelque B est Γ ;
      Quelque B est A.
4. Réduction de *Disamis* a *Darii*, par conversion de la mineure et de la
conclusion et transposition des prémisses :
      Quelque Γ est A ;
      Tout Γ est B ;
      Quelque B est A.
      Tout Γ est B ;
      Quelque A est Γ ;
      Quelque A est B, et par suite *quelque B est A.*

tout Γ, et Γ à quelque A, et par suite B à quelque A, mais,
puisque la particulière est convertible, A aussi appartiendra à
quelque B. – Si le syllogisme est négatif, quand les termes sont
universels on doit les prendre de la même manière. Admettons,
en effet, que B appartienne à tout Γ, et que A n'appartienne à
nul Γ : alors Γ appartiendra à quelque B, et A n'appartiendra à
15 nul Γ, et ainsi Γ sera moyen terme[1]. – Pareillement, si la négative est universelle, et l'affirmative particulière : A n'appartiendra à nul Γ, et Γ appartiendra à quelque B[2]. – Mais si la
négative est prise particulièrement, il n'y aura pas de résolution[3], si, par exemple, B appartient à tout Γ, et si A n'appartient
20 pas à quelque Γ : car, par conversion de la prémisse BΓ, les
prémisses seront toutes les deux particulières.

On voit que, pour réduire les figures l'une dans l'autre[4], la
prémisse relative au petit extrême doit être convertie en l'une
et l'autre des figures, car, une fois cette prémisse convertie, le
25 passage à l'autre figure s'effectue.

---

1. Réduction de *Felapton* à *Ferio* par conversion partielle de la mineure
affirmative.

> *Nul Γ n'est A* ;
> *Tout Γ est B* ;
> *Quelque B n'est pas A.*
> *Nul Γ n'est A* ;
> *Quelque B est Γ* ;
> *Quelque B n'est pas A.*

2. Réduction de *Ferison* à *Ferio* par conversion simple de la mineure
affirmative.

3. Pas de réduction pour *Bocardo*, car la conversion de la mineure en
particulière donnerait deux prémisses particulières non-concluantes.

4. La première dans la troisième, et la troisième dans la première. La
réduction se fait par conversion de la mineure. – L. 24. μετατιθεμένης =
ἀντιστρεφομένης (Bonitz, *Ind. arist.*, 461b48).

Des syllogismes de la seconde figure, l'un peut, et l'autre ne peut pas être réduit à la troisième[1]. Quand l'universelle est négative, la réduction est possible. – Si, en effet, A n'appartient à nul B et appartient à quelque Γ, à la fois B et Γ sont pareillement convertibles par rapport à A, de sorte que B n'appartient à 30 nul A, et que Γ appartient à quelque A. A est donc moyen terme[2]. – Mais quand A appartient à tout B, et n'appartient pas à quelque Γ, il n'y aura pas de réduction[3], car ni l'une ni l'autre des deux prémisses n'est, après conversion, universelle.

Les syllogismes[4] de la troisième figure peuvent être réduits à la seconde quand la négative est universelle, par exemple si A 35 n'appartient à nul Γ et si B appartient à quelque Γ ou à tout Γ[5] :

1. Des syllogismes *particuliers* de la seconde figure, *Festino* peut, *Bocardo* ne peut pas être réduit à la troisième.

2. Réduction de *Festino* à *Ferison* par conversion simple de la majeure et de la mineure :

> *Nul B n'est A* ;
> *Quelque Γ est A* ;
> *Quelque Γ n'est pas B.*
> *Nul A n'est B* ;
> *Quelque A est Γ* ;
> *Quelque Γ n'est pas B.*

3. *Baroco.*

4. Les syllogismes *négatifs*, car, dans la seconde figure, il n'y a pas de conclusion affirmative.

5. Réduction de *Felapton*, ou de *Ferison*, à *Festino*, par conversion simple de la majeure et conversion partielle de la mineure.

> *Nul Γ n'est A* ;
> *Tout Γ est B* (ou *quelque Γ est B*) ;
> *Quelque B n'est pas A.*
> *Nul A n'est Γ* ;
> *Quelque B est Γ* ;
> *Quelque B n'est pas A.*

car Γ n'appartiendra à nul A et appartiendra à quelque B.
– Mais si la négative est particulière, il n'y aura pas de réduction[1], car la particulière négative n'admet pas de conversion.

40   Il est donc clair que les syllogismes qui ne peuvent pas être
réduits[2] dans ces figures[3], sont précisément les mêmes qui ne
pourraient pas non plus être réduits à la première figure, et que,
51b quand les syllogismes sont réduits à la première figure, ce sont
les seuls qui soient prouvés par la réduction à l'absurde.

Par ce qui précède, on voit donc de quelle manière les
syllogismes doivent être réduits; on voit aussi qu'il y a
réduction des figures les unes aux autres.

46
<Termes définis et termes indéfinis dans les syllogismes>

5   Dans l'établissement ou la réfutation d'une conclusion[4], il
existe une différence suivant que l'on considère comme identique ou comme diverse la signification des expressions *ne pas
être ceci* et *être non-ceci* : par exemple, *ne pas être blanc* et *être
non-blanc*. C'est qu'en effet le sens n'est pas le même[5], et,

---

1. *Bocardo.*

2. *Baroco* et *Bocardo.*

3. De la seconde dans la troisième, et de la troisième dans la seconde.

4. Sur les termes définis et indéfinis, cf. *de Inter.*, *passim*, notamment
chap. 3. – Aristote se propose de démontrer que la négation d'un attribut défini
n'équivaut pas à l'affirmation d'un attribut indéfini, et que l'affirmation
d'un attribut défini n'équivaut pas à la négation d'un attribut indéfini. Les
conclusions ayant un prédicat de cette nature ne seront donc pas prouvées par
les mêmes figures et les mêmes modes, puisque les syllogismes sont tantôt
affirmatifs et tantôt négatifs, suivant les figures et les modes.

5. Première différence : différence de sens.

d'autre part, la négation de *être blanc* n'est pas *être non-blanc*, 10
mais bien *n'être pas blanc*[1]. – La raison en est la suivante.
La relation de *il peut marcher* à *il peut ne pas marcher* est
semblable à la relation de *il est blanc* à *il est non-blanc*, et à la
relation de *il connaît le bien* à *il connaît le non-bien*[2] En effet,
entre *il connaît le bien* et *il est connaissant le bien* il n'y a
aucune différence, pas plus qu'entre *il peut marcher* et *il est
capable de marcher*, ni, par voie de conséquence, entre leurs 15
opposés *il ne peut pas marcher*, *il n'est pas capable de
marcher*. Si donc *il n'est pas capable de marcher* présente le
même sens que *il est capable de ne pas marcher* ou que *ne pas
marcher*, ces déterminations[3] appartiendront en même temps
au même sujet (car le même sujet peut à la fois marcher et ne
pas marcher, et il est connaissant à la fois du bien et du non- 20
bien), alors qu'une affirmation et une négation qui sont opposées l'une à l'autre n'appartiennent pas en même temps au
même sujet : ainsi, de même qu'il n'y a pas identité entre *ne pas
connaître le bien* et *connaître le non-bien*, il n'y a pas non plus

1. Seconde différence : la négation de l'attribut défini est seule opposée à
l'affirmation correspondante.

2. L. 10-25, l'argumentation générale a pour objet d'établir, par des
exemples, la différence entre la négation d'un attribut défini et l'affirmation
d'un attribut indéfini (*ne pas être blanc*, *être non-blanc*). Que ce soit le verbe
pouvoir, *être* ou *connaître*, la relation du prédicat au sujet est la même (l. 10-13),
car tous les verbes se ramènent au verbe *être* (l. 13-16). Si alors on admettait
l'identité de la négation d'un attribut fini et de l'affirmation d'un attribut indéfini, on aboutirait à une identité des contraires pour un même sujet dans un
même temps (l. 16-20), ce qui est absurde (l. 20-22). On est donc en droit de
conclure qu'il existe une différence entre *être non-bon* et *n'être pas bon* (l. 22-
25). – La démonstration, un peu confuse, ne présente cependant pas de difficulté
sérieuse et les critiques de Waitz, I, 477, paraissent excessives.

3. Savoir la capacité de marcher et l'incapacité de marcher.

identité entre *être non-bon* et *n'être pas bon* : car, dans les
choses par analogie, si les unes sont différentes, les autres le
25 sont aussi[1]. – Il n'y a pas non plus identité entre *être non-égal*
et *n'être pas égal* ; car, sous l'un, sous *ce qui est non-égal* se
trouve quelque chose, autrement dit *l'inégal*, alors que sous
l'autre il n'y a rien[2]. C'est pourquoi tout n'est pas égal ou
inégal, tandis que tout est égal ou non-égal[3]. – En outre, *il y a*
du bois non-blanc et *il n'y a pas de bois blanc* ne sont pas des
30 attributions équivalentes : s'il y a du bois non-blanc, il y aura
du bois, mais ce qui n'est pas bois blanc n'est pas nécessairement du bois. On voit ainsi que *il est non-bon* n'est pas la
négation de *il est bon*. Si donc de chaque proposition il est vrai
de dire qu'elle est ou une affirmation ou une négation : si elle
n'est pas une négation, il est évident qu'elle est, de quelque
35 façon, une affirmation. Mais à toute affirmation répond une
négation[4] ; par suite cette affirmation <*il est non-bon*> a pour
négation *il n'est pas non-bon*.

---

1. Les choses analogues sont : 1) *Ne pas connaître le bien*, 2) *Connaître le*
non-bien, d'une part, et 3) *N'être pas bon*, 4) *Être non-bon*, d'autre part. Les
relations de 1 à 2 sont aussi celles de 3 à 4 ; si donc 1 et 2 sont différents, comme
Aristote l'a prouvé, 3 et 4 doivent être aussi différents (*cf.* Alexandre, 400, 9-17 ;
Pacius, II, 199). – Sur le sens de l'adverbe ἀνάλογον, l. 24, *cf.* Waitz, I, 477-
478 : *dicitur* ὰν *id quod alienum locum ita tenet, ut alia quasi persona induta*
hujus partes peragat eamque representet (voir aussi Bonitz, *Ind. arist.*, 48b1).

2. *N'être pas égal* est une formule purement négative, qui ne suppose
aucun sujet, tel que *non-égal* ; par contre, *être non-égal* suppose un sujet, le
non-égal, autrement dit l'*inégal*.

3. L'égal et l'inégal ne peuvent s'appliquer qu'à un être existant : la
chimère, par exemple, n'est ni égale, ni inégale. Mais l'égal et le non-égal étant
des termes contradictoires, on peut dire de ce qui n'est pas qu'il n'est pas égal,
alors qu'il est faux de dire qu'il est inégal.

4. Cf. *de Inter.*, 7.

Voici quel est l'ordre de ces attributions entre elles[1]. Admettons que *être bon* soit figuré par A, *n'être pas bon* par B, *être non-bon* par Γ, placé sous B, et *n'être pas non-bon* par Δ, placé sous A. – Alors, ou A ou B appartiendront à tout sujet, mais ils n'appartiendront jamais au même[2]. – De même, ou Γ 40 ou Δ appartiendront à tout sujet, mais jamais au même[3]. – Et B doit nécessairement appartenir à tout ce à quoi Γ appartient : **52a** car s'il est vrai de dire *il est non-blanc*, il est vrai de dire aussi *il n'est pas blanc*, puisqu'il est impossible qu'en même temps une chose soit blanche et qu'elle soit non-blanche, ou encore qu'elle soit du bois non-blanc et qu'elle soit du bois blanc, de telle sorte que, si ce n'est pas l'affirmation, c'est la négation qui lui appartiendra[4]. – Par contre, Γ n'est pas toujours le conséquent de B, car ce qui n'est pas bois du tout ne sera pas 5 non plus du bois non-blanc[5]. – D'un autre côté, Δ appartient à tout ce à quoi A appartient : car ou Γ ou Δ <appartient à tout ce à quoi A appartient>; mais puisqu'il n'est pas possible qu'une

---

1. L'argument va de b35 à 52a14. – Les termes doivent être disposés comme suit :

    A   B

    Δ   Γ

Dans les lignes qui suivent, Aristote va établir que :

    A et B sont contradictoires;

    Γ et Δ sont contradictoires;

    B est conséquent de Γ;

    Δ est conséquent de A;

    A et Γ sont contraires;

    B et Δ sont compatibles.

2. A, à l'exclusion de B, ou B, à l'exclusion de A, appartient à un sujet, mais A et B ne peuvent appartenir en même temps au même sujet.

3. Même règle pour Γ et Δ.

4. Γ est antécédent de B, conséquent (l. 41a4).

5. Si B est posé, Γ ne suit pas nécessairement (l. 4-6).

chose soit en même temps non-blanche et blanche, Δ appartiendra <à tout ce à quoi A appartient>, puisque de ce qui est
blanc il est vrai de dire qu'il n'est pas non-blanc [1]. – Par contre,
10 A n'est pas toujours le conséquent de Δ, car de ce qui n'est pas
bois du tout il n'est pas vrai d'affirmer A, savoir qu'il est bois
blanc ; il en résulte que Δ est vrai mais que A n'est pas vrai,
savoir qu'il est bois blanc [2]. – Il est évident aussi que A et Γ ne
peuvent jamais appartenir ensemble au même sujet [3], et que, au
contraire, B et Δ peuvent appartenir à un même sujet [4].

15   La relation est la même des termes négatifs aux termes
affirmatifs, placés dans cette position : on peut poser, par
exemple, A pour signifier *égal*, B *non-égal*, Γ *inégal*, et Δ
non-inégal [5].

Dans beaucoup de cas aussi où une même chose appartient
à certaines choses et n'appartient pas à d'autres, la négation
peut être vraie de la même façon que précédemment [6], quand
20 on dit, par exemple, que toutes choses ne sont pas blanches ou
que chaque chose n'est pas blanche, tandis que l'affirmation

---

1. A est antécédent de Δ, conséquent. Il faut choisir, en effet, entre Γ et Δ ;
mais A et Γ sont contraires ; reste donc Δ (l. 6-9).

2. n'est pas toujours antécédent de A ; de ce qui n'existe pas, on peut
affirmer Δ, mais non A (l. 9-12).

3. A et Γ sont contraires.

4. B et Δ sont compatibles. – Pour tous ces exemples, il faut se reporter au
petit tableau de Pacius, I, 276. – L. 11, nous supprimons *où*.

5. Les relations de ΓΔ avec AB sont les mêmes, si, au lieu de se servir de
termes indéfinis, les propositions Γ et Δ sont exprimées par des négations :
inégal (ou *mauvais*) à la place de *non-égal* (ou *non-bon*). La disposition des
termes et leurs relations ne changeront pas. – *Cf.* aussi *de Inter.*, 10, 19b23-26.

6. Renvoi aux l. 4-5 ci-dessus. La négation d'un prédicat défini n'est pas
l'équivalente de l'affirmation d'un prédicat indéfini, puisque la négation est
vraie, et l'affirmation fausse.

que chaque chose est non-blanche ou que toutes choses sont
non-blanches est fausse. De même encore[1], *tout animal est
blanc* a pour négation, non pas *tout animal est non-blanc* (car
l'une et l'autre proposition sont fausses), mais bien *tout animal
n'est pas blanc*. Puisque évidemment le sens est différent entre
il est non-blanc et *il n'est pas blanc*, l'une de ces expressions 25
étant une affirmation et l'autre une négation, il est clair que ce
n'est pas de la même façon qu'on prouve chacune d'elles[2] :
que, par exemple, tout ce qui est animal n'est pas blanc[3], ou
peut n'être pas blanc[4], et qu'il est vrai de l'appeler non-blanc[5],
puisque cette dernière locution signifie qu'il est non-blanc. Par
contre, prouver qu'il est vrai de l'appeler blanc ou qu'il est vrai 30
de l'appeler non-blanc se fera de la même façon[6], car ces deux
propositions sont démontrées l'une et l'autre par construction
au moyen de la première figure[7]. En effet, l'expression *il est*

1. Autre distinction entre la négation d'un prédicat défini et l'affirmation
l'un prédicat indéfini.

2. Car il y a des syllogismes à conclusion affirmative qui s'appliqueront à
être non-blanc, et des syllogismes à conclusion négative qui s'appliqueront à
n'être pas blanc, sans qu'on puisse prendre indifféremment les uns pour les
autres.

3. Conclusion négative, définie, assertorique (= *nul animal n'est blanc*),
prouvée par *Celarent*, *Camestres* ou *Cesare*.

4. Conclusion négative, définie, contingente (= *il est possible que nul
animal ne soit blanc*), prouvée par les mêmes modes.

5. Autrement dit, *tout ce qui est animal est non-blanc* : conclusion
universelle affirmative à prédicat indéfini.

6. Car ces deux conclusions sont l'une et l'autre affirmatives, avec cette
seule différence que la première a un prédicat défini, et la seconde un prédicat
indéfini.

7. Ces propositions sont établies affirmativement (κατασκευαστικῶς
l. 31. À noter que cet adverbe s'oppose à ἀνασκευαστικῶς, l. 38) par *Barbara*;
peu importe, ajoute Aristote, l. 32-34, qu'on dise *il est vrai* ou *il est*, car le sens
est le même.

vrai est à mettre sur le même rang que *il est*, car la négation de *il est vrai de l'appeler blanc* n'est pas *il est vrai de l'appeler non-blanc*, mais *il n'est pas vrai de l'appeler blanc*. Si donc l'on
35 veut prouver[1] qu'il est vrai de dire que tout ce qui est homme est musicien, ou bien est non-musicien, on doit aussi poser[2] que tout ce qui est animal ou bien est musicien, ou bien est non-musicien, et la preuve est acquise. Quant à la proposition que tout ce qui est homme n'est pas musicien, on la démontre par réfutation d'après les trois modes dont nous avons parlé[3].

En général, quand A et B sont tels qu'ils ne peuvent pas
40 appartenir en même temps au même sujet, et que c'est l'un des
52b deux qui appartient nécessairement à tout sujet; qu'à leur tour Γ et Δ sont dans la même situation; que A est le conséquent de Γ, sans que cette relation puisse être réciproquée[4]; dans ces

---

1. Preuve syllogistique :

a) De la conclusion affirmative à majeure définie *tout homme est musicien*, en posant comme prémisses :

> *Tout animal est musicien*;
> *Tout homme est animal* (mineure sous-entendue).

b) De la conclusion affirmative à majeure indéfinie *tout homme est non-musicien*, en prenant comme prémisses :

> *Tout animal est non-musicien*;
> *Tout homme est animal* (mineure également sous-entendue).

2. Comme majeure. – L. 34, nous lisons ἔσται avec Jenkinson.

3. *Celarent*, *Camestres* et *Cesare*, pour démontrer la conclusion négative à majeure définie *nul homme n'est musicien*. – Exemple de syllogisme en *Celarent* :

> *Nul animal n'est musicien*;
> *Tout homme est animal*.

4. La position des termes n'est pas la même que 51b34 ci-dessus. Elle est celle-ci :

> A (*non égal*)   B (*égal*)
> Γ (*inégal*)   Δ (*non-inégal*).

conditions, Δ sera le conséquent de B, mais sans réciprocation, et, en outre, A et Δ pourront appartenir au même sujet,
alors que B et Γ ne le pourront pas[1]. – Que, d'abord, Δ soit le
conséquent de B, c'est ce que vont montrer les considérations 5
suivantes : puisque ou Γ ou Δ appartiennent nécessairement,
l'un ou l'autre, à tout sujet, et que Γ ne peut pas appartenir à ce à
quoi B appartient parce qu'il implique A et que A et B ne
peuvent pas appartenir au même sujet, il est clair que Δ sera le
conséquent de B[2]. – Puisque, à son tour, Γ ne se réciproque pas
avec A, mais que ou Γ ou Δ appartiennent à tout sujet, il est
possible que A et Δ appartiennent au même sujet[3]. – Par contre, 10
B et Γ ne le peuvent pas, par le fait que A est le conséquent de
Γ ; on arrive ainsi à une impossibilité[4]. – Il est clair alors que B
ne se réciproque pas non plus avec Δ, puisqu'il est possible que
Δ et A appartiennent en même temps au même sujet[5].

Mais la relation entre A-B et entre Γ-Δ est toujours celle de deux contradictoires (l. 39-b1) ; par contre, Γ est antécédent de A, mais la réciproque n'est
pas vraie (l. 1-2).

1. Ces trois conséquences seront établies dans les lignes suivantes.

2. Preuve que Δ est conséquent de B (l. 4-8) : si on pose B et si on ne pose
pas Δ il faut poser Γ, (car tout sujet est Γ ou Δ) ; mais si on pose Γ, on pose A (car
A est le conséquent de Γ), et poser A est absurde, puisque tout sujet est
exclusivement ou A ou B. Donc B a Δ pour conséquent.

3. Preuve que A et Δ peuvent appartenir au même sujet (l. 8-10). On a posé
que A n'est pas l'antécédent de Γ (alors que Γ est l'antécédent de A), de sorte
que, si A est vrai, Γ peut être faux ; mais nous avons aussi posé que si Γ est faux,
Δ est vrai Donc A et Δ sont vrais en même temps du même sujet.

4. Preuve que B et Γ ne peuvent pas appartenir au même sujet (l. 10-12).
Γ étant posé, A suit ; par suite B disparaît, car A et B sont contradictoires.

5. Dernière conséquence prouvée : Δ n'est pas l'antécédent de B (l. 12-13).
On a, en effet, démontré (l. 8-10) que A peut être vrai avec Δ ; mais A et B sont
contradictoires : donc B ne peut être le conséquent de Δ.

Il arrive parfois aussi que, dans un tel arrangement
15 des termes, on tombe dans l'erreur du fait que les opposés ne
sont pas appréhendés comme il convient, opposés dont l'un
appartient nécessairement à toute chose[1]. Par exemple, <nous
pourrions dire>[2]: « Si A et B ne peuvent pas appartenir en
même temps au même sujet, mais qu'il soit nécessaire que l'un
d'eux appartienne à ce à quoi l'autre n'appartient pas; s'il
en est de même à leur tour pour Γ et Δ; et si enfin A est le
conséquent de tout ce dont Γ est conséquent; il résultera que B
appartient nécessairement à ce à quoi Δ appartient ». Or c'est là
20 une erreur. « Prenons <pourrait-on ajouter>[3] pour négation de
A et B le terme Z, et pour négation de Γ et Δ, à leur tour, le
terme Θ. Il est alors nécessaire que ou A ou Z appartienne à tout
sujet, car ou l'affirmation ou la négation <doit appartenir à ce
sujet>. Et, à leur tour, ou Γ ou Θ <doivent appartenir à tout
sujet>, car l'un est affirmation et l'autre négation. Et A est

---

1. Aristote a démontré (l. 12-13) que Δ ne peut être l'antécédent de B. Or on
pourrait penser le contraire, en raison de la position des termes ABΓΔ. Donnons
à ces termes les positions précédentes. Si A et B ne peuvent appartenir au même
sujet, et s'il en est de même pour Γ et Δ; si, d'autre part, A est le conséquent de Γ,
on est tenté de conclure que, par analogie de position, B est le conséquent de Δ
(l. 14-20); or cette consécution, nous ne l'avons pas admise, et avec raison.
L'erreur, Aristote va le montrer, vient de ce qu'on prend pour négation opposée
à l'affirmation ce qui en réalité n'est pas négation. – L. 19, nous supprimons γὰρ
comme inutile, avec Jenkinson.

2. Mais c'est là un faux raisonnement.

3. Le faux raisonnement se poursuit pour faire admettre la consécution ΔB.
Aux termes ABΓΔ ajoutons les termes Z (négation de A et de B) et Θ (négation
de Γ et de Δ). On peut dire, semble-t-il, que ou A ou Z appartiendra à un même
sujet; de même pour Γ et Θ. D'autre part, les rapports déjà reconnus d'antécédent à conséquent ΓA s'appliquent à Z et à Θ, puisque Z est la négation de A, et
Θ celle de Γ; et, par voie de conséquence, à ΔB, puisque Z est la négation de B,
et Θ de Δ. La démonstration paraît faite.

supposé appartenir à tout ce à quoi Γ appartient ; par conséquent, Θ appartient à tout ce à quoi Z appartient. Puisque à leur   25
tour, ou Z ou B appartiennent l'un ou l'autre à tout sujet, qu'il
en est de même pour Θ et Δ, et que Θ est le conséquent de Z, B
sera le conséquent de Δ, ce que nous savons[1]. Si donc A est le
conséquent de Γ, B doit être celui de Δ ». – Mais c'est là une
chose fausse[2], car nous avons dit[3] qu'il y avait renversement
de la consecution dans des termes ainsi posés. C'est qu'en effet
il n'y a sans doute pas de nécessité que A ou Z appartienne à   30
tout sujet, pas plus que Z ou B, puisque Z n'est pas la négation
de A[4]. En effet, la négation de *bon* est *non-bon*, et ce dernier
terme, *non-bon*, n'est pas identique à *ni bon, ni non-bon*. De
même aussi pour Γ et Δ, car les négations qui ont été prises sont
au nombre de deux[5].

1. D'après les lignes a39-b13.

2. Il n'est pas vrai que B soit conséquent de Δ.

3. L. a39-b13. La consécution se fait de Γ à A, non de A à Γ ; de B à Δ, non
de Δ à B.

4. C'est là où gît l'erreur du raisonnement critiqué par Aristote On a
toujours raisonné comme si Z était le substitut de A ou de B (ou, ce qui revient
au même, comme la négation d'un seul de ces deux termes). En réalité Z a été
posé comme la négation de A et de B. Il faut en dire autant de Θ. Aristote le
montre par un exemple concret : *non-bon* n'est pas équivalent à *ni-bon, ni non-
bon*, pris *in globo*.

5. Autre erreur, qui résulte d'ailleurs du fait de prendre Z comme négation
de A et de B, ou Θ comme négation de Γ et de Δ. On aboutit à une double
négation (BZ ou ΓΘ, par exemple) pour un même terme (A ou Δ) : or il est
impossible qu'il y ait deux négations pour une seule affirmation (cf. *de Inter.*, 7,
17b38-18a12).

LIVRE II

<Propriétés du syllogisme – Fausses conclusions Raisonnements voisins du syllogisme>

1

<Des multiples conclusions dans les syllogismes>

Tels sont donc les points sur lesquels ont porté jusqu'ici nos explications : nombre des figures, qualité et nombre des prémisses, quand et comment on obtient un syllogisme[1] ; nous avons en outre expliqué ce qu'il faut avoir en vue dans la réfutation et l'établissement des conclusions, comment nous devons chercher la solution d'un problème donné selon n'importe quelle méthode[2], et enfin par quelles voies nous atteindrons les principes dans chaque cas[3]. – Mais, puisque les syllogismes sont les uns universels et les autres particuliers[4], tous les syllogismes universels donnent toujours plusieurs conclusions, tandis que, pour les syllogismes particuliers, ceux

40

53a

---

1. Résumé de I, 1-26.

2. Sur μεθόδος, synonyme de ὁδός *via et ratio inquirendi. cf.* Bonitz, *Ind. arist.*, 449b43.

3. Résumé de I, 27-31. – Les *principes* sont les prémisses du syllogisme.

4. C'est-à-dire à conclusion universelle ou à conclusion particulière.

5 qui sont affirmatifs produisent plusieurs conclusions et ceux qui sont négatifs n'en produisent qu'une seule. En effet, sont convertibles toutes les propositions autres que la négative <particulière>, qui, elle, ne se convertit pas[1] ; et la conclusion établit une chose déterminée d'une autre chose déterminée[2]. Il en résulte que tous les syllogismes autres <que la particulière

10 négative> engendrent plusieurs conclusions : par exemple, s'il a été démontré que A appartient à tout B ou à quelque B[3], nécessairement B appartient à quelque A ; et si on a démontré que A n'appartient à nul B[4], B n'appartient non plus à nul A[5], conclusion qui diffère de la précédente. Par contre, si A n'appartient pas à quelque B, il n'est pas nécessaire non plus que B n'appartienne pas à quelque A, puisqu'il peut appartenir à tout A.

15 Telle est donc la raison[6] commune à tous les syllogismes, tant universels que particuliers. Mais on peut donner[7] un autre motif pour les syllogismes universels. En effet, toutes les

---

1. Toute conclusion, à l'exception de la particulière négative, est convertible ; en prouvant une conclusion, le syllogisme prouve donc en même temps sa converse. Si on établit, par exemple, que tout homme est animal, on prouve par là même que quelque animal est homme.

2. La conclusion est une proposition définie, qui exprime, par exemple, que A appartient à B, pris comme sujet (κατά τινός). Sa converse, même vraie, est une proposition toute différente puisqu'il y a transposition du prédicat et du sujet (cf. Philopon, 388, 17).

3. Conclusion en *Barbara* et en *Darii*, donnant lieu à une converse particulière.

4. Conclusion en *Celarent*, donnant lieu à une converse universelle.

5. Conclusion en *Ferio* : pas de converse.

6. La raison de la pluralité de la conclusion.

7. De cette pluralité. – Application du *dictum de omni et de nullo* : tout ce qui est vrai du genre est vrai des espèces du genre, et tout ce qui n'est pas vrai du genre n'est pas vrai de ses espèces.

choses qui sont subordonnées soit au moyen terme, soit à la conclusion[1], peuvent être prouvées par le même syllogisme[2], si les unes sont posées dans le moyen, et les autres dans la conclusion. Par exemple[3], si la conclusion AB est prouvée par 20 Γ, tout ce qui est subordonné à B ou à Γ doit, dans tous les cas, recevoir le prédicat A ; car si Δ est inclus en la totalité de B, et B en A, Δ aussi sera inclus en A. Si, à son tour, E est inclus dans la totalité de Γ, et Γ en A, E sera aussi inclus en A. – Il en est de même si le syllogisme est négatif[4]. – Dans la seconde figure, il 25 sera seulement possible de donner comme conclusion au syllogisme ce qui est subordonné à la conclusion[5]. Par exemple, si

---

1. C'est-à-dire au mineur. *Cf.* Waitz, I, 482 : συμπέρασμα *non significat conclusionem, sed terminum ad quem tendit conclusio*, πρὸς ὃ συμπεραίνεται.

2. Sous réserve des discriminations qui seront apportées *infra*.

3. *Barbara*, A désignant le majeur, B le mineur et Γ le moyen. Par exemple :

    Tout Γ est A ;

    Tout B est Γ ;

    Tout B est A.

En prenant Δ comme une partie de B, on a le syllogisme suivant en *Barbara* :

    Tout B est A (majeure prouvée par le syllogisme précédent) ;

    Tout Δ est B (posé *ex hypothesi*) ;

    Tout Δ est A.

Si maintenant on prend E comme partie de Γ, on a le syllogisme suivant en *Barbara* :

    Tout Γ est A (proposition concédée dans le syllogisme primitif) ;

    Tout E est Γ (posé *ex hypothesi*) ;

    Tout E est A.

4. *Celarent* : là encore, on peut prendre un terme subordonné au mineur ou au moyen.

5. Plus précisément : subordonné au mineur. Exemple par *Cesare* :

    Nul B n'est A ;

    Tout Γ est A ;

    Nul Γ n'est B.

A n'appartient à nul B, et appartient à tout Γ, la conclusion sera
que B n'appartient à nul Γ. Si alors Δ est subordonné à Γ, il est
clair que B ne lui appartient pas. Par contre, que B n'appartienne pas à ce qui est subordonné à A n'est pas rendu évident
30 par le syllogisme. Et pourtant B n'appartient pas à E, si E est
subordonné à A : seulement, tandis qu'il a été prouvé par le
syllogisme que B n'appartient à nul Γ, c'est sans preuve que
nous avons admis que B n'appartient pas à A[1], de sorte que ce
n'est pas par le syllogisme qu'il résulte que B n'appartient
pas à E.

Passons aux syllogismes particuliers : pour les choses qui
35 sont subordonnées à la conclusion, il n'y aura pas de déduction
nécessaire (car on n'obtient pas de syllogisme quand cette
prémisse est prise particulièrement)[2] ; par contre, pour toutes
les choses qui sont subordonnées au moyen terme, <il y aura
déduction nécessaire>, seulement ce ne sera pas par le syllo-

---

Par suite, Δ, espèce de Γ (le mineur), n'est pas non plus B. – Au contraire,
du terme E subordonné au moyen A, on ne prouve pas par *Cesare* (l. 27) que B
lui appartient (*nul E n'est B*) ; on n'y peut arriver que par une conversion simple
de la majeure, qui permet d'obtenir le syllogisme suivant en *Celarent* :

> *Nul A n'est B* ;
> *Tout E est A* ;
> *Nul E n'est B.*

1. La majeure du nouveau syllogisme en *Celarent* n'est pas la conclusion
du précédent syllogisme en *Cesare* : elle est obtenue par une conversion. Par
suite la conclusion *nul E n'est B* n'est pas obtenue par le même syllogisme qui a
prouvé *nul Γn'est B.*

2. La conclusion (autrement dit, le mineur) étant particulière ne peut
admettre de terme subordonné. La raison en est que la conclusion du premier
syllogisme, destinée à devenir la majeure (l. 36, αὕτη *est conclusio quae propo-
sitionis majoris loco sumitur*; Waitz, I, 482) du second syllogisme est particulière ; or dans la première figure, une majeure particulière ne donne pas de
conclusion.

gisme. Soit, par exemple, A appartenant à tout B, et B à quelque Γ[1] : de ce qui est placé sous Γ il n'y aura pas syllogisme ; par contre, de ce qui est placé sous B, il pourra y avoir conclusion, mais ce ne sera pas par le syllogisme précédent. 40 – Il en est de même dans les autres figures[2]. D'un terme subordonné à la conclusion, il n'y aura pas de preuve possible ; mais d'un autre terme[3] il pourra y avoir preuve, non pas par le **56b** syllogisme, mais de la même façon que, dans les syllogismes universels, partant d'une prémisse indémontrée[4], on prouve, comme nous l'avons vu, les choses subordonnées au moyen terme. Par conséquent, ou bien dans le cas des syllogismes universels il n'y aura pas de conclusion, ou alors c'est qu'il y en aura aussi dans le cas des syllogismes particuliers[5].

1. Syllogisme en *Darii* (le raisonnement serait le même pour *Ferio*) :
   Tout B est A ;
   Quelque Γ est B ;
   Quelque Γ est A.
Le mineur Γ étant particulier n'admet pas de terme subordonné. Le moyen B en admet un, Δ par exemple, mais il n'y a pas de conclusion obtenue par le syllogisme qui a prouvé A de quelque Γ. Pour établir A de Δ, on devra se servir d'un autre syllogisme en *Darii*, tel que :
   Tout B est A ;
   Quelque Δ est B ;
   Quelque Δ est A.
(On pourrait encore prendre *Barbara*, car *tout* Δ est aussi partie de E).
2. Voir des exemples dans Pacius, I, 287. – Sur les trois exceptions, dont Aristote ne parle pas, de *Baroco*, dans la seconde figure, et de *Disamis* et *Bocardo* dans la troisième, *cf.* Waitz, I, 482.
3. Un terme subordonné au moyen.
4. La majeure.
5. Il y a donc parallélisme entre les syllogismes à conclusion universelle et les syllogismes à conclusion particulière.

2
‹Conclusion fausse tirée de prémisses vraies, et conclusion vraie tirée de prémisses fausses, dans la première figure›

5   Il peut se faire que soient vraies les prémisses qui forment le syllogisme ; il peut se faire aussi qu'elles soient fausses, ou encore que l'une soit vraie et l'autre fausse. La conclusion, elle, est nécessairement ou vraie, ou fausse, De prémisses vraies on ne peut tirer une conclusion fausse, mais de prémisses fausses[1] on peut tirer une conclusion vraie, avec cette réserve qu'elle portera non pas sur le *pourquoi*, mais sur ce qui est en fait[2]. C'est que le *pourquoi* ne peut faire l'objet d'un
10 syllogisme à prémisses fausses : la cause en sera indiquée par la suite[3].

Que, tout d'abord, de prémisses vraies il ne soit pas possible de tirer une conclusion fausse, c'est là une chose évidente d'après ce que nous allons dire. Si, en effet, il est nécessaire que, A étant, B soit, il est nécessaire que, B n'étant pas, A ne soit pas[4]. Si donc A est vrai, nécessairement B est
15 vrai, ou alors il arrivera que la même chose, en même temps,

---

1. Qu'elles soient fausses l'une et l'autre, ou que l'une d'entre elles seulement le soit.

2. Sur l'opposition du ὅτι (ce qui est en fait) et du διότι (l'explication par la cause), cf. *Meta.*, A, 1, 981a29. – L'assertion d'Aristote est d'ailleurs claire. Du moment que la conclusion, quoique vraie, ne découle pas des prémisses, il ne peut plus s'agir d'une explication par la cause, mais de l'énonciation d'un simple fait (*cf.* Waitz, I, 483). On se reportera encore à Trendelenburg, *Elementa*, p. 107-108.

3. Chapitre 4, 57a40-b17.

4. Par exemple : *Si est homo, est animal ; ergo si non est animal, non est homo.*

est et n'est pas, ce qui est absurde[1]. Mais qu'on n'aille pas croire, sous prétexte qu'on pose A comme un simple terme, que d'une seule chose donnée puisse résulter nécessairement quelque chose : cela n'est pas possible[2]. En effet, ce qui résulte nécessairement, c'est la conclusion, et on ne l'engendre qu'à l'aide d'au moins trois termes, et de deux intervalles ou 20 prémisses. Si donc il est vrai que A appartient à tout ce à quoi B appartient, et que B appartient à tout ce à quoi Γ appartient, nécessairement A appartient <à tout ce à quoi Γ appartient>, et cela ne peut pas être faux, car alors il y aurait, en même temps, attribution et non-attribution. Ainsi, A est posé comme une seule chose, et il signifie deux prémisses prises ensemble. – Il en est de même pour les syllogismes négatifs : il n'est pas possible, en partant de prémisses vraies, de prouver une 25 conclusion fausse.

Mais, de prémisses fausses on peut tirer une conclusion vraie, que les deux prémisses soient fausses ou l'une d'entre elles seulement : mais, dans ce dernier cas, ce n'est pas indifféremment n'importe laquelle, si on la prend comme fausse dans

1. Sylv. Maurus, *in Aristoteles*, I, p. 224, résume ainsi l'argumentation. *Si praemissae, seu antecedens est verum, et conclusio, seu consequens est falsum, verum est antecedens et simul et verum contradictorium, seu destructivum consequentis; sed ex contradictorio, seu destructione consequentis sequitur contradictorium, seu destructio antecedentis; ergo si verum est contradictorium, et destructio consequentis, est etiam verum contradictorium destructivum antecedentis; sed antecedens supponitur verum; ergo verum est antecedens et simul est verum contradictorium, et ejus destructio, quod est impossibile.* Aristote désigne par A l'antécédent (ou prémisses) et par B le conséquent (ou conclusion).

2. Aristote précise que le terme A, bien que singulier, désigne les deux prémisses, et il va, dans les lignes qui suivent, l'établir par un exemple (cf. *supra*, I, 15, 34a17).

sa totalité[1] ; si, au contraire, on ne prend pas la prémisse
comme fausse dans sa totalité, ce peut être indifféremment
30 l'une ou l'autre qui est fausse. – Soit A appartenant à la totalité
de Γ, mais n'appartenant à aucun B, et B n'appartenant pas à
Γ[2]. Cela peut se faire : par exemple *animal* n'appartient à nulle
pierre, ni *pierre* à nul *homme*. Si donc on prend A comme
appartenant à tout B, et B à tout Γ, A appartiendra à tout Γ, de
telle sorte que, partant de deux prémisses fausses la conclusion
35 est vraie, puisque tout homme est animal. – Même solution
dans le cas de la négative. Il est possible, en effet, que ni A, ni B
n'appartiennent à aucun Γ, alors que A appartient à tout B[3],
si, par exemple, prenant les mêmes termes, on pose *homme*

---

1. Aristote explique *infra*, 54a4, ce qu'il faut entendre par proposition
fausse dans sa totalité. Une proposition totalement fausse (ὅλη) est une proposition universelle *contraire* à une proposition universelle vraie : *nul homme
n'est animal* est une proposition fausse dans sa totalité, car nous savons que *tout
homme est animal*. – Une proposition fausse en partie (ἐπὶ τι, *ex parte*) est une
proposition universelle, *contradictoire* d'une proposition particulière vraie :
nul homme n'est juste est une proposition partiellement fausse, car nous savons
que *quelque homme est juste*. En un mot, une proposition fausse en partie est
une proposition affirmative ou négative, partiellement vraie et partiellement
fausse (*cf.* Pacius, I, 291). L. 28, conformément à une suggestion de Waitz, I,
484, suivie par Jenkinson, nous supprimons ἀλλὰ τῆς δευτέρας.

2. Syllogisme en *Barbara*, à deux prémisses totalement fausses et à
conclusion vraie (l. 30-35) :

    Toute pierre (B) *est animal* (A);
    Tout homme (Γ) *est pierre* (B);
    Tout homme (Γ) *est animal* (A).

3. Syllogisme en *Celarent*, à deux prémisses totalement fausses et à
conclusion vraie (l. 35-54a1) :

    Nul homme (B) *n'est animal* (A);
    Toute pierre (Γ) *est homme* (B);
    Nulle pierre (Γ) *n'est animal* (A).

comme moyen : ni *animal*, ni *homme* n'appartiennent à aucune *pierre*, mais *animal* appartient à tout *homme*. Par conséquent, si on prend un terme comme n'appartenant à rien de ce à quoi il [1] appartient[1], et l'autre terme comme appartenant à la totalité de ce à quoi il n'appartient pas[2]; bien que les deux prémisses soient fausses, la conclusion sera vraie. – On prouvera une **54a** conclusion semblable si on prend chaque prémisse comme fausse en partie[3].

Mais quand l'une des prémisses seulement est posée comme fausse, si c'est la première prémisse qui est fausse en totalité, par exemple AB[4], la conclusion ne sera pas vraie; par contre, si c'est la prémisse BΓ[5], la conclusion sera vraie. – J'appelle *fausse en totalité* la prémisse contraire à la vraie : [5] par exemple, si ce qui n'appartient à rien est pris comme appartenant à tout, ou si ce qui appartient à tout est pris comme n'appartenant à rien. – Soit, en effet, A n'appartenant à nul B, et B appartenant à tout Γ[6]. Si alors je prends la prémisse BΓ

1. Si *animal* est dit faussement n'appartenir à nul *homme* (majeure fausse).

2. Si *homme* est dit faussement appartenir à toute *pierre* (mineure fausse).

3. Syllogisme en *Barbara*, à deux prémisses fausses en partie et à conclusion vraie (l. 1 et 2) :

> Tout blanc est animal;
> Tout oiseau est blanc;
> Tout oiseau est animal.

(On pourrait encore procéder par *Celarent*).

4. La majeure.

5. La mineure.

6. Syllogisme en *Barbara*, à majeure totalement fausse et mineure vraie, et à conclusion fausse (l. 6-11) :

> Tout animal (B) est pierre (A);
> Tout homme (Γ) est animal (B);
> Tout homme (Γ) est pierre (A).

comme vraie et la prémisse AB comme totalement fausse
(c'est-à-dire que A appartient à tout B), il est impossible que la
10 conclusion soit vraie ; car A n'appartenait à aucun Γ, s'il est
vrai que A n'appartenait à rien de ce à quoi B appartenait, et B
appartenait à tout Γ. – De même il n'y a pas non plus conclusion vraie si A appartient à tout B, et B à tout Γ, mais tandis
qu'on pose la prémisse vraie BΓ, on pose aussi la prémisse
totalement fausse AB, c'est-à-dire que A n'appartient à rien de
ce à quoi B appartient : la conclusion sera fausse[1]. En effet, A
15 appartiendra à tout Γ, s'il est vrai que A appartient à tout ce à
quoi B appartient, et B à tout Γ. – On voit donc que si la
première prémisse est totalement fausse, qu'elle soit affirmative ou négative, et l'autre prémisse vraie, on n'obtient pas de
conclusion vraie.

Mais si la prémisse n'est pas fausse dans sa totalité, il y
20 aura conclusion vraie. Si, en effet, A appartient à tout Γ et à
quelque B, et B à tout Γ[2] : par exemple, *animal* à tout *cygne* et à
quelque *blanc*, et *blanc* à tout *cygne* ; alors, si on pose que A
appartient à tout B, et B à tout Γ, A appartiendra véritablement
à tout Γ, puisque tout cygne est animal. – Même conclusion si

---

1. Syllogisme en *Celarent*, à majeure totalement fausse et mineure vraie, et
à conclusion fausse (l. 11-15) :

    Nul animal (B) *n'est vivant* (A) ;
    Tout homme (Γ) *est animal* (B) ;
    Nul homme (Γ) *n'est vivant* (A).

2. Syllogisme en *Barbara*, à majeure partiellement fausse et mineure vraie,
et à conclusion vraie (l. 18-23) :

    Tout blanc (B) *est animal* (A) ;
    Tout cygne (Γ) *est blanc* (B) ;
    Tout cygne (Γ) *est animal* (A).

la prémisse AB était négative[1], car il est possible pour A
d'appartenir à quelque B et de n'appartenir à nul Γ, et pour B   25
d'appartenir à tout Γ, par exemple *animal* à quelque *blanc* mais
à aucune *neige*, et *blanc* à toute *neige*. Si donc on prend A
comme n'appartenant à nul B, et B comme appartenant à tout
Γ, A n'appartiendra à nul Γ.

Mais si la prémisse AB est prise comme totalement vraie,
et la prémisse BΓ comme totalement fausse, il y aura syllo-   30
gisme vrai[2] : car rien n'empêche que A n'appartienne à tout B
et à tout Γ, quoique B n'appartienne à nul Γ[3], telles, par
exemple, ces espèces du même genre qui ne sont pas subordonnées entre elles : car *animal* appartient à *cheval* et à *homme*,
mais *cheval* n'appartient à nul *homme*. Si donc on prend A
comme appartenant à tout B, et B à tout Γ, la conclusion sera   35
vraie, bien que la prémisse BΓ soit totalement fausse. – Il en est
encore de même quand la prémisse AB est négative[4]. Il est

---

1. Syllogisme en *Celarent*, à majeure partiellement fausse et mineure
vraie, et à conclusion vraie (l. 23-28) :

> *Nul blanc* (B) *n'est animal* (A) ;
> *Toute neige* (Γ) *est blanche* (B) ;
> *Nulle neige* (Γ) *n'est animal* (A).

2. C'est-à-dire, il y aura syllogisme à conclusion vraie. Sur cette expression, *cf.* Pacius, I, 293.

3. Syllogisme en *Barbara*, à majeure vraie et mineure totalement fausse, et
à conclusion vraie (l. 28-35) :

> *Tout cheval* (B) *est animal* (A) ;
> *Tout homme* (Γ) *est cheval* (B) ;
> *Tout homme* (Γ) *est animal* (A).

4. Syllogisme en *Celarent*, à majeure vraie et mineure totalement fausse, et
à conclusion vraie (l. 35-b2) :

> *Nulle musique* (B) *n'est animal* (A) ;
> *Tout art médical* (Γ) *est musique* (B) ;
> *Nul art médical* (Γ) *n'est animal* (A).

possible, en effet, que A n'appartienne à aucun B ni à aucun Γ, et que B n'appartienne non plus à aucun Γ, tel le genre par rapport aux espèces d'un autre genre : car *animal* n'appartient ni à *musique* ni à *art médical*, et *musique* n'appartient pas non **54b** plus à *art médical*. Si donc A est pris comme n'appartenant à aucun B, et B comme appartenant à tout Γ, la conclusion sera vraie.

Et si la prémisse BΓ est fausse, non pas en totalité, mais en partie, même ainsi la conclusion sera vraie. Car rien n'empêche 5 que A n'appartienne à la totalité de B et de Γ, tandis que B appartient à quelque Γ[1] : par exemple, le genre par rapport à son espèce et à sa différence, car *animal* appartient à tout *homme* et à tout *pédestre*, et *homme* à quelque *pédestre* mais non à tout *pédestre*. Si donc A est pris comme appartenant à tout B, et B à tout Γ, A appartiendra à tout Γ, ce qui, avons-nous 10 supposé, est vrai. – De même encore, si la prémisse AB est négative. Il est, en effet, possible que A n'appartienne ni à aucun B ni à aucun Γ, quoique B appartienne à quelque Γ[2] : par exemple, le genre par rapport à l'espèce d'un autre genre et à sa différence, car *animal* n'appartient à aucune *prudence* ni à aucune *science contemplative*, mais *prudence* appartient à quelque *science contemplative*. Si donc on prend A comme

1. Syllogisme en *Barbara*, à majeure vraie et mineure partiellement fausse, et à conclusion vraie (l. 2-9) :

> *Tout homme* (B) *est animal* (A);
> *Tout pédestre* (Γ) *est homme* (B);
> *Tout pédestre* (Γ) *est animal* (A).

2. Syllogisme en *Celarent*, à majeure vraie et mineure partiellement fausse, et à conclusion vraie (l. 9-16) :

> *Nulle prudence* (B) *n'est animal* (A);
> *Toute science contemplative* (Γ) *est prudence* (B);
> *Nulle science contemplative* (Γ) *n'est animal* (A).

n'appartenant à nul B, et B comme appartenant à tout Γ, A 15
n'appartiendra à nul Γ, ce qui, avons-nous supposé, est vrai.

Dans les syllogismes particuliers, il est possible, quand la
première prémisse est fausse dans sa totalité et l'autre vraie,
que la conclusion soit vraie ; il en est encore ainsi quand la
première prémisse est fausse en partie et l'autre vraie[1], ou 20
quand la première est vraie et la particulière fausse ou enfin
quand les deux prémisses sont fausses. – Rien n'empêche, en
effet, que A n'appartienne à nul B, et appartienne à quelque Γ,
et B à quelque Γ[2] : par exemple, *animal* n'appartient à aucune
neige, mais appartient à quelque *blanc*, et *neige* appartient à
quelque *blanc*. Si donc on pose comme moyen terme *neige*, et 25
comme majeur *animal*, et si on prend A comme appartenant
à la totalité de B, et B comme appartenant à quelque Γ, la
prémisse AB est alors totalement fausse, la prémisse BΓ vraie
et la conclusion vraie. – Même solution si la prémisse AB est
négative : il est possible, en effet, que A appartienne à la totalité
de B et n'appartienne pas à quelque Γ, bien que B appartienne à 30
quelque Γ[3] : par exemple, *animal* appartient à tout *homme*,
mais n'est pas la conséquence de quelque *blanc*, tandis que

---

1. L. 20, nous supprimons, avec Waitz, I, 485, ὅλης après ἑτέρας.

2. Syllogisme en *Darii*, à majeure totalement fausse et mineure vraie, et à
conclusion vraie (l. 21-27) :

> *Toute neige* (B) *est animal* (A) ;
> *Quelque blanc* (Γ) *est neige* (B) ;
> *Quelque blanc* (Γ) *est animal* (A).

L. 24, il faut lire οὖν avec Waitz, et non οὐ avec Bekker.

3. Syllogisme en *Ferio*, à majeure totalement fausse et mineure vraie, et à
conclusion vraie (l. 27-35) :

> *Nul homme* (B) *n'est animal* (A) ;
> *Quelque blanc* (Γ) *est homme* (B) ;
> *Quelque blanc* (Γ) *n'est pas animal* (A).

homme appartient à quelque *blanc*. Il en résulte que si, *homme*
étant posé comme moyen, on prend A comme n'appartenant à
nul B, et B comme appartenant à quelque Γ, la conclusion sera
vraie, bien que la prémisse AB soit totalement fausse.

35   Si la prémisse AB est fausse en partie, la conclusion sera
vraie. Rien, en effet, n'empêche que A n'appartienne à la fois
à B et à quelque Γ, et B à quelque Γ[1] : par exemple, *animal*
appartient à quelque *beau* et à quelque *grand*, et *beau* à quelque
55a *grand*. Si donc on prend A comme appartenant à tout B, et B à
quelque Γ, la prémisse AB sera fausse en partie, la prémisse BΓ
vraie, et la conclusion vraie. – Même solution si la prémisse
AB est négative : nous aurons les mêmes termes, disposés de la
même façon, pour la démonstration[2].

5   Si, à son tour, la prémisse AB est vraie, et la prémisse BΓ
fausse, la conclusion sera vraie. Rien n'empêche, en effet, que
A n'appartienne à la totalité de B et à quelque Γ, et que B
n'appartienne à nul Γ[3] : par exemple, *animal* appartient à tout

---

1. Syllogisme en *Darii*, à majeure partiellement fausse et mineure vraie, et
à conclusion vraie (l. 35-55a2) :

    Tout beau (B) *est animal* (A);

    Quelque grand (Γ) *est beau* (B);

    Quelque grand (Γ) *est animal* (A).

2. Syllogisme en *Ferio*, à majeure partiellement fausse et mineure vraie, et
à conclusion vraie (l. 2-4) :

    Nul beau (B) *n'est animal* (A);

    Quelque grand (Γ) *est beau* (B);

    Quelque grand (Γ) *n'est pas animal* (A).

3. Syllogisme en *Darii*, à majeure vraie et mineure entièrement fausse, et à
conclusion vraie (l. 4-10) :

    Tout cygne (B) *est animal* (A);

    Quelque noir (Γ) *est cygne* (B);

    Quelque noir (Γ) *est animal* (A).

cygne et à quelque *noir*, quoique *cygne* n'appartienne à aucun *noir*. Par conséquent, si on prend A comme appartenant à tout B, et B à quelque Γ, la conclusion sera vraie, bien que la 10 prémisse BΓ soit fausse. – Même conclusion, si la prémisse AB est prise comme négative. Il est, en effet, possible que A n'appartienne à aucun B, et n'appartienne pas à quelque Γ, tandis que B n'appartient à aucun Γ[1] : par exemple, le genre par rapport à l'espèce d'un autre genre et à l'accident de ses propres espèces, car *animal* n'appartient à aucun *nombre* et 15 n'appartient pas à quelque *blanc*, et *nombre* n'appartient à aucun *blanc*. Si donc on pose comme moyen *nombre*, et qu'on prenne A comme n'appartenant à aucun B, et B comme appartenant à quelque Γ, A n'appartiendra pas à quelque Γ, ce qui, avons-nous supposé, est vrai. Et la prémisse AB est vraie, et la prémisse BΓ fausse.

De même, si la prémisse AB est fausse en partie, et la 20 prémisse BΓ fausse, la conclusion sera vraie. Rien n'empêche, en effet, A d'appartenir dans chaque prémisse à quelque B et à quelque Γ, bien que B n'appartienne à aucun Γ[2] : par exemple, si B est le contraire de Γ, et que tous les deux soient des accidents du même genre : car *animal* appartient à quelque *blanc* et

1. Syllogisme en *Ferio*, à majeure vraie et mineure totalement fausse, et à conclusion vraie (l. 10-19) :

    Nul nombre (B) *n'est animal* (A) ;
    Quelque blanc (Γ) *est nombre* (B) ;
    Quelque blanc (Γ) *n'est pas animal* (A).

L. 15, nous lisons, avec Jenkinson, τινὶ οὔ.

2. Syllogisme en *Darii*, à majeure partiellement fausse et mineure fausse, et à conclusion vraie (l. 19-26) :

    Tout blanc (B) *est animal* (A) ;
    Quelque noir (Γ) *est blanc* (B) ;
    Quelque noir (Γ) *est animal* (A).

25 à quelque *noir*, mais *blanc* n'appartient à aucun *noir*. Si donc
on prend A comme appartenant à tout B, et B à quelque Γ, la
conclusion sera vraie. – Et il en est de même quand la prémisse
AB est prise comme négative : les mêmes termes, disposés de
la même façon, serviront pour la démonstration [1].

Et encore, quand les prémisses sont fausses l'une et l'autre,
30 la conclusion sera vraie. Il est possible, en effet, que A n'appartienne à aucun B et appartienne à quelque Γ, bien que B
n'appartienne à aucun Γ [2]; par exemple, le genre par rapport à
l'espèce d'un autre genre et à l'accident de ses espèces, car
animal n'appartient à aucun *nombre*, mais appartient à quelque
blanc, et *nombre* n'appartient à aucun *blanc*. Si donc on prend
A comme appartenant à tout B, et B à quelque Γ, la conclusion
35 sera vraie, bien que les deux prémisses soient fausses. – Même
solution quand la prémisse AB est négative. Rien n'empêche,
en effet, que A n'appartienne à la totalité de B et n'appartienne
pas à quelque Γ, tandis que B n'appartient à aucun Γ [3] : par

---

1. Syllogisme en *Ferio*, à majeure partiellement fausse et mineure fausse,
et à conclusion vraie (l. 26-28) :

    Nul blanc (B) *n'est animal* (A);
    Quelque noir (Γ) *est blanc* (B);
    Quelque noir (Γ) *n'est pas animal* (A).

2. Syllogisme en *Darii*, à majeure entièrement fausse et mineure fausse, et
à conclusion vraie (l. 28-35) :

    Tout nombre (B) *est animal* (A);
    Quelque blanc (Γ) *est nombre* (B);
    Quelque blanc (Γ) *est animal* (A).

3. Syllogisme en *Ferio*, à majeure totalement fausse et mineure fausse, et à
conclusion vraie (l. 36-b2) :

    Nul cygne (B) *n'est animal* (A);
    Quelque noir (Γ) *est cygne* (B);
    Quelque noir (Γ) *n'est pas animal* (A).

exemple, *animal* appartient à tout *cygne* et n'appartient pas à quelque *noir*, et *cygne* n'appartient à aucun *noir*. Il en résulte que si on prend A comme n'appartenant à aucun B, et B comme appartenant à quelque Γ, A n'appartiendra à nul Γ. La conclusion est donc vraie, mais les prémisses sont fausses. **40**

55b

3
<Conclusion vraie tirée de prémisses fausses, dans la seconde figure>

Dans la seconde figure, il est de toute façon possible d'aboutir à une conclusion vraie par des prémisses fausses : que les deux prémisses soient prises comme totalement fausses **5** ou que chacune d'elles soit fausse en partie ; ou que l'une soit vraie et l'autre totalement fausse (quelle que soit d'ailleurs celle qui soit fausse) ; [ou que les deux prémisses soient partiellement fausses] ; ou que l'une soit complètement vraie et l'autre partiellement fausse ; [ou que l'une soit totalement fausse, et l'autre partiellement vraie] ; et ce, aussi bien dans les syllogismes universels que dans les syllogismes particuliers [1].

---

1. Le texte de ce premier paragraphe est difficile à établir, et peut-être faut-il, avec Waitz, I, 488, supprimer, l. 7, καὶ εἰ ἀμφότεραι ἐπί τι ψευδεῖς et, l. 8-9, καὶ εἰ ἡ μὲν ὅλη ψευδὴς ἡ δ' ἐπί τι ἀληθής. Il semble bien notamment que ἐπί τι ἑκατέρας, l. 5, fasse double emploi avec εἰ ἀμφότεραι ἐπί τι ψευδεῖς. Mais il faut tenir compte de l'habituelle négligence d'Aristote, et aussi, sans doute, du fait qu'il n'a pas voulu, dans la suite du chapitre, se livrer à une énumération complète. Pour toutes ces raisons, les modifications proposées par Waitz ne nous paraissent pas s'imposer, et nous préférons conserver la leçon traditionnelle. – Les différentes combinaisons de prémisses indiquées par Aristote peuvent se ramener à cinq :

10   En effet, si A n'appartient à aucun B, et appartient à tout
Γ[1], si, par exemple, *animal* n'appartient à aucune *pierre* et
appartient à tout *cheval*, quand les prémisses sont posées d'une
façon contraire <à ce qu'on vient de dire>, et qu'on prend A
comme appartenant à tout B et comme n'appartenant à aucun
Γ, alors, des prémisses totalement fausses conduiront à une
15 conclusion vraie. – Même solution, si A appartient à tout B et
n'appartient à aucun Γ, car le syllogisme sera le même[2].

        C'est encore le cas si une prémisse est totalement fausse,
et l'autre totalement vraie : rien n'empêche, en effet, que A
n'appartienne à tout B et à tout Γ, quoique B n'appartienne à

---

        a) Prémisse totalement fausse avec prémisse totalement fausse ;

        b) Prémisse vraie avec prémisse totalement fausse ;

        c) Prémisse partiellement fausse avec prémisse partiellement vraie (cas qui
semble visé, l. 5 ἐπί τι ἑκατέρας et l. 7, εἰ ἀμφότεραι ἐπί τι ψευδεῖς. Cf. *infra*,
4, 56b20-33) ;

        d) Prémisse vraie avec prémisse partiellement fausse ;

        e) Prémisse entièrement fausse avec prémisse partiellement fausse.

        Dans la suite du chapitre, Aristote va passer en revue ces différentes
hypothèses, d'abord en ce qui concerne les syllogismes universels (*ad* 56a4),
puis en ce qui concerne les syllogismes particuliers.

        1. Syllogisme en *Camestres*, à deux prémisses entièrement fausses, et à
conclusion vraie :

        Toute pierre (B) *est animal* (A) ;
        Nul cheval (Γ) *n'est animal* (A) ;
        Nul cheval (Γ) *n'est pierre* (B).

        2. Même cas en *Cesare* :

        Nul cheval (B) *n'est animal* (A) ;
        Toute pierre (Γ) *est animal* (A) ;
        Nulle pierre (Γ) *n'est cheval* (B).

        Le syllogisme « sera le même » que pour *Camestres*, mais *quodammodo*,
en ce sens qu'il y a seulement transposition des prémisses et conversion de la
conclusion.

aucun Γ[1], comme le genre par rapport à ses espèces non subordonnées, car *animal* appartient à tout *cheval* et à tout *homme*, et aucun *homme* n'est *cheval*. Si donc on prend *animal* 20 comme appartenant à tout l'un et comme n'appartenant à rien de l'autre, une prémisse sera totalement fausse et l'autre totalement vraie, et la conclusion sera vraie, à quelque terme que se rapporte la négative[2]. – De même encore, si une prémisse est fausse en partie et l'autre totalement vraie. Il est possible, en 25 effet, que A appartienne à quelque B et à tout Γ, quoique B n'appartienne à aucun Γ[3] : par exemple, *animal* appartient à quelque *blanc* et à tout *corbeau*, et *blanc* n'appartient à aucun *corbeau*. Si donc on prend A comme n'appartenant à nul B, mais comme appartenant à la totalité de Γ, la prémisse AB est partiellement fausse, la prémisse AΓ totalement vraie, et la conclusion vraie. – Et si on transpose la prémisse négative, 30 il en est de même : c'est par les mêmes termes que se fera la démonstration[4]. – De même encore, si la prémisse affirmative

---

1. Syllogisme en *Camestres*, à prémisse entièrement vraie et prémisse entièrement fausse, et à conclusion vraie :

> *Tout cheval* (B) *est animal* (A);
> *Nul homme* (Γ) *n'est animal* (A);
> *Nul homme* (Γ) *n'est cheval* (B).

2. Autrement dit, que ce soit la majeure ou la mineure. On peut donc raisonner aussi en *Cesare*.

3. Syllogisme en *Cesare*, à prémisse négative partiellement fausse et prémisse affirmative totalement vraie, et à conclusion vraie :

> *Nul blanc* (B) *n'est animal* (A);
> *Tout corbeau* (Γ) *est animal* (A);
> *Nul corbeau* (Γ) *n'est blanc* (B).

4. Même cas en *Camestres* :

> *Tout corbeau* (B) *est animal* (A);
> *Nul blanc* (Γ) *n'est animal* (A);
> *Nul blanc* (Γ) *n'est corbeau* (B).

est fausse en partie, et la négative totalement vraie. Car rien
n'empêche que A n'appartienne à quelque B et n'appartienne
pas à Γ pris dans sa totalité, tandis que B n'appartient à aucun
Γ[1] : par exemple, *animal* appartient à quelque *blanc*, mais
35 n'appartient à aucune *poix*, et *blanc* n'appartient à aucune *poix*.
Par conséquent, si on prend A comme appartenant à la totalité
de B et comme n'appartenant à aucun Γ, la prémisse AB est
partiellement fausse, la prémisse AΓ totalement vraie, et la
conclusion vraie.

Et si les deux prémisses sont toutes les deux fausses en
partie, la conclusion sera vraie. Il est possible, en effet, que A
40 appartienne à quelque B et à quelque Γ, et que B n'appartienne
56a à aucun Γ[2] : par exemple, *animal* appartient à quelque *blanc* et
à quelque *noir*, et *blanc* n'appartient à nul *noir*. Si donc on
prend A comme appartenant à tout B et comme n'appartenant à
aucun Γ, les prémisses seront toutes deux partiellement fausses,
et la conclusion vraie. – Même solution en cas de transposition
de la prémisse négative et on se servira des mêmes termes[3].

5 Il est clair aussi que ce que nous venons de dire s'applique
aux syllogismes particuliers. Rien n'empêche, en effet, que A

---

1. Syllogisme en *Camestres*, à prémisse affirmative partiellement fausse et
prémisse négative totalement vraie, et à conclusion vraie :
  Tout blanc (B) *est animal* (A);
  Nulle poix (Γ) *n'est animal* (A);
  Nulle poix (Γ) *n'est blanche* (B).
  (On peut aussi raisonner en *Cesare*).
2. Syllogisme en *Camestres*, à deux prémisses partiellement fausses, et à
conclusion vraie :
  Tout blanc (B) *est animal* (A);
  Nul noir (Γ) *n'est animal* (A);
  Nul noir (Γ) *n'est blanc* (B).
3. Même cas en *Cesare*.

n'appartienne à tout B et à quelque Γ, et que B n'appartienne pas à quelque Γ[1] : par exemple, *animal* appartient à tout *homme* et à quelque *blanc*, et *homme* n'appartient pas à quelque *blanc*. Si donc on pose A comme n'appartenant à nul B, et comme appartenant à quelque Γ, la prémisse universelle 10 est totalement fausse, la prémisse particulière vraie, et la conclusion vraie. – De même, si la prémisse AB est négative. Il est possible, en effet, que A n'appartienne à aucun B et n'appartienne pas à quelque Γ, et que B n'appartienne pas à quelque Γ[2] : par exemple, *animal* n'appartient à aucun *inanimé* et n'appartient pas à quelque *blanc*, et *inanimé* n'appartiendra 15 pas à quelque *blanc*. Si donc on pose A comme appartenant à tout B et comme n'appartenant pas à quelque Γ, la prémisse AB, qui est universelle, est totalement fausse, la prémisse AΓ vraie, et la conclusion vraie. – La conclusion est encore vraie quand on pose la prémisse universelle comme vraie, et la particulière comme fausse. Rien n'empêche, en effet, que A ne 20 soit le conséquent ni de B ni de Γ, bien que B n'appartienne pas à quelque Γ[3] : par exemple, *animal* n'appartient à aucun

1. Syllogisme en *Festino*, à majeure entièrement fausse et mineure vraie, et à conclusion vraie :

  Nul homme (B) *n'est animal* (A) ;
  Quelque blanc (Γ) *est animal* (A) ;
  Quelque blanc (Γ) *n'est pas homme* (B).

2. Même cas en *Baroco* :
  Tout inanimé (B) *est animal* (A) ;
  Quelque blanc (Γ) *n'est pas animal* (A) ;
  Quelque blanc (Γ) *n'est pas inanimé* (B).

3. Syllogisme en *Festino*, à majeure vraie et mineure fausse, et à conclusion vraie :
  Nul nombre (B) *n'est animal* (A) ;
  Quelque inanimé (Γ) *est animal* (A) ;
  Quelque inanimé (Γ) *n'est pas nombre* (B).

nombre ni à aucun *inanimé*, et *nombre* n'est pas le conséquent de quelque *inanimé*. Si donc on pose A comme n'appartenant à aucun B et comme appartenant à quelque Γ, la conclusion sera vraie, la prémisse universelle vraie, et la particulière fausse. 25 – Et si la prémisse posée universellement est affirmative, il en est de même. Il est, en effet, possible que A appartienne à la fois à la totalité de B et de Γ, bien que B ne soit pas le conséquent de quelque Γ[1] : par exemple, le genre par rapport à l'espèce et à la différence, car *animal* est le conséquent de tout *homme* et de *pédestre* pris dans sa totalité, mais *homme* n'est pas le conséquent de tout *pédestre*. Il en résulte que si on prend 30 A comme appartenant à la totalité de B et comme n'appartenant pas à quelque Γ, la prémisse universelle est vraie, la particulière fausse, et la conclusion vraie.

Il est clair aussi que deux prémisses fausses l'une et l'autre peuvent conduire à une conclusion vraie, puisqu'il est possible que A appartienne à la fois à B et à Γ pris dans leur totalité, bien 35 que B ne soit pas le conséquent de quelque Γ[2]. Si, en effet, on prend A comme n'appartenant à aucun B, et comme appartenant à quelque Γ, les prémisses sont toutes deux fausses, et la conclusion vraie. – Il en est de même quand la prémisse universelle est affirmative, et la particulière négative. Il est possible, en effet, que A ne soit le conséquent d'aucun B, et soit

---

1. Même cas en *Baroco* :
   Tout homme (B) *est animal* (A);
   Quelque pédestre (Γ) *n'est pas animal* (A);
   Quelque pédestre (Γ) *n'est pas homme* (B).

2. Syllogisme en *Festino*, à deux prémisses fausses et à conclusion vraie :
   Nul homme (B) *n'est animal* (A);
   Quelque inanimé (Γ) *est animal* (A);
   Quelque inanimé (Γ) *n'est pas homme* (B).

le conséquent de tout Γ, et que B n'appartienne pas à quelque 40
Γ[1] : par exemple, *animal* n'est le conséquent d'aucune *science*,
mais est le conséquent de tout *homme*, et *science* n'est pas le
conséquent de tout *homme*. Si donc A est pris comme appar- 56b
tenant à la totalité de B, et comme n'étant pas le conséquent de
quelque Γ, les prémisses sont fausses, mais la conclusion vraie.

4

*\<Conclusion vraie tirée de prémisses fausses,
dans la troisième figure\>*

Il y aura, dans la dernière figure, une conclusion vraie tirée
de prémisses fausses : quand les prémisses sont toutes les deux 5
totalement fausses ; quand chacune est partiellement fausse ;
quand l'une est totalement vraie, et l'autre fausse ; quand l'une
est partiellement fausse, et l'autre totalement vraie ; et inversement ; dans tous les autres cas, enfin, où il est possible de
transposer les prémisses.

Rien n'empêche, en effet, que ni A, ni B n'appartiennent à 10
aucun Γ, bien que A appartienne à quelque B[2] : par exemple, ni
homme, ni *pédestre* n'est le conséquent d'aucun *inanimé*, alors
que *homme* appartient à quelque *pédestre*. Si donc A et B sont

---

1. Même cas en *Baroco* :
   Toute science (B) *est animal* (A);
   Quelque homme (Γ) *n'est pas animal* (A);
   Quelque homme (Γ) *n'est pas science* (B).

2. Syllogisme en *Darapti*, à deux prémisses totalement fausses, et à
conclusion vraie :
   Tout inanimé (Γ) *est homme* (A);
   Tout inanimé (Γ) *est pédestre* (B);
   Quelque pédestre (B) *est homme* (A).

pris comme appartenant à tout Γ, les prémisses sont totalement
fausses, mais la conclusion est vraie. – De même, quand une
15 prémisse est négative, et l'autre, affirmative. Il est possible, en
effet, que B n'appartienne à aucun Γ, que A appartienne à tout
Γ, et que A n'appartienne pas à quelque B[1] : par exemple, *noir*
n'appartient à aucun *cygne*, *animal* appartient à tout *cygne*, et
animal à quelque *noir*. Par conséquent, si on prend B comme
appartenant à tout Γ, et A comme n'appartenant à aucun Γ, A
n'appartiendra pas à quelque B ; et la conclusion est vraie, mais
20 les prémisses fausses.

De même encore, si chaque prémisse est partiellement
fausse, la conclusion sera vraie. Rien n'empêche, en effet, A et
B d'appartenir à quelque Γ, et A à quelque B[2] : par exemple,
blanc et *beau* appartiennent à quelque *animal*, et *blanc* à
25 quelque *beau*. Si donc on pose A et B comme appartenant
à tout Γ, les prémisses sont partiellement fausses, mais la
conclusion vraie. – Et si la prémisse AB est posée comme
négative, il en est de même. Rien n'empêche, en effet, que
A n'appartienne pas à quelque Γ, et que B n'appartienne à
quelque Γ, tandis que A n'appartient pas à tout B[3] : par exemple,

1. Même cas en *Felapton* :
    Nul cygne (Γ) *n'est animal* (A) ;
    Tout cygne (Γ) *est noir* (B) ;
    Quelque noir (B) *n'est pas animal* (A).
2. Syllogisme en *Darapti*, à deux prémisses partiellement fausses, et à
conclusion vraie :
    Tout animal (Γ) *est blanc* (A) ;
    Tout animal (Γ) *est beau* (B) ;
    Quelque beau (B) *est blanc* (A).
3. Même cas en *Felapton* :
    Nul animal (Γ) *n'est blanc* (A) ;
    Tout animal (Γ) *est beau* (B) ;
    Quelque beau (B) *n'est pas blanc* (A).

blanc n'appartient pas à quelque *animal*, *beau* appartient à quelque *animal*, et *blanc* n'appartient pas à tout *beau*. Par conséquent, si on prend A comme n'appartenant à aucun Γ, et B comme appartenant à tout Γ, les deux prémisses sont l'une et l'autre partiellement fausses, mais la conclusion est vraie. 30

Même solution si une prémisse est prise comme totalement fausse, et l'autre comme totalement vraie. Il est possible, en effet, que A et B soient les conséquents de tout Γ, bien que A n'appartienne pas à quelque B[1] : par exemple, *animal* et *blanc* sont les conséquents de tout *cygne*, bien qu'*animal* n'appartienne pas à tout *blanc*. Des termes de ce genre étant posés, si on prend B comme appartenant à la totalité de Γ, et A comme n'appartenant pas à Γ pris dans sa totalité, la prémisse BΓ sera totalement vraie, la prémisse AΓ totalement fausse, et la conclusion vraie. – Il en est de même encore, si la prémisse BΓ 40 est fausse, et la prémisse AΓ vraie[2]. On se servira des mêmes termes pour la démonstration [savoir : *noir*, *cygne*, *inanimé*][3]. **57a** – C'est encore le cas si on prend les deux prémisses comme affirmatives. Car rien n'empêche B d'être le conséquent de tout Γ, et A de ne pas appartenir à Γ pris dans sa totalité, bien 35

---

1. Syllogisme en *Felapton*, à majeure totalement fausse et mineure vraie, et à conclusion vraie :

     Nul cygne (Γ) *n'est animal* (A);

     Tout cygne (Γ) *est blanc* (B);

     Quelque blanc (B) *n'est pas animal* (A).

2. Syllogisme en *Felapton*, à majeure vraie et mineure totalement fausse, et à conclusion vraie :

     Nul cygne (Γ) *n'est noir* (A);

     Tout cygne (Γ) *est inanimé* (B);

     Quelque inanimé (B) *est noir* (A).

3. Mots douteux, empruntés sans doute au commentaire perdu d'Alexandre : les termes ne sont pas les mêmes que précédemment.

que A appartienne à quelque B[1] : par exemple, *animal* appar-
5 tient à tout *cygne*, *noir* n'appartient à nul *cygne*, et *noir* appartient à quelque *animal*. Par conséquent, si on prend A et B
comme appartenant à tout Γ, la prémisse BΓ est totalement
vraie, la prémisse AΓ totalement fausse, et la conclusion vraie.
– Même solution, si la prémisse AΓ est prise comme vraie : la
démonstration peut en être faite à l'aide des mêmes termes[2].

10 Même conclusion encore, si l'une des prémisses est totalement vraie, et l'autre partiellement fausse. Il est possible, en
effet, que B appartienne à tout Γ, et A à quelque Γ, tandis que A
appartient à quelque B[3] : par exemple, *bipède* appartient à tout
homme, *beau* n'appartient pas à tout *homme*, et *beau* appartient
à quelque *bipède*. Si donc on prend A et B comme appartenant
à la totalité de Γ, la prémisse BΓ est totalement vraie, la pré-
15 misse AΓ partiellement fausse, et la conclusion vraie. – Même
solution, si la prémisse AΓ est prise comme vraie, et la

1. Syllogisme en *Darapti*, à majeure totalement fausse et mineure vraie, et
à conclusion vraie :

> *Tout cygne* (Γ) *est noir* (A);
> *Tout cygne* (Γ) *est animal* (B);
> *Quelque animal* (B) *est noir* (A).

2. Même cas en *Darapti*, à majeure vraie et mineure entièrement fausse, et
à conclusion vraie :

> *Tout cygne* (Γ) *est animal* (A);
> *Tout cygne* (Γ) *est noir* (B);
> *Quelque noir* (B) *est animal* (A).

3. Syllogisme en *Darapti*, à majeure partiellement fausse et mineure vraie,
et à conclusion vraie :

> *Tout homme* (Γ) *est beau* (A);
> *Tout homme* (Γ) *est bipède* (B);
> *Quelque bipède* (B) *est beau* (A).

prémisse BΓ comme partiellement fausse[1] : la transposition des mêmes termes[2] que ci-dessus rendra possible la démonstration. – Même résultat, si une prémisse est négative, et l'autre affirmative[3]. Puisqu'il est possible, en effet, que B appartienne à la totalité de Γ, et A à quelque Γ, et, quand les termes sont ainsi posés, que A n'appartienne pas à tout B, il en résulte 20 que, si l'on prend B comme appartenant à la totalité de Γ, et A comme n'appartenant à aucun Γ, la prémisse négative est partiellement fausse, l'autre totalement vraie, ainsi que la conclusion. Et maintenant[4], puisqu'il a été démontré que, A n'appartenant à aucun Γ et B appartenant à quelque Γ, il est possible que A n'appartienne pas à quelque B, il est clair que si 25 la prémisse AΓ est totalement vraie, et la prémisse BΓ partiellement fausse, la conclusion pourra être vraie. Si, en effet, on prend A comme n'appartenant à aucun Γ, et B comme appartenant à tout Γ, la prémisse AΓ est totalement vraie, et la prémisse BΓ partiellement fausse.

1. Syllogisme en *Darapti*, à majeure vraie et mineure partiellement fausse, et à conclusion vraie :
 Tout homme (Γ) *est bipède* (A) ;
 Tout homme (Γ) *est beau* (B) ;
 Quelque beau (B) *est bipède* (A).

2. Le majeur et le mineur changent de place.

3. Syllogisme en *Felapton*, à majeure partiellement fausse et mineure totalement vraie :
 Nul homme (Γ) *n'est blanc* (A) ;
 Tout homme (Γ) *est animal* (B) ;
 Quelque animal (B) *n'est pas blanc* (A).

4. Syllogisme en *Felapton*, à majeure vraie et mineure partiellement fausse, et à conclusion vraie :
 Nul homme (Γ) *n'est pierre* (A) ;
 Tout homme (Γ) *est blanc* (B) ;
 Quelque blanc (B) *n'est pas pierre* (A).

Il est clair encore que, dans les syllogismes particuliers[1], il
30 peut y avoir, dans tous les mêmes cas, conclusion vraie tirée de
prémisses fausses. Les termes à employer sont, en effet, les
mêmes que dans le cas de prémisses universelles, termes affirmatifs dans les syllogismes affirmatifs, négatifs dans les syllogismes négatifs. Car, peu importe, pour l'exposition des termes,
que ce qui n'appartient pas à un sujet pris dans sa totalité soit
posé comme appartenant à sa totalité, ou que ce qui appartient à
un sujet pris particulièrement soit posé comme appartenant à sa
35 totalité[2]. Et on peut en dire autant des propositions négatives[3].

On voit donc que, si la conclusion est fausse, les propositions d'où part le raisonnement doivent nécessairement être
fausses, soit toutes, soit quelques-unes seulement ; par contre,
quand la conclusion est vraie, il n'est pas nécessaire que les
prémisses soient vraies, qu'il s'agisse d'une seule d'entre elles
ou de toutes : mais il est possible, bien qu'aucune des parties du
syllogisme[4] ne soit vraie, que la conclusion n'en soit pas moins
40 vraie, seulement ce n'est pas d'une manière nécessaire. La

---

1. C'est-à-dire les syllogismes ayant une prémisse particulière. –
Cf. Philopon, 411, 26-31, et 412, 1-7.

2. Autrement dit : le résultat est le même, qu'on ait affaire à une proposition
universelle entièrement fausse ou à une proposition universelle partiellement
fausse. Ce qui a été dit de *Darapti* s'applique donc à *Datisi* et à *Disamis*.
Cf. Waitz, I, 492 : *Conclusio quum non pendeat e veritate vel falsitate proposi-
tionum, sed e modo praedicandi qui in iis obtinet, eadem erit, sive pro vero
sumitur quod ex parte falsum est sive quod vero contrarium : quare non refert
utrum quod de nullo praedicari debeat an quod de aliquo sumamus praedicari
de omni : nam utique sumimus propositionem affirmantem de omni.*

3. Ce qu'on dit de *Felapton* s'applique à *Bocardo* et à *Ferison*.

4. C'est-à-dire : aucune des prémisses.

raison[1] en est que, deux choses étant entre elles de telle façon **57b** que l'existence de l'une entraîne nécessairement l'existence de l'autre, la non-existence de la dernière entraînera la non-existence de la première, tandis que l'existence de la dernière n'entraîne pas nécessairement l'existence de la première. Mais il est impossible[2] que l'existence et la non-existence de la même chose entraîne de manière nécessaire l'existence de la même chose. Je veux dire[3] que, par exemple, il est impossible que la **5** blancheur de A entraîne nécessairement la grandeur de B, et que la non-blancheur de A entraîne nécessairement la grandeur

---

1. La raison pour laquelle il n'y a pas nécessité de la conclusion quand les prémisses sont fausses. L'argumentation, jusqu'à la fin du chapitre, est assez confuse. Ligne a40-b3. – La nécessité de la conclusion fait défaut quand les prémisses sont fausses. Aristote rappelle (*cf.* 2, 53b13) qu'en effet dans la relation d'antécédent (A) à conséquent (B), si A est, B est, et si B n'est pas, A n'est pas; par contre, on ne peut dire que si B est, A soit. En d'autres termes (car A, antécédent, désigne les deux prémisses, et B, conséquent, la conclusion), la fausseté de la conclusion entraîne la fausseté des prémisses, mais la vérité de la conclusion n'entraîne pas la vérité des prémisses. Le lien nécessaire entre A et B fait alors défaut.

2. Ligne 3-4. – Ceci posé, il est impossible que le conséquent (B) qui suit *nécessairement* d'un antécédent (A), suive *nécessairement* de la contradictoire du même antécédent (non-A). S'il est vrai de dire *si est homo, est animal*, on ne peut dire *si non est homo, est animal*. Ce qui signifie en termes de syllogisme : il est impossible que la vérité et la fausseté des prémisses entraînent également, *d'une façon nécessaire*, la vérité d'une même conclusion.

3. Ligne 4-6. – Aristote démontre ce qu'il vient de dire. Soit A l'antécédent (*le cygne est blanc*) et B le conséquent (*la montagne est grande*). On ne peut dire, à la fois : le cygne est blanc, *donc* la montagne est grande, et le cygne n'est pas blanc, *donc* la montagne est grande. S'il y a nécessité dans le premier cas, il n'y a pas nécessité dans le second, mais seulement liaison de fait. La preuve en sera donnée dans les lignes qui suivent (jusqu'à la fin du chapitre).

de B. Puisque, en effet[1], la blancheur de cette chose-ci, A, entraîne nécessairement la grandeur de cette chose-là, B, et que la grandeur de B entraîne la non-blancheur de Γ, il faut nécessairement que, si A est blanc, Γ ne soit pas blanc. Et puisque, deux termes étant donnés, l'existence de l'un entraîne 10 nécessairement l'existence de l'autre, il est nécessaire que la non-existence de l'un entraîne la non-existence de l'autre, A par exemple. Si alors B n'est pas grand, A ne peut pas être blanc. Mais si, quand A n'est pas blanc, il est nécessaire que B soit grand, il résulte nécessairement que, B n'étant pas grand, B lui-même est grand (ce qui est absurde), car si B n'est pas 15 grand, nécessairement A ne sera pas blanc. Si donc, quand ce

---

1. Ligne 6 *ad finem*. – Aristote commence par poser (l. 6-9) que si l'anté-cédent *A est blanc* entraîne le conséquent *B est grand*, et que le conséquent *B est grand* un troisième terme *Γ n'est pas blanc*, l'antécédent *A est blanc* entraîne le troisième terme *Γ n'est pas blanc* : c'est le principe même du syllogisme. – Aristote rappelle ensuite ce qu'il a déjà dit des relations de l'antécédent et du conséquent (l. 9-12) : si l'existence de l'antécédent (A) entraîne celle du conséquent (B), la non-existence de B entraîne la non-existence de A. – Ceci dit, puisqu'on a posé *si A est blanc, B est grand*, on peut dire : *si B n'est pas grand, A n'est pas blanc.* mineure du syllogisme posé (l. 12-17) :

> *Si A n'est pas blanc, B est grand* (majeure admise par l'adversaire, qui prétend que d'une prémisse fausse résulte une conséquence vraie) ;
> *Si B n'est pas grand, A n'est pas blanc* ;

Donc :

> *Si B n'est pas grand, B est grand*, conclusion manifestement absurde.

Comme le remarque Pacius, II, 215, c'est comme si l'on disait :

> *Si la conclusion n'est pas vraie, les prémisses ne sont pas vraies* ;
> *Si les prémisses ne sont pas vraies, la conclusion est vraie* ;

Donc :

> *Si la conclusion n'est pas vraie, la conclusion est vraie.*

Il est donc impossible qu'une conclusion découle de prémisses fausses autrement que *per accidens*.

dernier n'est pas blanc, B doit être grand, il résulte que si B n'est pas grand, il est grand, comme si c'était prouvé par trois termes[1].

5
<La démonstration circulaire dans la première figure>

La démonstration circulaire et réciproque consiste, au moyen de la conclusion et de l'une des prémisses inversée dans 20 sa prédication, à en tirer la proposition restante que nous avions posée dans le premier syllogisme[2]. – Par exemple[3],

---

1. Dans ce syllogisme, il n'y a que deux termes, A et B, mais le résultat est le même que s'il y en avait trois, car B est pris deux fois, et que si on se servait du syllogisme hypothétique ABΓ, indiqué l. 6-9.

2. Le *cercle* ou *démonstration circulaire* consiste donc à emprunter à un syllogisme déjà constitué sa conclusion et l'une de ses prémisses préalablement « convertie », pour en faire les prémisses d'un second syllogisme, qui aura pour conclusion la seconde prémisse du syllogisme original. Si l'une ou l'autre des prémisses du premier syllogisme peut indifféremment devenir la conclusion du second syllogisme, on dit que la démonstration circulaire est *parfaite* (cas de *Barbara* seulement); si une seule prémisse peut être prouvée de cette façon, la démonstration circulaire est *imparfaite*. L. 19 (et dans toute la suite du chapitre), l'expression ἀνάπαλιν τῇ κατηγορίᾳ signifie qu'il s'agit, non pas d'une *conversion* proprement dite (où le sens de la converse est le même que celui de la proposition originale), ni d'une conversion de propositions contingentes (remplacement de la négative par l'affirmative, ou réciproquement), mais d'une simple μεταλλαγή (Bonitz, *Ind. arist.*, 50b16) consistant dans la réciprocation du sujet et du prédicat (*tout A est B, tout B est A*). Philopon, 414, 14, distingue, à cet égard, l'ἀναστροφή de l'ἀντιστροφή (conversion proprement dite): la différence consiste en ce que ἡ μὲν ἀντιστροφὴ μετὰ τοῦ συναληθεύειν γίνεται, ἡ δὲ ἀναστροφὴ οὐ πάντως.

3. *Barbara* (l. b21-58a20).

supposons qu'il ait fallu prouver que A appartient à tout Γ, et
que la preuve en ait été faite au moyen de B[1] ; et que l'on ait à
démontrer qu'à son tour A appartient à B, en prenant A comme
appartenant à Γ, et Γ à B, et ainsi A à B[2] : or, dans le premier
25 syllogisme, on avait pris la proposition inverse, savoir que B
appartient à Γ. Ou supposons qu'il faille prouver que B
appartient à Γ, et qu'on prenne A comme appartenant à Γ, ce
qui était la conclusion <du premier syllogisme>, et B comme
appartenant à A[3] : or, dans le premier syllogisme, on avait pris
la proposition inverse, savoir que A appartient à B. – Mais
d'aucune autre façon, la preuve réciproque n'est possible. Si,
en effet, on veut prendre un terme différent[4] comme moyen, la
30 preuve n'est plus circulaire, car aucune des propositions prises
n'est la même que précédemment[5]. D'autre part, si c'est
l'un des termes <du premier syllogisme qui est posé comme

1. Syllogisme original (ABΓ);

   Tout B est A ;
   Tout Γ est B ;
   Tout Γ est A.

2. Second syllogisme (AΓB) prouvant la majeure du précédent par la
conclusion et la mineure convertie.

   Tout Γ est A ;
   Tout B est Γ ;
   Tout B est A.

3. Troisième syllogisme (BAΓ) prouvant la mineure par la conclusion et la
converse de la majeure du premier syllogisme :

   Tout A est B ;
   Tout Γ est A ;
   Tout Γ est B.

4. Δ, par exemple autre que ABΓ. Dans ce cas, il n'y a pas cercle, mais
nouveau syllogisme.

5. *Cf.* Philopon, 415, 4 : ἄλλας γὰρ ποιεῖς προτάσεις καὶ ἄλλο
συμπέρασμα.

moyen>, nécessairement une seule des prémisses du premier syllogisme <peut être prise dans le second>, car si on prenait les deux, la conclusion serait la même, alors qu'elle doit être différente[1]. – Dans le cas de termes non convertibles, l'une des prémisses dont résulte le syllogisme est indémontrée[2], car il n'est pas possible de démontrer par ces termes que le troisième appartient au moyen ou le moyen au premier. Par contre, dans 35 le cas de termes convertibles, la preuve réciproque est possible pour tous : si, par exemple, A, B et Γ se convertissent les uns dans les autres. Admettons, en effet, qu'on ait démontré la proposition AΓ par B pris comme moyen[3], et, à son tour, la proposition AB par la conclusion et par la prémisse BΓ convertie[4], et de la même façon, la proposition BΓ par la 40 conclusion et par la prémisse AB convertie[5]. Mais il faut **58a** démontrer tant la prémisse ΓB que la prémisse BA, car ce sont les seules dont nous nous sommes servi sans démonstration[6]. Si donc on prend B comme appartenant à tout Γ, et Γ à tout A, il

---

1. Il faut donc prendre une seule des prémisses du syllogisme original, et non les deux.

2. C'est-à-dire ne peut être prouvée par cercle. – Les termes doivent donc être d'extension égale (*tout homme est apte à rire, tout être apte à rire est homme*) et non d'extension inégale (*tout homme est animal, tout animal est homme*). *Cf.* Philopon, 415, 9.

3. Premier syllogisme.

4. Second syllogisme, prouvant la majeure du premier.

5. Troisième syllogisme, prouvant la mineure du premier.

6. Il reste à prouver la majeure du troisième syllogisme, et la mineure du second (et non la mineure du troisième, qui est la même que la majeure du second).

5   y aura un syllogisme rapportant B à A[1]. Si, à son tour, on prend
    Γ comme appartenant à tout A, et A à tout B, nécessairement
    Γ appartient à tout B[2]. Dans l'un et l'autre de ces syllogismes,
    la prémisse ΓA a été prise sans être démontrée[3], car les
    autres prémisses avaient été démontrées[4]. Par conséquent,
    si nous réussissons à démontrer cette prémisse, toutes auront
    été démontrées réciproquement. Si donc on prend Γ comme
10 appartenant à tout B, et B à tout A, l'une et l'autre des
    prémisses prises ont été démontrées, et nécessairement Γ
    appartient à A[5]. On voit ainsi que c'est seulement dans le cas
    de termes convertibles que la démonstration circulaire et réci-
    proque devient possible (dans les autres cas, la chose se passe
    comme nous l'avons dit plus haut)[6]. Mais il arrive que, dans

---

1. Preuve de la majeure du troisième syllogisme :

   Tout Γ est B;

   Tout A est Γ;

   Tout A est B (quatrième syllogisme).

2. Preuve de la mineure du second syllogisme :

   Tout A est Γ;

   Tout B est A;

   Tout B est Γ (cinquième syllogisme).

3. Reste à prouver circulairement la mineure du quatrième syllogisme, qui est la majeure du cinquième (*tout A est Γ*).

4. La majeure du quatrième a été prouvée par le troisième syllogisme, et la mineure du cinquième par le second.

5. On a donc :

   Tout B est Γ;

   Tout A est B;

   Tout A est Γ (sixième syllogisme. – Le cercle est parfait).

6. Autrement dit, une des propositions échappe à la démonstration circulaire.

ces derniers syllogismes également [1], nous nous servions pour 15
la démonstration de la chose même qui a été prouvée, car on
prouve Γ de B, et B de A, en prenant Γ comme énoncé de A, et
Γ est prouvé de A par ces prémisses mêmes, de sorte que la
conclusion nous sert en vue de la démonstration. 20

Dans les syllogismes négatifs [2], voici comment se fait la
preuve réciproque. Soit B appartenant à tout Γ, et A n'appartenant à nul B : nous concluons que A n'appartient à nul Γ. S'il
faut conclure que, à son tour, A n'appartient à nul B [3] (ce qui
avait été posé antérieurement), A n'appartiendra à aucun Γ, et 25
Γ appartiendra à tout B, puisque de cette façon la prémisse est
inversée. Mais s'il faut en tirer la conclusion que B appartient à
Γ [4], on ne peut plus convertir de la même façon que précédem-

---

1. Dans les syllogismes mentionnés en dernier lieu (les quatrième,
cinquième et sixième), le même lien existe que dans les premier, second et
troisième syllogismes : de même que le second prouve la majeure du premier,
et le troisième la mineure du premier, de même le quatrième prouve la mineure
du sixième, et le cinquième la majeure du sixième.

2. *Celarent* (l. 21-35) :
>*Nul B n'est A*;
>*Tout Γ est B*;
>*Nul Γ n'est A*.

3. Preuve de la majeure, par la conclusion et la mineure convertie :
>*Nul Γ n'est A*;
>*Tout B est Γ*;
>*Nul B n'est A*.

4. Preuve de la mineure. Il ne suffit plus de convertir la majeure, car on
obtient ainsi deux prémisses négatives
>*Nul A n'est B*;
>*Nul Γ n'est A*, non-concluantes.

Ce qu'il faut faire, c'est procéder διὰ προσλήψεως (*cf.* Philopon 417, 25-
29), c'est-à-dire transformer la majeure en affirmative. On a ainsi le pseudo-
syllogisme suivant (Philopon, *ibid.*) :

ment la proposition AB, car il y a identité entre la prémisse *B n'appartient à aucun A* et la prémisse *A n'appartient à aucun B*. Ce qu'il faut c'est prendre B comme appartenant à tout ce de
30 quoi A est nié universellement. Supposons que A n'appartienne à nul Γ, ce qui était précisément la précédente conclusion, et prenons B comme appartenant à tout ce de quoi A est nié universellement. Il est par suite nécessaire que B appartienne à tout Γ. Par conséquent, des trois propositions données chacune est devenue conclusion, et c'est là démontrer circulai-
35 rement, c'est-à-dire prendre la conclusion et l'inverse de l'une des prémisses pour en déduire la prémisse restante.

Dans les syllogismes particuliers, il n'est pas possible de démontrer la prémisse universelle par les autres ; par contre, la prémisse particulière peut l'être[1]. – Qu'il ne soit pas possible de démontrer la prémisse universelle, c'est là une chose manifeste : l'universel, en effet, se prouve par des propositions
40 universelles, alors que la conclusion n'est pas universelle, et que la démonstration doit se faire à partir de la conclusion et de

ᾧ τὸ Α οὐδενὶ ὑπάρχει, τούτῳ τὸ Β παντί
τῷ δὲ Γ τὸ Α οὐδενὶ ὑπάρχει
τούτῳ (= Γ) ἄρα τὸ Β παντί.

Ce n'est là qu'une apparence de syllogisme, qui, contrairement à ce que dit Aristote *infra*, 7, 59a33, n'est pas un syllogisme de la troisième figure. Tout ce qu'on peut accorder, c'est que la majeure peut se décomposer en deux prémisses de *Felapton* (*cf.*, sur ce point, *Scholia* de Brandis, t. IV de l'édition Bekker, 190a17) :

Nul Γ n'est A ;
Tout Γ est B.

En réalité, comme le remarque bien Waitz, I, 495, *hoc non est demonstrare, sed sumere quod demonstrari debeat, quoniam id de quo nullo praedicatur A nihil aliud est quam Γ : discrimen certe non in re est, sed in verbis* (*cf.* aussi, p. 498).

1. Pour *Darii*.

l'autre prémisse; en outre, on n'obtient même pas de syllo- **58b**
gisme du tout par la conversion de l'autre prémisse, puisque ce
qu'on obtient ce sont des prémisses l'une et l'autre particulières[1]. Par contre, la prémisse particulière peut être prouvée.
Supposons, en effet, que A ait été prouvé de quelque Γ par B[2].
Si alors on prend B comme appartenant à tout A et que l'on
conserve la conclusion, B appartiendra à quelque Γ : car on 5
obtient la première figure, et A est le moyen terme. – Mais si
le syllogisme est négatif[3], il n'est pas possible de prouver la
prémisse universelle, pour la raison que nous avons donnée
plus haut[4]. Par contre, on peut prouver la prémisse particulière,
si on convertit la prémisse AB de la même façon que dans les
syllogismes universels[5], en disant par exemple que B appar-

---

1. La conclusion qui sert de prémisse est particulière, et l'autre proposition
est aussi particulière. Il n'y a donc pas de conclusion.

2. Syllogisme en *Darii* :
     Tout B est A;
     Quelque Γ est B;
     Quelque Γ est A.
Démonstration de la mineure particulière :
     Tout A est B;
     Quelque Γ est A;
     Quelque Γ est B.

3. *Ferio.* – Sur l'expression οὐκ ἔστι, διὰ προσλήψεως, l. 9, rejetée à bon
droit par les commentateurs modernes comme étant, non d'Aristote mais de
Théophraste, *cf.* Waitz, I, 495. De même, l. b7, nous lisons δι' ὅ et non διό, et l. 8,
nous supprimons μέν.

4. L. 39. – Par une conclusion particulière on ne peut prouver une majeure
universelle.

5. Renvoi à *Celarent*. En procédant διὰ φροσλήψεως on obtient le
syllogisme suivant (Philopon, 418, 29) :
     ᾧ τὸ A τινὶ μὴ ὑπάρχει, τούτῳ τὸ B τινὶ ὑπαχει
     τῷ δὲ Γ τὸ A τινὶ οὐχ ὑπάρχει
     τῷ ἄρα Γ τὸ B τινὶ ὑπάρχει.

10 tient au terme particulier duquel A est nié particulièrement. Autrement, on n'obtient aucun syllogisme, du fait que la prémisse particulière est négative.

6
<La démonstration circulaire dans la seconde figure>

Dans la seconde figure[1], la proposition affirmative ne peut être prouvée de cette façon, mais la négative peut l'être. La
15 proposition affirmative ne se prouve pas, parce que les prémisses ne sont pas l'une et l'autre affirmatives (car la conclusion est négative)[2], alors que la proposition affirmative est, comme nous l'avons vu, démontrée à partir de prémisses toutes deux affirmatives. – Quant à la négative, voici comment on la démontre[3]. Soit A appartenant à tout B, et n'appartenant à
20 nul Γ : la conclusion sera que B n'appartient à nul Γ. Si donc on prend B comme appartenant à tout A, nécessairement A n'appartient à nul Γ : car on obtient la seconde figure, et le

---

1. Syllogismes universels (l. 13-27).

2. Par une conclusion négative servant de prémisse, on ne peut prouver une conclusion affirmative.

3. Syllogisme en *Camestres* :

> *Tout B est A* ;
> *Nul Γ n'est A* ;
> *Nul Γ n'est B*.

On démontre la mineure par conversion de la majeure, et on obtient le syllogisme suivant en *Camestres* :

> *Tout A est B* ;
> *Nul Γ n'est B* ;
> *Nul Γ n'est A*.

L. 20, nous supprimons τῷ δὲ Γ μηδενί, avec Waitz, I, 497.

moyen terme est B. – Mais si la prémisse est négative, et l'autre affirmative, nous aurons la première figure[1] : car Γ appartient à tout A, et B n'appartient à nul Γ, de sorte que B n'appartient 25 à nul A. Par suite A n'appartient pas non plus à B. Par la conclusion et une seule prémisse, on n'obtient donc pas de syllogisme; mais si on ajoute une autre prémisse, il y aura syllogisme[2].

Si le syllogisme n'est pas universel[3], la prémisse universelle ne peut pas être prouvée, précisément pour la même raison que nous avons indiquée plus haut[4], tandis que la prémisse particulière peut l'être quand la prémisse universelle 30 est affirmative. Admettons, en effet, que A appartienne à tout B et n'appartienne pas à quelque Γ : la conclusion est BΓ[5]. Si

---

1. *Cesare* :
     Nul B n'est A;
     Tout Γ est A;
     Nul Γ n'est B.
Nous obtenons *Celarent* :
     Nul Γ n'est B;
     Tout A est Γ;
     Nul A n'est B, et, par conversion,
     Nul B n'est A.

2. Par la conclusion de *Cesare* et la réciproque de sa mineure, on n'obtient que la converse de la majeure; pour arriver à la majeure même, il faut donc prendre la conclusion de *Celarent* pour la convertir (*cf.* Waitz, I, 497-498).

3. Syllogismes particuliers (l. 27-38).

4. 5, 58a38. – La conclusion et la mineure de *Festino* ou de *Baroco* sont toutes deux particulières, et par suite non-concluantes.

5. *Baroco* :
     Tout B est A;
     Quelque Γ n'est pas A;
     Quelque Γ n'est pas B.

donc on prend B comme appartenant à tout A et comme
n'appartenant pas à quelque Γ, A n'appartiendra pas à quelque
Γ, B étant le moyen terme. – Par contre, si la prémisse universelle est négative [1], la prémisse AΓ ne sera pas démontrée par la
35 conversion de AB, car le résultat obtenu c'est que les deux
prémisses, ou du moins l'une d'entre elles [2], sont négatives, ce
qui fait qu'il n'y aura pas de syllogisme. Mais la démonstration
sera la même que dans les syllogismes universels, si on prend
A comme appartenant au terme particulier duquel B est nié
particulièrement [3].

7
<La démonstration circulaire dans la troisième figure>

40 Dans la troisième figure, quand les deux prémisses sont
prises l'une et l'autre universellement, il n'est pas possible de
les démontrer réciproquement : l'universel, en effet, se prouve
par des propositions universelles, alors que, dans cette figure,

Démonstration de la mineure, par *Baroco* :
  Tout A est B;
  Quelque Γ n'est pas B;
  Quelque Γ n'est pas A.
1. *Festino.*
2. Les deux prémisses sont négatives si on prend la conclusion et la majeure.
Aristote ajoute « ou l'une d'elles » *ut significet non fieri conclusionem affirmantem, etiam si quis concedat alteram propositionem converti posse in
affirmantem* (Waitz, I, 498).
3. Renvoi à 5, 58a29. Le syllogisme est le suivant (Philopon, 420, 16) :
  ᾧ τὸ B οὐ παντὶ ὑπάρχει, τούτῳ τὸ A τινὶ
  τῷ δὲ Γ τὸ B οὐ παντὶ ὑπάρχει
  τῷ ἄρα Γ τὸ A τινὶ ὑπάρχει.

la conclusion est toujours particulière. Par suite, il est clair **59a** qu'il est absolument impossible de démontrer par cette figure la prémisse universelle. – Mais si une prémisse est universelle et l'autre particulière, la preuve sera tantôt possible, tantôt impossible. Quand les prémisses sont toutes deux affirmatives, 5 et que l'universelle se rapporte au petit extrême, la preuve sera possible[1]. Par contre, si l'universelle se rapporte à l'autre extrême, la preuve ne sera pas possible[2]. Supposons, en effet, que A appartienne à tout Γ, et B à quelque Γ : la conclusion est la proposition AB. Si alors on prend Γ comme appartenant à tout A, on a bien démontré que Γ appartient à quelque B, mais on n'a pas démontré que B appartient à quelque Γ. Et pourtant 10 il faut nécessairement que, si Γ appartient à quelque B, B appartienne aussi à quelque Γ. Mais ce n'est pas la même chose que de dire : *ceci appartient à cela* et *cela appartient à ceci* : il faut encore ajouter que si *ceci* appartient à *cela* pris particulièrement, *cela* appartient à *ceci* pris particulièrement[3]. Seulement, cette précision apportée, le syllogisme ne résulte plus de

---

1. *Disamis.*

2. *Datisi* :

> *Tout Γ est A ;*
> *Quelque Γ est B ;*
> *Quelque B est A.*

La mineure n'est pas démontrable circulairement. On a, en effet (*Darii*) :

> *Tout A est Γ ;*
> *Quelque B est A ;*
> *Quelque B est Γ*, conclusion qui est seulement la converse de *quelque Γ est B.* Le cercle est donc imparfait.

3. La converse n'est pas identique à la proposition originale. Quand je dis *B appartient à quelque Γ*, je pose Γ comme sujet, et B comme prédicat. Si je dis *Γ appartient à quelque B*, je prends B comme sujet, et Γ comme prédicat (*cf.* Philopon, 421, 11-16).

15 la conclusion et de l'autre prémisse. – Mais si B appartient à
tout Γ, et A à quelque Γ, il sera possible de prouver la proposition AΓ, quand on prend Γ comme appartenant à tout B, et A
à quelque B[1]. Si, en effet, Γ appartient à tout B, et A à quelque
B, nécessairement A appartient à quelque Γ, B étant le moyen
terme. – Et quand une prémisse est affirmative, et l'autre négative, et que l'affirmative est universelle, l'autre prémisse pourra
20 être démontree[2]. Admettons, en effet, que B appartienne à tout
Γ, et que A n'appartienne pas à quelque Γ : la conclusion est
que A n'appartient pas à quelque B. Si on pose en outre que Γ
appartient à tout B, il est nécessaire que A n'appartienne pas à
quelque Γ, B étant le moyen terme. – Mais quand la prémisse
25 négative est universelle[3], l'autre prémisse n'est pas prouvée, à

1. *Disamis* :
    Quelque Γ est A ;
    Tout Γ est B ;
    Quelque B est A.
On a :
    Quelque B est A ;
    Tout B est Γ
    Quelque Γ est A.
2. *Bocardo* :
    Quelque Γ n'est pas A ;
    Tout Γ est B ;
    Quelque B n'est pas A.
On peut démontrer la majeure O :
    Quelque B n'est pas A ;
    Tout B est Γ ;
    Quelque Γ n'est pas A.
3. *Ferison.* – Renvoi à 5, 58b9.
    Nul Γ n'est A ;
    Quelque Γ est B ;
    Quelque B n'est pas A.

moins de procéder comme dans les cas précédents, c'est-à-dire de prendre *cela* comme appartenant au terme particulier duquel *ceci* est né particulièrement : par exemple, si A n'appartient à aucun Γ, et si B appartient à quelque Γ, la conclusion est que A n'appartient pas à quelque B. Si donc on prend Γ comme appartenant au terme particulier duquel A est né particulièrement, il est nécessaire que Γ appartienne à quelque B[1]. Autrement, il n'est pas possible, par la conversion de la prémisse universelle, de prouver l'autre, car d'aucune autre façon il ne pourra y avoir syllogisme[2].

On voit ainsi que, dans la première figure, la preuve réciproque se fait tant par la troisième que par la première figure : si la conclusion est affirmative, par la première figure, et si elle est négative, par la dernière, puisque <dans ce dernier cas> on a pris *cela* comme appartenant à tout ce de quoi *ceci* est nié universellement[3]. Dans la seconde figure, quand le syllogisme est universel la preuve se fait tant par la seconde figure elle-même[4] que par la première[5] ; mais quand le syllogisme est particulier, c'est tant par la seconde figure elle-même[6] que par

Le syllogisme obtenu διὰ προσλήψεως est le suivant (Philopon, 422, 9) :

ᾧ τὸ Α οὐ παντὶ ὑπάρχει, τοῦτο τῷ Γ τινὶ ὑπάρχει

τὸ δὲ Α τῷ Β ὑπάρχει οὐ παντὶ

οὐκοῦν τὸ Β τῷ Γ ὑπάρχει τινὶ

1. Or la prémisse à prouver est *B appartient à quelque Γ* (= *quelque Γ est B*). De toute façon, on n'obtiendra donc qu'une démonstration imparfaite, qui exigera une conversion supplémentaire. *Cf.* Pacius, I, 320.

2. On aurait, en effet, deux prémisses négatives, non-concluantes.

3. *Cf.* Waitz, I, 498, et *supra*, 5, 58a25 et la note.

4. La mineure de *Camestres* se prouve par *Camestres*.

5. La majeure de *Cesare* se prouve par *Celarent* (*cf.* 6, 58b23).

6. La mineure de *Baroco*.

la dernière[1]. Dans la troisième figure, la preuve se fait toujours par cette figure elle-même. – Il est clair aussi que, dans la
40 troisième figure et dans la seconde, les syllogismes qui ne sont pas obtenus par ces figures mêmes[2], ou bien ne sont pas susceptibles de démonstration circulaire, ou bien sont imparfaits.

8
<La conversion des syllogismes de la première figure>

59b Convertir un syllogisme, c'est changer en son opposée la conclusion et construire un syllogisme pour établir soit que le grand extrême n'appartiendra pas au moyen, soit que le moyen n'appartiendra pas au petit extrême[3]. Il est nécessaire, en effet, quand la conclusion a été convertie et que l'une des prémisses
5 est conservée, que la prémisse restante soit réfutée, car si elle doit subsister la conclusion subsistera aussi[4].

---

1. La mineure de *Ferison*. – Même remarque pour la mineure de *Celarent*. Pour un tableau d'ensemble, *cf.* Pacius, II, 220.

2. *Cf.* 6, 58b22-27, et 7, 59a6-14.

3. Cette définition s'applique surtout aux syllogismes en *Barbara*. La conversion est une propriété du syllogisme par laquelle, un syllogisme étant donné, on prend, d'une part, l'opposée (soit la contradictoire, soit la contraire) de la conclusion, d'autre part l'une des deux prémisses, pour en former un nouveau syllogisme dont la conclusion sera la contradictoire ou la contraire de l'autre prémisse (*cf.* Sylv. Maurus, *in Arist.*, I, 241). L. 1, μετατιθέναι signifie *ex affirmativo facere negativum* (Bonitz, *Ind. arist.*, 461b47). Sur les différents sens du verbe ἀντιστρέφειν, cf. *supra*, I, 2, *init.*, note.

4. Il a été prouvé, I, 46, qu'une conclusion fausse ne peut être tirée de prémisses vraies. Puis donc que nous posons la fausseté de la conclusion en prenant sa contradictoire ou sa contraire, et que nous conservons comme vraie une prémisse, il faut nécessairement que la prémisse restante soit fausse.

Mais il y a une différence, suivant que la conclusion est convertie en sa contradictoire[1] ou en sa contraire : on n'obtient pas le même syllogisme suivant que la conversion se fait d'une façon ou de l'autre. Cela deviendra clair par ce qui va suivre. – J'appelle *opposition de contradiction* celle de *tout* à *quelque ... ne*, ou de *quelque* à *aucun ... ne*[2], et *opposition de contra-* 10 *riété* celle de *tout* à *aucun*, et de *quelque* à *quelque ... ne*[3]. – Supposons, en effet, qu'on ait prouvé A de Γ, par B pris comme moyen[4]. Si alors on prend A comme n'appartenant à nul Γ, mais comme appartenant à tout B, B n'appartiendra à aucun Γ[5]. Et si A n'appartient à aucun Γ, et si B appartient à tout Γ, la conclusion sera que A n'appartient pas à quelque B, et nulle- ment que A n'appartient à aucun B[6], puisque nous avons vu 15

---

1. L'adverbe ἀντικειμένως signifie ici *contradictorie*; sens fréquent chez Aristote : *cf.* Bonitz, *Ind. arist.*, 64a35 et b11. – Sur la contrariété et la contradiction, Aristote ne fait que rappeler ce qu'il a dit *de Inter.*, 7, 17b16 *sq.* (*cf.* les notes de notre traduction, p. 89, et notamment pour la terminologie des lignes 8-11 ci-dessous, note 1, p. 90).

2. A-O et I-E.

3. A-E, et I-O, cette dernière opposition constituant la subcontrariété des modernes.

4. *Barbara* :

    Tout B est A ;

    Tout Γ est B ;

    Tout Γ est A.

5. Conversion par *Camestres*, en conservant la majeure et en prenant la *contraire* de la conclusion, pour réfuter *contraire* la mineure de *Barbara* :

    Tout B est A ;

    Nul Γ n'est A ;

    Nul Γ n'est B.

6. Conversion par *Felapton*, en conservant la mineure et en prenant la *contraire* de la conclusion, pour réfuter *contradictorie* la majeure de *Barbara* :

que l'universel ne se démontrait pas par la dernière figure. En
un mot, il n'est pas possible de réfuter universellement par
conversion la prémisse qui se rapporte au grand extrême; en
effet, la réfutation se fait toujours par la troisième figure,
puisque c'est par rapport au petit extrême qu'il faut nécessai-
20 rement prendre l'une et l'autre prémisse. – Si le syllogisme est
négatif, même solution. Admettons, en effet, qu'il ait été
prouvé que A n'appartient à aucun Γ, par B[1]. Alors si on prend
A comme appartenant à tout Γ et comme n'appartenant à aucun
B, B n'appartiendra à aucun Γ[2]. Et si A et B appartiennent
à tout Γ, A appartiendra à quelque B, alors que <dans le
précédent syllogisme> il n'appartenait à nul B[3].
25   Mais si la conclusion est convertie en sa contradictoire, les
syllogismes seront contradictoires et non universels[4] : c'est

> *Nul Γ n'est A*;
> *Tout Γ est B*;
> *Quelque B n'est pas A.*

La majeure est réfutée contradictoirement, car les syllogismes de la
troisième figure sont tous à conclusion particulière (cf. *supra*, I, 6) : or O est
contradictoire et non contraire de A.

1. *Celarent* :
> *Nul B n'est A*;
> *Tout Γ est B*;
> *Nul Γ n'est A.*

2. Conversion par *Cesare* :
> *Nul B n'est A*;
> *Tout Γ est A* (contraire de la conclusion)
> *Nul Γ n'est B* (contraire de la mineure).

3. Conversion par *Darapti* :
> *Tout Γ est A* (contraire de la conclusion);
> *Tout Γ est B*;
> *Quelque B est A* (contradictoire de la majeure).

4. Autrement dit, ils établiront une conclusion particulière qui sera la contradictoire de la prémisse universelle, majeure ou mineure du syllogisme initial.

qu'en effet on obtient une prémisse particulière, de sorte que la conclusion aussi sera particulière. Supposons que le syllogisme soit affirmatif[1] et qu'il soit converti de la façon que nous venons de dire. Alors si A n'appartient pas à quelque Γ, mais 30 appartient à tout B, B n'appartiendra pas à quelque Γ[2]. Et si A n'appartient pas à quelque Γ, et que B appartienne à Γ, A n'appartiendra pas à quelque B[3]. – Il en est de même encore si le syllogisme est négatif[4]. Car si A appartient à quelque Γ et n'appartient à aucun B, la conclusion est que B n'appartiendra pas à quelque Γ, et nullement que B n'appartiendra à nul Γ[5]. Et si A appartient à quelque Γ, et B à tout Γ (ainsi qu'on a posé cette dernière proposition au début), A appartiendra à quelque B[6].   35

1. *Barbara*.

2. Conversion par *Baroco*, en conservant la majeure et en prenant la *contra-dictoire* de la conclusion, pour réfuter *contradictorie* la mineure de *Barbara* :

> Tout B est A ;
>
> Quelque Γ n'est pas A ;
>
> Quelque Γ n'est pas B.

3. Conversion par *Bocardo*, en prenant la *contradictoire* de la conclusion et en gardant la mineure, pour réfuter *contradictorie* la majeure de *Barbara* :

> Quelque Γ n'est pas A ;
>
> Tout Γ est B ;
>
> Quelque B n'est pas A.

4. *Celarent*.

5. Conversion par *Ferison*, pour réfuter *contradictorie* la mineure de *Celarent* :

> Nul B n'est A ;
>
> Quelque Γ est A ;
>
> Quelque Γ n'est pas B (et non pas *nul Γ n'est B*).

6. Conversion par *Disamis* pour réfuter la majeure :

> Quelque Γ est A ;
>
> Tout Γ est B ;
>
> Quelque B est A.

Dans les syllogismes particuliers, quand la conclusion est convertie en sa contradictoire, les deux prémisses sont toutes deux réfutées, tandis que si elle est convertie en sa contraire, aucune des deux prémisses n'est réfutée. En effet, le résultat
40 n'est plus, comme dans les syllogismes universels, une réfutation où la conclusion obtenue par conversion manque d'univer-
60a salité : il n'y a même pas de réfutation du tout[1]. – Admettons, en effet, qu'on ait prouvé A de quelque Γ[2]. Si donc on prend A comme n'appartenant à aucun Γ, et B comme appartenant à quelque Γ, A n'appartiendra pas à quelque B[3] ; et si A n'appartient à aucun Γ et appartient à tout B, B n'appartiendra à aucun Γ[4]. Il en résulte que les deux prémisses sont réfutées. – Par contre, si la conclusion a été convertie en sa contraire, aucune

---

1. La conclusion est dite ἐλλείπειν κατὰ τὴν ἀντιστροφήν, quand d'universelle elle devient particulière, car, étant ainsi contradictoire, la nouvelle proposition a une extension moins grande que si elle était simplement contraire. Dans les syllogismes à conclusion particulière, si on prend la contraire de cette conclusion (la proposition subcontraire), la majeure n'est pas réfutée, car on obtient deux prémisses particulières non concluantes ; et la mineure n'est pas réfutée non plus, car le nouveau syllogisme aura une conclusion particulière qui peut se concilier avec la mineure, elle-même particulière (*cf.* Waitz, I, 499).

2. *Darii* :
    Tout B est A ;
    Quelque Γ est B ;
    Quelque Γ est A.

3. Conversion par *Ferison*, en prenant la *contradictoire* de la conclusion et en conservant la mineure, pour réfuter *contradictorie* la majeure de *Darii* :
    Nul Γ n'est A ;
    Quelque Γ est B ;
    Quelque B n'est pas A.

4. Réfutation de la mineure par *Camestres* :
    Tout B est A ;
    Nul Γ n'est A ;
    Nul Γ n'est B.

des prémisses ne sera réfutée. Si, en effet, A n'appartient pas à 5
quelque Γ, mais appartient à tout B, B n'appartiendra pas à
quelque Γ[1]. Mais la prémisse initiale n'est pas encore réfutée,
car il est possible que B à la fois appartienne à quelque Γ et
n'appartienne pas à quelque Γ. Quant à la prémisse universelle
AB, il ne peut y avoir <pour la réfuter> absolument aucun
syllogisme[2] : car si A n'appartient pas à quelque Γ, et que B 10
appartienne à quelque Γ, ni l'une ni l'autre des prémisses n'est
universelle. – Il en est de même encore si le syllogisme est
négatif[3] : si on prend, en effet, A comme appartenant à tout Γ,
les prémisses sont réfutées l'une et l'autre, tandis que si A est
pris comme appartenant à quelque Γ, aucune d'elles ne l'est.
La démonstration est la même que précédemment.

9
<La conversion des syllogismes de la seconde figure>

Dans la seconde figure, il n'est pas possible de réfuter par 15
sa contraire la prémisse se rapportant au grand extrême, quelle

1. Conversion par *Baroco*, en conservant la majeure et en prenant la
contraire de la conclusion ; on ne réfute pas la mineure :

   Tout B est A ;

   Quelque Γ n'est pas A ;

   Quelque Γ n'est pas B, conclusion compatible avec la mineure
   quelque Γ est B, qui subsiste.

2. Pas de réfutation pour la majeure, car on obtient deux prémisses
particulières non concluantes :

   Quelque Γ n'est pas A ;

   Quelque Γ est B.

3. *Ferio*. – Là encore, il faut distinguer suivant que la conclusion est
convertie *contradictorie* (*Tout Γ est A*) ou seulement *contraire* (*quelque Γ est
A*) : dans le premier cas, la majeure et la mineure peuvent être réfutées ; dans le
second cas, c'est impossible.

que soit la forme de conversion qui intervienne[1]. Toujours, en
effet, on aura la conclusion dans la troisième figure, et nous
avons vu que, dans cette figure, il n'existait pas de syllogisme
universel[2]. Par contre, nous pourrons réfuter l'autre prémisse
d'une façon semblable à celle dont la conversion a eu lieu[3]. Par
20 de façon semblable, j'entends que si la conversion de la
conclusion se fait selon la contrariété, la réfutation se fera
selon la contrariété, tandis que si la conversion se fait selon
la contradiction, la réfutation se fera selon la contradiction. –
Supposons, en effet, que A appartienne à tout B et n'appartienne à aucun Γ : la conclusion est BΓ[4]. Si alors on prend B
comme appartenant à tout Γ, et si on conserve la proposition
AB, A appartiendra à tout Γ, car on obtient la première figure[5].
25 Si B appartient à tout Γ, et si A n'appartient à nul Γ, A n'appar-

---

1. Dans les syllogismes à conclusion universelle de la seconde figure,
la majeure ne peut être réfutée que *contradictorie*, et non *contrarie*, que la
conclusion soit changée en sa propre contraire ou en sa propre contradictoire.

2. Alors que la majeure du syllogisme, étant universelle, donne
nécessairement une conclusion universelle.

3. La mineure peut être réfutée soit *contrarie*, par une conversion *contrarie*
de la conclusion, soit *contradictorie*, par une conversion *contradictorie* de la
conclusion.

4. Syllogisme en *Camestres* :
    Tout B est A ;
    Nul Γ n'est A ;
    Nul Γ n'est B.

5. Réfutation de la mineure *contrarie* par *Barbara*, en convertissant la
conclusion *contrarie* :
    Tout B est A ;
    Tout Γ est B ;
    Tout Γ est A.

tient pas à quelque B : c'est la dernière figure[1]. – Mais si la conclusion BΓ est convertie en sa contradictoire, la prémisse AB sera démontrée[2] de la même façon que précédemment, tandis que la prémisse AΓ le sera par sa contradictoire[3]. Car si B appartient à quelque Γ, et si A n'appartient à aucun Γ, A n'appartiendra pas à quelque B. Si maintenant B appartient à quelque Γ, et A à tout B, A appartiendra à quelque Γ, de sorte que le syllogisme aura pour conclusion la contradictoire de la prémisse[4]. – La démonstration serait la même si on transposait les prémisses[5].

---

1. Réfutation de la majeure *contradictorie* par *Felapton*, en convertissant la conclusion *contrarie* :

> Nul Γ n'est A ;
> Tout Γ est B ;
> Quelque B n'est pas A.

2. C'est-à-dire réfutée.

3. La prémisse AB sera réfutée « de la même façon que précédemment », c'est-à-dire *contradictorie* (renvoi à l. 25). On a, en effet, le syllogisme suivant en *Ferison* :

> Nul Γ n'est A ;
> Quelque Γ est B ;
> Quelque B n'est pas A.

Pacius, I, 326, note g, commet donc une erreur en écrivant *per contrariam*.

Quant à la prémisse AΓ elle est réfutée *contradictorie*, comme la majeure. On a, en *Darii* :

> Tout B est A ;
> Quelque Γ est B ;
> Quelque Γ est A.

La phrase marque cependant une opposition : la mineure n'est pas, comme la majeure, réfutée « de la même façon que précédemment », car, l. 23, la conclusion est la contraire de la mineure (*cf.* Waitz, I, 499-500).

4. La conclusion de *Darii* est la contradictoire de la mineure de *Camestres*.

5. Changement dans la qualité des prémisses, devenant respectivement E et A (*Cesare*).

Si le syllogisme est particulier, quand c'est selon la contrariété que la conclusion est convertie, ni l'une ni l'autre des prémisses n'est réfutée, pas plus que dans la première figure ; par contre, si la conversion se fait selon la contradic-
35 tion, les prémisses sont toutes les deux réfutées. Posons, en effet, A comme n'appartenant à aucun B et comme appartenant à quelque Γ : la conclusion est BΓ[1]. Si alors on pose B comme appartenant à quelque Γ, et si on conserve la prémisse AB, la conclusion sera que A n'appartient pas à quelque Γ. Mais la proposition initiale n'a pas été réfutée, car il est possible à la fois que A appartienne à quelque Γ et n'appartienne pas à
40 quelque Γ. Si maintenant B appartient à quelque Γ, et A à quelque Γ[2], il n'y aura pas de syllogisme, car aucune des prémisses que nous avons prises n'est universelle ; par suite, la
60b proposition AB n'est pas réfutée. – Par contre, si la conversion est convertie dans sa contradictoire, les prémisses sont toutes les deux réfutées. Si, en effet, B appartient à tout Γ et si A n'appartient à aucun B, A n'appartiendra à aucun Γ : mais on a

---

1. *Festino* :

　Nul B n'est A ;

　Quelque Γ est A ;

　Quelque Γ n'est pas B.

Si on veut réfuter la mineure par la conversion *contrarie* de la conclusion, on obtient (*Ferio*) :

　Nul B n'est A ;

　Quelque Γ est B ;

　Quelque Γ n'est pas A, proposition qui ne réfute pas *quelque Γ est A*, l'une et l'autre pouvant être vraies.

2. Même impossibilité pour la majeure, car on obtient deux prémisses particulières :

　Quelque Γ est B ;

　Quelque Γ est A.

posé que A appartenait à quelque Γ[1]. Si maintenant B appartient à tout Γ, et A à quelque Γ, A appartiendra à quelque B[2]. 5
– C'est encore la même démonstration si la proposition universelle est affirmative[3].

10
<La conversion des syllogismes de la troisième figure>

Dans la troisième figure, quand la conclusion est convertie selon la contrariété, aucune des deux prémisses n'est réfutée dans aucun des syllogismes; mais quand la conversion se fait selon la contradiction, les prémisses peuvent l'une et l'autre être réfutées, et cela dans tous les syllogismes. – Admettons qu'il ait été démontré que A appartient à quelque B, Γ étant pris comme moyen, et que les prémisses soient universelles[4]. Si 10 alors on prend A comme n'appartenant pas à quelque B, et B comme appartenant à tout Γ, on n'obtient pas de syllogisme concluant AΓ[5]. Pas davantage, si A n'appartient pas à quelque

---

1. Réfutation de la mineure par *Celarent* :
   Nul B n'est A;
   Tout Γ est B;
   Nul Γ n'est A.
2. Réfutation de la majeure par *Disamis* :
   Quelque Γ est A;
   Tout Γ est B;
   Quelque B est A.
3. *Baroco*.
4. *Darapti* :
   Tout Γ est A;
   Tout Γ est B;
   Quelque B est A.
5. La réfutation de la majeure est impossible, si on prend la contraire de la conclusion. On a, en effet :

B mais appartient à tout Γ, il n'y aura de syllogisme concluant
15 BΓ[1]. – La démonstration sera la même si les prémisses ne sont
pas universelles[2]. En effet, ou bien les prémisses obtenues par
conversion doivent être l'une et l'autre particulières[3], ou bien
la prémisse universelle doit se rapporter au petit extrême[4].
Mais nous avons vu que de cette façon il n'y avait pas de
syllogisme, ni dans la première figure, ni dans la seconde[5].
– Par contre, quand les conclusions sont converties en leurs
20 contradictoires, les prémisses sont toutes deux réfutées[6]. Si, en

> *Quelque B n'est pas A;*
> *Tout Γ est B,*

prémisses non-concluantes.

> 1. Même impossibilité pour la mineure. On a, en effet :
>
>> *Quelque B n'est pas A;*
>> *Tout Γ est A,*
>
> prémisses non-concluantes.
>
> 2. *Disamis* et *Datisi.*
>
> 3. Pour la réfutation de la mineure de *Disamis*, on a, en prenant la contraire de la conclusion :
>
>> *Quelque B n'est pas A;*
>> *Quelque Γ est A,*
>
> deux prémisses non-concluantes.
>
> 4. Pour la réfutation de la majeure, on a :
>
>> *Quelque B n'est pas A;*
>> *Tout Γ est B.*
>
> Pas de conclusion.
>
> 5. I, 4, 26a17-21, et I, 5, 27a4-12.
>
> 6. *Darapti.* – Réfutation par *Celarent* de la majeure, en prenant la contradictoire de la conclusion (l. 19, nous suivons le texte de Waitz, I, 500) :
>
>> *Nul B n'est A;*
>> *Tout Γ est B;*
>> *Nul Γ n'est A.*
>
> Réfutation par *Cesare* de la mineure :
>
>> *Nul B n'est A;*
>> *Tout Γ est A;*
>> *Nul Γ n'est B.*

effet, A n'appartient à aucun B et si B appartient à tout A,
A n'appartiendra à aucun Γ. Si maintenant A n'appartient
à aucun B et appartient à tout Γ, B n'appartiendra à nul Γ. –
Et si une des prémisses n'est pas universelle, la solution est
la même[1]. Si A, en effet, n'appartient à aucun B, et si B appartient à quelque Γ, A n'appartiendra pas à quelque Γ; et si A
n'appartient à aucun B et appartient à tout Γ, B n'appartiendra 25
à aucun Γ.

Même solution encore si le syllogisme est négatif.
Admettons, en effet, qu'on ait démontré que A n'appartient pas
à quelque B, la prémisse BΓ étant affirmative et la prémisse AΓ
négative, car nous avons vu[2] que c'est de cette façon que le
syllogisme était obtenu. – Quand donc on prend la contraire de
la conclusion, il n'y aura pas de syllogisme. Car si A appartient 30
à quelque B, et B à tout Γ, nous avons dit[3] qu'il n'y avait pas de
syllogisme concluant AΓ. Pas davantage, si A appartient à
quelque B et n'appartient à aucun Γ, il n'y a pas, avons-nous

---

1. *Disamis* et *Datisi*. – Réfutation par *Ferio* de la majeure de *Datisi* :
     Nul B n'est A ;
     Quelque Γ est B ;
     Quelque Γ n'est pas A.
  Réfutation par *Cesare* de la mineure :
     Nul B n'est A ;
     Tout Γ est A ;
     Nul Γ n'est B.
2. I, 6, 28b1-4, 15-29a10. – *Felapton* :
     Nul Γ n'est A ;
     Tout Γ est B ;
     Quelque B n'est pas A.
3. I, 4, 26a30-36. – Réfutation de la majeure :
     Quelque B est A ;
     Tout Γ est B.
  Pas de conclusion.

vu [1], de syllogisme concluant BΓ. Par conséquent, les prémisses
ne sont pas réfutées. – Mais quand on prend la contradictoire de
la conclusion, les prémisses sont réfutées. Si, en effet, A appar-
35 tient à tout B, et B à Γ, A appartient à tout Γ [2] : or nous avions dit
que A n'appartenait à aucun Γ. Si maintenant A appartient à
tout B et n'appartient à nul Γ, B n'appartient à nul Γ [3] : or nous
avions dit que B appartenait à tout Γ. – La démonstration se fait
de la même façon si les prémisses ne sont pas universelles [4]. En
effet, la prémisse AΓ est alors universelle et négative, et l'autre
40 particulière et affirmative. Si donc A appartient à tout B, et B à
quelque Γ, il résulte que A appartient à quelque Γ [5] : or nous
avions supposé qu'il n'appartenait à aucun Γ. Si maintenant A
61a appartient à tout B et n'appartient à nul Γ, B n'appartient à nul

---

1. I, 5, 27b6-8. – Réfutation de la mineure :
   Quelque B est A;
   Nul Γ n'est A.
   Pas de conclusion non plus.
2. Réfutation de la majeure par *Barbara* :
   Tout B est A;
   Tout Γ est B;
   Tout Γ est A.
3. Réfutation de la mineure par *Camestres* :
   Tout B est A;
   Nul Γ n'est A;
   Nul Γ n'est B.
4. *Ferison* :
   Nul Γ n'est A;
   Quelque Γ est B;
   Quelque B n'est pas A.
5. Réfutation de la majeure par *Darii* :
   Tout B est A;
   Quelque Γ est B;
   Quelque Γ est A.

Γ^1 : [or il était posé comme appartenant à quelque Γ]^2. – Mais si A appartient à quelque B, et B à quelque Γ, on n'obtient pas de syllogisme^3, et on n'a pas davantage un syllogisme de cette manière si A appartient à quelque B et n'appartient à aucun Γ^4. – Ainsi, de la première façon, les prémisses sont réfutées, mais de l'autre façon elles ne le sont pas.

Ce que nous avons dit montre donc bien comment^5, par conversion de la conclusion, on obtient un syllogisme dans chaque figure ; et aussi quand le résultat est contraire à la prémisse et quand il lui est contradictoire. Il est clair encore que, dans la première figure^6, c'est par la seconde et la dernière figure que les syllogismes procèdent, et la prémisse qui se rapporte au petit extrême est toujours réfutée par la seconde

---

1. Réfutation de la mineure par *Camestres* :

   Tout B est A ;

   Nul Γ n'est A ;

   Nul Γ n'est B.

2. Mots supprimés par Waitz, mais qui peuvent être maintenus sans inconvénients.

3. Réfutation de la majeure, en prenant la contraire de la conclusion :

   Quelque B est A ;

   Quelque Γ est B.

   Pas de conclusion.

4. Réfutation de la mineure, en prenant la contraire de la conclusion :

   Quelque B est A ;

   Nul Γ n'est A.

   Pas de conclusion. – Tous ces raisonnements pourraient se faire avec *Bocardo.*

5. *Contrarie* ou *contradictorie.*

6. Plus précisément, « dans la réfutation des prémisses d'un syllogisme de la première figure ».

figure[1], et celle qui se rapporte au grand extrême, par la
dernière[2], dans la seconde figure, le syllogisme procède par la
première et la dernière, et la prémisse qui se rapporte au petit
extrême est toujours réfutée par la première figure[3], et celle
qui se rapporte au grand extrême, par la dernière[4]; dans la
troisième figure, le syllogisme procède par la première et la
15 seconde, et la prémisse qui se rapporte au grand extrême est
toujours réfutée par la première figure[5], et celle qui se rapporte
au petit extrême, par la seconde[6].

Nous avons ainsi éclairci la nature de la conversion, la
façon dont elle s'effectue dans chaque figure, et enfin le
syllogisme qui en résulte[7].

11
<La réduction à l'absurde dans la première figure>

20 Il y a preuve du syllogisme par l'absurde[8], quand on pose la
contradictoire de la conclusion et qu'on y ajoute l'autre

---

1. Car elle est réfutée par l'opposée de la conclusion et la majeure,
lesquelles ont le même attribut et des sujets différents, ce qui caractérise la
seconde figure.

2. Les prémisses ayant même sujet et attributs différents, ce qui caractérise
la troisième figure.

3. Le sujet d'une prémisse est prédicat de l'autre.

4. Même sujet et attributs différents.

5. Le sujet d'une prémisse est prédicat de l'autre.

6. Même attribut et sujets différents.

7. Ce dernier paragraphe est rattaché par Bekker au chapitre suivant.

8. Dans la démonstration par l'absurde, l'une des prémisses est la contradictoire de la conclusion à établir (πρόβλημα) : elle est posée par l'adversaire.
L'autre prémisse est manifestement vraie et acceptée par les deux parties. La

prémisse, ce qui peut avoir lieu dans toutes les figures. C'est qu'en effet ce syllogisme est semblable à la conversion, avec cette différence toutefois que la conversion suppose la constitution préalable d'un syllogisme et l'adoption de deux prémisses, alors que, dans la réduction à l'absurde, la vérité de l'opposée ne dépend pas de l'accord de l'adversaire, mais de sa propre évidence[1]. Les termes sont les mêmes dans les deux cas[2], et les prémisses sont, dans l'un et l'autre cas, prises de la même façon. – Soit, par exemple, A appartenant à tout B, avec Γ comme moyen[3]. Si on suppose que A n'appartient pas à

conclusion qui découle de ces prémisses est manifestement fausse et absurde. Comme, d'autre part, nous savons qu'une conclusion fausse ne peut être tirée de prémisses vraies, il en résulte que la prémisse qui contredit le *problema* est fausse ; par suite le *problema* est vrai.

1. Aristote s'exprime d'une façon assez obscure. La différence entre conversion et réduction à l'absurde est double. D'une part, dans la conversion, il y a deux syllogismes, et le syllogisme initial est formé de deux prémisses admises d'un commun accord par les parties, tandis que, dans la réduction à l'absurde, il n'y a qu'un syllogisme dont l'une des prémisses est acceptée par les parties, et l'autre en discussion. D'autre part, dans la réduction à l'absurde, on n'explicite pas la prémisse originaire qui est l'opposée de la conclusion du nouveau syllogisme, mais on la considère comme évidente par elle-même.

2. Dans le syllogisme converti et dans la réduction à l'absurde.

3. *Barbara* :
   Tout animal (Γ) *est vivant* (A);
   Tout homme (B) *est animal* (Γ);
   Tout homme (B) *est vivant* (A), conclusion à prouver.
   La réduction peut se faire par *Camestres* ou *Baroco*. Par *Camestres* :
   Tout animal (Γ) *est vivant* (A), majeure évidente pour les deux parties ;
   Nul homme (B) *n'est vivant* (A), mineure *contraire* à la conclusion à prouver ;
   Nul homme (B) *n'est animal* (Γ), conclusion évidemment fausse.

quelque B, ou n'appartient à nul B, mais appartient à tout
Γ (proposition que nous avons précisément admise comme
30 vraie), Γ doit nécessairement, ou bien n'appartenir à nul B, ou
bien ne pas appartenir à quelque B. Mais cela est impossible ;
par suite, la supposition est fausse ; donc son opposée est vraie.
– Même solution dans les autres figures, car tous les modes
susceptibles de conversion sont susceptibles aussi de réduction
par l'absurde.

35   Tous les problèmes[1] sont prouvés par l'absurde dans
toutes les figures, à l'exception de l'universelle affirmative,
qui se prouve dans la seconde et la troisième figure, mais non
dans la première[2]. Supposons, en effet, que A n'appartienne
pas à quelque B, ou n'appartienne à nul B, et ajoutons une autre
prémisse, dont la position est indifférente, soit qu'on pose Γ
40 comme appartenant à tout A, ou B comme appartenant à tout
Δ : nous aurons ainsi la première figure. Si donc on suppose
61b que A n'appartient pas à quelque B, on n'obtient pas de

Par *Baroco* :

Tout Γ est A ;

Quelque B n'est pas A, mineure *contradictoire* à la conclusion à
prouver ;

Quelque B n'est pas Γ, conclusion évidemment fausse.

Les conclusions étant absurdes, leur impossibilité ne vient pas de la
majeure, posée comme vraie ; elle vient donc de la mineure, dont la contradictoire est dès lors vraie, et la conclusion de *Barbara* est ainsi établie. On remarquera que la mineure de *Camestres* est seulement la *contraire* du *problema* ; on
verra plus loin qu'une pareille démonstration est insuffisante.

1. Toutes les conclusions.

2. L'universelle affirmative ne peut être prouvée par l'absurde dans la
première figure, car, dans cette figure, il n'existe pas de particulière négative
qui serait la contradictoire de la conclusion à établir. Aristote va le démontrer
par un exemple.

syllogisme, quelle que soit la position de la prémisse adoptée[1].
– Par contre, si on suppose que A n'appartient à aucun B, et
qu'on ajoute la prémisse BΔ, il y aura syllogisme prouvant que
la première proposition est fausse, mais on ne démontre pas le
problème proposé[2]. Si, en effet, A n'appartient à aucun B, et si
B appartient à tout Δ, A n'appartient à aucun Δ. Or admettons
que cela soit impossible : il est faux alors que A n'appartienne à 5
nul B. Mais si l'universelle négative est fausse, l'universelle
affirmative n'est pas vraie pour autant. – Si maintenant c'est la

1. L. 37-b1. Soit a prouver que *tout B est A*. Posons les prémisses suivantes :
   Tout A est Γ (admise comme manifestement vraie) ;
   Quelque B n'est pas A (contradictoire de la conclusion à établir) ;
   ou *Nul B n'est A* (contraire).
Aucune conclusion, la mineure étant négative.
Ou encore :
   Quelque B n'est pas A ;
   Tout Δ est B.
Pas de conclusion encore, la majeure étant particulière.
   L. 38 et b1, sur le sens de ὁποτερωθενοῦν, *cf.* Philopon, 433, 11 : ἤτοι
ἄνωθεν καὶ μείζων ἢ κάτωθεν καὶ ἔλαττον · ἀναπόδεικτος γὰρ γίνεται. On
peut donc renverser les positions respectives de la majeure et de la mineure.
   2. L. b1-7. – Dans le dernier exemple (à prémisse ΔB), posons comme
majeure, non plus la contradictoire, mais la contraire du *problema*. On a
(*Celarent*) :
   Nul B n'est A ;
   Tout Δ est B ;
   Nul Δ n'est A, conclusion absurde.
   La majeure est donc fausse, mais on ne prouve pas la vérité de *tout B est A*,
car des propositions contraires peuvent être fausses en même temps (*tout
homme est juste, nul homme n'est juste*). Cf. *de Inter.*, 7, 17b20, et notre
traduction, p. 90, n. 5.

prémisse ΓA qu'on ajoute, on n'obtient pas de syllogisme[1], et on n'en obtient pas non plus si on suppose que A n'appartient pas à quelque B[2]. On voit ainsi que l'attribution universelle ne se démontre pas, dans la première figure, par l'absurde.

10   Par contre, la particulière affirmative, l'universelle négative et la particulière négative peuvent se démontrer. – Admettons, en effet, que A n'appartient à aucun B, et prenons B comme appartenant à tout Γ ou à quelque Γ[3]. Il est par suite nécessaire que A n'appartienne à aucun Γ, ou n'appartienne pas à quelque Γ. Or, c'est impossible (car admettons qu'il soit
15 vrai et évident que A appartienne à tout Γ)[4]; il en résulte que si cette proposition est fausse, il est nécessaire que A appartienne

---

1. Si c'est la mineure qui est la contraire du *problema*, et qu'on ait pour majeure *tout A est Γ*, on a :

    Tout A est Γ;

    Nul B n'est A.

Pas de conclusion, la mineure étant une universelle négative.

2. La mineure est la contradictoire du *problema*. On a :

    Tout A est Γ;

    Quelque B n'est pas A.

Pas de conclusion, la mineure étant négative.

3. Preuve de la particulière affirmative *quelque B est A*. – On a le syllogisme en *Celarent* :

    Nul B n'est A (contradictoire à la conclusion) :

    Tout Γ est B (posée comme évidente et vraie);

    Nul Γ n'est A (conclusion fausse).

Ou encore, en *Ferio* :

    Nul B n'est A (contradictoire à la conclusion) :

    Quelque Γ est B (vraie);

    Quelque Γ n'est pas A (conclusion fausse).

Donc la contradictoire de la majeure *quelque B est A* est vraie.

4. Pour cette parenthèse, nous adoptons le texte et l'interpétation de Waitz, I, 504.

à quelque B. – Mais si l'autre prémisse adoptée se rapporte à A, il n'y aura pas de syllogisme[1]. Il n'y en a pas non plus quand on suppose la contraire de la conclusion : par exemple, que A n'appartient pas à quelque B[2]. On voit donc que c'est la contradictoire qu'il faut supposer.

Supposons maintenant que A appartienne à quelque B, et prenons Γ comme appartenant à tout A[3]. Il est par suite 20 nécessaire que Γ appartienne à quelque B. Mais admettons que cela soit impossible ; par suite, la supposition est fausse. Dans ce cas, il est vrai que A n'appartient à aucun B. – Même façon de procéder si la prémisse ΓA est prise comme négative[4]. – Par contre, si la prémisse adoptée se rapporte à B, il n'y aura pas de

---

1. « L'autre prémisse » est la proposition posée comme vraie, ajoutée à la proposition fausse contradictoire au *problema*. On a :

    Tout A est Γ (vraie) ;

    Nul B n'est A (contradictoire à la conclusion).

Pas de conclusion.

2. Les prémisses obtenues :

    Quelque B n'est pas A ;

    Tout Γ est B,

ou :

    Tout A est Γ ;

    Quelque B n'est pas A,

ne sont, en effet, pas concluantes.

3. Preuve de l'universelle négative *nul B n'est A*. – On a le syllogisme en *Darii* :

    Tout A est Γ (majeure évidente) ;

    Quelque B est A (contradictoire de la conclusion) ;

    Quelque B est Γ (conclusion fausse).

Donc la contradictoire de la mineure est vraie (*nul B n'est A*).

4. Syllogisme en *Ferio* :

    Nul A n'est Γ (évidente) ;

    Quelque B est A (contradictoire) ;

    Quelque B n'est pas Γ (fausse).

25 syllogisme [1]. – Si c'est la proposition contraire qui est supposée, il y aura syllogisme, et la conclusion sera impossible, mais
le problème posé n'est pas démontré. Supposons, en effet. que
A appartienne à tout B, et prenons Γ comme appartenant à tout
A [2]. Il est par suite nécessaire que Γ appartienne à tout B. Or
cela est impossible ; par suite, il est faux que A appartienne à
tout B. Seulement nous n'avons pas encore démontré qu'il soit
nécessaire que A n'appartienne à aucun B, s'il n'appartient pas
30 à tout B. – Il en est de même encore si l'autre prémisse adoptée
se rapporte à B [3], car il y aura syllogisme et une conclusion qui
est impossible, mais l'hypothèse n'est pas réfutée. Il en résulte
que c'est la contradictoire qu'on doit supposer.

Pour prouver que A n'appartient pas à quelque B [4], il faut
supposer qu'il appartient à tout B : car si A appartient à tout B,

1. Si la proposition posée comme vraie est la mineure, on a les prémisses
non concluantes :
    Quelque B est A ;
    Tout Γ est B.
2. *Barbara* :
    Tout A est Γ (vraie) ;
    Tout B est A (contraire à *Nul B n'est A*) ;
    Tout B est Γ (fausse).
Donc *tout B n'est pas A*, proposition qui peut être fausse en même temps
que sa contraire *nul B n'est A.*
3. *Barbara* :
    Tout B est A (contraire) ;
    Tout Γ est B (vraie) ;
    Tout Γ est A (fausse).
Donc *tout B n'est pas A*, qui peut être vraie en même temps que sa contraire
nul B n'est A.
4. Preuve de la particulière négative *quelque B n'est pas A.* – On a le
syllogisme en *Barbara* :
    Tout A est Γ (vraie) ;
    Tout B est A (contradictoire) ;
    Tout B est Γ (fausse).

et Γ à tout A, alors Γ appartient à tout B ; de telle sorte que si 35
cette dernière proposition est impossible, la supposition est
fausse. – Même solution si l'autre prémisse prise se rapporte à
B[1]. – Et si la prémisse ΓA était négative, il en serait de même ;
car de cette façon aussi on obtient un syllogisme[2]. – Mais si
c'est la prémisse se rapportant à B qui est négative, rien n'est
prouvé[3]. – Si, par contre, on suppose que A appartient non pas
à tout B, mais à quelque B[4], on ne prouve pas que A n'appar- 40
tient pas à quelque B, mais bien que A n'appartient à aucun B.
Car si A appartient à quelque B, et Γ à tout A, Γ appartiendra à 62a
quelque B. Si alors cela est impossible, il est faux que A appartienne à quelque B, de sorte qu'il est vrai que A n'appartient à

---

1. *Barbara* :

    Tout B est A (contradictoire) ;
    Tout Γ est B (vraie) ;
    Tout Γ est A (fausse).

2. *Celarent* :

    Nul A n'est Γ (vraie) ;
    Tout B est A (contradictoire) ;
    Nul B n'est Γ (fausse).

3.   *Tout B est A* (contradictoire) ;
    Nul Γ n'est B (vraie).

Pas de conclusion.

4. Si on pose comme hypothèse la contraire (ou plutôt la *subcontraire*) au
lieu de la contradictoire, on a le syllogisme en *Darii* :

    Tout A est Γ (vraie) ;
    Quelque B est A (contraire) ;
    Quelque B est Γ (fausse).

Donc, il en résulte que *nul B n'est A*, ce qui n'est pas le problème posé ; ce
qu'il fallait prouver, c'était *quelque B n'est pas A* et *quelque B est A* (ce qui est
également vrai). En disant *nul B n'est A*, non seulement nous ne démontrons pas
le problème posé, mais nous démontrons tout le contraire (l. 2-4). – *Cf.* Waitz, I,
505, dont l'exposé est excellent.

aucun B. Mais cela étant prouvé, c'est la proposition vraie qui
est en outre réfutée : car il s'agissait de prouver que A appartenait à quelque B, et qu'il n'appartenait pas à quelque B. En
5 outre[1], l'impossible ne découle pas de l'hypothèse, car alors
l'hypothèse serait fausse, puisqu'il est impossible de tirer une
conclusion fausse de prémisses vraies : mais en réalité elle est
vraie, car A appartient à quelque B. Par conséquent, nous ne
devons pas supposer que A appartient à quelque B, mais bien
qu'il appartient à tout B[2]. – Il en serait de même si nous avions
à prouver que A n'appartient pas à quelque B[3] : car s'il y a
identité entre *ne pas appartenir à quelque terme* et *ne pas
appartenir à la totalité d'un terme*, la démonstration sera, dans
10 les deux cas, la même.

On voit donc que ce n'est pas la contraire, mais bien la
contradictoire qu'il faut prendre comme hypothèse dans tous
les syllogismes[4]. C'est de cette dernière façon, en effet, que
nous obtiendrons une conclusion nécessaire[5], et que la
proposition en question sera acceptée par tous[6]. En effet, si de

1. Autre raison qui doit nous faire rejeter la contraire comme hypothèse. La
conclusion fausse *quelque B est Γ* ne peut pas être la conséquence de *quelque B
est A* (hypothèse contraire au *problema* et posée comme fausse), alors qu'elle
est aussi vraie que sa négation *quelque B n'est pas A*. L'autre prémisse *tout A est
Γ* étant vraie, on aboutirait, en effet, à tirer une conclusion fausse de deux
prémisses vraies, ce qui est impossible.

2. On doit prendre la contradictoire, et non la contraire.

3. Ce cas ne diffère pas des précédents. Il s'agit simplement de terminologie. L'expression *non omnis = quidam ... non*. La nuance est négligeable en
français et nous n'en avons pas tenu compte.

4. Il faut préciser : dans tous les syllogismes de la première figure
conduisant à l'absurde.

5. De la fausseté de l'hypothèse suit nécessairement la vérité de la
conclusion à démontrer, laquelle est la contradictoire.

6. *Cf.* Waitz, I, 505 : ἀξίωμα ἔνδοξον *appellat quod 61a25 dixit manifesto
verum esse, ut non pendeat ex concessione, sed non dari nequeat.* – Voir aussi le

toute chose il y a affirmation ou négation, alors s'il est prouvé
que ce n'est pas la négation qui est vraie, il est nécessaire que 15
ce soit l'affirmation; inversement si on n'admet pas la vérité de
l'affirmation, la proposition que la négation est vraie sera
acceptée par tous. Par contre, la contraire ne saurait, d'aucune
de ces deux façons, être prise en considération, car il n'est pas
nécessaire, si l'universelle négative est fausse, que l'universelle affirmative soit vraie, et il n'est pas non plus accepté par
tous que si l'une est fausse, l'autre est vraie.

12
<La réduction à l'absurde dans la seconde figure>

On voit donc[1] que, dans la première figure, tous les 20
problèmes sont prouvés par l'absurde, à l'exception de l'universelle affirmative, laquelle ne peut être prouvée. Mais, dans
la seconde et la troisième figure, même cette démonstration[2]
peut avoir lieu. Posons, en effet, que A n'appartient pas à
quelque B, et prenons A comme appartenant à tout Γ. Si alors A
n'appartient pas à quelque B et appartient à tout Γ, Γ n'appar- 25
tiendra pas à quelque B. Or cela est impossible (étant admis, en

---

résumé de Philopon, 436, 3-9, notamment 5 : καὶ οὕτως (c'est-à-dire en
prenant comme conclusion la contradictoire et non la contraire) ἔσται ἔνδοξον
ἐκεῖνο τὸ ἀξίωμα τὸ λέγον ἢ τὴν κατάφασιν ἢ τὴν ἀπόφασιν εἶναι τὴν
διαιροῦσαν τὸ ἀληθὲς καὶ τὸ ψεῦδος.

1. En raison du sens, nous faisons commencer le chapitre l. 20, et non l. 22.
2. Savoir, la démonstration de l'universelle affirmative. – Soit à prouver
tout B est A. On a le syllogisme en *Baroco* :

     Tout Γ est A (vraie),
     Quelque B n'est pas A (contradictoire du *problema*);
     Quelque B n'est pas Γ (fausse).

La contradictoire de la mineure est donc vraie.

effet, qu'il soit évident que Γ appartient à tout B) : il en résulte
que l'hypothèse est fausse ; donc il est vrai que A appartient
à tout B. – Mais si c'est la contraire qu'on suppose[1], il y
aura syllogisme et une conclusion impossible ; seulement le
30 problème posé n'est pas démontré. Si, en effet, A n'appartient
à aucun B et appartient à tout Γ, Γ n'appartiendra à nul B. Or
cela est impossible, de sorte qu'il est faux que A n'appartienne
à nul B. Mais il n'est pas vrai que, parce que cela est faux, A
doive appartenir à tout B.

Pour le cas où il s'agit de démontrer que A appartient à
quelque B[2], supposons que A n'appartienne à nul B, et admettons que A appartienne à tout Γ. Il est alors nécessaire que Γ
35 n'appartienne à nul B. Par conséquent, si cela est impossible,
A doit nécessairement appartenir à quelque B. – Mais si on
suppose que A n'appartient pas à quelque B[3], les résultats
seront exactement les mêmes que dans la première figure.

1. Syllogisme en *Camestres* :
    Tout Γ est A ;
    Nul B n'est A (contraire) ;
    Nul B n'est Γ.

Il en résulte que la contraire de la mineure est établie, mais on sait que les
contraires peuvent être fausses en même temps : la démonstration est donc
inapplicable à la conclusion à prouver.

2. Démonstration de la particulière affirmative *quelque B est A*. Le
syllogisme est en *Camestres* :
    Tout Γ est A ;
    Nul B n'est A (contradictoire) ;
    Nul B n'est Γ.

3. En prenant la contraire du *problema*, on a un syllogisme en *Baroco* :
    Tout Γ est A ;
    Quelque B n'est pas A ;
    Quelque B n'est pas Γ.

Mêmes résultats que ci-dessus pour la première figure (11, 61b39-62a8).
Non seulement le *problema* n'est pas prouvé, mais il est réfuté, et ce pour les
mêmes raisons.

Supposons maintenant que A appartienne à quelque B[1], et admettons que A n'appartienne à aucun Γ. Il est nécessaire alors que Γ n'appartienne pas à quelque B. Mais nous avons admis qu'il appartenait à tout B[2], de sorte que la proposition supposée est fausse ; donc A n'appartiendra à aucun B.   40

Quand il s'agit de démontrer que A n'appartient pas à quelque B[3], supposons qu'il appartienne à tout B, et n'appar- **62b** tienne à aucun Γ. Il est alors nécessaire que Γ n'appartienne à aucun B. Mais cela est impossible, de sorte qu'il est vrai que A n'appartient pas à quelque B. – Il est donc clair que tous les syllogismes peuvent être obtenus par la seconde figure[4].

13
<La réduction à l'absurde dans la troisième figure>

De même ils peuvent l'être par la dernière figure. – Posons, 5 en effet, que A n'appartient pas à quelque B, et que Γ appartient

---

1. Démonstration de l'universelle négative *nul B n'est A*. – On a *Festino* :
    Nul Γ n'est A ;
    Quelque B est A (contradictoire) ;
    Quelque B n'est pas Γ.
2. *Cf.* Waitz, I, 506 : *locum tenent haec verba eorum quae facto syllogismo addere solet* τοῦτο δ'ἀδύνατον.
3. Démonstration de la particulière négative *quelque B n'est pas A*. – Syllogisme en *Cesare* :
    Nul Γ n'est A ;
    Tout B est A ;
    Nul B n'est Γ.
4. Plus précisément : toutes les conclusions, universelles ou particulières, affirmatives ou négatives, peuvent être prouvées, dans la seconde figure, par la réduction à l'absurde.

à tout B. A n'appartiendra pas alors à quelque Γ[1]. Si donc cela
est impossible, il est faux que A n'appartient pas à quelque B,
de sorte qu'il est vrai que A appartient à tout B. – Mais si on
suppose que A n'appartient à aucun B[2], il y aura syllogisme
10   et conclusion impossible; seulement le problème posé n'est
pas démontré : car si c'est la contraire qui est supposée, nous
obtiendrons précisément les mêmes résultats que dans les cas
précédents.

Par contre, pour prouver que A appartient à quelque B[3],
c'est cette dernière hypothèse qu'il faut prendre. En effet, si
A n'appartient à aucun B, et si Γ appartient à quelque B, A
n'appartiendra pas à quelque Γ. Si donc cela est faux, c'est
qu'il est vrai que A appartient à quelque B.

---

1. Démonstration de l'universelle affirmative *tout B est A*. On a un
syllogisme en *Bocardo* :

> *Quelque B n'est pas A* (contradictoire);
> *Tout B est Γ*;
> *Quelque Γ n'est pas A.*

2. Si on prend la contraire du *problema*, on a (*Felapton*) :

> *Nul B n'est A*;
> *Tout B est Γ*;
> *Quelque Γ n'est pas A.*

La démonstration est manquée : cf. 12, 62a28-32, et le renvoi à la première
figure. – L. 10, nous lisons ταὐτ' ἔσται, avec Jenkinson, et non ταῦτ' ἔσται,
comme Bekker et Waitz.

3. Démonstration de la particulière affirmative *quelque B est A*. Dans ce
cas, c'est la contraire, hypothèse envisagée en dernier lieu, et non la contradictoire, du *problema* qu'il faut prendre. On a un syllogisme en *Ferison* :

> *Nul B n'est A* (contraire);
> *Quelque B est Γ*;
> *Quelque Γ n'est pas A.*

Quand il s'agit de prouver que A n'appartient à aucun B[1],   15
supposons que A appartienne à quelque B, et qu'on ait pris Γ
comme appartenant à tout B. Alors il est nécessaire que A
appartienne à quelque Γ. Mais on a admis qu'il n'appartenait
à nul Γ[2]; par conséquent, il est faux que A appartiendra à
quelque B. – Par contre, si on suppose que A appartient à tout
B[3], le problème posé n'est pas démontré.

Mais pour prouver que A n'appartient pas à quelque B[4]
c'est cette dernière hypothèse qu'il faut prendre. Si, en effet, A   20
appartient à tout B, et Γ à quelque B, A appartiendra à quelque
Γ. Or on a admis que cela n'était pas[5], de sorte qu'il est faux
que A appartienne à tout B. Mais s'il en est ainsi, c'est qu'il est
vrai que A n'appartient pas à quelque B. – Si, par contre, on

---

1. Démonstration de l'universelle négative *nul B n'est A*. Syllogisme en
Disamis :

    Quelque B est A (contradictoire);
    Tout B est Γ;
    Quelque Γ est A.

2. Cf. *supra*, 12, 62a39, et la note.

3. Si on prend la contraire, on a *Darapti* :

    Tout B est A;
    Tout B est Γ;
    Quelque Γ est A.

Le *problema* n'est pas démontré, car les contraires peuvent être fausses en
même temps.

4. Démonstration de la particulière négative *quelque B n'est pas A*. Il faut
prendre comme hypothèse la contradictoire *tout B est A*. On a alors *Datisi* :

    Tout B est A;
    Quelque B est Γ;
    Quelque Γ est A.

5. Cf. *supra*, 12, 62a39, et la note.

suppose que A appartient à quelque B [1], nous aurons les mêmes
résultats que dans les cas indiqués plus haut.

25   On voit donc que, dans tous les syllogismes qui procèdent
par l'absurde, c'est la contradictoire qu'il faut supposer. Il est
évident aussi qu'on peut démontrer d'une certaine façon [2],
dans la seconde figure l'affirmative, et dans la dernière
l'universelle.

14
<Comparaison de la réduction à l'absurde
et de la preuve directe>

30   La démonstration par l'absurde diffère de la preuve directe
en ceci : ce qu'elle veut réfuter [3] par réduction à une autre
proposition acceptée comme fausse, elle le pose, tandis que la
preuve directe prend pour point de départ des propositions
concédées [4]. L'une et l'autre admettent donc deux prémisses

---

1. Si on prend la contraire, on a *Disamis* :
    Quelque B est A ;
    Tout B est Γ ;
    Quelque Γ est A.
    Renvoi à 11, 61b39-62a8. – L. 23, nous lisons, comme ci-dessus, l. 10,
ταὐτ'ἔσται.

2. Sur δείκνυται πως, *cf.* Waitz, I, 506. La démonstration par l'absurde
arrive à prouver, dans la seconde figure, une conclusion affirmative, à laquelle
la preuve directe ne pouvait aboutir ; de même, dans la troisième figure, pour la
conclusion universelle. Sur les réductions à l'absurde dans les trois figures,
cf. le tableau de Pacius, II, 233.

3. La contradictoire de la conclusion à prouver.

4. La preuve directe ne veut réfuter aucune des prémisses qu'elle prend.
– L. 30, il faut supprimer la virgule après ἀναιρειν. Sur la suppression de
ἀληθῶν, l. 32, *cf.* Pacius, I, 344 et Waitz, I, 506.

qui sont concédées; seulement, la preuve directe prend les
prémisses constitutives du syllogisme initial, tandis que la
réduction par l'absurde prend seulement l'une des prémisses,
l'autre proposition étant la contradictoire de la conclusion. – 35
Et, dans la preuve directe, il n'est pas nécessaire que la conclusion soit connue, ni qu'on présuppose qu'elle est vraie ou non,
tandis que, dans la preuve par l'absurde, on doit présupposer
qu'elle n'est pas vraie[1]. – Mais il n'importe nullement que la
conclusion soit affirmative ou négative : c'est de la même
façon que les choses se passent dans les deux cas[2].

Tout ce qui est conclu au moyen de la preuve directe peut
être prouvé aussi par l'absurde, et ce qui est prouvé par 40
l'absurde peut l'être directement avec les mêmes termes[3].
Quand le syllogisme[4] est de la première figure, le vrai sera **63a**
obtenu dans la seconde ou la dernière, et il sera négatif dans la
seconde et affirmatif dans la dernière. Quand le syllogisme est
de la seconde figure, le vrai est obtenu dans la première pour 5
tous les problèmes[5]. Enfin quand le syllogisme est de la

---

1. Puisqu'on prend la contradictoire de la conclusion à prouver.

2. *Cf.* Pacius, I, 344 : *Dicitur conclusio non esse cum est falsa, sive
affirmet, sive neget. Cum igitur conclusio affirmat, dicitur non esse, si non sit;
cum autem neget, dicitur non esse, si sit.*

3. L. 41, nous supprimons οὐκ... σχήμασιν, avec Waitz, I, 507.

4. C'est-à-dire la réduction à l'impossible. – Dans toute la suite du
chapitre, Aristote entend par συλλογισμός la réduction à l'absurde, et par
ἀληθές la démonstration directe (*cf.* Waitz, I, 508). Il faut donc comprendre le
présent passage comme s'il y avait : « Quand la réduction à l'impossible se fait
dans la première figure, la conclusion vraie à établir sera prouvée par un
syllogisme à démonstration directe de la seconde ou de la troisième figure ».

5. Sans distinguer entre les conclusions affirmatives et les conclusions
négatives. – L. 6 et 7, nous lisons τὸ μὲν καταφατικὸν... τὸ δὲ στερητικὸν. Le
singulier nous paraît s'imposer par comparaison avec les lignes 2 et 3.

dernière figure, le vrai est obtenu dans la première et la seconde; il est affirmatif dans la première, et négatif dans la seconde.

Admettons, en effet[1], qu'on ait démontré que A n'appartient à aucun B, ou n'appartient pas à quelque B, au moyen de la première figure. Alors l'hypothèse était que A appartient à
10 quelque B, et les prémisses étaient que Γ appartient à tout A et n'appartient à nul B : car c'est ainsi qu'étaient obtenus le syllogisme et la conclusion absurde. Mais c'est la seconde figure, si Γ appartient à tout A et n'appartient à nul B. Et il résulte clairement de ces prémisses que A n'appartient à aucun B. – Il en est de même s'il a été démontré que A n'appartient pas à
15 quelque B[2]. L'hypothèse, en effet, est que A appartient à tout

---

1. L'universelle négative *nul B n'est A* est prouvée par l'absurde dans la première figure par *Darii* :

    Tout A est Γ;

    Quelque B est A (contradictoire de nul B n'est A);

    Quelque B est Γ (fausse).

Par démonstration directe, on a, en *Camestres* :

    Tout A est Γ;

    Nul B n'est Γ;

    Nul B n'est A.

La marche du raisonnement, dans le présent cas et les suivants, est assez obscure. Aristote commence par poser la conclusion à démontrer (*nul B n'est A*), puis l'hypothèse, c'est-à-dire la contradictoire de la conclusion (*quelque B est A*), enfin les prémisses (*tout A est Γ, nul B n'est Γ*) constitutives de la démonstration directe de la conclusion à prouver. *Cf.* Philopon, 441, 1-13.

2. Démonstration par l'absurde, en *Barbara*, de la particulière négative *quelque B n'est pas A* :

    Tout A est Γ;

    Tout B est A (contradictoire);

    Tout B est Γ.

Γ, et les prémisses étaient que Γ appartient à tout A et qu'il n'appartient pas à quelque B. – Et si la prémisse ΓA était négative[1], il en serait encore de même : car, de cette façon aussi, nous avons la seconde figure. – Admettons maintenant qu'on ait démontré que A appartient à quelque B[2]. L'hypo- 20 thèse est alors que A n'appartient à aucun B, et les prémisses étaient que B appartient à tout Γ, et A à tout Γ ou à quelque Γ, car de cette façon on aura une conclusion impossible. Mais c'est la dernière figure si A et B appartiennent à tout Γ. Et il

Par démonstration directe on a, en *Baroco* :

> *Tout A est Γ* ;
> *Quelque B est Γ* ;
> *Quelque B n'est pas A*.

1. Démonstration par l'absurde, en *Ferio*, de l'universelle négative *nul B n'est A* :

> *Nul A n'est Γ* ;
> *Quelque B est A* (contradictoire) ;
> *Quelque B n'est pas Γ*.

La démonstration directe est en *Cesare* :

> *Nul A n'est Γ* ;
> *Tout B est Γ* ;
> *Nul B n'est A*.

De même, pour la particulière négative *quelque B n'est pas A*, dont la preuve par l'absurde est en *Celarent*, et la preuve directe en *Festino*.

2. Démonstration par l'absurde, en *Celarent*, de la particulière affirmative *quelque B est A*.

> *Nul B n'est A* (contradictoire) ;
> *Tout Γ est B* ;
> *Nul Γ n'est A*.

La preuve directe est en *Darapti* :

> *Tout Γ est A* ;
> *Tout Γ est B* ;
> *Quelque B est A*.

(Ou en *Disamis*, si on prend comme majeure *quelque Γ est A*).

résulte clairement de ces prémisses que A doit nécessairement appartenir à quelque B. – Même résultat si on avait pris B ou A comme appartenant à quelque Γ[1].

25 Admettons maintenant que, dans la seconde figure, on ait prouvé A comme appartenant à tout B[2]. L'hypothèse était alors que A n'appartient pas à quelque B, et les prémisses, que A appartient à tout Γ, et Γ à tout B : car de cette façon on aura une conclusion impossible. Mais on a la première figure si A appartient à tout Γ, et Γ à tout B. – De même, s'il a été prouvé

30 que A appartient à quelque B[3] : car l'hypothèse alors était que A n'appartient à aucun B, et les prémisses, que A appartient à

---

1. Soit *quelque Γ est A* : Quand on suppose fausse la conclusion de *Celarent* ci-dessus, parce que sa contradictoire (*quelque Γ est A*) est vraie, contradictoire qui sert de majeure à un syllogisme à preuve directe en *Disamis*, concluant que quelque B est A. – De même, pour *quelque Γ est B*.

2. Démonstration par l'absurde, en *Baroco*, de l'universelle affirmative *tout B est A* :

> Tout Γ est A ;
> Quelque B n'est pas A (contradictoire) ;
> Quelque B n'est pas Γ.

Preuve directe, en *Barbara* :

> Tout Γ est A ;
> Tout B est Γ ;
> Tout B est A.

3. Démonstration par l'absurde, en *Camestres*, de la particulière affirmative *quelque B est A* :

> Tout Γ est A ;
> Nul B n'est A (contradictoire) ;
> Nul B n'est Γ.

Preuve directe en *Darii* :

> Tout Γ est A ;
> Quelque B est Γ ;
> Quelque B est A.

tout Γ, et Γ à quelque B. – Si le syllogisme est négatif[1], l'hypothèse est que A appartient à quelque B, et les prémisses étaient
que A n'appartient à aucun Γ, et Γ à tout B, de sorte qu'on
obtient la première figure. – Et si le syllogisme n'est pas 35
universel, mais qu'on ait démontré que A n'appartient pas à
quelque B[2], la solution est la même. L'hypothèse est que A
appartient à tout B, et les prémisses étaient que A n'appartient à
aucun Γ, et que Γ appartient à quelque B : car on obtient ainsi la
première figure.

Supposons maintenant que, dans la troisième figure, on ait 40
démontré que A appartient à tout B[3]. Alors l'hypothèse était

---

1. Démonstration par l'absurde, en *Festino*, de l'universelle négative *nul B n'est A* :

> *Nul Γ n'est A* ;
> *Quelque B est A* (contradictoire) ;
> *Quelque B n'est pas Γ.*

Preuve directe en *Celarent* :

> *Nul Γ n'est A* ;
> *Tout B est Γ* ;
> *Nul B n'est A.*

2. Démonstration par l'absurde, en *Cesare*, de la particulière négative *quelque B n'est pas A* :

> *Nul Γ n'est A* ;
> *Tout B est A* (contradictoire) ;
> *Nul B n'est Γ.*

Preuve directe en *Ferio* :

> *Nul Γ n'est A* ;
> *Quelque B est Γ* ;
> *Quelque B n'est pas A.*

3. Démonstration par l'absurde, en *Bocardo*, de l'universelle affirmative *tout B est A* :

> *Quelque B n'est pas A* (contradictoire) ;
> *Tout B est Γ* ;
> *Quelque Γ n'est pas A.*

63b que A n'appartient pas à quelque B, et les prémisses, que
Γ appartient à tout B, et A à tout Γ : car de cette façon nous
aurons une conclusion impossible. Et les prémisses forment la
première figure. – De même, si la démonstration établit une
attribution particulière affirmative [1]. L'hypothèse était que A
5 n'appartient à aucun B, et les prémisses, que Γ appartient à
quelque B, et A à tout Γ. – Si le syllogisme est négatif [2], l'hypothèse est que A appartient à quelque B, et les prémisses étaient
que Γ n'appartient à aucun A et appartient à tout B, et c'est là la
seconde figure. – De même encore, si la démonstration n'est

Preuve directe en *Barbara* :
   Tout Γ est A ;
   Tout B est Γ ;
   Tout B est A.
   1. Démonstration par l'absurde, en *Ferison*, de la particulière affirmative
quelque B est A :
      Nul B n'est A (contradictoire) ;
      Quelque B est Γ ;
      Quelque Γ n'est pas A.
   Preuve directe en *Darii* :
      Tout Γ est A ;
      Quelque B est Γ ;
      Quelque B est A.
   2. Démonstration par l'absurde, en *Disamis*, de l'universelle négative *Nul
B n'est A* :
      Quelque B est A (contradictoire) ;
      Tout B est Γ ;
      Quelque Γ est A.
   Preuve directe en *Cesare* :
      Nul A n'est Γ ;
      Tout B est Γ ;
      Nul B n'est A.

pas universelle [1]. L'hypothèse sera que A appartient à tout B, et les prémisses étaient que Γ n'appartient à aucun A et appartient à quelque B : et c'est la seconde figure. 10

On voit donc qu'il est possible, au moyen des mêmes termes, de prouver aussi par la voie directe chaque problème [2]. De même, on pourra, quand les syllogismes sont à preuve directe, les réduire à l'absurde dans les termes donnés, du moment qu'on prend comme prémisse la contradictoire de la conclusion. En effet, les syllogismes deviennent identiques à ceux qu'on obtient par la conversion, de telle sorte que nous avons immédiatement les figures par lesquelles chaque problème sera résolu. Il est donc évident que tout problème se démontre selon les deux procédés, tant par l'absurde que directement, et qu'il n'est pas possible de les séparer l'un de l'autre. 15

20

15
<Les conclusions tirées de prémisses opposées>

Dans quelle figure il est possible de tirer une conclusion à partir de prémisses opposées [3], et dans quelle figure ce n'est

---

1. C'est-à-dire, si elle prouve une conclusion particulière négative *quelque B n'est pas A*. La preuve par l'absurde se fait en *Datisi* :
   Tout B est A (contradictoire);
   Quelque B est Γ;
   Quelque Γ est A.
La preuve directe a lieu en *Festino* :
   Nul A n'est Γ;
   Quelque B est Γ;
   Quelque B n'est pas A.
2. L. 13, nous supprimons καὶ... ἀδυνάτου (Waitz, I, 508).
3. Contraires ou contradictoires. La conclusion tirée de prémisses opposées sera toujours absurde, quand elle sera possible.

pas possible, voici comment on pourra le montrer. En un sens
purement verbal, les prémisses sont opposées de quatre façons :
25 il y a l'opposition de l'universelle affirmative à l'universelle
négative[1], de l'universelle affirmative à la particulière négative[2], de la particulière affirmative à l'universelle négative[3],
de la particulière affirmative à la particulière négative[4]; mais,
en réalité, il n'y a que trois oppositions, car la particulière affirmative n'est opposée à la particulière négative que d'une façon
purement verbale[5]. De ces propositions opposées[6], j'appelle
contraires celles qui sont universelles, c'est-à-dire l'opposition de l'universelle affirmative à l'universelle négative : par
30 exemple *toute science est bonne* s'oppose à *nulle science n'est
bonne*; les autres sont des *contradictoires*.

Dans la première figure, des prémisses opposées ne peuvent
pas produire de syllogisme, soit affirmatif, soit négatif. Il n'y a
pas de syllogisme affirmatif, parce que les deux prémisses
doivent être toutes deux affirmatives, alors que les opposées
35 sont l'une affirmative et l'autre négative. Et il n'y a pas de
syllogisme négatif, parce que les opposées affirment et nient
respectivement le même prédicat du même sujet[7] : or, dans la
première figure, le moyen n'est pas affirmé des deux extrêmes,
mais c'est de lui qu'un autre terme est nié, et il est lui-même

---

1. Contrariété. – *Cf.* Trendelenburg, *Elementa*, p. 76.

2. Contradiction.

3. Contradiction.

4. Subcontrariété. – Ces dernières propositions sont opposées seulement
verbis. Il n'en sera plus question dans la suite du chapitre.

5. Car, explique Philopon, 445, 3, καὶ συναληθεύει αὐτῇ.

6. Opposées *re*. – Sur les ἀντικείμεναι, cf. *Cat.*, 11, et *supra*, 8, 59b6
et note.

7. L'une des opposées affirme, l'autre nie un attribut d'un sujet, attribut et
sujet qui sont les mêmes dans les deux propositions. Cf. *de Inter.*, 6.

affirmé d'un autre terme[1] ; et de telles prémisses ne sont pas des opposées.

Par contre, dans la seconde figure, les contradictoires aussi 40 bien que les contraires peuvent produire un syllogisme[2]. Admettons, par exemple, que A signifie *bon*, et B et Γ **64a** *science*. Si alors on pose que toute science est bonne, et ensuite qu'aucune science ne l'est, A appartient à tout B et n'appartient à aucun Γ, de sorte que B n'appartient à aucun Γ ; par suite, aucune science n'est science[3]. – De même encore, si après avoir posé que toute science est bonne, on a posé que la science 5 médicale n'est pas bonne : car A appartient à tout B et n'appartient à nul Γ, de sorte qu'une science particulière ne sera pas science[4], – C'est encore le cas, si A appartient à tout Γ et n'appartient à nul B, B signifiant *science*, Γ *science médicale*,

1. Dans la première figure, le moyen est sujet de la majeure et prédicat de la mineure : il n'y a donc ni même sujet, ni même attribut, dans les deux propositions.

2. Le syllogisme est possible, mais la conclusion sera absurde, comme Aristote le montre par un exemple.

3. Syllogisme en *Camestres*, à prémisses contraires et sujets identiques :
    Toute science (B) *est bonne* (A) ;
    Nulle science (Γ) *n'est bonne* (A) ;
    Nulle science (Γ) *n'est science* (B).

4. Syllogisme en *Camestres*, à prémisses contraires, mais avec cette particularité que le sujet de la mineure est contenu dans le sujet de la majeure comme l'espèce dans le genre :
    Toute science (B) *est bonne* (A) ;
    Nulle science médicale (Γ), qui est *quelque science* (B), *n'est bonne* (A) ;
    Nulle science médicale (Γ) *n'est science* (B), autrement dit *quelque B n'est pas B* (cf. Philopon, 447, 8).

et A *croyance*[1] : car après avoir posé qu'aucune science n'est
10 croyance, on a posé qu'une science particulière est croyance.
Ce syllogisme diffère du précédent en ce que les relations entre
les termes sont renversées : alors que dans le premier cas
l'affirmative se rapportait à B, maintenant elle se rapporte à Γ[2].
– Et si une prémisse n'est pas universelle, il en est de même :
toujours, en effet, le moyen terme est ce qui est dit négati-
15 vement d'un extrême et affirmativement de l'autre[3]. – Par
conséquent, il est possible que les opposées conduisent à une
conclusion, bien que cela n'arrive pas toujours, ni d'une façon
absolue, mais seulement si les termes subordonnés au moyen
sont tels qu'ils sont ou bien identiques, ou bien en relation
comme le tout à sa partie[4]. Autrement, c'est impossible : car

---

1. Syllogisme en *Cesare*, à prémisses contraires, le sujet de la mineure
étant l'espèce du sujet de la majeure :

   Nulle science (B) *n'est croyance* (A);
   Toute science médicale (Γ) *est croyance* (A);
   Nulle science médicale (Γ) *n'est science* (B).

Sur le sens de ὑπόληψις et ὑπολαμβάνειν, cf. *de An.*, III, 3, 427b16 et
la note de notre traduction, p. 165; Trendelenburg, *de Anima*, p. 386-387
(éd. Belger, 1877); Waitz, I, 523; Bonitz, *in Meta.*, 41, *Ind. arist.*, 186b60 et
799b26; Hamelin, *Le système*, 383. Le mot ὑπόληψις signifie *croyance*,
jugement présentant un caractère d'universalité; c'est l'acte de l'intellect
discursif (διάνοια), et elle inclut, comme genre, l'ἐπιστήμη et la δόξα.

2. Autrement dit, dans le précédent syllogisme la majeure est affirmative
(*Camestres*); dans l'autre (*Cesare*), c'est la mineure qui est affirmative.

3. *Festino*, par exemple :

   Nulle science (B) *n'est bonne* (A);
   Quelque science (Γ) *est bonne* (A);
   Quelque science (Γ) *n'est pas science* (B).

De même pour *Baroco*. – Dans ces cas, les prémisses sont opposées
contradictoirement.

4. Les extrêmes, dans la seconde figure, sont contenus dans le moyen, qui
est prédicat dans les deux prémisses. Ils doivent être soit identiques (*science* et

les prémisses ne peuvent être, d'aucune autre manière, ni contraires, ni contradictoires[1].

Dans la troisième figure, un syllogisme affirmatif ne 20 procèdera jamais de prémisses opposées, pour la raison que nous avons donnée de la première figure[2], mais il pourra y avoir syllogisme négatif, que les termes soient universels ou non universels[3]. Admettons, en effet, que B et Γ signifient *science*, et A *science médicale*. Si alors on a posé que toute science médicale est science, et qu'aucune science médicale 25 n'est science, on a pris B comme appartenant à tout A, et Γ comme n'appartenant à aucun A; il en résulte qu'une science particulière ne sera pas science[4]. – Même conclusion si la prémisse BA n'est pas prise universellement : car si une science médicale est science, et ensuite qu'aucune science médicale n'est science, il en résulte qu'une science particulière n'est pas 30 science[5]. Si les termes sont pris universellement, les prémisses

---

science, B et Γ), soit en relation comme le genre et l'espèce (*science, science médicale*).

1. Si les termes sont entièrement différents, comme, par exemple, *animal* et *pierre*, les prémisses ne sont pas opposées (*cf.* Pacius, II, 239) :
> *Tout animal est vivant*;
> *Nulle pierre n'est vivante.*

2. 63b33 : les deux prémisses doivent être affirmatives, pour donner une conclusion affirmative.

3. Autrement dit, que les deux prémisses soient universelles, ou l'une d'elles seulement.

4. *Felapton* :
> *Nulle science médicale* (A) *n'est science* (B);
> *Toute science médicale* (A) *est science* (Γ);
> *Quelque science* (Γ) *n'est pas science* (B).

5. Syllogisme en *Ferison* (et non en *Bocardo*, comme le dit, à tort, Pacius, I, 353) :
> *Nulle science médicale* (B) *n'est science* (A);
> *Quelque science médicale* (B) *est science* (Γ);
> *Quelque science* (Γ) *n'est pas science* (A).

sont contraires; mais si l'un est particulier, elles sont contradictoires[1].

Nous devons remarquer qu'il est possible de prendre les opposées de la façon que nous avons indiquée, savoir que toute
35 science est bonne, et ensuite qu'aucune science ne l'est ou qu'une science particulière n'est pas bonne : dans ce cas, notre attention est d'ordinaire éveillée[2]. Mais il est encore possible de conclure l'un des membres d'une contradiction par l'intermédiaire d'autres interrogations[3], ou encore de le prendre de la façon mentionnée dans les *Topiques*[4]. – Et puisque les oppositions aux affirmations sont au nombre de trois, il suit que c'est de six façons que les opposées sont prises[5] : on peut avoir

1. Respectivement *Felapton* et *Ferison*.

2. Dans ce cas, on voit facilement le vice de l'argument. *Vix erit qui simul concedat et ipsam propositionem et quod ei repugnet* (Waitz, I, 510).

3. *Cf.* Philopon, 449, 6 : ἐνδέχεται δὲ ταῦτα τὰ ἀντικείμενα δι' ἄλλων ἐπερωτήσεων λαβεῖν τὸν προσδιαλεγόμενον.

4. Ce sont là des vices cachés du raisonnement, plus difficiles à déceler. Deux cas sont envisagés :

a) D'une proposition concédée, on ne prendra pas immédiatement l'opposée, mais on arrivera à la prouver par l'intermédiaire d'autres propositions qui semblent ne pas se rapporter au syllogisme même (*cf.* Waitz, I, 510). Le résultat final sera le même, et on ne s'apercevra pas qu'on nie ce qu'on a admis, ou qu'on admet ce qu'on a nié.

b) Renvoi à *Top.*, VIII, 1. Si, par exemple, nous avons concédé une proposition, et si l'adversaire démontre son opposée, nous serons obligé de recevoir les contraires.

5. On a, en effet, les oppositions suivantes (voir, dans Pacius, I, 354, un tableau plus complet) :

A. Contraires

    1) majeure universelle affirmative et mineure universelle négative

    2) majeure universelle négative et mineure universelle affirmative

B. Contradictoires

    3) majeure universelle affirmative et mineure particulière négative

soit l'universelle affirmative et l'universelle négative, ou
l'universelle affirmative et la particulière négative, ou la parti- 40
culière affirmative et l'universelle négative, et ces relations
entre les termes peuvent être renversées ; par exemple, A 64b
appartient à tout B et n'appartient à nul Γ, ou A appartient à tout
Γ et n'appartient à nul B, ou A appartient à l'un pris universellement et n'appartient pas à l'autre pris particulièrement, et,
là encore, les relations entre les termes peuvent être renversées.
– De même pour la troisième figure[1]. – On voit ainsi de
combien de façons et en quelles figures il peut se faire qu'un 5
syllogisme soit obtenu au moyen de prémisses opposées.

Il est clair aussi que de prémisses fausses on peut tirer une
conclusion vraie, ainsi que nous l'avons dit plus haut[2], alors
que de prémisses opposées ce n'est pas possible : toujours, en
effet, le syllogisme est, dans ce cas, contraire à la réalité[3] ; par 10
exemple, si une chose est bonne, on conclut qu'elle n'est pas
bonne, ou si elle est animal, qu'elle n'est pas animal, parce que
le syllogisme part d'une contradiction et que les termes sur
lesquels il repose sont ou bien identiques, ou bien en relation
comme le tout à sa partie. – Il est évident aussi que, dans les
paralogismes[4], rien n'empêche d'obtenir une conclusion

4) majeure particulière négative et mineure universelle affirmative

5) majeure particulière affirmative et mineure universelle négative

6) majeure universelle négative et mineure particulière affirmative.

1. Les six combinaisons existent aussi bien dans la troisième figure que
dans la seconde. *Cf.* Waitz, I, 510.

2. Chapitres 2, 3 et 4 du présent livre.

3. *Syllogismus cum ipsa re pugnat, h.e. qui per se ipsum tollitur* (Waitz,
I, 510).

4. Les paralogismes sont, dans ce passage, des raisonnements vicieux qui
partent de prémisses opposées, dont la vérité apparente repose sur une ambi-

contradictoire à l'hypothèse : par exemple, si un nombre est
15 impair, on conclut qu'il n'est pas impair. En effet, ce sont
les prémisses contradictoires qui rendaient le syllogisme
contraire[1] ; si donc on adopte des prémisses de ce genre, la
conclusion sera la contradictoire de l'hypothèse. – Mais il faut
remarquer[2] que les contraires ne peuvent pas être déduites
d'un unique syllogisme de façon à avoir pour conclusion que

guïté, et qui ont pour conclusion une proposition contradictoire (ou contraire) à
ce qu'on avait posé comme vrai. On a, par exemple, le syllogisme suivant, qui
n'est qu'un paralogisme :

> *Le nombre impair ne se divise pas en parties égales* (7, car 4+3);
> *Le nombre impair se divise en parties égales* (9, car 3+3+3);
> *Le nombre impair n'est pas impair.*

1. Contraire à la réalité, comme l. 9.

2. La fin du chapitre est fort obscure. Voici comment nous l'interprétons
(avec Waitz, I, 511, nous supprimons, l. 23, les mots καὶ οὐχ ὑπόληψις). Un
seul syllogisme ne permet pas de conclure que A est non-A (l. 17-19) : il faut,
pour cela, un syllogisme concluant A, et un autre concluant non-A. Il y a cependant une exception : c'est quand la majeure enferme en elle-même une contradiction (*tout animal est blanc et non-blanc*); on a alors le syllogisme suivant,
dont Aristote ne donne que la majeure et la mineure :

> *Tout animal est blanc et non-blanc*;
> *Tout homme est animal*;
> *Tout homme est blanc et non-blanc* (l. 19-21).

Dès lors, pour que la conclusion *A est non-A* soit possible, il faut donc ou
bien que la contradiction réside dans la proposition elle-même, ou tout au moins
qu'elle réside dans les deux prémisses réunies, par l'addition à une majeure
posée d'une mineure contradictoire. Dans ce dernier cas, on a, par exemple,

> *Toute science est croyance* (majeure posée);
> *Quelque science (nulle science médicale) n'est pas croyance* (mineure
> opposée à la majeure, et résultant elle-même d'un syllogisme tel que :
> *Nulle science n'est croyance; toute science médicale est science*;
> donc *nulle science médicale n'est croyance*);
> *Quelque science (nulle science médicale) n'est pas science* (l. 21-24).

Autrement, une pareille conclusion exige deux syllogismes (l. 24-25).

ce qui n'est pas bon est bon, ou quelque autre chose de ce genre, à moins de prendre immédiatement une prémisse telle 20 que *tout animal est blanc et non-blanc*; or *l'homme est animal...* Mais, ou bien il faut ajouter la contradiction, dire par exemple que toute science est croyance, et poser ensuite que, alors que la science médicale est science, aucune science médicale n'est croyance (suivant la manière dont se font les réfutations)[1], ou bien c'est à partir de deux syllogismes qu'il 25 faut conclure. Mais pour que les prémisses soient réellement contraires, on ne peut les prendre d'aucune autre façon que celle que nous avons indiquée précédemment[2].

16
<La Pétition de Principe>

Postuler et prendre la question posée en commençant, c'est là un raisonnement qui, au point de vue du genre auquel il appartient, consiste dans un défaut de démonstration du problème proposé[3]. Or le défaut de démonstration peut se produire de plusieurs façons : il a lieu si on ne conclut pas du 30 tout[4], ou si on procède au moyen de prémisses moins connues

1. Cf. *infra*, chap. 20, et *de Soph. Elench.*, 1.

2. Les propositions contraires ne peuvent produire une conclusion auto-contradictoire affirmative dans la première (63b33) ou dans la troisième figure (64a20); dans la seconde la conclusion ne pourra être que négative.

3. La pétition de principe est une espèce du genre «non-démonstration». Cf. *supra*, I, 24, 41b11 et note (notamment pour le sens de τὸ ἐν ἀρχῇ; *An. Post.*, I, 10, 76b31; *Top.*, VIII, 12, 162b31. Voir aussi Trendelenburg, *Elementa*, p. 125 *sq.*

4. Par exemple, par inobservation des règles du syllogisme : conclure de deux négatives, ou de deux particulières.

ou pareillement inconnues[1], ou si enfin on établit l'antécédent
par les conséquents[2]; car la démonstration se fait à partir de
notions plus certaines et antérieures. Rien de tout cela n'est
la pétition de principe[3]. Mais puisqu'il est de la nature de
certaines choses d'être connues par elles-mêmes, tandis que
les autres le sont seulement par l'intermédiaire de données
35 étrangères (les principes, en effet, sont connus par eux-mêmes,
et ce qui est subordonné aux principes[4], par d'autres données),
c'est quand on entreprend de démontrer par elle-même une
vérité qui n'est pas connue par elle-même qu'alors on commet
une pétition de principe[5].

Cette pétition de principe peut se faire en prenant immédiatement ce qui est en question[6]; ou bien l'on peut aussi, en
40 passant par l'intermédiaire d'autres choses qui seraient, en
vertu de leur nature, prouvées par la question posée au début,
65a démontrer celle-ci par ces choses mêmes[7]; c'est le cas si, par
exemple, on avait démontré A par B, et B par Γ, alors qu'il était

---

1. Quand les prémisses sont moins évidentes, ou aussi peu évidentes que le
problème posé, il n'y a pas de démonstration.

2. Ce sont les conséquents qui doivent être expliqués par les antécédents, et
non pas les antécédents par les conséquents. Cf. *Cat.*, 12.

3. Aucune de ces «non-démonstrations» ne constitue la pétition de
principe, qui jusqu'ici est donc seulement définie comme genre. La différence
spécifique, qui la caractérise, fait l'objet des lignes qui suivent.

4. Les conclusions, qui sont expliquées par les prémisses.

5. La différence spécifique constitutive de la pétition de principe consiste
donc à traiter les conclusions comme des principes, autrement dit à vouloir
démontrer par elles-mêmes des propositions qui sont connues seulement par
d'autres propositions.

6. Si on dit par exemple : *les parallèles sont équidistantes, donc elles sont
équidistantes*. On prend *immédiate* la question posée.

7. Sur le sens de ἐκείνου, l. 40 (et non ἐκείνων). *cf.* Waitz, I, 513. – On
prend *mediate* la question posée.

de la nature de Γ d'être lui-même prouvé par A : le résultat est
qu'on prouve, en raisonnant ainsi, A lui-même par lui-même.
C'est là ce que font précisément ceux qui croient dessiner des 5
parallèles : ils ne s'aperçoivent pas qu'ils posent eux-mêmes
des choses qu'il est impossible de démontrer si les parallèles
n'existent pas déjà[1]. Ainsi, il arrive qu'en raisonnant de cette
façon on dise simplement que chaque chose est, si elle est : de
cette manière, tout sera connu par soi, ce qui est impossible[2].

Si donc, alors qu'il est incertain que A appartienne à Γ, et 10
pareillement que A appartienne à B, on demande qu'il soit
concédé que A appartient à B[3], on ne voit pas encore bien si on
postule ce qui était en question au début ; par contre, ce qu'on
voit clairement, c'est qu'il n'y a pas de démonstration, car le

1. Soit deux parallèles coupées par une sécante, et qu'on veuille prouver
leur parallélisme par l'égalité des angles formés par la sécante. Comme l'égalité
des angles ne peut, à son tour, se prouver que par le parallélisme, il en résulte
qu'on prouve *idem per idem*. – La véritable démonstration des parallèles est
dans Euclide, I, 31.

2. *Cf.* Pacius, II, 241 : *Sic facile possent omnia demonstrari ; proinde nobis
facile compararemus omnium rerum scientiam : quod est impossibile.*

3. La pétition de principe dans la première figure. Soit le syllogisme en
Barbara :

   Tout B est A ;

   Tout Γ est B ;

   Tout Γ est A (conclusion à prouver).

Si on demande qu'on concède la *majeure*, posée comme incertaine, on ne
peut pas dire encore qu'il y a pétition de principe, mais, à coup sûr, il n'y a pas de
démonstration, car la majeure étant aussi incertaine que la conclusion à
démontrer, ne peut servir de principe à la preuve (l. 10-13). – Pour qu'il y ait
pétition de principe, il faut une identité du moyen (B) et du mineur (Γ), soit qu'il
existe entre eux une réciprocité ou conversion (*homme* et *rationnel*, par
exemple), soit qu'il s'agisse d'un rapport de genre à espèce, B étant le genre et Γ
l'espèce (l. 14-16). Aristote va le démontrer.

principe de la démonstration ne peut pas être ce qui est aussi
incertain que la question à résoudre. Mais si B et Γ sont entre
15 eux dans un rapport d'identité, soit qu'ils puissent de toute
évidence se convertir, soit que l'un appartienne à l'autre, on
postule la question posée en commençant. En effet, on pourrait
aussi bien prouver que A appartient à B au moyen de ces termes
si on les convertit[1]. Mais s'ils ne sont pas convertibles, c'est
leur non-convertibilité qui empêche une telle démonstration, et
non pas le mode employé[2]. Et si l'on opérait la conversion,
alors on ferait ce que nous avons indiqué, et on obtiendrait
une preuve réciproque au moyen de trois propositions[3]. – De
20 même, si on posait que B appartient à Γ[4], proposition qui est
aussi incertaine que la question de savoir si A appartient à Γ, la
question du début n'est pas encore postulée, mais il n'y a pas
démonstration. Mais si A et B sont identiques, soit parce qu'ils

1. Admettons, en effet, poursuit Aristote, la convertibilité de B et de Γ
(B=Γ). De même que nous avons démontré AΓ par AB et BΓ, nous pourrons
démontrer AB par AΓ et ΓB, puisque la proposition AΓ n'est ni plus, ni moins
certaine que AB : on peut donc prendre aussi bien l'une que l'autre (l. 16-17).

2. Admettons maintenant (seconde hypothèse) que B et Γ ne soient pas
convertibles, mais que B soit le genre de Γ (l. 17, νῦν δὲ = εἰ μὴ ἀντιστρέφει),
leur non-convertibilité (l. 17, τοῦτο = τὸ μὴ ἀντίστρέφειν) empêche seule
qu'on puisse prouver, comme dans le cas précédent, AB par AΓ ; et cela ne tient
pas au mode *Barbara*, qui est particulièrement apte à la conversion et à la réciprocation, ainsi que nous l'avons vu au chap. 5 du même livre, dans la théorie de
la démonstration circulaire (l. 17-18).

3. Mais si on convertissait B et Γ, qu'on prît Γ de B, et de là qu'on conclût A
de B, on arriverait à ce qu'on a dit l. 1-4 ci-dessus, c'est-à-dire à la pétition de
principe, au moyen d'une conversion faite par trois propositions : si on pose
AB, et si on y ajoute BΓ, on obtient AΓ ; si on pose AΓ, et si on y ajoute ΓB, on
revient à AB (l. 18-19). – L. 19, avec Waitz, nous supprimons ὡς.

4. Aristote considère maintenant la *mineure* de *Barbara* comme aussi
incertaine que la conclusion. L'argumentation est la même.

sont convertibles, soit parce que A est le conséquent de B, la pétition de principe a lieu pour la même raison que ci-dessus ; car nous avons indiqué la nature de la pétition de principe : elle consiste à démontrer par la chose elle-même une chose qui n'est pas évidente par elle-même.

25

Si donc postuler la question posée au début, c'est prouver par la chose elle-même une chose qui n'est pas évidente par elle-même [1] ; autrement dit si c'est ne pas prouver, quand sont

---

1. La pétition de principe dans la seconde et dans la troisième figure. – Toute la fin du chapitre est passablement obscure. La difficulté tient en partie à l'enchevêtrement des lignes 26-32, et à la négligence habituelle d'Aristote L'apodose commence l. 29, ἐν μὲν… Aristote rappelle d'abord la définition de la pétition de principe, et quand elle se produit dans la première figure. Les deux cas précédemment étudiés sont repris, l. 29-30, pour être appliqués aux seconde et troisième figures : « ou parce que des prédicats identiques appartiennent au même sujet » rappelle l. 10-19 (A et B sont identiques, et A est dit appartenir à Γ dans la conclusion, et B appartenir au même Γ dans la mineure) ; « ; ou parce que le même prédicat appartient à des sujets identiques » rappelle 19-25 (A et Γ sont identiques, A étant attribué à B dans la majeure, et à Γ dans la conclusion). La pétition de principe, poursuit Aristote, peut aussi avoir lieu de ces deux façons (ἀμφοτέρως, l. 30) dans la seconde et dans la troisième figure : non pas que ces deux façons se rencontrent l'une et l'autre dans la seconde et dans la troisième figure, mais l'une (l'attribution des prédicats identiques à un même sujet) se rencontre dans la seconde figure, et l'autre (l'attribution du même prédicat à des sujets identiques) dans la troisième. En effet :

a) En ce qui concerne la seconde figure : si, dans *Camestres*, on pose A=B, les mêmes termes (A et B) seront affirmés du même terme (Γ) dans la conclusion et la mineure :

> *Tout B est A* ;
> *Nul Γ n'est A* ;
> *Nul Γ n'est B.*

b) En ce qui concerne la troisième figure : si, dans *Darapti*, on pose B=Γ, le même terme (A) sera affirmé des mêmes termes (B et Γ) dans la conclusion et la majeure :

également incertains et la proposition à démontrer et ce par
quoi on la démontre, soit parce que des prédicats qui sont identiques appartiennent au même sujet, soit parce que le même
30 prédicat appartient à des sujets identiques ; alors, dans la
seconde figure et dans la troisième, il pourrait y avoir pétition
de principe de ces deux façons, sous cette réserve que, pour
un syllogisme affirmatif, ce soit seulement dans la troisième
figure et dans la première [1]. Si le syllogisme est négatif, il y a
pétition de principe quand les mêmes prédicats sont niés du
même sujet, et les prémisses ne postulent pas l'une et l'autre
la question de la même façon (et il faut en dire autant de la
seconde figure), parce qu'il n'y a pas conversion des termes
35 dans les syllogismes négatifs [2]. – La pétition de principe se fait,

> *Tout Γ est A ;*
> *Tout Γ est B ;*
> *Quelque B est A.*

1. Aristote précise, l. 31-32, que si la pétition de principe se fait dans un
syllogisme à conclusion affirmative, ce ne pourra être que dans la première et la
troisième figure, car la seconde figure est toujours à conclusion négative.

2. Quand le syllogisme est à conclusion négative (l. 32-33. – L. 32, ὅταν δ'
ἀποφατικῶς = ἐν δὲ ἀποφατικῷ συλλογισμῷ), il y a pétition de principe si les
mêmes prédicats sont niés du même sujet : si, par exemple, on pose B=Γ dans
Celarent, et si on nie A de B et de Γ, il s'ensuit que les mêmes termes (B et Γ)
sont niés du même terme (A) :

> *Nul B n'est A ;*
> *Tout Γ est B ;*
> *Nul Γ n'est A.*

Dans ces syllogismes négatifs, la pétition de principe doit être seulement
dans la prémisse négative, et non pas indifféremment dans la majeure ou la
mineure. La raison en est que les termes de la prémisse négative ne sont pas
convertibles l'un dans l'autre (il s'agit évidemment de la réciprocation, prise au
sens indiqué *supra* l. a14 et dans tout le chapitre), car il est manifeste que l'un de
ces termes exclut l'autre et qu'il ne saurait être question de poser B=Γ (l. 33-35.
– L. 34, la phrase ὡσαύτως… μέσῳ est une simple parenthèse.

dans les syllogismes démonstratifs, avec des termes qui sont en
relation selon la réalité, de la façon que nous avons indiquée ;
dans les syllogismes dialectiques, elle se fait avec des termes
qui sont en relation selon l'opinion[1].

17
<De l'argument non propter hoc>

L'objection *ce n'est pas à cause de cela que le résultat est
faux*[2], que souvent dans les argumentations nous avons coutume d'énoncer, se rencontre d'abord[3] dans les syllogismes 40
conduisant à l'impossible, quand on contredit ce qui a été 65b
prouvé par réduction à l'absurde : en effet[4], à moins d'avoir
contredit cette proposition, on ne dira pas *ce n'est pas à cause
de cela*, mais seulement que quelque chose de faux a été posé
dans les parties antérieures de l'argument. On ne le dira pas
non plus dans la preuve directe[5], car on n'y pose pas ce qui

---

1. Cf. *Top.*, VIII, 12.

2. L'objection consiste à prétendre que, dans une réduction à l'absurde, la
conclusion fausse ne découle pas de l'hypothèse (définie comme la contradictoire de la conclusion du syllogisme principal à démontrer). – L. 38, μὴ παρὰ
τοῦτο signifie donc *non propter nostram hypothesim*.

3. La première condition, c'est qu'il s'agisse d'une réduction à l'absurde ;
la seconde, c'est qu'on avance une proposition qui contredise la conclusion du
syllogisme principal à démontrer *per absurdum*. – L. 65b1, après ἀδύνατον il
faut évidemment sous-entendre ἀπαγωγῇ.

4. Preuve de la seconde condition. Si on ne contredit pas la conclusion à
démontrer, il sera inutile d'opposer l'exception *non propter hoc* ; il suffira de
dire que, dans la déduction, on a posé des prémisses qui n'auraient pas dû être
données.

5. Preuves de la première condition. L'exception *non propter hoc* ne
s'applique pas aux syllogismes δεικτικῶς, dans lesquels on ne prend pas,

contredit la conclusion; et, en outre, quand on réfute quelque
proposition par la preuve directe au moyen des termes ΑΒΓ, il
5 n'est pas possible de dire que le syllogisme ne dépend pas de ce
qui a été posé[1] : car nous n'employons l'expression *ce n'est
pas à cause de cela* que lorsque, l'hypothèse étant réfutée, le
syllogisme n'en conclut pas moins; ce qui précisément n'a pas
lieu dans les syllogismes à démonstration directe, puisque, si
une proposition est réfutée, il n'y aura plus de syllogisme qui
10 s'y rapporte. – On voit donc que c'est seulement dans les cas de
réduction à l'impossible que l'on peut dire *ce n'est pas à cause
de cela*, et encore faut-il qu'entre l'hypothèse prise au début et
la conclusion impossible il existe un rapport tel que, aussi bien
quand l'hypothèse est posée que quand elle ne l'est pas,
l'impossibilité n'en est pas moins conclue[2].

Le cas le plus manifeste où la conclusion fausse ne dépend
pas de l'hypothèse, c'est quand le syllogisme, formé de moyens
15 qui concluent à l'absurde, n'est pas en connexion avec l'hypothèse, ainsi que nous l'avons expliqué dans les *Topiques*[3].

---

comme dans la preuve par l'absurde, la contradictoire de la conclusion à
démontrer. – L. 3, après δεικνούσῃ, il faut sous-entendre δείξει même ligne,
nous lisons, avec Waitz, I, 518, τίθησι ὁ ἀντίφησιν.

1. Autre preuve de la première condition. Dans le syllogisme à preuve
directe, qui procède à partir de trois termes engagés dans deux prémisses, on ne
peut dire que la conclusion n'a pas lieu *non propter hoc*. Cet argument ne peut
être employé que dans la réduction à l'impossible, où même la négation de
l'hypothèse (τούτου l. 7) n'empêche pas le syllogisme de conclure. Au
contraire, dans le syllogisme à preuve directe, si on enlève une proposition, on
n'obtient plus de conclusion relative à cette proposition.

2. En cas de réduction *per absurdum*, la conclusion est indifféremment
obtenue par l'hypothèse ou par sa négation.

3. *De Soph. Elench.*, V, 167b21-36. – Le sens est le suivant, selon Pacius, I,
360 : *syllogismum non esse ita continuum ut hypothesis per medias proposi-*

C'est là, en effet, poser ce qui n'est pas cause, comme cause ; si, par exemple, voulant prouver l'incommensurabilité de la diagonale, on cherchait à démontrer l'argument de Zénon sur l'impossibilité du mouvement, et qu'en vue de cette proposition on procédât par la réduction à l'absurde : absolument d'aucune façon, la conclusion fausse n'est en connexion avec 20 l'énonciation du début.

Un autre cas, c'est quand la conclusion impossible, tout en étant en connexion avec l'hypothèse, n'en résulte cependant pas. Cela peut arriver, que la connexion se fasse en remontant, ou en descendant[1]. Si, par exemple, on pose A comme appar-

---

tiones conjungatur cum conclusione impossibili. Ce premier cas, dit Aristote, est le plus facile à comprendre : c'est quand la conclusion absurde n'a aucun rapport avec l'hypothèse, mais dépend uniquement des propositions intermédiaires formant le syllogisme. Il en résulte que, par un sophisme évident, on attribue la causalité logique à ce qui n'est absolument pas cause. Si, par exemple, voulant prouver que la diagonale du carré est incommensurable avec le côté, on le prouve *per absurdum*, en démontrant l'impossibilité du mouvement à partir de l'hypothèse. On a ainsi :

    La diagonale est commensurable (hypothèse) :

    Ce qui est composé de parties en nombre infini ne peut être parcouru ;
    Or tout espace est composé de parties en nombre infini ;

    Donc *l'espace ne peut être parcouru*, conclusion absurde, découlant rigoureusement d'un syllogisme sans aucune connexion avec l'hypothèse.

Sur la démonstration de Zénon, cf. *Phys.*, VI, 9, 239b10 *sq.*

1. Dans le second cas, le syllogisme *per absurdum* est *contigu* avec l'hypothèse, mais n'en découle pas. La déduction en *Barbara* peut se faire :

1) ou bien ἐπὶ τὸ κάτω, par un mouvement de descente, à partir du terme le plus élevé (A) vers le terme le moins élevé (Δ) ; l'hypothèse est ainsi située, au point de vue de sa généralité, au-dessus de la majeure, et on progresse vers la conclusion impossible de telle façon que le majeur, prédicat de la majeure, soit sujet de l'hypothèse (B). On a ainsi :

25 tenant à B, B à Γ, et Γ à Δ, et qu'il soit faux que B appartienne à
Δ : car, si A étant éliminé, on n'en pose pas moins que B
appartient à Γ, et Γ à Δ, la fausse conclusion ne dépendra pas de
l'hypothèse du début. Ou encore, si la connexion se fait en
remontant[1] : quand par exemple, on suppose que A appartient
30 à B, E à A, et Z à E, il sera faux que Z appartienne à A ; car, de
cette façon aussi, la conclusion impossible n'en découlera pas
moins, quand bien même l'hypothèse du début est éliminée. –
Mais[2] il faut que la conclusion impossible soit en connexion

> *Tout animal* (B) *est animé* (A), hypothèse ;
>
> A. *Tout blanc* (Γ) *est animal* (B) ;
>
> A. *Toute neige* (Δ) *est blanche* (Γ) ;
>
> A. *Toute neige* (Δ) *est animal* (B), conclusion absurde.

Si l'on élimine A (ou, si l'on veut, l'hypothèse BA), le syllogisme n'en
subsiste évidemment pas moins. Le lien, qui existe réellement (B est commun
dans l'hypothèse et la majeure), est cependant des plus fragiles (l. 21-28).

1. La déduction en *Barbara* peut encore se faire : 2) ἐπὶ τὸ ἄνω, en
remontant, en allant vers le terme le moins élevé (A), situé après la mineure. On
part ainsi de la majeure, on passe par la mineure, puis enfin par l'hypothèse,
pour aboutir à la conclusion impossible, de telle sorte que le mineur, sujet de la
mineure, est prédicat de l'hypothèse :

> A. *Toute plante* (E) *est insensible* (Z) ;
>
> A. *Tout animé* (A) *est plante* (E) ;
>
> *Tout animal* (B) *est animé* (A), hypothèse ;
>
> A. *Tout animé* (A) *est insensible* (Z), conclusion impossible, qui
> dérive seulement des deux prémisses, et n'est pas changée par
> l'élimination de l'hypothèse (l. 27-32).

Sur le sens de ἄνω et de κάτω, *cf.* Bonitz, *Ind. arist.*, 68b50 et 379b39 : *in
serie notionum*, ἄνω *dicuntur quae magis sunt universalia* ; *cf.* aussi *Comm. in
Meta.*, p. 122 (voir *supra*, I, 27, 43a37, note).

Pour tout ce paragraphe, l'exposé le plus clair est celui de Sylv. Maurus,
in Arist., I, 261-262.

2. Sous-entendre : pour qu'il y ait véritablement déduction à l'absurde.

avec les termes posés au commencement[1] : de cette façon, elle dépendra de l'hypothèse. Par exemple, quand la connexion se fait en descendant, la conclusion impossible doit être en 35 connexion avec celui des termes qui est prédicat[2] : car s'il est impossible pour A d'appartenir à Δ, en éliminant A il n'y aura plus de fausse conclusion. Si la connexion se fait en remontant, la conclusion impossible doit être en connexion avec le sujet de l'attribution[3] : car s'il n'est pas possible que Z appartienne à B, une fois B éliminé il n'y aura plus de conclusion impossible. – Même solution quand les syllogismes sont négatifs. 40

On voit donc que, faute pour la conclusion impossible de **66a** n'être pas rapportée aux termes posés au début, la fausse conclusion ne découle pas de l'hypothèse[4]. Ne peut-on pas dire plutôt que, même dans ce cas, la fausse conclusion ne sera pas toujours le résultat de l'hypothèse[5] ? Si on a posé, en effet, que A appartient non pas à B mais à K, K à Γ, et Γ à Δ, même 5 ainsi la conclusion impossible demeure[6]. De même, si on

---

1. C'est-à-dire, avec les termes dont l'hypothèse est constituée (B, A).

2. Le terme A ne doit pas être posé *extra deductionem*, mais en faire partie (l. 35, πρὸς τὸν κατηγορούμενον, intell. συνάπτειν δεῖ τὸ ἀδύνατον). L'absurdité de la conclusion ne s'explique que si l'hypothèse est conservée :

    Tout B est A (hypothèse);
    Tout Γ est B;
    Tout Δ est Γ;
    Tout Δ est A (conclusion impossible).

3. B, sujet de l'hypothèse.

4. L'argument *non propter hoc* n'a lieu que si le syllogisme n'est pas *contigu* avec l'hypothèse.

5. Ne faut-il pas admettre l'argument *non propter hoc*, même si la démonstration est rapportée jusqu'au terme A ? – L. 3 οὕτως = εἰ καὶ πρὸς τοὺς ἐξ ἀρχῆς ὅρους εἴη τὸ ἀδύνατον.

6. Si la conclusion AΔ est obtenue, non pas par BΓ mais par KΓ, il est clair que l'hypothèse AB n'a qu'un rapport lointain avec la conclusion.

prend les termes de la série ascendante. Par conséquent,
puisqu'on obtient une conclusion impossible, que l'hypothèse
soit donnée ou non, cette conclusion peut être indépendante de
l'hypothèse. Ou peut-être ne devons-nous pas prendre l'expression suivant laquelle *en l'absence de l'hypothèse, la conclusion fausse n'en est pas moins obtenue* au sens que, si quelque
autre hypothèse était posée, l'impossibilité en résulterait[1];
10 nous voulons dire plutôt que, l'hypothèse étant éliminée, la
même conclusion impossible découle des prémisses restantes[2],
puisqu'il n'est sans doute pas absurde qu'une même conclusion fausse résulte de plusieurs prémisses : que, par exemple,
les parallèles se rencontrent, soit que l'on pose que l'angle
interne est plus grand que l'angle externe, soit que l'on pose
15 que le triangle renferme plus de deux angles droits[3].

18

<Fausseté de la conclusion due à la fausseté des prémisses du syllogisme ou du prosyllogisme>

Le faux argument provient d'une première erreur[4]. En
effet, c'est à partir de deux prémisses ou d'un plus grand

---

1. *Nam non una via et ratione, sed pluribus idem deduci potest ad absurdum* (Waitz, I, 520).

2. Nous comprenons plutôt que, *praetermisso termino A* (τοῦ ἐξ ἀρχῆς) *deductio non bene habeat, quum facta sit e reliquis propositionibus solis* (Waitz, I, 520).

3. La conclusion fausse *les parallèles se rencontrent en quelque point*, est prouvée indifféremment de deux hypothèses fausses :

a) Les angles formés par la sécante sont inégaux ;

b) La somme des angles d'un triangle dépasse deux droits.

4. Si la conclusion est fausse, c'est que l'une des prémisses au moins est fausse.

nombre[1] que tout syllogisme est constitué. Si donc la fausse
conclusion découle de deux prémisses, l'une de ces prémisses,
ou même toutes les deux sont nécessairement fausses, puisque
nous avons dit[2] que de prémisses vraies on ne pouvait pas
former un faux syllogisme. Et s'il y a plus de deux prémisses, si 20
par exemple la proposition Γ est obtenue par les propositions
A et B, et celles-ci par Δ, E, Z et H, l'une de ces dernières
propositions plus élevées sera fausse, et c'est d'elle que l'argument tire sa fausseté, car c'est par Δ, E, Z et H que l'on conclut
A et B. Par conséquent, c'est de l'une d'entre elles que
découlent la conclusion et l'erreur[3].

19
<Le catasyllogisme>

Pour éviter d'être atteint par un catasyllogisme[4], il faut 25
avoir soin, quand l'adversaire nous demande l'argument sans
ajouter les conclusions[5], de ne pas concéder deux fois le même
terme dans les prémisses[6], puisque nous savons que, sans

1. En cas de prosyllogismes.

2. *Supra*, même livre, 2, 53b11-25.

3. Du syllogisme principal.

4. Le catasyllogisme est le contre-syllogisme dirigé contre celui qui
argumente.

5. Quand l'adversaire se contente de demander les prémisses du ou des
prosyllogismes sans en faire connaître les conclusions, lesquelles serviront de
prémisses au syllogisme principal. *Cf.* Pacius, II, 247 : *Nam si roges adversa-
rium, an verae sint hae propositiones, ex quibus efficitur conclusio principalis,
ille statim videt quorsum tua oratio tendat, et quid, et quomodo probes : unde ne
a te superetur, facile negabit eas propositiones quas videt eas sibi obstare.*

6. Autrement dit, de ne pas admettre deux propositions ayant le même
terme.

moyen terme, on n'obtient pas de syllogisme, et que le terme
qui est pris plus d'une fois est le moyen. – Quant à la façon dont
30 il faut considérer le moyen par rapport à chaque conclusion,
elle résulte clairement de ce que nous savons à quelle espèce
de conclusion aboutit la démonstration dans chaque figure[1].
Cela[2] ne nous échappera pas, du fait que nous savons comment
soutenir notre argument[3].

Mais ce que nous recommandons d'éviter quand on
répond, on doit essayer de le cacher quand on argumente soi-
35 même. Cela se réalisera d'abord si, au lieu de tirer les conclusions des prosyllogismes, on prend les prémisses nécessaires[4]
et on laisse dans l'ombre les conclusions ; secondement, si, au
lieu de demander des propositions contiguës[5], on prend celles
qui sont le plus dépourvues de termes communs. Admettons,
par exemple, qu'il faille conclure A de Z, avec BΓΔ et E
comme moyens termes. Nous devons alors demander si A
appartient à B, et ensuite, non pas si B appartient à Γ, mais si Δ

---

1. Si, par exemple, l'on soutient une thèse négative, on peut concéder des
propositions ayant le même terme pour attribut, car on obtient un syllogisme de
la seconde figure, par lequel l'adversaire ne pourra conclure affirmativement.
Mais ce sera à éviter pour la première et la troisième figure.

2. La conclusion du syllogisme principal.

3. Car l'adversaire doit prouver la contradiction de notre thèse.

4. Les prémisses des prosyllogismes d'on les conclusions résultent
nécessairement.

5. C'est-à-dire les propositions qui ont un terme commun (B, dans
l'exemple qui suit : AB, BΓ). – L. 37, nous lisons avec Waitz, I, 521-522,
ἄμεσα, et non τὰ μέσα. Le sens est bien indiqué par Waitz : ... *sed quae quam*
maxime ἄμεσα *h.e. quae quam maxime aliena ab iis quae jam concessa sunt*
per terminum medium conjungi non posse videantur cum iis quae modo
interrogata sunt, etc. ...

appartient à E, et seulement après si B appartient à Γ[1]; et ainsi 40
de suite. Et si le syllogisme est obtenu par un seul moyen **66b**
terme[2], c'est par le moyen qu'il faut commencer: c'est ainsi
qu'on cachera le mieux son jeu à celui qui répond.

20
<La Réfutation[3]>

Puisque nous savons quand un syllogisme peut être obtenu,
et quelle relation ses termes ont entre eux, nous voyons aussi 5
clairement quand il y aura et quand il n'y aura pas réfutation[4].
Si toutes les propositions sont accordées, ou si les réponses
sont faites l'une dans un sens, l'autre dans l'autre (l'une étant,
par exemple, négative, et l'autre affirmative)[5], il peut y avoir
réfutation. Nous avons vu, en effet, qu'un syllogisme était
possible avec des termes en rapports de la première façon ou
de la seconde[6]; par suite, si ce qui a été posé est contraire à la 10

---

1. Toutes propositions non contiguës, et sans terme commun. On
bouleverse l'ordre logique, pour embarrasser l'adversaire.

2. Si le syllogisme est simple, on commence par le moyen, qui est le terme
le plus étranger à la conclusion formée des extrêmes (*cf.* les développements de
Pacius, II, 247).

3. Sur le terme ἔλεγχος (*elenchus*), qui s'oppose à ἀπόδειξις, *cf.* Bonitz,
Ind. arist., 235b21 : *Et refutandi et probandi vi usurpatur, sed ubivis ita, ut non
de re ipsa demonstranda agatur, sed de adigendo et convincendo adversario.*

4. Puisque l'*elenchus* est, comme nous allons le voir, une sorte de
syllogisme.

5. *Vel concessis omnibus quae interrogata sunt* (autrement dit, quand
toutes les réponses sont affirmatives), *vel aliis datis, aliis negatis* (Waitz, I, 522).

6. Toute conclusion syllogistique peut être tirée de deux propositions
affirmatives ou d'une prémisse affirmative et d'une prémisse négative.

conclusion, une réfutation a lieu nécessairement, car la réfutation est un syllogisme qui établit la contradiction[1]. – Par
contre, si rien n'est accordé[2], la réfutation devient impossible :
nous avons dit qu'il n'y avait pas de syllogisme quand tous les
termes sont négatifs[3], de telle sorte qu'il n'y a pas non plus de
réfutation, car s'il y a réfutation il y a nécessairement syllo-
15 gisme, mais s'il y a syllogisme il n'y a pas nécessairement réfutation. – La réfutation n'est pas possible non plus si rien dans la
réponse n'a été posé universellement[4], puisque la définition de
la réfutation et du syllogisme est la même.

21
<L'erreur>

Il arrive parfois que, de même que nous nous trompons
dans la position des termes[5], ainsi également l'erreur se
20 produit dans le jugement que nous portons sur eux[6] : par
exemple, il peut se faire que, le même prédicat appartenant à
plusieurs sujets d'une façon immédiate, on ignore l'un et l'on
pense que le prédicat ne lui appartient pas du tout, tandis qu'on

---

1. Cf. *de Soph. Elench.*, I, 1.

2. Si on répond négativement à toutes les demandes de l'adversaire.

3. Deux prémisses négatives ne concluent pas.

4. Car on ne conclut pas de prémisses particulières.

5. En ne distinguant pas, par exemple, la proposition indéfinie de
l'universelle (cf. *supra*, I, chap. 32 *sq.*).

6. Ce chapitre traite de l'erreur qui réside dans le jugement (ἀπάτη κατὰ
τὴν ὑπόληψιν), en ce que nous aboutissions à des conclusions contraires, l'une
vraie et l'autre fausse (sur ὑπόληψις, cf. *supra*, II, 15, 64a9, note : l'ὑπόληψις
est une simple opinion, qui ne va pas au fond des choses, mais qui s'arrête aux
apparences. Voir aussi Waitz, I, 523). – Deux cas sont d'abord envisagés.

connaît l'autre[1]. Supposons, en effet, que A appartienne à B et
à Γ en vertu de leur essence, et B et Γ à Δ de la même façon[2]. Si
alors on pense que A appartient à tout B, et B à Δ, mais que A
n'appartient à aucun Γ, et que Γ appartient à tout Δ, on aura de 25
la même chose relativement à la même chose science et ignorance. Si maintenant l'erreur se produisait pour des termes qui
appartiennent à une même série[3] : si, par exemple, A appartient

1. La phrase est ainsi éclairée par Philopon, 462, 13 : ὅταν τὸ αὐτὸ
πλείοσιν ὑπάρχῃ καὶ τῷ μὲν δοκῇ καθ' αὐτὸ ὑπάρχειν, τῷ δὲ λανθάνῃ
οἰόμενον μηδενὶ ὑπάρχειν.

2. Premier cas : les moyens termes interposés, B et Γ, sont étrangers l'un à
l'autre. Nous sommes en présence de deux syllogismes, l'un à conclusion vraie
en *Barbara*, l'autre à conclusion fausse en *Celarent*. Nous supposons que le
majeur (A) rentre dans l'essence même des moyens B et Γ, et leur est attribué
immédiatement (l. 20, contrairement à Waitz, I, 524, nous conservons la lecture
de Pacius et de Bekker, et lisons πρώτως et non πρώτοις). De ces deux moyens,
on ignore l'un (Γ) : autrement dit, on ignore que A est dit de Γ, on pose à tort que
A n'appartient à aucun Γ ; mais on connaît l'autre, c'est-à-dire on sait que A est
dit de B, on pose avec vérité que A appartient à tout B. Nous avons (l. 22-26) :

A. *Tout bipède* (B) *est animal* (A), prémisse vraie ;
A. *Tout homme* (Δ) *est bipède* (B) ;
A. *Tout homme* (Δ) *est animal* (A), conclusion vraie.

D'autre part :

E. *Nul être raisonnable* (Γ) *n'est animal* (A), prémisse fausse ;
A. *Tout homme* (Δ) *est un être raisonnable* (Γ) ;
E. *Nul homme* (Δ) *n'est animal* (A), conclusion fausse.

Par ces deux syllogismes, où entrent des moyens indépendants l'un de
l'autre, on a à la fois la science (on sait que tout Δ est A) et l'ignorance (on croit,
à tort, que nul Δ n'est A). On connaît A de Δ par B, et on ignore A de Δ par Γ.

3. Second cas d'ἀπάτη κατὰ τὴν ὑπόληψιν : l'un des moyens termes
interposés est contenu dans l'autre. – Sur le terme συστοιχία, l. 27, fréquent
dans Aristote (cf. *Meta.*, A, 5, 986a23 ; Γ, 2, 1004b27 ; I, 3, 1054b35, etc. …),
cf. Waitz, II, 338, et surtout Bonitz, *in Meta.*, 81 et *Ind. arist.*, 736b33 :
συστοιχία désigne *series notionum quae eodem genere continentur, sive ut
altera earum notionum altera subjecta sit* (c'est le cas), *sive ita ut eundem in*

à B, B à Γ, et Γ à Δ, mais qu'on juge que A appartient à tout B et
qu'il n'appartient à aucun Γ, en même temps qu'on connaîtra
30 que A appartient à Δ, on pensera qu'il ne lui appartient pas.
– Est-ce qu'on se contentera de croire après cela que ce qu'on
sait on ne le pense pas [1]? On sait, en effet, en quelque façon que
A appartient à Γ par B, c'est-à-dire comme on connaît le particulier par l'universel; il en résulte que ce qu'on connaît en un
sens, on juge qu'on ne le pense pas du tout, ce qui est impossible. Quant à ce que nous avons dit d'abord, c'est-à-dire dans
35 le cas où le moyen terme ne dépend pas de la même série [2], il

---

hoc genere teneant ordinem. D'une façon générale ce mot signifie tout ce qui, à
quelque point de vue, peut être considéré comme formant une ligne ou une
colonne. Ceci dit, admettons que Γ, moyen du syllogisme en *Celarent*, soit une
espèce de B, moyen du syllogisme en *Barbara* (*animal*, *vivant*). On a, comme
précédemment, deux syllogismes à conclusions contraires :

      A. *Tout vivant* (B) *est substance* (A), prémisse vraie ;

      A. *Tout homme* (Δ) *est vivant* (B) ;

      A. *Tout homme* (Δ) *est substance* (A), conclusion vraie.

Et :

      E. *Nul animal* (Γ) *n'est substance* (A), prémisse fausse ;

      A. *Tout homme* (Δ) *est animal* (Γ) ;

      E. *Nul homme* (Δ) *n'est substance* (A), conclusion fausse.

    1. La nature des chosse ne s'oppose-t-elle pas à ce que cette ἀπάτη se
produise ? Peut-on admettre que ce qu'on *sait* (on sait que Γ est A) on ne le *pense*
pas (on juge que nul Γ n'est A) ? Ce serait absurde. Aristote envisage d'abord,
l. 31-34, le second cas (τὰ σύστοιχα) on ne peut vraiment admettre à la fois que
tout vivant est substance et que nul animal n'est substance. Nous savons en
quelque façon (par une connaissance générale, cf. *infra*, 67a9-b11. *Cf.* aussi
An. post., I, 13, 79a5) que substance appartient à animal, puisque nous
admettons que tout vivant est substance, et qu'animal rentre dans vivant comme
la partie dans le tout.

    2. Aristote passe à l'examen du premier cas (l. b34-a5), où les termes B et Γ
n'ont rien de commun. On ne peut pas poser à la fois que tout B est A (majeure
de *Barbara*) et que nul Γ n'est A (majeure de *Celarent*), car il y a, sinon contra-

n'est pas possible de penser à la fois les deux prémisses se
rapportant à chacun des moyens termes : par exemple que A
appartient à tout B mais n'appartient à nul Γ, et que, à la fois, B
et Γ appartiennent à tout Δ. Il arrive, en effet, que la première
prémisse est, soit absolument, soit en partie, contraire[1]. Car
si on pense que A appartient à tout ce à quoi B appartient, et 40
qu'on connaisse que B appartient à Δ, on connaît aussi que A 67a
appartient à Δ. Par conséquent, si, à l'inverse, on pense que
A n'appartient à rien de ce à quoi Γ appartient, on pense que A
n'appartient pas à ce à quoi, pris particulièrement, B appartient. Mais si on pense que A appartient à tout ce à quoi B
appartient, et qu'ensuite on pense que A n'appartient pas à
ce à quoi, pris particulièrement, B appartient, c'est là une
contrariété de jugements soit absolue, soit partielle.

Une pareille façon de penser n'est donc pas possible[2] ; par 5
contre, rien n'empêche qu'on ne pense une prémisse de chaque

---

diction (opposé à ἁπλῶς, l. 39), du moins contrariété (opposé à ἐπί τι, l. 39)
entre ces deux jugements. Si B est A et si Δ est B, il est clair que Δ est A. Et si on
juge ensuite que nul Γ n'est A, on dit par là même que nul Δ n'est A : car Δ est
une partie de Γ. Mais Δ est aussi une partie de B : donc quelque B, savoir, Δ, n'est
pas A, alors qu'auparavant nous avons admis que tout B est A. La pensée se
détruit ainsi elle-même, et l'ἀπάτη ne peut se produire de cette façon.

1. Il faut comprendre : la première prémisse de *Barbara* est opposée, soit
contradictoirement, soit au moins contrairement, à la première prémisse de
Celarent.

2. Les deux cas d'ἀπάτη étudiés jusqu'ici sont donc à rejeter : il est
impossible qu'il y ait opposition de jugements. Aristote examine maintenant les
cas dans lesquels l'ἀπάτη peut se produire. Les deux premiers cas sont étudiés
l. 6-8 :

Premier cas : on peut penser ensemble les deux majeures *Tout B est A* et *Nul
Γ n'est A*, car leur contrariété n'apparaît que si on ajoute la mineure avec Δ ;

syllogisme ou les deux prémisses de l'un des deux syllogismes :
par exemple, A appartient à tout B, et B à Δ, et, en outre, A
n'appartient à aucun Γ. Une erreur de ce genre est semblable à
celle où nous tombons à l'égard des choses particulières. Par
10　exemple, si A appartient à tout B, et B à tout Γ, A appartiendra à
tout Γ ; si donc on sait que A appartient à tout ce à quoi B appartient, on sait aussi que A appartient à Γ. Mais rien n'empêche
qu'on n'ignore que Γ existe. Par exemple, soit A signifiant
deux angles droits, B *triangle*, et Γ *triangle sensible*[1]. On
15　peut juger, en effet, que Γ n'existe pas, tout en connaissant que
tout triangle contient deux angles droits, de telle sorte qu'on
connaîtra et ignorera en même temps la même chose. Car
l'expression *savoir que tout triangle a ses angles égaux à deux*
droits n'est pas quelque chose de simple : elle signifie tantôt la
science générale, tantôt la science particulière. Ainsi donc, on
sait, d'une science générale, que Γ contient deux angles droits,
20　mais on ne le sait pas d'une science particulière ; par conséquent, on n'aura pas une connaissance et une ignorance
contraires l'une à l'autre. – On peut critiquer de la même façon

---

Deuxième cas : on peut penser ensemble les deux prémisses de *Barbara* et
la majeure de *Celarent* :
　　　Tout B est A ;
　　　Tout Δ est B ;
　　　et *Nul Γ n'est A*.
Là encore, la contrariété est cachée.
1. On a ainsi le syllogisme en *Darii* :
　　　Tout triangle (B) *a deux droits* (A) ;
　　　Cette chose-ci (Γ) *est un triangle* (B) ;
　　　Cette chose-ci (Γ) *a deux droits* (A).
On peut à la fois connaître la majeure et ignorer la mineure, de sorte que la
conclusion est connue en vertu d'une science portant sur le général et ignorée en
vertu d'une science particulière et spéciale.

l'argument du *Ménon*[1], suivant lequel la connaissance est une réminiscence. Il n'arrive jamais, en effet, qu'on ait connaissance à l'avance du particulier, mais, en même temps qu'a lieu l'induction, nous acquérons la science des choses particulières, comme si nous ne faisions que les reconnaître[2]. C'est qu'il y a certaines choses[3] que nous connaissons immédiatement, par exemple que les angles[4] sont égaux à deux angles 25 droits, dès que nous savons qu'il y a un triangle. Il en est de même dans tous les autres cas.

C'est donc par la connaissance du général que nous voyons les choses particulières, et ce n'est pas par le savoir qui leur est approprié que nous les connaissons. Par conséquent, l'erreur est possible à leur égard, sans que pour autant notre connaissance et notre erreur soient contraires l'une à l'autre : en réalité, la connaissance porte sur le général, et l'erreur sur le parti- 30 culier. Il en est de même dans les cas dont nous avons parlé plus haut[5] : l'erreur commise sur le moyen terme n'est pas contraire à la connaissance acquise par le syllogisme, ni le jugement se rapportant à l'un des moyens termes au jugement se rapportant à l'autre.

---

1. Rapports du général et du particulier. *Cf.* Waitz, I, 526 : *Scientia non ita fit, ut prius singula sciamus, deinde neglecta rerum singularum cognitione universalem scientiam consequamur, sed res singulas ita cognoscimus, ut accedentes ad singula ea quasi recognoscamus, ut quae universalibus, quorum scientiam jam habemus, subjecta sint.* Sur ce passage, voir encore Philopon, 464, 25 à 465, 4. – Nous ne connaissons le général que par le particulier. La connaissance universelle est en puissance dans la connaissance sensible. Partant de la sensation, nous actualisons peu à peu l'universel qui s'y trouvait engagé.

2. *Cf.* Philopon, 465, 4 : οἴδαμεν, ἐὰν ἴδωμεν τρίγωνόν τι, ὅτι καὶ δύο ὀρθὰς ἔχει.

3. Les choses particulières.

4. Les angles de tel triangle particulier.

5. 66b20-26, 26-30.

Par contre[1], rien n'empêche que, tout en sachant que A
appartient à la totalité de B, et, à son tour, B à Γ, nous ne
35 pensions que A n'appartient pas à Γ. Par exemple, connaissant
que toute mule est stérile et que telle bête est une mule, on juge
que cette bête est pleine : car on ne sait pas que A appartient à Γ,
si l'on ne considère pas les deux propositions ensemble. Ainsi
il est évident que si[2] on connaît l'une et si on ne connaît pas
l'autre, on commettra une erreur. C'est là précisément la relation de la connaissance du général à celle du particulier[3]. Nous
67b ne connaissons, en effet, aucune des choses sensibles, en dehors
de ce qui vient des sens, les eussions-nous d'ailleurs antérieurement perçues[4], si ce n'est que nous en avons une connaissance générale et propre, mais non en acte[5]. Car *savoir* se

---

1. Autre espèce d'ἀπάτη. C'est quand on ne connaît les prémisses que
disjunctim, alors qu'il faudrait les unir et les penser ensemble. Il n'y a pas alors
de véritable syllogisme, lequel est une synthèse de l'esprit, mais la conclusion
fausse est le résultat d'une simple expérience sensible, la conclusion vraie
restant ignorée. L'exemple d'Aristote peut être incorporé dans le syllogisme en
Darii suivant :

> *Toute mule* (B) *est stérile* (A) ;
> *Cet animal* (Γ) *est une mule* (B) ;
> *Cet animal* (Γ) *est stérile* (A),

conclusion vraie, mais ignorée, à laquelle on oppose une autre conclusion,
reposant sur une expérience superficielle et fausse : *Cet animal est en gestation*.

2. Sous-entendre : *a fortiori*. Si nous nous trompons quand nous ne
considérons pas les deux prémisses *conjunctim*, à plus forte raison nous
trompons-nous quand l'une est totalement ignorée.

3. On se trompe donc quand, tout en connaissant l'universel, on ignore le
particulier.

4. Cf. *Meta.*, Z, 15, 1039b20, et le commentaire du Pseudo-Alexandre,
530, 31 (Hayduck).

5. *Cf.* Philopon, 466, 8 : Ὁ ὑπονοῶν, ὅτι ἥδε ἡ ἡμίονος κύει, οὐχ ὡς πρὸς
τὸ ἐνεργεῖν ἐκ τοῦ καθόλου οἶδεν · ἐπεὶ εἰ ἐνήργει, ᾔδει ὅτι οὐ κύει ἐκ τοῦ
καθόλου ἐνεργῶν. Aristote donne plus bas l'explication.

prend en trois sens[1] : il peut s'agir de science générale, ou de science propre à la chose, ou de science en acte ; il en résulte que l'erreur se prend en autant de façons[2]. Rien donc n'empêche de connaître et d'errer à l'égard d'une même chose, pourvu que cette connaissance et cette erreur ne soient pas contraires. C'est là ce qui arrive dans le cas où la connaissance est limitée à chacune des prémisses et où l'on n'a pas considéré auparavant la chose particulière. Quand on pense, en effet, que la mule est pleine, on ne possède pas la science en acte, pas plus d'ailleurs qu'on ne commet par le jugement[3] une erreur contraire à la connaissance[4] : car l'erreur contraire à la connaissance du général, c'est un syllogisme[5].

Mais<dira-t-on> en pensant que l'essence du Bien est l'essence du Mal on pensera que la même chose est l'essence du Bien et l'essence du Mal[6]. Désignons, en effet, l'essence du

---

1. Cf. *de An.*, II, 1.

2. Exposées respectivement 66b18-67 *a*-9, 67a9-33, 67a33-b5. Il y a ainsi science et erreur générales, science et erreur particulières, science et erreur en acte. La science en acte, remarque Philopon, 466, 14, se rapporte à la fois au général et au particulier, car ἐνεογοῦμεν ἀπὸ τοῦ καθόλου ἐπὶ τὸ κατὰ μέρος. De même pour l'erreur en acte, qui consistera dans un défaut d'application du général (*aucune mule n'est féconde*) à la chose même en question (*cette muleci est pleine*).

3. *Cette mule-ci est pleine.*

4. La connaissance portant sur l'universel (*Toute mule est stérile*).

5. Si c'était une erreur d'ordre général, elle serait la conclusion universelle négative d'un syllogisme ἀπατητικός en *Celarent*, savoir *nulle mule n'est stérile*, tandis que nous avons affaire à une conclusion particulière.

6. On pourrait objecter à ce qui précède que la contrariété de jugements pourrait résider dans les prémisses, alors que la chose est identique. On a, par exemple, le syllogisme suivant :

> *On pense que l'essence du Mal* (B) *est l'essence du Bien* (A) ;
> *On pense que l'essence du Bien* (Γ) *est l'essence du Mal* (B) ;
> *On pense que l'essence du Bien* (Γ) *est l'essence du Bien* (A).

Bien par A, l'essence du Mal par B, et, une fois encore, l'essence
15 du Bien par Γ. Puis donc qu'on juge qu'il y a identité de B et de
Γ, on jugera que Γ est B, qu'à son tour B est pareillement A, et
que, par suite, Γ est A. De même, en effet[1], que nous disions
que si B était vrai de ce de quoi Γ est vrai, et A de ce de quoi B
est vrai, A aussi était vrai de Γ, ainsi en est-il pour le verbe
20 *juger*. De même encore pour *être* : car nous avons dit que si Γ
était identique à B, et à son tour B à A, Γ aussi était identique à
A. Par suite, pour le verbe *opiner*, il en est de même. Cela[2]
n'est-il pas alors nécessaire si on accorde le premier point[3] ? –
Mais il est peut-être faux qu'on puisse concevoir que l'essence
25 du Bien est l'essence du Mal, sinon par accident[4], parce qu'en
effet on peut penser cela de différentes façons. Mais ce point[5]
est à examiner de plus près.

22
<Règles pour la conversion et la comparaison
des choses à désirer ou à éviter>

Quand les extrêmes sont convertis[6], il est nécessaire que le
moyen soit aussi converti avec les deux extrêmes. Soit, en

1. La forme du syllogisme, avec *penser*, est régulière, car peu importe que
l'on emploie *être vrai*, *être*, *juger* ou *opiner*.

2. Savoir, qu'on puisse penser que la même chose est l'essence du Bien et
l'essence du Mal.

3. Savoir, que l'essence du Bien est l'essence du Mal.

4. L'objection ne porte pas, répond Aristote, car on ne peut concevoir
(comme Héraclite) une identité des contraires. Le mal *per se* peut seulement
être bon *per accidens*, et inversement.

5. La dernière phrase se rapporte soit à la question du bien et du mal par
accident, soit à la question de l'identité de l'essence du Bien et de l'essence du
Mal (Philopon, 467, 23). Renvoi probable à *Meta*. Γ, 4.

6. Comme plus haut (chap. 5, 57b21, note), la conversion dont il s'agit est
une simple μεταλλαγή.

effet, A appartenant à Γ par B : si A et Γ sont convertis et que Γ
appartienne à tout ce à quoi A appartient, B se convertit avec A 30
et B appartient à tout ce à quoi A appartient, par Γ pris comme
moyen ; et Γ se convertit avec B par A pris comme moyen[1].
– Et s'il s'agit d'une attribution négative, il en est de même[2].
Si, par exemple, B appartient à Γ, et que A n'appartienne pas à
B, A n'appartiendra pas non plus à Γ. Si donc B se convertit

---

1. Si la conclusion de *Barbara* est réciproquée, les prémisses doivent l'être
aussi. Soit le syllogisme :

    Tout B est A ;
    Tout Γ est B ;
    Tout Γ est A.

En réciproquant la conclusion et en y ajoutant la mineure, on obtient la
réciproque de la majeure (l. 29-31) :

    Tout Γ est B ;
    Tout A est Γ (ce qu'Aristote exprime d'une façon assez ambiguë en
    disant : *Γ appartient à tout ce à quoi A appartient*. Cette formule,
    répétée à plusieurs reprises, signifie simplement que Γ appartient à
    tout A. *Cf.* Pacius, I, 372, notes h et i) ;
    Tout A est B.

En réciproquant la conclusion et en y ajoutant la majeure, on obtient la
réciproque de la mineure (l. 31-32) :

    Tout A est Γ ;
    Tout B est A ;
    Tout B est Γ.

Sur ces syllogismes, *cf.* Philopon, 468, 4-8.

2. Soit le syllogisme en *Celarent* :

    Nul B n'est A ;
    Tout Γ est B ;
    Nul Γ n'est A.

Si on convertit la majeure, la conclusion est également convertie. On a
Camestres :

    Tout Γ est B ;
    Nul A n'est B ;
    Nul A n'est Γ.

35 avec A, Γ aussi se convertira avec A. Admettons, en effet, que
B n'appartienne pas à A ; Γ ne lui appartiendra pas non plus,
car nous avons supposé que B appartenait à tout Γ. Et si Γ se
convertit avec B, B se convertit aussi avec A, car Γ est affirmé
de tout ce dont B est affirmé[1]. Et si Γ se convertit par rapport à
A et à B, B aussi se convertit par rapport à A[2] : car Γ appartient

68a à ce à quoi B appartient ; mais Γ n'appartient pas à ce à quoi A
appartient. Et c'est seulement dans ce dernier cas que l'on part
de la conclusion : les autres cas ne se comportent pas comme
dans le syllogisme affirmatif[3]. – Si maintenant A et B sont

5 convertis, et pareillement Γ et Δ, et si ou A ou Γ est attribué
nécessairement à tout être, alors B et Δ se comporteront de telle

1. Si on convertit la mineure de *Celarent*, la majeure est aussi convertie
dans la conclusion. On a :

> *Nul Γ n'est A* ;
> *Tout B est Γ* ;
> *Nul B n'est A* (= *Nul A n'est B*).

L. 37, nous lisons, avec Pacius et Jenkinson, τῷ A τὸ B, au lieu de τῷ A.
– Le raisonnement de Pacius, II, 253, d'après lequel Aristote prouverait la
conclusion par une réduction à l'absurde en *Darii*, est jugé, avec raison, par
Waitz, I, 529, *ingeniose quidem sed artificiosius*.

2. Si la mineure et la conclusion de *Celarent* sont, l'une et l'autre,
converties, la majeure l'est aussi. On a *Camestres* :

> *Tout B est Γ* ;
> *Nul A n'est Γ* ;
> *Nul A n'est B*.

L. 39, il faut lire ἀντιστρέφει <καὶ τὸ B>, καὶ τὸ B ἀντιστρέφει. –
L. 68a1, lire τὸ A, τὸ Γ, avec Philopon et Pacius, et non τὸ Γ, τὸ A, avec Bekker.

3. C'est seulement dans le cas où la mineure et la conclusion de *Celarent*
sont, l'une et l'autre, converties, que la nouvelle conclusion *Nul A n'est B* est
obtenue à partir de prémisses dont l'une est la converse de la conclusion de
Celarent (*Nul A n'est Γ, nul Γ n'est A*), comme cela s'est fait dans *Barbara*,
l. 29. Les autres modes de *Celarent* (l. 34 et 37) ne suivent pas cette règle : la
converse de la conclusion ne joue pas le rôle de prémisse.

sorte que ou l'un ou l'autre est attribué à tout être[1]. Puisque, en
effet, B appartient à ce à quoi A appartient, et Δ à ce à quoi Γ
appartient, et puisque ou A ou Γ est attribué à tout être, mais
non en même temps, il est clair que ou A ou Δ est aussi attribué
à tout être, non en même temps. Par exemple, si l'inengendré
est incorruptible, et l'incorruptible inengendré, il est nécessaire que l'engendré soit corruptible, et que le corruptible soit 10
engendré : car les deux syllogismes ont été posés ensemble[2].
– Si maintenant ou A ou B appartient à tout être, ainsi que ou Γ
ou Δ, mais que cette attribution n'ait pas lieu en même temps,
alors, si A et Γ sont convertis, B et Δ se convertissent aussi[3]. En

---

1. Soit quatre termes : d'une part, A (*inengendré*) et B (*incorruptible*) réciproques entre eux, et, d'autre part, Γ (*engendré*) et Δ (*corruptible*) également
réciproques, A et B étant opposés de telle sorte que toujours l'un ou l'autre soit
vrai de la totalité des êtres. Si ces conditions sont réunies, Γ et Δ s'opposent de la
même façon, de telle sorte que toujours l'un ou l'autre sera vrai de la totalité des
êtres.

2. Les deux syllogismes qui établissent cette conséquence sont les suivants :
   Tout ce qui est ou A ou Γ n'est pas à la fois B et Δ ;
   Or *tout être est ou A ou Γ ;*
   Donc *il n'est pas à la fois B et Δ.*
   Tout ce qui est ou A ou Γ est ou B ou Γ ;
   Or *tout être est ou A ou Γ ;*
   Donc *tout être est ou B ou Δ.*

Cf. Pacius, II, 254, et Waitz, I, 530. Ce dernier observe, avec raison, que la
remarque d'Aristote l. 10 (δύο γὰρ...) s'applique à la fois à ce qui précède et à
ce qui suit.

3. Soit quatre termes : d'une part, A (*inengendré*) et B (*engendré*) opposés
comme précédemment, c'est-à-dire se distribuant la totalité des choses ; d'autre
part, Γ (*incorruptible*) et Δ (*corruptible*), opposés également de la même façon.
Si A et Γ se réciproquent, nécessairement B et Δ se réciproquent aussi. En effet,
si cette réciprocation n'a pas lieu, un de ces termes existera indépendamment de
l'autre. Admettons, par exemple, que Δ soit sans B. Si nous nions B, nous
sommes forcés de concéder A, en vertu de la relation que nous avons d'abord

effet, si B n'appartient pas à ce à quoi, pris particulièrement, Δ
appartient, il est clair que A lui appartiendra. Et si A lui appar-
15 tient, il en est ainsi pour Γ, puisqu'ils se convertissent. Par
suite, Γ et Δ seront attribués ensemble, ce qui est impossible.
– Mais quand A appartient à la totalité de B et de Γ, et n'est
affirmé de rien d'autre, et que B aussi appartient à tout Γ, il faut
nécessairement que A et B se convertissent[1] : puisque, en effet,
20 A est dit seulement de B et de Γ, et que B est affirmé à la fois de
lui-même et de Γ, il est clair que B sera dit de tout ce dont A est
dit, excepté de A lui-même. – Quand maintenant A et B appartiennent à la totalité de Γ, et que Γ se convertit avec B, il est
nécessaire que A appartienne à tout B[2] : puisque, en effet, A

posée entre les deux termes. Donc Δ est A. Mais si on pose A, on doit poser
Γ comme réciproque. Autrement dit : si le corruptible est inengendré, le
corruptible est incorruptible, ce qui est absurde.

1. Soit trois termes, A (par exemple, *doué de rire*), B (*raisonnable*) et Γ
(*homme*) ; A est dit de tout B et de tout Γ et d'eux seuls, et B est dit de tout Γ. Il est
nécessaire alors que A et B soient réciproques. En effet, on peut établir la preuve
syllogistique qui suit (*cf.* Pacius, II, 255, et Waitz, I, 531) :

> Toutes les notions qui sont dites *de iisdem omnibus et solis* se
> réciproquent entre elles (majeure évidente) ;
> Or A et B se disent *de iisdem omnibus et solis* (A se dit de tout B et de
> tout Γ, exclusivement ; B se dit de tout B, car *unumquodque est illud
> ipsum quod est*, et de tout Γ) ;
> Donc A et B se réciproquent.

2. Si trois termes, ABΓ, sont entre eux de telle sorte que A et B sont attribués à tout Γ (syllogisme de la troisième figure), et que B et Γ se réciproquent,
nécessairement A est dit de tout B. En effet, par la conversion de la mineure BΓ,
on conclut, par la première figure, A de tout B :

> *Tout Γ est A* ;
> *Tout B est Γ* ;
> *Tout B est A*.

appartient à tout Γ, et Γ à B par conversion. A appartiendra à tout B.

Quand de deux termes opposés, A et B. A est préférable à B, et pareillement Δ à Γ, alors, si A et Γ, pris ensemble, sont préférables à B et Δ, pris ensemble, A est préférable à Δ[1]. A, en effet, est à rechercher dans la même mesure où B est à éviter, puisqu'ils sont opposés. Et de même pour Γ par rapport à Δ, puisque, eux aussi, sont opposés. Si donc A est à préférer dans la même mesure que Δ, B est aussi à éviter dans la même mesure que Γ, car chacune des choses à éviter est à éviter dans la même mesure où chacune des choses à rechercher est à rechercher. Par suite, A et Γ, pris tous deux ensemble, seront, par rapport à B et Δ, pris ensemble, dans la même mesure à rechercher ou à éviter. Mais, puisque A et Γ sont préférables à B et Δ, A ne peut pas être désirable dans la même mesure que Δ,

---

1. Soit quatre termes : A et B opposés entre eux (*santé-maladie* ; – nous prenons l'exemple de Philopon, 471, 2 *sq.*) ; et Γ et Δ opposés aussi entre eux (*pauvreté-richesse*). L'argumentation d'Aristote consiste à démontrer l'impossibilité des deux premières solutions (A=Δ et A<Δ) et la nécessité de la troisième A>Δ. En effet (*cf.*, sur ce raisonnement, Waitz, I, 531) :

a) Si les biens sont égaux, les maux qui leur sont opposés sont égaux, car chacun des biens n'est pas plus désiré que chacun des maux opposés n'est redouté. Si donc nous posons A=Δ, il en résulte que B=Γ. On aura donc A+Γ = B+Δ (l. 25-32). Mais, l. 27, nous avons posé A+Γ>B+Δ. On ne peut donc pas dire que A=Δ, puisqu'il en résulterait que A+Γ = B+Δ (l. 32-33).

b) Allons-nous dire que Δ>A ? On aura B>Γ (car ἧττον φευκτόν, l. 34 = αἱρετώτερον) : en effet, à un plus grand bien est opposé un plus grand mal (τῷ Δ τὸ Γ), et à un moindre bien un moindre mal. Mais puisque un plus grand bien doit être préféré à un moindre, et un moindre mal à un plus grand, on devrait écrire B+Δ > A+Γ (l. 33-37), ce qui est contraire à ce qui a été posé plus haut (νῦν δ' οὐκ ἔστιν, l. 38).

c) On ne peut donc admettre ni A=Δ, ni A<Δ. Reste seulement que A>Δ, et par suite Γ>B (l. 38-39).

car alors B pris avec Δ serait désirable dans la même mesure
que A pris avec Γ[1]. Mais si Δ est préférable à A, alors B doit
35 être moins à éviter que Γ, car le moins est opposé au moins.
Mais un plus grand bien et un moindre mal sont préférables à
un moindre bien et à un plus grand mal : le groupe total BΔ est
donc préférable au groupe AΓ. Mais en réalité cela n'est pas. A
est donc préférable à Δ, et, par suite, Γ est moins à éviter que B.
40 – Si donc tout amant[2], en vertu de son amour, préfère A, savoir
que l'aimé soit disposé à lui accorder ses faveurs sans toutefois
les lui accorder (ce que nous figurons par Γ), plutôt que de voir
68b l'aimé lui accorder ses faveurs (ce qui est figuré par Δ) sans être
disposé à les lui accorder (B), il est évident que A est d'une
nature telle qu'il est préférable au parti de se voir accorder les
faveurs de l'aimé. Etre aimé est donc, en amour, préférable à
l'union charnelle. L'amour dépend ainsi plus de l'affection
5 que de l'union charnelle. Et si c'est, par dessus tout, être aimé
qui importe, c'est là sa fin. L'union charnelle n'est donc
absolument pas une fin, ou ne l'est qu'en vue d'être aimé : et,
en effet, les autres désirs et les arts se comportent de la même
manière[3].

1. Le texte de ces dernières lignes est très concis, et nous avons légèrement
paraphrasé.
2. Aristote illustre ce qu'il vient de dire par l'exemple de l'amour. Les
opposés sont, d'une part, A (disposition favorable de l'aimé envers l'amant) et
B (disposition défavorable), et, d'autre part, Γ (l'aimé refuse ses faveurs) et Δ
(l'aimé accorde ses faveurs). A est préférable à Δ. – Sur les idées développées
dans cet exemple, *cf.* le *Banquet*, surtout 180a *sq.* (discours de Pausanias). L. 2,
nous maintenons contre Waitz, I, 532, le présent χαρίζεσθαι : l'aoriste ne
s'impose pas, car il est inutile de supposer une union charnelle déjà satisfaite. –
L. 5, τούτου, c'est-à-dire τοῦ φιλεῖσθαι.
3. Cette dernière phrase explique ce qui précède immédiatement. La
possession physique n'est absolument pas la fin de l'amour, ou elle n'est, tout

23
<Théorie de l'Induction>

On voit donc quelle est la relation des termes dans les conversions, et ce qu'il faut de préférence, choisir ou éviter[1].

Mais nous avons à établir maintenant que ce ne sont pas seulement les syllogismes dialectiques et les syllogismes démonstratifs qu'on obtient au moyen des figures précédem- 10
ment étudiées, mais encore les syllogismes rhétoriques, et généralement toute forme de persuasion quelconque, quelle que soit la voie qu'on suive[2]. Toute conviction s'acquiert, en effet, par le syllogisme ou provient de l'induction.

L'*induction* ou syllogisme inductif[3], consiste à conclure, en s'appuyant sur l'un des extrêmes, que l'autre est attribué au moyen. Par exemple, B étant moyen terme entre A et Γ, on 15

au moins, qu'une fin relative à une fin plus haute, qui est d'être aimé. Tout le reste est subordonné à cette fin : et c'est effectivement ce qui se passe dans tous les arts, vertus, appétits…, où tout est dirigé en vue de la fin à atteindre (*cf.* Sylv. Maurus, *in Arist.*, I, 275).

1. L. 9, nous maintenons le texte de Bekker, τὸ αἱρετώτερον ἢ φευκτότερον εἶναι.

2. Le syllogisme est une forme générale de raisonnement. Il est l'instrument de la science et de la démonstration, quand il emploie des prémisses exprimant des relations nécessaires ; il est l'instrument de la dialectique, quand il porte sur de simples opinions ; il est enfin l'instrument de la rhétorique, laquelle est une branche de la dialectique (*Rhet.*, I, 1, 1354a1) se référant à l'art oratoire.

3. Aristote prend ici le terme συλλογισμός au sens général de raisonnement. Bien loin de soutenir que l'induction est un syllogisme (c'est la thèse de Lachelier, *Études*, p. 37, qui ramène l'induction à un syllogisme en *Darapti*), Aristote établit l'hétérogénéité des deux procédés inductif et déductif. Sur l'induction aristotélicienne, *cf.* aussi *An. post.*, I, 1, *init.*, et 18, 81b5 ; *Top.*, I, 12, 105a13 qui donne la définition courante (le passage du particulier au général) ; *Éth. Nic.*, VI, 3, 1139b26, etc. …

prouvera par Γ que A appartient à B : c'est ainsi, en effet, que
nous faisons nos inductions[1]. Admettons que A signifie le fait
20 de *vivre longtemps*, B le fait d'être *dépourvu de fiel*, et Γ *les*
individus à longue vie, soit *homme, cheval, mulet*. A appartient
alors à la totalité de Γ, car tout animal sans fiel vit longtemps.
Mais B aussi (le fait d'être *dépourvu de fiel*) appartient à tout Γ.
Si donc Γ se convertit avec B, et que le moyen terme n'a pas
plus d'extension que Γ, nécessairement A appartient à B[2]. On
25 a, en effet, démontré plus haut que si deux attributs appartiennent au même sujet et que l'extrême se convertit avec l'un
d'eux, l'autre prédicat appartiendra au prédicat converti[3].
Mais il est indispensable de concevoir Γ comme composé

---

1. L'induction conclut que le majeur (A) appartient au moyen (B), par le
mineur (Γ), alors que le syllogisme conclut que le majeur appartient au mineur
par le moyen. Les procédés sont donc tout différents. La conclusion devient
majeure, et, dans la mineure, le mineur devient moyen, et le moyen mineur.
Mais cette réciprocation du moyen et du mineur suppose que ces termes ont
une extension égale. Par suite, le mineur doit, théoriquement tout au moins,
embrasser la totalité des individus représentés par le moyen : l'énumération des
cas doit donc être complète (*cf.* Trendelenburg, *Elementa*, p. 113).

2. Le syllogisme inductif est donc le suivant :

> *L'homme, le cheval et le mulet vivent longtemps* (cf. *de Part. Anim.*,
> IV, 2, 677a15-b11, et aussi III, 7, 670a20);
> *Tous les animaux sans fiel sont l'homme, le cheval et le mulet* (cf. *Hist.*
> *Anim.*, II, 15, 506a20; *de Part. Anim.*, IV, 2, 676b26 *sq.*);
> *Tous les animaux sans fiel vivent longtemps.*

Sur ce célèbre exemple, et sa portée, *cf.* Hamelin, *Le système*, p. 256 *sq.*, et
aussi les pages que nous avons consacrées à l'induction dans notre *Traité de*
Logique, p. 289 *sq.*

3. Cette sorte de syllogisme est possible malgré le caractère spécial du
moyen, car il a été démontré *supra*, 22, 68a21-25, que si un sujet qui possède
deux attributs se réciproque avec l'un d'eux, celui-ci possède le second de ces
attributs.

de tous les êtres particuliers, car l'induction procède par l'énumération d'eux tous[1].

Ce genre de syllogisme sert à procurer la prémisse 30 première et immédiate[2] : car dans les cas où il y a un moyen terme, le syllogisme procède par le moyen terme, et dans les cas où il n'y en a pas, par induction. – Et, d'une certaine façon, l'induction s'oppose au syllogisme : celui-ci prouve, par le moyen, que le grand extrême appartient au troisième terme ; celle-là prouve, par le troisième terme, que le grand extrême appartient au moyen. Dans l'ordre naturel, le syllogisme qui 35 procède par le moyen est donc antérieur et plus connu, mais, pour nous, le syllogisme inductif est plus clair[3].

1. Sur la portée de cette exigence, et sur l'induction parfaite et imparfaite, *cf.* notre *Traité*, p. 295 ; Lachelier, *Le Fondement de l'Induction*, p. 7 ; Ross, *Aristote*, trad. fr., p. 59 *sq.* ; et surtout Chevalier, *La Notion du Nécessaire*, p. 150-151. – La véritable solution d'Aristote se trouve *An. post.*, II, 19, *in fine* (100a15 *sq.*) : il s'agit plutôt d'exprimer, au moyen d'une sorte d'intuition intellectuelle, le nécessaire engagé dans l'expérience sensible ; l'universalité n'est que la marque de cette nécessité.

2. L'induction fournit à la déduction des principes qui jouent le rôle de majeures du syllogisme, toutes les fois que ces majeures ne résultent pas de démonstrations antérieures : on sait que, pour Aristote, il n'y a pas de principes innés. *Cf.* Chevalier, *op. cit.*, p. 150.

3. Au point de vue de l'ordre naturel, on aurait le syllogisme proprement dit suivant :

> *Tous les animaux sans fiel vivent longtemps* ;
> *L'homme, le cheval et le mulet sont sans fiel* ;
> *L'homme, le cheval et le mulet vivent longtemps.*

Dans l'induction, l'ordre de la nature, plus clair en lui-même, mais moins connu pour nous, est renversé, puisque la conclusion devient la majeure. Pour l'ensemble du passage, depuis l. 32, cf. *supra* 68b18, note, et le commentaire de Trendelenburg, *Elementa*, p. 114 et note 2.

24
<Le raisonnement par l'exemple>

Il y a *exemple*[1] quand le grand extrême est démontré[2] appartenir au moyen terme par un terme semblable au troisième[3]. Mais il faut qu'on connaisse que le moyen appartient
40 au troisième terme, et le premier au terme semblable au troisième[4]. Admettons, par exemple, que A signifie *mal*, B *faire la*
69a *guerre à des voisins*, Γ *les Athéniens contre les Thébains*, et Δ *les Thébains contre les Phocidiens*. Si nous voulons prouver que faire la guerre aux Thébains est un mal, il faut admettre que faire la guerre à ses voisins est un mal[5]. La croyance à cette dernière proposition résulte de cas semblables, par exemple
5 qu'il a été mauvais pour les Thébains de faire la guerre aux Phocidiens. Puis donc que faire la guerre aux voisins est un

---

1. Cf. *An. post.*, I, 1, 71a10, et *Rhet.*, I, 2, 1356b3. L'exemple est une variété de l'induction, qui prouve que le majeur appartient au moyen, par l'intermédiaire, non plus du mineur, mais d'un quatrième terme semblable au mineur. – Sur le terme παράδειγμα, *cf.* Bonitz, *Ind. arist.*, 563a21. – Pour tout le chapitre, *cf.* Trendelenburg, *Elementa*, p. 120-123.

2. Démontré par une induction imparfaite (qui par suite n'est pas entièrement démonstrative), en ce que tous les cas particuliers ne sont pas envisagés. On a ainsi un syllogisme de la troisième figure à conclusion particulière.

3. On a ainsi quatre termes : le majeur (A) est prouvé appartenir au moyen (B) par un quatrième terme (Δ) semblable au mineur (Γ).

4. Conditions : le moyen doit être connu déjà comme appartenant au mineur, et le majeur au quatrième terme.

5. Majeure du syllogisme, prouvée elle-même par induction imparfaite (et par suite dépourvue de nécessité), selon le prosyllogisme suivant :

Il est mal pour les Thébains de faire la guerre aux Phocidiens ;

Quand les Thébains font la guerre aux Phocidiens, ils font la guerre à leurs voisins ;

Il est mal de faire la guerre à ses voisins.

mal, et que la guerre contre les Thébains est une guerre contre des voisins, il est clair que faire la guerre aux Thébains est un mal[1]. Maintenant, que B appartienne à Γ et à Δ, c'est là une chose évidente[2] (car, dans les deux cas, c'est faire la guerre aux voisins); il est clair aussi que A appartient à Δ (car la guerre contre les Phociens n'a pas été avantageuse pour les 10 Thébains). Mais que A appartienne à B, on le prouvera par Δ. La démonstration se fera encore de la même manière, si la preuve de la relation du moyen terme à l'extrême a été obtenue par plusieurs cas semblables[3].

On voit donc que le raisonnement par l'exemple n'est ni comme la partie au tout[4], ni comme le tout à la partie, mais bien comme la partie à la partie, quand les deux cas particuliers sont 15 subordonnés au même terme, et que l'un d'eux est connu[5]. La

---

1. Le syllogisme principal est le suivant :
   Faire la guerre à ses voisins est un mal;
   La guerre contre les Thébains est une guerre aux voisins;
   Il est mal pour les Athéniens de faire la guerre aux Thébains.

2. Ces différentes propositions répondent aux conditions d'évidence posées l. 39-40.

3. Au lieu d'un seul, comme dans l'exemple qui précède.

4. L'exemple n'est pas une induction, laquelle va du particulier au général, ni un syllogisme, lequel va du général au particulier; c'est un raisonnement qui va du particulier au particulier, quand les deux *particularia* sont contenus sous un même genre : en argumentant de Δ à Γ, ces deux cas particuliers sont contenus sous B (*cf.* Philopon, 475, 19-26. Voir aussi *Rhet.*, I, 2, 1357b27). Trendelenburg, p. 121-122, a donné de tout ce passage un excellent commentaire.

5. *Id ex quo ducitur argumentum semper debet esse notius eo quod probatur. Si cum Γ probetur per Δ opus est ut Δ fit notius … non respectu* τοῦ B, *nam aeque est B dici de Γ et de Δ; sed intellige notius respectu* τοῦ A : *quia notum est A dici de Δ, quod autem A dicatur de Γ est ignotum* (Pacius, II, 259-260).

différence avec l'induction, c'est que l'induction, partant de tous les individus, démontrait[1] que le grand extrême appartient au moyen, et n'appliquait pas le syllogisme au petit extrême[2], tandis que l'exemple l'applique, et ne démontre pas en partant de tous les individus[3].

25
<Théorie de l'Abduction>

20   Il y a *abduction*[4] quand le premier terme appartient de toute évidence au moyen, tandis qu'il est incertain que le moyen appartienne au dernier terme[5], cette relation étant toutefois aussi probable, ou même plus probable que la conclusion; ou encore[6], quand les termes intermédiaires entre le dernier terme et le moyen sont en petit nombre : dans tous ces cas, on arrive à se rapprocher de la science. – Admettons, par
25 exemple, que A signifie *qui peut être enseigné*, B *science*, et Γ

---

1. Comme nous l'avons vu, chap. 23.

2. L'induction prouve que A appartient à B, et ne prouve pas A de Γ.

3. L'exemple prouve A de Γ, mais non au moyen de la totalité des cas contenus sous B.

4. L'*abduction* ou *réduction* (ἀπαγωγή) est un syllogisme ne donnant pas une connaissance véritable, mais une connaissance simplement approchée. On l'appelle ἀπαγωγή, dit Philopon, 476, 5, διὰ τὸ ἀπάγεσθαι ἡμᾶς ἀπὸ τοῦ συμπεράσματος ἐπὶ τὴν ἀπόδειξιν τῆς ἀφανοῦς καὶ ἀσήμου προτάσεως.

5. Premier mode. – Il y a abduction quand la majeure est évidente, et la mineure incertaine, quoique d'une probabilité au moins égale à celle de la conclusion à démontrer.

6. Second mode. – Il y a abduction quand la mineure du syllogisme peut être prouvée par un plus petit nombre de moyens termes que la conclusion.

justice [1]. Il est clair que la science peut être enseignée, tandis qu'il est incertain que la vertu soit une science. Si donc la proposition BΓ est aussi probable, ou plus probable, que AΓ, il y a abduction : on est, en effet, plus près de connaître, du fait d'avoir ajouté à la conclusion AΓ la proposition BΓ, car nous n'avions auparavant aucune science [2]. – Supposons maintenant que les termes intermédiaires entre B et Γ soient en petit nombre : de cette façon encore, on est bien près de la science [3]. 30 Admettons, par exemple, que Δ signifie *être quarré*, E *figure rectiligne* [4], et Z, *cercle*. Si entre E et Z, il y avait seulement un seul terme intermédiaire (par exemple, si, par le secours

1. Exemple du premier mode. Syllogisme en *Barbara* :

> *Toute science* (B) *peut être enseignée* (A), majeure connue ;
> *Toute justice* (Γ) *est science* (A), mineure ignorée, mais aussi probable, et même plus, que la conclusion.
> *Toute justice* (Γ) *peut être enseignée* (A), conclusion ignorée.

2. *Qui scientiam non habent propius ad eam accedunt, si cogunt propositionem AΓ medio interposito B, non ut demonstrent quod velint – conclusionem AΓ–, sed ut doceant omnem quaestionem jam versari in demonstranda propositione BΓ* (Waitz, I, 534). – L. 28, nous prenons le texte de Pacius, I, 380, et lisons τὸ προσειληφέναι τῇ AΓ τὴν BΓ.

3. Exemple du second mode. Syllogisme en *Barbara* :

> *Toute figure rectiligne* (E) *peut se quarrer* (Δ) ;
> *Tout cercle* (Z) *est une figure rectiligne* (E), mineure prouvée par le secours des lunules d'Hippocrate de Chio, seul moyen terme ;
> *Tout cercle* (Z) *peut être quarré* (Δ), conclusion prouvée (ou prétendûment prouvée) par plusieurs moyens termes.

Cet exemple est emprunté, par Aristote, à Hippocrate de Chio, qui voulait, par des lunules, prouver la quadrature du cercle. *Cf.* Aristote, *de Soph. Elench.*, 11, 171b15 ; Simplicius, *in Physic. Comm.*, (sur *Phys.*, I, 2, 185a14), 55, 25 *sq.*, Diels.

4. Εὐθύγραμμον. Il faut sous-entendre σχῆμα : *cf.* Bonitz, *Ind. arist.*, 295a43.

de lunules, le cercle devenait égal à une figure rectiligne), on serait près de la science.

Par contre, quand BΓ n'est pas plus probable que AΓ, et
35 que les intermédiaires ne sont pas en petit nombre, je n'appelle pas cela abduction[1] ; pas davantage, quand la proposition BΓ est immédiate, car une telle proposition est science[2].

26
<L'Objection>

L'*objection*[3] est une prémisse contraire à une prémisse. La différence avec la prémisse[4], c'est que l'objection peut être particulière, tandis que la prémisse ou bien ne peut absolument
69b pas l'être, ou du moins ne l'est pas dans les syllogismes universels. – L'objection se présente de deux façons, et au moyen de deux figures : de deux façons, parce que toute objection est soit universelle, soit particulière ; par deux figures, parce que les objections se présentent comme opposées à la prémisse, et que les opposées peuvent être seulement prouvées

---

1. Philopon, 477, 9, l'appelle ὑπέρβασις.

2. C'est-à-dire principe même de la démonstration.

3. L'ἔνστασις (*objectio, instantia*) est une proposition opposée à une proposition, soit comme contraire, soit comme contradictoire. Philopon, 477, 20, la distingue de l'ἀνασκευή (*eversio*), qui est opposée à une conclusion. Sur l'ἔνστασις, *cf.* aussi *An. post.*, I, 12, 77b34 ; *Top.*, VIII, 2, 157a34-b33 ; *Rhet.*, II, 25, 1402, a30 *sq.*

4. À laquelle l'objection s'oppose. À une universelle affirmative on peut répliquer par une particulière négative (contradictoire) ou par une universelle négative (contraire).

dans la première et la troisième figure[1]. – Quand l'adversaire, 5
en effet, soutient une universelle affirmative, nous répliquons
par une universelle négative ou une particulière négative : de
ces propositions, l'universelle négative est conclue par la
première figure, et la particulière négative par la dernière[2].
Admettons, par exemple, que A signifie *il y a une science une*,
et B *les contraires*. Si on avance que la science des contraires
est une, l'objection peut être : ou bien que la science des 10
opposés n'est jamais une et la même et que les contraires sont
des opposés, de sorte qu'on obtient la première figure ; ou bien
que du connaissable et de l'inconnaissable il n'y a pas de
science une, et c'est alors la troisième figure : car il est vrai de Γ
(le connaissable et l'inconnaissable) que ce sont des contraires,
mais il est faux qu'ils soient les sujets d'une seule science.

---

1. L'objection, étant une proposition opposée à la proposition primitive, ne peut avoir lieu que dans les première et troisième figures, qui sont les seules dans lesquelles sont prouvées les opposées : les opposées sont, en effet, l'une affirmative, l'autre négative, alors que la seconde figure ne conclut que négativement.

2. Respectivement par *Celarent* et *Felapton*. – La proposition étant *la science des contraires est une* (B est A), nous pouvons répliquer :

a) par la contraire : *la science des contraires n'est pas une* (nul B n'est A), obtenue par un syllogisme en *Celarent* :

> *Des opposés* (Γ) *il n'y a pas une science une* (A) ;
> *Les contraires* (B) *sont des opposés* (Γ) ;
> *Des contraires* (B) *il n'y a pas une science une* (A).

b) par la contradictoire : *la science de quelques contraires n'est pas une* (*quelque B n'est pas A*), obtenue par un syllogisme en *Felapton* :

> *Du connaissable et de l'inconnaissable* (Γ) *il n'y a pas de science une* (A) :
> *Le connaissable et l'inconnaissable* (Γ) *sont des contraires* (B) :
> *Quelques contraires* (B) *n'ont pas de science une* (A).

15   Si maintenant la prémisse [1] est négative, il en est de même.
Quand l'adversaire soutient que la science des contraires n'est
pas une, nous répliquons, ou bien que tous les opposés, ou bien
que certains contraires tels que le sain et le malade, sont sujets
d'une seule et même science : dans le premier cas, la conclusion
vient de la première figure, dans le second, de la troisième [2].

20   D'une façon générale, dans toute objection faite universellement, il est nécessaire de diriger la contradiction contre le
terme universel qui inclut les termes présentés par l'adversaire [3]. Si cet adversaire soutient, par exemple, que la science
des contraires n'est pas une, on doit répliquer que la science de
tous les opposés est une. Ainsi nous devons avoir la première
figure, car l'universel qui contient le sujet primitif devient
moyen terme [4].

     Par contre [5], dans l'objection faite particulièrement, la
contradiction doit porter sur le terme par rapport auquel le sujet
25 de la prémisse posée est universel [6] ; on dira, par exemple, que

----

1. La prémisse contre laquelle est dressée l'objection.

2. Respectivement par *Barbara* (*la science de tous les contraires est une*)
et *Darapti* (*la science de quelques contraires est une*).

3. Autrement dit, la négation doit porter non pas sur le sujet (*les contraires*)
de la proposition donnée, mais sur l'attribut (*les opposés*) dans lequel rentre ce
sujet comme l'espèce dans le genre. – L. 20, les mots πρὸς τὸ καθόλου τῶν
προτεινομένων = ὃ καθόλου ἐστὶ πρὸς τὸ καθ οὗ λέγεται ἡ πρότασις. L. 22,
à l'exemple de Jenkinson, nous mettons la virgule avant, et non après, πάντων.

4. Le terme *opposés* qui est attribué à *contraires* est moyen, puisqu'il est
sujet de la majeure et prédicat de la mineure ; il est plus général que *contraires*.
Cf. Waitz, I, 536 : *medius terminus ponitur qui complectitur eum, qui subjectus
est propositioni ab adversario prolatae.*

5. L. 24, δέ répond à μέν de la l. 19.

6. La contradiction doit porter sur le terme moins universel (*le connaissable et l'inconnaissable*) que le sujet de la proposition donnée (*les contraires*),
lequel sujet est ici genre καθολικώτερον. En conséquence, l. 24, les mots πρὸς

le connaissable et l'inconnaissable ne sont pas sujets de la même science : *contraires* est universel par rapport à ces termes. Et on obtient la troisième figure : car on a comme moyen le terme pris particulièrement[1], savoir le connaissable et l'inconnaissable. Les prémisses dont on peut tirer la conclusion contraire sont aussi celles dont nous partons quand nous cherchons à énoncer nos objections ; par suite, c'est seulement dans ces figures[2] que nous les présentons : c'est, en effet, seulement en elles que se rencontrent les syllogismes opposés, puisque la seconde figure ne peut pas donner de conclusion affirmative. Au surplus, une objection faite dans la seconde figure nécessiterait un raisonnement plus long[3] : si, par exemple, on n'accordait pas que A appartient à B, parce que

---

ὁ ἔστι καθόλου καθ᾽ οὗ λέγεται ἡ πρότασις = οὗ καθολικώτερόν ἐστι τὸ ὑποκείμενον τῆς προτάσεως, *h.e. qui exceptionem facit de parte negat de parte ejus termini, de quo toto idem ait adversarius* (Waitz, I, 536).

1. Lequel est sujet dans les deux prémisses de *Felapton* et de *Darapti*.

2. La première et la troisième. – Le raisonnement est bien marqué par Philopon, 479, 26 : εἰ γὰρ ἔνστασις τὸ ἐναντίον βούλεται συάξαι, τὰ δὲ ἐναντία ἐν τούτοις τοῖς σχήμασιν ὑπάοχουσιν, οὐκοῦν ἐν τούτοις αἱ ἐνστάσεις. Mais ces figures ne peuvent être que la première et la troisième, car des conclusions opposées sont nécessairement l'une affirmative et l'autre négative : or la seconde figure ne donne que des conclusions négatives.

3. Soit la proposition donnée, *la science des contraires est une* (*B est A*). Si on veut prouver par la seconde figure *B n'est pas A*, on devra recourir au syllogisme en *Camestres* suivant :

    Tout A est Γ (par exemple, *est une la science des choses simultanées*) ;

    Nul B n'est Γ (*les contraires ne sont pas simultanés*) ;

    Nul B n'est A (*les contraires n'ont pas une science une*).

Or la majeure AΓ a besoin elle-même d'être prouvée *aliunde*. Mais il faut que l'objection soit évidente et n'ait pas recours à des prémisses étrangères (*cf.* Waitz, I, 536).

Γ n'est pas la conséquence de B. Cela ne devient évident qu'à
35 l'aide d'autres prémisses. Or l'objection ne doit pas avoir
recours à d'autres choses, mais l'autre proposition qu'elle
prend doit être immédiatement évidente. Pour cette raison
encore, c'est la seule figure à exclure la preuve par signe[1].

Il faut considérer aussi les autres genres d'objections,
savoir celles qui sont tirées du contraire, du semblable, de
70a l'opinion[2], et voir si l'objection particulière ne peut pas être
formée dans la première figure, ou l'objection négative dans la
seconde[3].

27
\<L'Enthymème\>

Le vraisemblable et le signe[4] ne sont pas la même chose.
Le vraisemblable est une proposition probable ; ce qu'on sait
5 arriver la plupart du temps, ou ne pas arriver[5], être ou ne pas
être, voilà en quoi consiste le vraisemblable : c'est, par exemple,
détester les envieux, montrer son affection aux gens qu'on

---

1. *Cf.* le chapitre suivant, notamment 70a28.

2. Cf. *Rhet.* II, 25 ; Philopon, 480, 6-13, et Sylv. Maurus, *in Arist. Comm.*, I,
281 donnent des exemples. Voir aussi Trendelenburg, *Elementa*, p. 115.

3. *Cf.* Philopon, 480, 16.

4. Le vraisemblable (*verisimile*, *consentaneum*) et le signe sont les
éléments de l'enthymème, et c'est à ce titre qu'Aristote s'en occupe dans ce
chapitre. Cf. *Rhet.*, I, 2, 1357a32.

5. Ce qui arrive la plupart du temps (la chaleur pendant l'été), ce qui n'arrive
pas la plupart du temps (la chaleur pendant l'hiver), etc. *Cf.* Trendelenburg,
Elementa, p. 115.

aime[1]. Le signe[2], au contraire, veut être[3] une proposition démonstrative[4], soit nécessaire, soit probable : la chose dont l'existence ou la production entraîne l'existence ou la production d'une autre chose, soit antérieure, soit postérieure, c'est là un signe de la production ou de l'existence de l'autre chose[5].

L'*enthymème*[6] est un syllogisme qui part de prémisses 10 vraisemblables ou de signes. Et un signe peut être pris en trois sens, correspondants à la position du moyen dans les figures : il peut être pris soit comme dans la première figure, soit comme dans la seconde[7], soit comme dans la troisième. Par exemple, la preuve qu'une femme a enfanté parce qu'elle a du lait résulte de la première figure, car *avoir du lait* est le moyen terme : on 15 peut représenter *enfanter* par A, *avoir du lait* par B, et *femme*

---

1. Pour la traduction de ces exemples, *cf.* Philopon, 480, 25-27.

2. Sur le signe (σημεῖον) et l'indice (τεκμήριον, – cf. *infra*, 70b1), voir Trendelenburg, *Elementa*, p. 115 : σημεῖον *externum est indicium, quod si ita rei est proprium, ut ex nulla alia re existere potuerit, necessarium est; si aliis aeque accidat, dubium. Necessarium* τεκμήριον *dicitur, idque quoniam ex ipsa rei natura sequitur, et ipsum demonstrari potest et demonstrandi vim habet.*

3. *Cf.* Bonitz. *Ind. arist.*, 140b21; *ita saepe per* βούλεται εἶναι *significatur quo quid per naturam suam tendit, sive id assequitur quo tendit, sive non plene et perfecte assequitur* (voir aussi Trendelenburg, *Elementa*, p. 119).

4. ἀποδεικτική est ici pris au sens large de proposition *quae vim habet aliquid quovis modo probandi* (Pacius, II, 164).

5. *Cf.* Trendelenburg, *Elementa*, p. 120.

6. Sur l'enthymème, cf. *Rhet.*, I, 1, 1355a6, I, 2, 1357a32; *Problem.*, XVIII, 3; Quintilien, *Inst. orat.*, V, 10 et 14. – L. 10, le mot ἀτελής est rejeté à bon droit par les commentateurs : peu importe que les deux prémisses soient ou non exprimées, il n'est pas de l'essence de l'enthymème d'être incomplet. Sur cette exigence d'origine postérieure, *cf.* les considérations de Pacius, II, 264, et le *Vocabulaire de la philosophie* de Lalande, I, 208 et note.

7. Aristote a dit le contraire au chapitre précédent. *Cf.* Pacius, II, 265.

par Γ[1]. D'autre part, la preuve que les sages sont honnêtes puisque Pittacus est honnête, résulte de la troisième figure, en représentant *honnête* par A, *les sages* par B, et *Pittacus* par Γ : il est vrai alors d'affirmer à la fois A et B de Γ ; mais on passe sous silence la dernière proposition parce qu'elle est connue, 20 et on pose seulement la première[2]. Enfin, la preuve qu'une femme a enfanté parce qu'elle est pâle, veut être rapportée à la seconde figure : puisque, en effet, la pâleur est la suite et la conséquence de l'enfantement chez la femme, on pense que la preuve est faite qu'elle a enfanté : *pâleur* peut être représentée par A, *enfanter* par B, et *femme* par Γ[3]. – Si donc on énonce une

---

1. Syllogisme en *Darii* :
> *Toute femme qui a du lait* (B) *a enfanté* (A) ;
> *Cette femme-ci* (Γ) *a du lait* (B) ;
> *Cette femme-ci* (Γ) *a enfanté* (A).

2. Pseudo-syllogisme de la troisième figure, en ce sens que le moyen est sujet dans les deux prémisses :
> *Pittacus* (Γ) *est honnête* (A) ;
> *Pittacus* (Γ) *est sage* (B) ;
> *Les sages* (B) *sont honnêtes* (A).

On sous-entend la mineure, facile à suppléer, et on se contente de poser la majeure :
> *Pittacus* (Γ) *est honnête* (A) ;

Donc :
> *Les sages* (B) *sont honnêtes* (A).

3. Pseudo-syllogisme de la seconde figure, en ce sens que le moyen est prédicat dans les deux prémisses :
> *Toute femme qui a enfanté* (B) *est pâle* (A) ;
> *Cette femme-ci* (Γ) *est pâle* (A) ;
> *Cette femme-ci* (Γ) *a enfanté* (B).

On sous-entend la majeure :
> *Cette femme-ci* (Γ) *est pâle* (A) ;

Donc :
> *Cette femme-ci* (Γ) *a enfanté* (B).

seule prémisse, c'est seulement un signe qu'on obtient; mais si 25
on prend en outre l'autre prémisse, on obtient un syllogisme[1] :
par exemple, que Pittacus est libéral, puisque les ambitieux
sont libéraux et que Pittacus est ambitieux, ou encore que les
sages sont bons, puisque Pittacus est non seulement bon, mais
sage. De cette façon, on obtient donc des syllogismes. Seulement, celui qui procède par la première figure est irréfutable 30
s'il est vrai[2] (car il est universel), et celui qui procède par la
dernière figure est réfutable, même si la conclusion est vraie,
du fait que le syllogisme n'est ni universel, ni en vue de la
chose à démontrer[3] : car, que Pittacus soit honnête, il n'en
résulte pas pour cela nécessairement que tous les autres sages
le soient aussi. Quant au syllogisme qui procède par la seconde
figure, il est toujours et dans tous les cas réfutable, car jamais 35
un syllogisme ne peut être obtenu avec des termes ayant entre

---

1. Le signe est ainsi nettement distingué du syllogisme. Le signe est formé
d'une seule proposition : *cette femme a du lait* est un signe qu'elle a enfanté. S'il
y a deux propositions (*ce qui a du lait a enfanté*, *cette femme a du lait*), c'est un
syllogisme *ex signo*, un enthymème, que les deux prémisses soient ou non
exprimées.

2. L'enthymème de la première figure est, comme tout syllogisme de
la première figure, τέλειος : l'erreur ne peut venir que de la matière (si les
prémisses sont fausses), mais non de la forme. Cela tient à ce que le *dictum de
omni et nullo* s'y applique immédiatement; un tel syllogisme possède une
majeure universelle dans laquelle sont contenues la mineure et la conclusion.

3. L'enthymème de la troisième figure peut être réfuté, même si les
prémisses sont vraies. Il n'est pas universel, car il conclut de deux prémisses
singulières (*Pittacus est honnête*, *Pittacus est sage*); d'autre part, il aboutit, non
pas à la conclusion universelle qu'il s'agit de prouver (*tous les sages sont
honnêtes*), mais à une conclusion particulière (*quelque sage est honnête*, savoir
Pittacus lui-même), seule possible dans la troisième figure.

eux un rapport de ce genre[1] : que la femme qui a enfanté soit pâle, et que cette femme-ci soit pâle, il ne s'ensuit pas nécessairement qu'elle a enfanté. Le vrai pourra donc se rencontrer dans toutes sortes de signes, mais avec les différences que nous venons d'indiquer[2].

70b Nous devons ou bien diviser les signes de cette façon-là[3], et, parmi eux, désigner le moyen terme comme l'indice (car l'indice est, de l'avis général, ce qui nous fait connaître, et c'est surtout le moyen terme qui possède cette propriété); ou bien ce sont les arguments dérivés des extrêmes qu'il faut appeler

5 signe, et ceux qui dérivent du moyen terme, indice : car le plus probable et le plus vrai est ce qui est conclu par la première figure.

---

1. C'est-à-dire, avec deux prémisses affirmatives. – L'enthymème de la seconde figure est le plus incertain de tous, car il ne prouve même pas, comme celui de la troisième figure, une partie de ce qui était à démontrer. Cf. *supra* 26, 69b36-37. On doit remarquer que l'enthymème de la troisième figure n'est pas aussi absolument contraire aux règles du syllogisme de la troisième figure : les deux prémisses ne sont pas, en effet, particulières, mais singulières (*Pittacus* est un individu).

2. *Cf.* Waitz, I, 538 : *Potest quidem esse quod per signum colligitur in quacunque figura, quando vero necessario sit verum, quando non necessario, exposuimus.* Peut-être faut-il lire, l. 38, non pas σημείοις, mais σχήμασιν (ms. C, *cf.* apparat critique de Bekker), leçon acceptée, semble-t-il, par Philopon, 483, 7, et suivie par Pacius et Sylv. Maurus.

3. En irréfutables ou réfutables, selon les figures. – L'indice (τεκμήριον) peut être considéré, ou bien comme l'espèce (1ʳᵉ figure) dont le signe est le genre (dans les trois figures) : autrement dit, c'est le moyen, lequel est le plus ἐπιστημονικός (*cf.* Philopon, 483, 12; *An. post.*, I, 2); ou bien l'indice est opposé comme l'espèce à à l'espèce : on appelle signe ce qui est conclu dans la seconde et la troisième figure (dont les moyens termes sont appelés ἄκρα, l. 4, en raison de leur position, comme prédicat dans la seconde figure, et comme sujet dans la troisième), et indice ce qui est conclu dans la première figure.

Il est possible de juger d'après les apparences corporelles[1], si on accorde que les affections naturelles provoquent un changement simultané dans le corps et dans l'âme (sans doute, l'étude de la musique produit quelque changement dans l'âme[2]; mais il ne s'agit pas là d'une de ces affections qui nous 10 sont naturelles: ce sont plutôt les passions et les désirs, par exemple, qui sont des mouvements naturels). Si donc on concède cette première condition et qu'on admette aussi qu'un seul signe correspond à une seule affection, et si, enfin, nous pouvons établir l'affection et le signe particuliers à chaque espèce animale, nous pourrons juger d'après les apparences corporelles. En effet, s'il y a une affection appartenant en propre à une espèce dernière[3], par exemple le courage aux 15 lions, il est nécessaire qu'il y en ait aussi un signe, puisque nous avons supposé que le corps et l'âme pâtissent ensemble. Admettons que ce signe consiste dans la possession de grandes extrémités. Ce caractère peut aussi appartenir à d'autres espèces, bien que ce ne soit pas à tous les individus qui composent ces espèces[4]: car le signe est propre dans le sens que nous avons indiqué[5], parce que l'affection est elle-même propre à l'espèce entière, mais non pas propre à cette seule espèce, comme nous avons coutume de le dire. La même déter- 20

1. φυσιογνωμονεῖν, juger d'après la physionomie, d'après la figure extérieure du corps. – Aristote étudie maintenant les signes naturels et le syllogisme physiognomonique.

2. Mais non dans le corps (cf. Philopon, 484, 5). Nous mettons entre parenthèses les l. 9-11, pour dégager le sens général.

3. *Infima species*, qui ne se divise pas elle-même en sous-espèces, mais en individus, τὸ ἕν εἴδει.

4. Comme c'était le cas pour l'espèce lion : tous les lions sont courageux.

5. Il appartient en propre à une espèce dernière, mais il peut appartenir aussi à certains individus d'autres espèces.

mination pourra donc se rencontrer dans une autre espèce : l'homme peut être courageux, aussi bien que quelque autre espèce animale. Ces êtres auront donc le signe [1], puisque nous avons supposé qu'un seul signe correspondait à une seule affection. – Si donc les choses se passent de cette façon, et que nous soyons capables de réunir des signes de ce genre dans ces animaux qui ont une seule affection qui leur soit propre (mais

25 chaque affection a son signe, puisqu'elle doit nécessairement n'avoir qu'un seul signe), nous serons alors en mesure de juger d'après les apparences corporelles [2]. Si, au contraire, l'espèce, prise dans sa totalité, possède deux affections propres [3] (le lion, par exemple, qui est à la fois courageux et généreux), comment connaîtrons-nous quel signe, parmi ceux qui sont l'accompagnement propre de ces affections, se rapporte spécialement à l'une ou à l'autre de ces affections ? Ne sera-ce pas [4] quand les deux affections se rencontrent dans quelque autre espèce mais non dans sa totalité, et quand, dans ces espèces auxquelles chacune de ces affections appartient sans toutefois appartenir à la totalité des individus, tel individu possède l'une des affec-

30 tions et non l'autre ? Par exemple, si un homme est courageux

1. Savoir, de grandes extrémités. L'homme (ou plutôt certains individus de l'espèce homme) aura donc le courage et son signe.

2. Dans le cas où une espèce déterminée possède une seule qualité qui lui soit propre, exprimée par un seul signe, l'inférence ne présente aucune difficulté.

3. Deux ou un plus grand nombre, chaque qualité au surplus s'exprimant par un signe corporel distinct : le courage, par de larges extrémités, la générosité, par un large front (exemple de Pacius, II, 268).

4. Aristote propose sa solution. Pour savoir à quelle affection correspond tel signe, en cas de pluralité d'affections et de signes, il faut comparer d'autres espèces animales, dans lesquelles tous les individus qui les composent possèdent ces qualités (et par suite les signes correspondants) séparées l'une de l'autre.

sans toutefois être généreux, et qu'il ne possède que tel des deux signes[1], il est évident que, dans le lion aussi, c'est bien le signe du courage. – Il est donc possible de juger d'après les apparences corporelles, dans la première figure, si le moyen terme se convertit avec le premier extrême, mais a plus d'extension que le troisième et ne se réciproque pas avec lui[2]. Admettons, par exemple, que A signifie *courage*, B, *grandes* 35 *extrémités*, et Γ *lion*. B alors appartient à ce à quoi Γ appartient, mais aussi à d'autres choses. Au contraire, A appartient à tout ce à quoi B appartient et à rien d'autre, mais il se réciproque avec B : autrement, un seul signe ne correspondrait pas à une seule affection[3].

1. Savoir, de grandes extrémités.

2. Le syllogisme est en *Barbara* :

> *Tout être ayant de grandes extrémités* (B) *est courageux* (A) ;
> *Tout lion* (Γ) *a de grandes extrémités* (B) ;
> *Tout lion* (Γ) *est courageux* (A).

B se réciproque avec A, mais il a plus d'extension que Γ, car il peut s'appliquer à d'autres êtres, à quelques hommes, par exemple (Δ), si bien qu'on peut construire un syllogisme en *Darii* :

> *Tout être ayant de grandes extrémités* (B) *est courageux* (A) ;
> *Quelque homme* (Δ) *a de grandes extrémités* (B) ;
> *Quelque homme* (Δ) *est courageux* (A).

L. 32, nous lisons, avec Waitz, I, 539 τῷ pour τῶν.

3. Il y a réciprocation de la majeure, étant donné que nous avons posé en principe la corrélation de tel état de l'âme avec tel signe corporel : s'il n'y avait pas réciprocation rigoureuse, cette corrélation disparaîtrait.

INDEX COMPLÉMENTAIRE

Aux vocables qui sont mentionnés dans l'*Index* du précédent volume, on peut ajouter les termes suivants[1] :

A

ἀδιόριστον, *indéterminé, indéfini*; *preuve* ἐκ τοῦ ἀδιορίστου (I, 4, 26b16).

ἀδυνάτον, *absurde, impossible*; démonstration διὰ τοῦ ἀδυνάτου.

αἰτεῖσθαι, *demander, prendre*; τὸ ἐξ ἀρχῆς αἰτεῖσθαι, faire une *pétition de principe* (I, 24, 41b9).

τὰ ἄκρα, les termes *extrêmes*; τὸ μεῖζον, τὸ πρῶτον ἄκρον, le *grand extrême*, le *majeur*; τὸ ἔλαττον, τὸ ἔσχατον ἄκρον, le *petit extrême*, le *mineur* (I, 4, 25b33).

ἄμεσος, qui n'a *pas de moyen*, qui n'a *pas de terme commun*.

ἀνάλογον, *par analogie* (I, 46, 51b25).

ἀναλύειν, *résoudre, réduire, remonter* aux causes et conditions; ἀναλυτικά, *analytiques* (I, 1, 24a11).

ἀνασκευαστικῶς, *négativement*, par *réfutation*; opposé à κατασκευαστικῶς (I, 46, 52a32).

ἀντιστρέφειν, *convertir, réciproquer*; ἀντιστροφή, *conversion, réciprocation* (ces termes ont des sens multiples, indiqués I, 2, *init.*, note; *cf.* aussi II, 5, 57b21 et 8, 59b1).

---

1. Les références visent les notes explicatives.

ἄνω (ἐπὶ τὸ), *en remontant, vers le haut, termes supérieurs, plus universels*; opposé à ἐπὶ τὸ κάτω (I, 27, 43a37 ; II, 17, 65b29).

ἀπαγωγή, *réduction*; ἀπ. εἰς τὸ ἀδύνατον, *réduction à l'absurde, à l'impossible* (I, 5, 27a15). Dans le sens tout différent d'*abduction* : II, 25, 69a20.

ἀπατή, *erreur, deceptio.*

ἀρχή, *principe, commencement, point de départ*; τὸ ἐξ ἀρχῆς, *ce qui est posé au début*, synonyme de τὸ κείμενον (I, 24, 41b9); τὸ ἐξ ἀρχῆς αἰτεῖσθαι : voir αἰτεῖσθαι.

Δ

δεικτικῶς, démonstration *par voie directe*, opposé à la démonstration διὰ τοῦ ἀδυνάτου (I, 7, 29a32).

διάστημα, *intervalle, rapport, proposition* (I, 4, 25b33; 15, 35a13; 25, 42b8).

τὸ δυνατόν, le *possible*, synonyme de τὸ ἐνδεχόμενον (I, 2, 25a39).

E

εἰκός, le *vraisemblable*, élément de l'enthymème (II, 27, 70a3).

ἔκθεσις, *ecthèse* (I, 2, 25a17).

τὸ ἔλαττον ἄκρον. Voir ἄκρα.

ἔλεγχος, *elenchus, réfutation*, opposé à ἀπόδειξις (II, 20, *init.*).

τὸ ἐνδεχόμενον, synonyme de τὸ δυνατόν (voir ce mot).

ἔνστασις, *objectio, instantia* (II, 26, 69a37).

ἐπαγωγή, *induction* (II, 23, 68b15 *sq.*).

ἐρωτᾶν, *poser des questions*, terme de dialectique (1, 25, 42a39).

τὸ ἔσχατον. Voir ἄκρα.

I

ἱστορία, *étude, recherche* (I, 30, 46a21).

K

κατασκευαστικῶς, *affirmativement*; op. à ἀνασκευαστικῶς (voir ce mot).

κατασυλλογίζεσθαι, être l'objet d'un *contre-syllogisme* (II, 19, 66a25).

κάτω (ἐπὶ τὸ), *en descendant*, opposé à ἐπὶ τὸ ἄνω (voir ἄνω).

τὸ κείμενον, la *proposition donnée*.

M

μάθημα, *discipline* ; μαθήματα, les *mathématiques* (I, 30, 46a4).

τὸ μεῖζον. Voir ἄκρα.

μετάβασις, *passage* d'une notion à une autre.

O

ὅρος, *terme*, *limite* de la proposition, de la διάστημα.

Π

παράδειγμα, *exemple* (II, 24, 68b38).

πρόβλημα, *problème* à résoudre, *conclusion* à établir.

πρότασις, *prémisse* d'un syllogisme, ou, plus généralement, *proposition* (I, 1, 24a16) ; ἡ πρώτη πρότασις, la *majeure* ; ἡ δευτέρα πρότασις, la *mineure* (I, 4, 25b33).

τὸ πρῶτον. Voir ἄκρα.

Σ

σημεῖον, *signe* (II, 27, 70a3).

συλλογισμός, *syllogisme*.

συμβαίνειν, *arriver*, *suivre logiquement*, *conclure*.

συμπεραίνειν, *conclure* par voie syllogistique ou extra-syllogistique ; συμπέρασμα, *conclusion* d'un syllogisme.

συστοιχία, *série* (II, 21, 66b27).

σχῆμα, *figure* d'un syllogisme.

T

τεκμήριον, *indice*, *signe essentiel* (II, 27, 70b1).

τέχνη, *art* (I, 30, 46a4).

Y

ὑπόθεσις, *prémisse*, ce qui sert de *fondement* à un raisonnement (I, 4, 25b33) ; démonstration ἐξ ὑποθέσεως (I, 23, 40b25).

ὑπόληψις, *croyance*, *jugement*, et ὑπολαμβάνειν, *juger* (II, 15, 64a9).

TABLE DES MATIÈRES

Imprimé en France par CPI
en février 2016

Dépôt légal : février 2016
N° d'impression : 133588